·会计系列教材·

"十二五"普通高等教育本科国家级规划教材

ADVANCED FINANCIAL ACCOUNTING

(Third Edition)

高级财务会计

第三版

主编　石本仁

中国人民大学出版社

·北京·

总　序

会计对经济的发展虽然起着十分重要的作用，然而从深层次上来看，会计的发展始终依赖于经济环境的变化。我国会计制度的改革就是为满足国企改革的需要而启动和展开的，是我国体制转轨中的一项基础性制度建设（马骏，2005）。20 世纪 80 年代开始的我国经济体制改革，采取的是一种渐进和稳健的方式，这就决定了我国会计制度的变迁也只能是渐进的，即逐步推进、分步到位。对外开放、引进外资点燃了我国会计制度改革的导火线；而现代企业制度和资本市场的建立则引发了我国的会计风暴；加入 WTO 使我国会计制度进一步向国际惯例靠拢。2006 年 2 月，财政部出台了新《企业会计准则》，标志着我国会计准则与国际会计准则的趋同已取得实质性进展。在经济与会计变迁中，会计的职能与角色也随之演化。

一、对外开放、引进外资是点燃我国会计制度改革的导火索

1978 年，党的十一届三中全会召开，确立了以经济建设和经济体制改革为全党的工作中心。改革开放之前高度集权的计划经济体制，严重制约了企业的活力和劳动者的积极性，与加强经济建设、发展生产力的要求不相适应。改革经济管理体制、扩大企业自主权成为当务之急。基于这样的政治与经济背景，为适应经济环境变革的需要，一系列相关的法律制度与政策出台了。1979 年 7 月，第五届全国人民代表大会第二次会议审议通过了《中华人民共和国中外合资经营企业法》；1980 年 9 月，第五届全国人民代表大会第三次会议通过了《中外合资经营企业所得税法》，由此拉开了我国对外开放、引进外资的经济改革的序幕。

会计制度改革是经济发展与经济环境变迁的必然结果。随着经济改革的推进，为保证和促进经济体制改革的顺利进行，保证和促进对外开放的进一步扩大，财政部于 1980 年在总结历史经验和广泛调查研究的基础上，对当时涉及面广、影响大、会计业务相对复杂且具有普遍性的《国营工业企业会计制度》进行修订。此后，为适应经济体制改革的需要，先后于 1985 年和 1988 年对《国营工业企业会计制度》进行了两次重大的修订。修订的重点内容是调整与增加会计科目和改革会计报表，使其满足经济体制改革对企业会计核算的要求。

随着我国对外开放的发展，利用外商直接投资的工作有了较大进展，使中外合资经营企业、中外合作经营企业和外资企业出现了蓬勃发展的局面。这些企业的出现突破了传统的计划经济体制，其经营方式与计划经济体制下的国营企业大不相同，其会计核算的要求也与计划经济体制下国营企业会计核算的要求大相径庭。为适应对外开放、引进外资的需要，财政部于 1985 年正式发布并实施《中外合资经营企业会计制度》、《中外合资经营工业企业会计科目和会计报表》。这是一部具有划时代意义的会计制度，它的制定与实施，开始了我国会计制度与国际会计惯例协调的步伐。实际上，它是我国对社会主义商品经济乃至社会主义市场经济会计制度模式进行的一次积极的探索，是我国市场经济体制下企业会计制度改革的先导。

二、现代企业制度和资本市场的建立是引发我国会计风暴的基本动因

我国虽然根据经济体制改革的实际情况，对传统的会计核算体系进行了一系列改革和完善，但是传统的企业会计核算体系和管理模式并没有根本性改变。时至1989年的会计制度改革，我国会计核算规范主要是国家统一发布的，按各种所有制形式、部门制定的会计制度。随着社会主义市场经济体制的确立，这种会计制度模式已日益显露出其局限性和不适应性。市场经济的发展与完善，对会计制度的全面改革提出了越来越紧迫的要求。

1992年经国务院批准，财政部发布了《企业会计准则》、《企业财务通则》以及13个行业的企业会计制度和财务制度，简称“两则两制”，并于1993年7月1日起实行。故1993年被称为掀起“会计风暴”之年。《企业会计准则》在借鉴和参考国际会计经验，总结我国会计核算实践经验的基础上，改革了会计等式，即将我国传统会计中应用了30年的会计等式“资金占用＝资金来源”改为国际通行的“资产＝负债＋所有者权益”会计等式，明确了会计核算的基本前提和一般原则，规定了资产、负债、所有者权益、收入、费用、利润等会计要素的确认与计量以及财务会计报告等。13个行业会计制度则一改以往我国按照所有制成分，分不同部门或行业来设计和制定会计制度的模式，根据企业会计准则的要求，结合各行业生产经营活动的不同特点及不同的管理要求，将国民经济各部门划分为若干个行业并分别制定会计制度，从而形成了一个比较完整的企业会计核算制度体系。随着经济体制改革的全面展开，股份制也悄然出现于经济体制改革实践之中。1984年7月北京天桥百货股份有限公司成立，1984年11月上海飞乐音响股份有限公司首次向社会公开发行股票50多万元。1990年上海证券交易所成立，延中实业等几家企业在上海证券交易所上市，成为新中国成立以来的首批上市公司。1991年4月深圳证券交易所宣告成立。1992年10月，国务院证券委和中国证监会成立。为推动股份制试点工作的健康发展，规范上市公司会计核算及其会计信息的披露，财政部于1992年5月制定并发布了《股份制试点企业会计制度》。这一会计制度一改传统计划经济体制下的会计制度模式，是一次我国企业会计制度改革的成功探索。1993年6月底，证监会又发布与修订了多项《公开发行股票公司信息披露内容与格式准则》，以规范公开发行股票公司的信息披露行为。随着经济体制改革的进一步深化，企业制度改革的进一步深入，财政部于1998年1月制定并发布了《股份有限公司会计制度》。随着现代企业制度的建立、资本市场的快速发展，为适应市场经济发展的新需求，规范会计行为，保证会计信息的真实完整，提高经济效益，维护市场经济秩序，全国人民代表大会常务委员会于1999年10月31日审议通过了新修订的《会计法》。新修订的《会计法》突出强调了单位负责人对本单位会计工作和会计资料真实性、完整性的责任，进一步加强会计监督的要求，并进一步完善了会计核算规则。为了配合新修订的《会计法》的实施，规范企业财务报告，保证会计报告的真实与完整，财政部于2000年12月制定并发布了《企业会计制度》。《企业会计制度》在总结现有会计制度实践经验的基础上，对资产、负债、收入、费用等规定了统一的确认和计量标

准，促进了我国会计核算标准与国际会计准则的充分协调。

三、加入WTO使我国会计制度进一步向国际惯例靠拢

2001年，中国加入WTO，这对我国经济管理体制、政治体制和价值观念等的改革都产生了巨大的影响，对我国会计制度则形成了“刚性约束”，并使我国会计制度变迁的路径依赖得到了摆脱（温美琴，2002)。诺斯曾指出，制度变迁中存在较强的路径依赖，人们过去的选择往往决定了他们现在可能的选择。沿着既定的路径，制度变迁可能进入良性循环的轨道，也可能顺着原来的错误路径往下滑。要从既定的路径中摆脱出来，就必须引入外生变量。加入WTO正是我国会计制度变迁中的外生变量，为我国会计制度从传统的具有中国特色的制度变迁路径中摆脱出来提供了机会，同时进一步加速了我国会计标准国际化的进程。随着我国经济体制改革和对外开放的深入，我国资本市场得到快速发展，提高了我国经济的国际化程度。而全球经济一体化与资本市场国际化的迅猛发展则要求作为国际商业语言的会计提供具有国际可比性的会计信息。正是基于这样的经济背景，为适应我国资本市场发展的要求，促进市场经济体制完善与对外开放，以及实现我国会计国际化的需要，2006年2月，财政部出台了新《企业会计准则》。2006年2月由财政部颁布的新会计准则体系由1项基本会计准则、38项具体会计准则组成。该会计准则体系于2007年1月1日起在上市公司实施，并鼓励其他企业执行；2008年在国有大中型企业中执行；2009年，在所有中型以上企业执行。作为企业会计准则体系重要组成部分的《企业会计准则——应用指南》已于2006年10月出台，由两部分组成：第一部分为各项会计准则的解释，第二部分为会计科目和主要账务处理。由财政部会计司编写组编写的《企业会计准则讲解》已于2007年4月出版，其主要内容是对会计准则更细致的解释，其中结合了大量实例，使得会计准则的运用更具可操作性。

四、新会计准则的特点

新会计准则的特点主要表现在以下几个方面：

第一，向国际惯例尤其是国际会计准则靠拢，实现了与国际会计准则的趋同。我国新会计准则在资产负债观的运用、公允价值的运用以及基本计量的要求上都趋同于国际会计准则，但由于中国特有的经济、政治与法律环境，新会计准则在资产减值、关联方披露、企业合并、退休福利、企业持有以备出售的流动资产、终止经营以及恶性通货膨胀经济中的财务报告等方面与国际会计准则还存在一定的差异。

第二，新会计准则形成了一个可单独实施的较为完善的准则与核算体系，并与会计制度相分离。1992年财政部发布了《企业会计准则——基本会计准则》，而在1993年又颁布了13个行业会计制度，从此，企业基本上都是依据行业会计制度来进行核算。因此，1992年的准则并没有什么实际意义，更多的是一种象征性的准则。但随着资本市场的快速发展，一系列新的问题暴露出来，尤其是琼民源事件——有关关联方收入确认方面的问题，于是，1997年，财政部发布了第一个具体会计准则《企业会计准则——关联方关系及其交易的披露》。之后，随着问题的出现又陆续发布了15个具体会计准则，故有人把这些准则称为“救火式”准则。因此，原有的基本会计准则和16个具体会计准则并不是一个完整的准则体系，实际上从属于《企业会计制度》，对会计制度起补充作用。而新会计准则体系与国际会计准则体系基本相同，形成了一个较

为完善的准则与核算体系，也标志着我国会计准则建设走上了一个新台阶。

第三，按公允价值计量是此次新准则的一个亮点，使决策有用性的目标得以充分体现，确立了资产负债表观的核心地位，并突出会计信息的价值相关性。但根据我国的实际情况，公允价值的使用还存在一定的限制。本套新准则体系主要在金融工具、投资性房地产、非同一控制下的企业合并、债务重组以及非货币性资产交换等方面采用公允价值。

第四，将表外项目引入表内。例如，本次修订后的《企业会计准则第20号——企业合并》，要求当被购买方的或有负债预计很可能发生并且其公允价值能够可靠计量时，确认为对合并成本的调整。这就改变了过去对或有事项在报表附注中披露的做法，将表外项目引入表内。又如衍生金融工具、股份的支付、合并报表外延的扩大等。表外业务表内化，有利于及时、充分反映企业该类业务所隐含的风险及其对企业财务状况和经营成果的影响。

第五，引入开发费用资本化制度，完善成本补偿制度；要求正确核算职工薪酬，改变成本中低人工费用的格局；将企业承担的社会责任纳入会计体系；预计弃置费用计入固定资产成本；提高信息透明度，突出充分披露原则等。

五、新会计准则对财务会计教学的影响

新会计准则对财务会计教学的影响，主要表现在以下两个方面：

首先，是教材的编写。在新会计准则颁布之前，有关财务会计的教材都是依据企业会计制度、原有会计准则以及相关的法律法规制度来编写的。而新会计准则是一套可单独实施的、与国际准则趋同的会计准则体系，并且执行新会计准则的企业，不再执行原有准则、《企业会计制度》、《金融企业会计制度》及各项专业核算办法和问题解答。这表明原有财务会计的教材已过时并落后于现有经济与会计的发展，根据新会计准则体系重新编写一套财务会计教材乃当务之急。

其次，是教学的安排。由上述新会计准则的特点可知，新会计准则体系与原有准则及相关会计制度发生了较大的变化，这要求财务会计的教学也应随之进行改变。如财务会计的基本框架、学时安排、各课程间的衔接、教学重点与难点等。同时还应加强法律与职业意识的培养，加强职业判断与职业道德的培养。另外，还有一点值得重视的是，在财务会计的教学中应该加强我国会计准则（CAS）与国际会计准则（IAS，IFRS）之间的比较与衔接，关注国际会计准则的最新发展动向，并引导学生学会把握准则，进而达到可直接根据准则对经济业务进行核算的目标。因为国际会计准则体系中并没有规定会计科目，企业要根据准则再结合自身的特点来设计适合本企业的会计科目。新会计准则体系考虑到我国会计人员整体素质较低、对原有做法与习惯的依赖性等，在《企业会计准则——应用指南》的附录部分附上了会计科目和主要账务处理，但随着会计标准国际化的进一步深入，这一做法可能会逐步取消而采用国际惯例的做法，因此，财务会计教学有义务和责任培养学生直接准确地把握会计准则的能力。

六、财务会计各门课程安排的初步设想

新会计准则体系的出台与实施标志着我国会计准则与国际会计准则的趋同已取得实质性进展，从而使得依据新会计准则体系所编教材的内容，不仅在质上而且在量上发生了较大变化。财务会计学按其程度可分为初级财务会计（会计学原理）、中级财务会计与高级

财务会计。而这三门课程的内容设计以及相互之间的衔接则是一个值得重视的问题。

有关这三门课程具体的内容安排及每门课程课时安排的初步设想如下：

初级财务会计（会计学原理）是财务会计的入门课程，重点讲述会计核算的基本程序与方法。与传统做法不同的是，我们在这门课程中将结合企业组织（独资、合伙、公司）、企业类型（服务业、商业、制造业）和经济业务（购进、生产、销售）讲解会计处理的程序与方法。比如，在讲述货币资金、应收款项时与销售业务结合起来；讲述成本时，与生产过程、企业的经济活动类型（服务业、商业、制造业）结合起来；讲述所有者权益时，与企业组织（独资、合伙、公司）结合起来。使学生在学会记账的同时，又能将会计信息与企业组织、经济活动类型与经济业务有机联系起来。这门课程的具体内容参见图1。

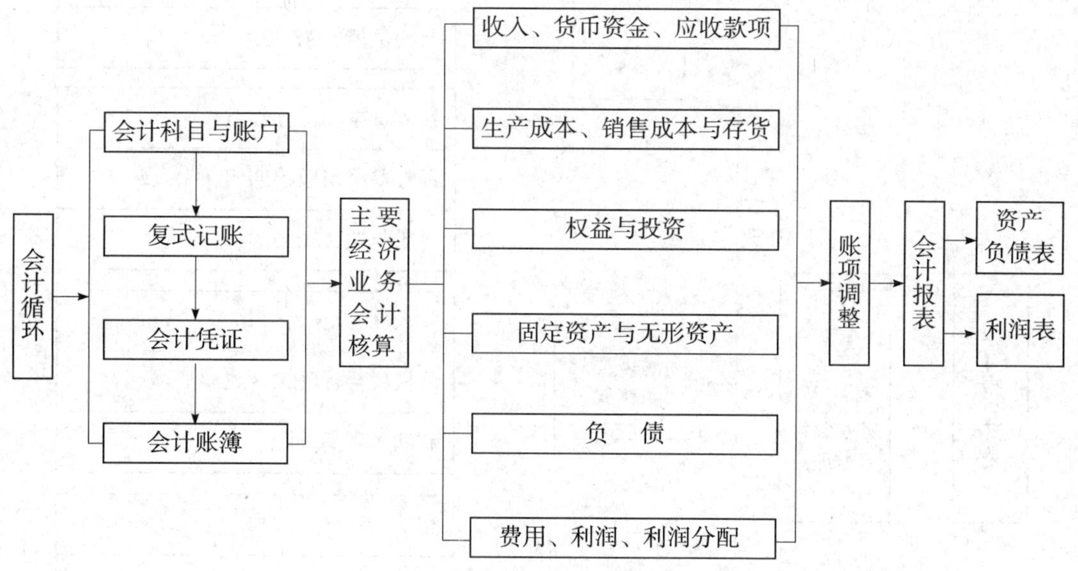

图1 会计学原理的基本结构

注：收入一章，主要包括收入的类型、收入的确认时间等。
成本一章，先讲公司的类型（服务企业、商业企业、制造企业）以及各种类型企业成本的特点。
所有者权益一章，主要讲述公司组织形式（独资、合伙与公司制）及各种组织形式所有者权益的特点。
会计学原理以讲解会计科目的运用为主，按主要经济业务的类型进行讲解。

中级财务会计主要围绕编制一般通用财务报告展开。内容包括六大会计要素的会计处理，另外，纳入所得税会计、租赁会计、养老金会计、会计变更与会计差错等。后面这些内容在我国原来的财务会计教材体系中差异较大，有的将其中部分内容放入高级财务会计，有的放在中级财务会计。我们则按照国际流行的做法，将这些内容放在中级财务会计。中级财务会计和会计学原理在体系上有重复的内容，但在不同课程中同样内容讲解的侧重点是不一样的。如货币资金和应收款项，会计学原理与中级财务会计讲解的区别主要体现在，前者着重讲述核算，而后者主要讲述货币资金的管理与控制、结算、坏账准备的计提、应收票据的贴现。另外，初级财务会计与中级财务会计相同的部分，前者着重会计科目的介绍与运用，后者则重点依照会计准则的规定讲述。中级财务会计的具体内容参见图2。

一般而言，中级财务会计讲述的是通用财务报告的编制，针对的是一般企业的基本经济业务。而高级财务会计则是讲述中级财务会计没有涉及的一些内容，这些内容的特点可以用三个字来概括，就是“难”、“特”和“新”。“难”体现在会计处理的复

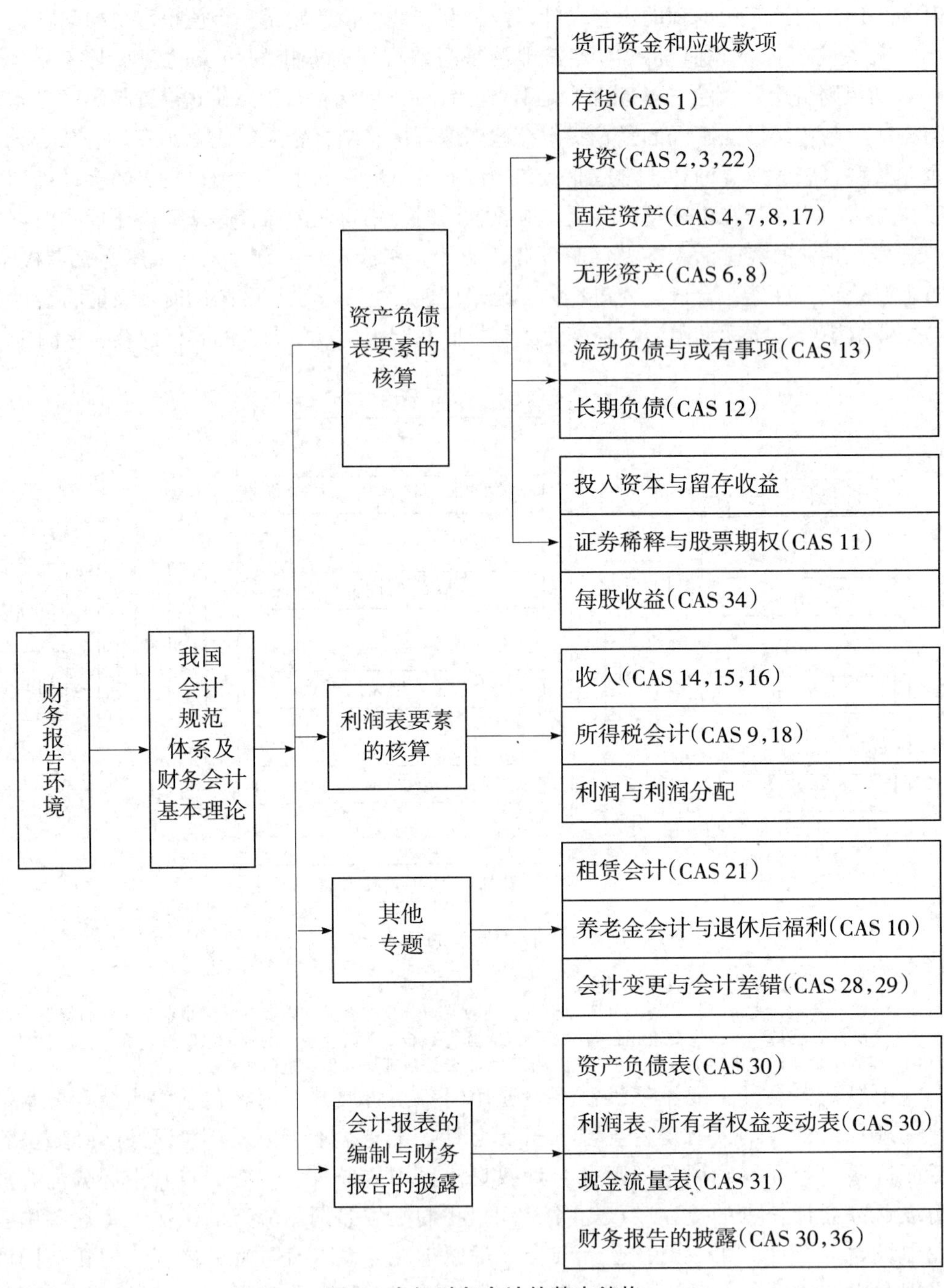

图 2　中级财务会计的基本结构

注：中级财务会计主要按准则的规定进行讲述。

杂性上，一般认为，高级财务会计中存在三大难点：合并会计、外币业务与外币报表折算和物价变动会计，后来随着衍生工具的大量出现，衍生工具会计成为高级财务会计的又一大难点。[①] “特”主要体现在两个方面，一是特殊组织会计，如合伙会计、

① 我国著名会计学家常勋教授 1999 年出版专著《财务会计三大难题》（立信会计出版社），2002 年又出版一本名为《财务会计四大难题》的专著（立信会计出版社），就反映了这种变化。后者已出第三版。

政府与非营利组织会计；二是特殊业务，如企业重组与破产会计、遗产与信托会计等。“新”则体现在一些前沿领域，如人力资源会计、绿色会计（又称环境会计）、社会责任会计等。教材一个约定俗成的写法是将在理论研究中已经形成比较一致的观点、在实务中已经有了相应制度规范的内容进行阐述。由于高级财务会计本身带有一些探索的意味，因此，一些编者会将还处于争议阶段的内容纳入高级财务会计中，但另一些编者则不采用这种做法。所以，就导致我们看到的国内高级财务会计的体系出入很大。我们采用一种稳健的做法，不将还存在争议的内容包括进来。本课程的内容参见图 3。

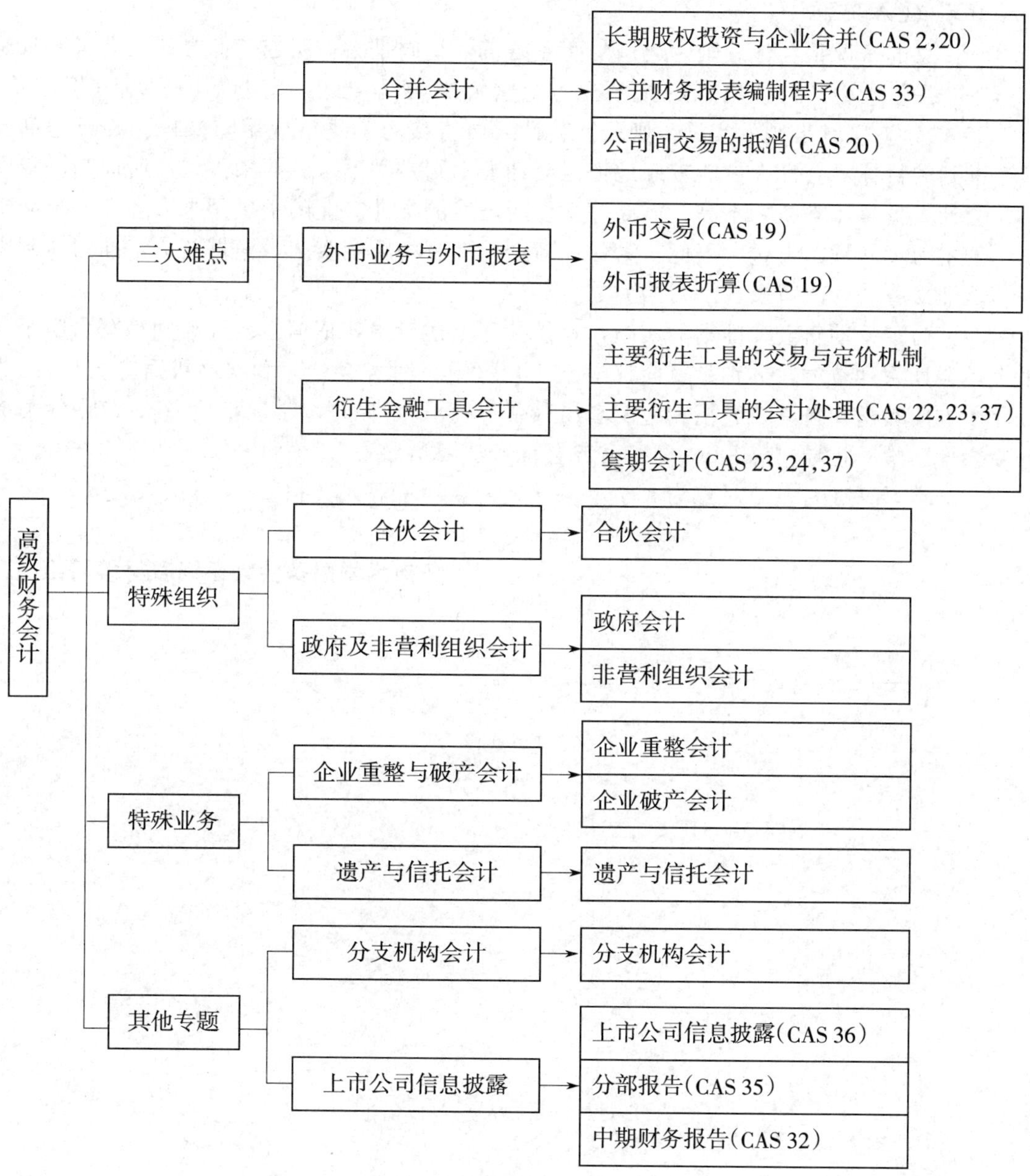

图 3 高级财务会计课程结构

注：企业合并的难点问题及衍生工具更复杂的会计问题等可以作为研究生的教学内容。
上市公司信息披露以中国证券监督委员会相关信息披露规定为主。
一些还没有准则规范的内容借鉴国际会计准则和国际惯例进行讲解。

此外，三门财务会计课程根据内容的多少以及难易程度，我们建议初级财务会计安排50～60学时；由于中级财务会计讲述了一个企业的基本经济业务的会计核算，内容较多，一般需安排60～80学时；高级财务会计重点讲述难点业务与特殊业务的会计核算，难度较大，课时安排大约为50～60学时。在中级和高级财务会计课程中基本涉及新会计准则的大部分准则（请参见图2和图3的准则号标注），但仍有一部分特殊行业和特殊业务准则未能涉及，这部分内容则由专门的特种会计课程来讲述，如生物资产（CAS 5）、原保险合同（CAS 25）、再保险合同（CAS 26）、石油天然气开采（CAS 27）。

总的来说，会计是国际通用的商业语言，趋同是大势所趋。但会计准则毕竟只是一个提供与生产会计信息的技术规范，它解决的是"该如何办"的问题（楼继伟，2006），对会计准则的实施，则需要会计人员直接对其进行应用与操作。要想达到本准则的目标，会计人员能较好地把握会计准则则是必不可少的条件。众所周知，我国会计人员整体素质并不高，而高等学校所培养的会计专业的学生是未来会计人员队伍的主力军和领军力量。因此，为保证新会计准则的顺利实施，根据新会计准则体系来展开财务会计改革及教学乃当务之急。

为了推动新会计准则的实施，我们按照上述设想，依据新会计准则编写出版了财务会计系列教材，分别是《会计学原理》、《中级财务会计》和《高级财务会计》。为了方便教学和自学，我们相应配套出版了《〈会计学原理〉学习指导书》、《〈中级财务会计〉学习指导书》和《〈高级财务会计〉学习指导书》。

本系列教材主要对象为大学本科学生、会计从业人员和CPA考试人员等。

暨南大学财务会计系列教材编写组

第三版前言

借本教材入选“十二五”普通高等教育本科国家级规划教材之机，我们重新对全套教材进行了修订。此次修订是由于国际会计准则委员会（IASB）陆续颁布了一些同高级会计主题相关的准则，如金融工具（2014）、合并财务报表（2011）、合营安排（2011）、在其他主体中权益的披露（2011）等。根据上述会计准则的变化，我国财政部于 2014 年新增了三项具体准则、修订了基本准则和五项具体准则。为此我们对《高级财务会计（第二版）》进行了相应的修订。具体各章的变动如下：

第 1 章，对一些准则制定的新情况进行了更新说明。

将原来第 2 章的内容拆分为长期股权投资和企业合并两章，即现在的第2～3章。由于此次长期股权投资准则进行了修订，第 2 章的大部分内容进行了重新编写，以适应新准则的变化。同时，本章增加了《企业会计准则第 41 号——合营安排》内容的阐述。第 3 章对分次并购的讨论按最新规定进行了修订，增加了同一控制下分次并购会计处理的举例。

第 4 章为原第 3 章的内容，由于修订的《企业会计准则第 33 号——合并财务报表》对控制进行了重新界定，在本章第 1 节按新修订的准则对合并政策进行了重新编写。在第 3 节增加了长期股权投资按成本法核算的合并财务报表编制的举例。在第 5 节增加了按《企业会计准则第 41 号——在其他主体中权益的披露》的披露要求。

第 5 章为原第 4 章的内容，基本结构未作调整。第 2 节的举例进行简化处理，不再按主体理论、母公司理论和混合理论分别举例。

第 6 章为本版新增内容，第 1 节合并所得税会计是因为修订的《企业会计准则第 33 号——合并财务报表》增加了合并所得税的处理。第 2 节和第 3 节分别为复杂结构的合并和合并后的股权变动。由于这一章的难度较大，本科教学可以不考虑这一章，所以目录以 * 号标识。

第 10 章，增加了 IASB 近年来对金融工具准则的修订进程和主要变化的阐述。

第 14～15 两章，由于政府会计和非营利组织会计出台和修订了一系列相关制度，按新的制度进行了更新和调整。

第 16 章，按上市公司信息披露相关规定的最新变化对相应的部分进行了修订。

最后，重新撰写了本书后记，以表编者的人生感悟。

另外，在本书结构上我们做了一些小的改变，本章概念、每章小结和相关法规制度及主要阅读文献调整到配套的学习指导书中。

考虑到有些章节的内容难度偏大，以及有的内容专业性较强，首次对这部分章节在目录上标上 * 号，供本科授课的老师讲授时做取舍。

本次修订由石本仁教授和邬励军副教授共同完成，邬励军负责第 14 章、第 15 章的修订工作，其余各章的修订由石本仁完成。会计系谭小平老师对第 2～6 章的修订提出了许多宝贵意见，我的研究生樊诗梦为修订过程的校对做了大量工作，在此表示衷心的感谢！

修订中也无法保证不产生新的错漏，还请广大读者批评指正。

编　者

目　录

第1章

绪 论

本章结构

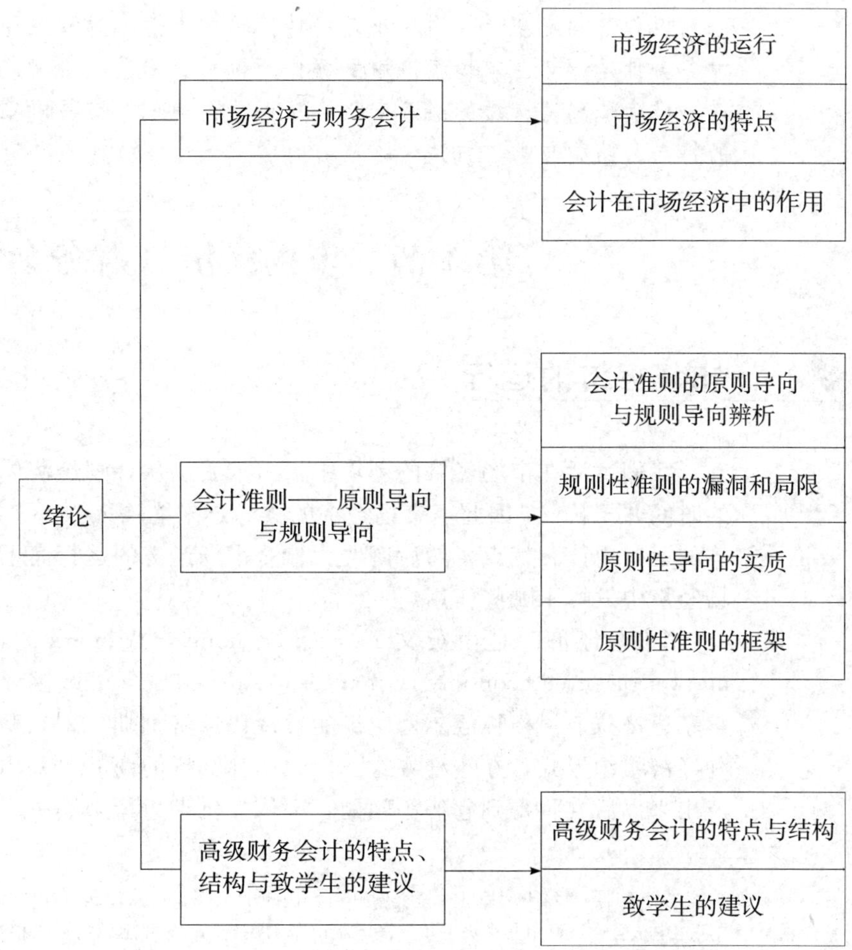

绪论
市场经济与财务会计
市场经济的运行
市场经济的特点
会计在市场经济中的作用
会计准则——原则导向与规则导向
会计准则的原则导向与规则导向辨析
规则性准则的漏洞和局限
原则性导向的实质
原则性准则的框架
高级财务会计的特点、结构与致学生的建议
高级财务会计的特点与结构
致学生的建议

本章要点

- 市场经济
- 会计在市场经济中的作用
- 原则导向性准则
- 规则导向性准则
- 本书特点与结构
- 如何才能学好高级财务会计

随着进入高级财务会计课程的学习，我们对财务会计的理解也在不断深化。如果我们把财务会计所发挥的作用放在市场经济的视野中去理解，对财务会计的认识会更加透彻。市场经济的核心就是交换，这种交换既包括一般产品之间的交换，也包括劳动和资本的交换，交换的关键是交换双方对交易对象的价值认定达成共识。因此，对交易对象价值的计量，必须有一个交易各方认可的计量规则。会计准则（主要包括资产计价和对收益的确定）就是其中最重要的计量规则之一。但如何确定会计规则并不是一件简单的事情。本章主要讨论三个问题：一是财务会计是如何在市场经济中发挥作用的；二是会计规则的制定采用何种导向，能更准确地反映交易的经济实质，从而更精确地对交易对象进行计量；三是本书的特点、结构与学习方法。

第1节　市场经济与财务会计

一、市场经济的运行

我们生活在市场经济的环境中，由于我国从计划经济体制转入市场经济体制的时间并不长①，因此，市场经济的概念还未能深入人心。本节首先概述市场经济的运行规律和特点，然后阐明为什么市场经济的运行离不开会计，即会计在市场经济中发挥了哪些作用。

“市场经济”是由英文 market economy，或 market-directed economy，或 market-oriented economy 或 market-organized economy 翻译而来。美国著名经济学家道格拉斯·格林沃尔德主编的《现代经济词典》对市场经济的解释是：“一种经济组织形式，在这种方式下，生产什么样的商品，采用什么方法生产以及生产出来以后谁将得到它们等问题，都依靠供求力量来解决。”②

---

① 1978年，中国共产党第十一届三中全会召开后，国家的工作重心从阶级斗争转向经济建设；1984年，中国共产党第十二届三中全会通过《中共中央关于经济体制改革的决定》，提出社会主义的根本任务是发展生产力；1993年，中国共产党第十四届三中全会通过《中共中央关于建立社会主义市场经济体制若干问题的决定》，将建立社会主义市场经济体制作为国家的一个基本目标。

② 道格拉斯·格林沃尔德：《现代经济词典》，275～276页，北京，商务印书馆，1981。

市场经济中，商品的交换是其核心。按交换商品的不同，可以把市场分为产品市场、劳务市场和资本市场。产品市场中，既有有形的产品，如汽车、电视机、手机等，也包括无形的产品，如版权、技术专利、特许权等知识产权。在以知识经济为主的新经济中，后者的比重越来越大。劳务市场包括普通的劳动力市场、有专门技术的专业人才市场和职业经理人市场。资本市场则主要是资金的供给与需求的场所，它涉及众多的家庭、企业、基金、银行、保险等，供需的两端可能是家庭和企业，完成供求的中介则包括银行、保险、基金等众多金融机构与组织。在商品交换中，做到市场出清或者说供求能够达到平衡是一个关键问题。那么，是什么决定供求的数量呢？

大家知道，我们面临的是一个资源匮乏（稀缺）的世界。经济学研究的内容就是对稀缺资源的利用和分配问题。作为组织与管理生产的经济体制，需要解决的两个主要问题是：确保资源在短期和长期内有效利用，确保作为生产结果的收入的公平分配，即保证生产的效率和社会的公正。对资源的配置和收入的分配，从历史上看有两种体制：计划经济和市场经济。在计划经济体制中，生产和分配按计划进行，以生产为导向，一切活动围绕生产展开，计划由中央机构集中制定，生产什么、生产多少和为谁生产都是按集中的指令来完成的；在市场经济体制中，生产按市场需求进行，以消费者为导向，从而确保生产结构的变化与技术进步和消费者偏好相一致，每个生产者自己根据市场价格信号决定生产什么、生产多少和为谁生产的问题。

两种体制的差别可以归纳为图 1—1。

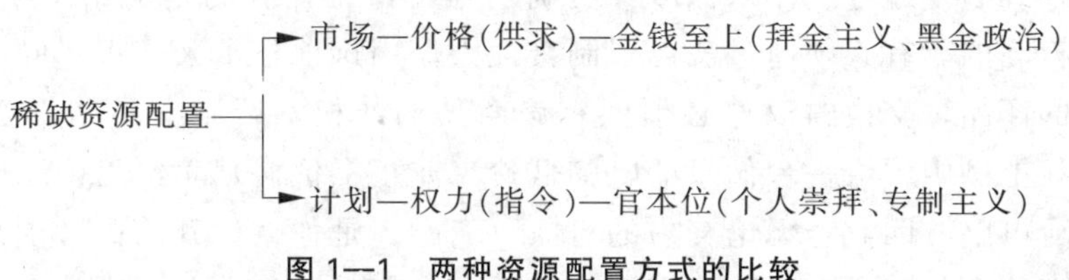

图 1—1 两种资源配置方式的比较

判断一个社会好坏有不同标准，一种是以经济效率为标准，效率越高，国民财富越多，社会福利就越高；一种是以公平为标准，收入越平均，人越平等，社会福利就越高。早期的社会主义国家基本上倾向于后者，注重公平，选择计划经济体制；早期的资本主义国家则大多倾向于前者，更重效率，强调竞争，多选择市场经济体制。所以，有人就把社会主义和计划经济画等号，把资本主义和市场经济画等号。由于社会主义的计划经济片面强调公平而忽视效率，而资本主义的市场经济又片面强调效率而忽略公平①，所以，英国前首相丘吉尔曾说道："资本主义的固有缺点是不平等地分享了幸福，社会主义固有的优点是平等地分享了贫穷。"由于计划经济中存在无法克服的专制主义与个人崇拜的缺陷，以及国家参与经济不可避免的生产低效率和腐败现象，到 20 世纪末，随着大多数社会主义国家的经济转型，计划经济体制被摒弃，更多的国家（包括资本主义国家）选

① 市场经济中的金钱至上导致的拜金主义和黑金政治的现象，虽然不能彻底根治，但可以通过法治进行适当的限制。

择的是一种国家干预型的市场经济体制。

按供求对市场进行调节的最大好处就是能最大效率地利用社会资源。早在1776年，英国著名经济学家亚当·斯密就认识到这一点，指出："每一个人都努力用好自己的资本，以使生产出来的东西具有最大的价值。一般而言，他既没有打算增进公共的利益，也不知道他正在增进的公共利益有多大。他仅为自己的安全，为自己的利益打算。就这样，他被一只看不见的手引导着去增进并非他想要增进的目的。通过追求自己的利益，他经常比在真正打算增进社会利益时更有效地增进了社会利益。"这就是著名的市场经济中"看不见的手"所起的调节作用，也被称为价值规律。

市场经济作为一种主要由价值规律（供求规律）调节经济的体制，必须满足以下一些基本条件，这些条件也是市场经济运行的一些基本特点。

二、市场经济的特点

1. 私有性——产权明晰（市场经济的动力之源和运行前提）

市场经济就是交换经济。交换从表面上看是产品、劳动和资本的交换，实质上是商品背后权利的交换。一种有形的产品如一台电脑，从甲转移到乙手中，甲自然无法再使用这台电脑了，但如果是一项专利（技术），由甲转移到乙手中，甲和乙（包括知道这项技术的其他人）都可以使用这项技术，这时乙使用这项技术的权利必须通过法律来保障，更确切地讲，乙拥有的是使用这项技术的权利，这一权利的享有必须通过法律限制其他人使用这项技术来实现。同时，一个用于交换的商品，交换的双方必须拥有该商品的产权，否则交易结果必然会引起混乱，如上例中甲将一台偷来的电脑低价（非正常价格）卖给乙，乙就无法正常使用这台电脑。因此，无论交易的对象（商品）是什么，其前提必须是交易的当事人拥有该商品的所有权，或者该商品的所有权是明晰的，否则就会产生混乱，从而破坏市场经济的交易秩序。

竞争的动力来源于激励，激励的方式有产权、金钱、地位、成就、信仰或信念，其中首要的方式是产权。"私有财产加上价格体系，常常能够解决激励问题……在私有财产和价格体系之外，市场经济还有若干对激励问题的局部解决方法，可以大体归纳为合同解决和商誉解决。"[①] 没有明晰的产权，产权的激励作用就无法产生，市场经济就失去了应有的动力。

另一方面，如果产权不明晰，价格就无法反映交易商品的相对价值，利润就不会真实。米塞斯认为："由于没有私有财产，所以不可能有价格……要出现价格和利润，私有财产是必不可少的。"[②] 因此，可以得出这样的结论，明晰的财产权利既是生产的基本动力，也是形成市场交换价格的基础。所以，明晰的产权是市场经济存在及运行的前提和动力之源。

---

① 王则柯：《对付欺诈的学问——信息经济学平话》，北京，中信出版社，2001。

② 艾伯斯坦：《哈耶克传》，108页，北京，中国社会科学出版社，2003。

2. 契约性——信用经济（市场经济的运行方式）

由于市场经济是商品经济和交换经济，当这种商品交换和交换的商品不断向更高形式发展时，信用就显得越来越重要了。首先，商品交换早已突破了一个地区和一个国家的界限，现代交易已经不可能完全是一手交钱、一手交物式的物物交换和简单的商品交换关系，大部分交易都是信用交易（商业信用）；其次，随着生产和交易规模的扩大，向银行和资本市场融资已经成为许多企业生存和扩张的必要手段，资本成为一种交易的商品；分工进一步深化，经营权与所有权分离，劳动也成为一种特殊的商品。随着知识经济的来临，知识也越来越成为一种价值高昂的商品而发挥着日益重大的作用。当社会从游牧业向第一产业农业发展、第一产业向第二产业工业发展，到第二产业向第三产业服务业发展，以及第三产业向第四产业知识产业发展，各产业所生产的商品就从农产品向工业品、从工业品向服务、从服务向知识产权发展。由于商品越来越向更高形式发展，从有形向无形、从简单向复杂、从单一功能向多功能方向的演进，它的不可观察性和信息的不对称性就凸显出来。这样，现代市场经济的一切经济活动都必须建立在双方信任的基础上去完成，因此，现代市场经济也称为信用经济。

当然，任何信用都是建立在一定的保障机制之上的。一方面，这种信用首先是以合约的形式对交易双方的权责加以明确和规定；另一方面，合约的实施还需要借助法律的力量。所以，有时也说市场经济是一种契约经济和法治经济。市场经济是契约经济，以签订合同时间为限，逆向选择是合同前的机会主义。这是因为私有信息的存在使人们在签订合同讨价还价前，有说谎的机会；许多行为的不可观察性和不可证实性，又给人们提供了签订合同后行骗的机会。因此，透明的信息和有效的信息传递是合同履行和交易完成的基本保证。当然，收集和传递信息是有成本的，这就是通常所说的交易费用。因而在实际经济生活中，人们创造了许多节约交易成本的做法，品牌就是一种树立产品信用的手段，一种节约交易成本的方法，一种通过商誉的激励措施。可以说，契约和信用是市场经济中的通行证，信息传递是建立信用的基础。

“信用本质上是一种产权关系……好的信用制度意味着相对稳定、明晰的产权获得法律的保障。”① 这说明，一方面，信用的形成以明晰的产权为基础；另一方面，好的信用必须有一个强有力的法律保障。

3. 法治性——法治经济（市场经济的运行保证）

市场不会出现于真空中。由于人的自利性和机会主义倾向的存在，为了确保竞争是公平和有效的，必须制定各种严密的法律来保护交换中权利的落实。法律的最终目的就是要使以信用为基础的商品交换井然有序、有条不紊。从本质上讲，法律就是要保护所有权，保护所有权的实施与执行。明晰产权很重要，保护产权更重要。在一个市场经济体制的国家，要制定的法律众多，安德斯·阿斯伦德在一篇文章中指出必须制定的法律有 30 个左右。其中最重要的是②：

① 党国英：《经济学家如何理解诚信》，载《南方周末》，2002-06-06。

② 转引自 A.J. 伊萨克森等：《理解市场经济》，95～96 页，北京，商务印书馆，1996。

- 贸易法，强调自由竞争
- 有关所有权的法律，保障财产权
- 反垄断法
- 股份有限公司法
- 合作社法
- 私营企业法
- 土地所有权法
- 知识产权和专利权法
- 股票交易法
- 簿记和审计法
- 私有化法
- 税法
- 银行法
- 破产法
- 海关和外贸法
- 有关外国购买本国企业取得所有权的法律

上述法律，归纳起来有三个方面：一是保护财产的法律，如民法、商法、知识产权和专利权法（包括宪法）。中国是一个没有法人文化的国家，其原因主要是我国传统上对私人产权的保护不力，即使现在，我国宪法和民法对私人财产的保护规定也相当不完善，甚至是空白。① 民法对于市场经济，就是市场自由竞争的基本规则。② 黑格尔在其早期著作中也指出，在近代国家中，保障财产安全是整个立法的关键（法律的三大门类为民商、刑治和宪政），公民的大部分权利都与此有关。从根本上说，保护公民产权的法律，即“明确界定和良好执行”的“产权系统”，是充分发挥公民自由创造财富能力的保障，是提高综合国力的最重要的基本建设。③ 二是保障市场经济有序进行的法律，如反垄断法、股份有限公司法、合作社法、私营企业法、股票交易法、簿记和审计法等。三是企业破产和整顿的法律。破产能保护债权人的利益，使破产企业的资源被释放出来（同时会造成失业）；另一方面，破产对人有教育作用，可以使企业中的相关利益者形成一种监督机制，给经营者和所有者（包括职工）带来压力，将无效率的企业减少到最低限度。在市场经济中，每年约有 2%～6%的企业破产，其中绝大多数是小企业和新建企业。④

由此，我们可以得出一个基本的结论：明晰的产权、有效的信息传递机制（可靠的信用体系）与契约约定方式和完善的法律制度（产权的保护机制）是市场经济运行的基本特点，而会计在明晰产权、确认产权权利与义务、传递信息、完善法律约定等方面起着重要的作用。

---

① 我国《民法通则》只是一部非常粗略的民法，其中最重要的《物权法》直到 2007 年才正式颁布。

② 纪坡民：《产权与法》，5 页，北京，三联书店，2001。

③ 同上书，142 页。

④ A. J. 伊萨克森等：《理解市场经济》，91 页，北京，商务印书馆，1996。

三、会计在市场经济中的作用

现代会计的形成和演变是在市场经济不断发展的过程中进行的[①]，其作用是通过会计系统提供的信息，使交易双方更好地相互了解，减少交易风险，提高交易（包括生产）效率和交易的公平性，从而提高整个市场运行的效率和公平性。

在市场经济中，我们要先明确，谁是会计信息的关注者或使用者。在产品市场、劳务市场和资本市场中，企业自身是会计信息的最大需求者，同时包括与之进行交易的相关客户（其他企业）。第二类是资本市场的资本提供者（包括投资者和债权人）、从事证券经营的证券分析师等相关人员，以及劳动市场中的职业经理人和其他劳动提供者。第三类是审计人员，因为会计信息最初是由企业自己加工出来的，如何保证其客观、公正、中立，需要审计师的评估和鉴证才有说服力。第四类是政府等部门（如税务部门），政府依靠企业提供的信息征税，并进行宏观经济调控。下面分别论述会计在市场经济中的作用。

1. 明晰产权

在会计学原理中，我们已经熟悉了复式簿记的基本会计等式：资产＝负债＋所有者权益。这一等式的基本功能就是对一个企业的资产进行产权界定，它明确告诉报表的阅读者与使用者：一个企业的资产，有多少是投资者出资的，有多少是债权人的。它向我们提供了一个基本的分析工具——资产负债率，这是企业的交易对象十分看重的一个经济指标，通过这一指标可以分析企业的风险程度。

在市场经济中，界定、明晰产权是一项浩大的工程，契约、惯例、口头约定、社会习俗、道德、法律等都在完成这项工作中起着各自的作用，会计更是在这项工作中起着不可估量的作用。德国社会学家马克斯·韦伯和历史学家桑巴特曾高度评价复式簿记。前者指出，资本主义的现代组织是与这两个因素分不开的：一是企业从家庭中分离出来；二是产生了合理的簿记（即会计，下同）。后者则更是提出，不论是资本主义促进了簿记的产生，还是簿记促进了资本主义的产生，总之，资本主义的产生与发展离不开簿记。[②]

正是由于会计对企业产权的界定和明晰，降低了企业的交易费用，促进和改善了企业交易的效率，企业的规模越来越大，创造的财富也越来越多。现在，进入世界 500 强的大型公司创造的产值富可敌国。2014 年世界 500 强前三位的营业收入分别为：（1）沃尔玛 47 629 亿美元；（2）荷兰皇家壳牌石油公司 45 960 亿美元；（3）中国石油 45 720 亿美元。

2. 提供生产决策依据

追求利润是生产最原始和最永恒的动力之源。从一个简化的公式“利润＝销售价格－生产成本”可以得知，生产者要实现利润，产品的生产成本一定要小于

---

① 现代会计的发展与我国会计的改革历程，请参见本系列教材《会计学原理》第 1 章和《中级财务会计》第 1 章的有关内容。这里所提到的现代会计，主要是指以现代公司为对象的公司会计。

② 贝克奥伊：《会计理论》，11 页，上海，上海财经大学出版社，2004。

其销售价格。知道在一个完全竞争的市场中，销售价格是给定的，这样，生产者最关注的就是对生产成本的控制。会计最本源及最基本的作用就是为企业生产服务，它主要是为企业的生产和决策提供依据。会计的这一目标主要是针对企业自身的。

具体来讲，针对内部需要，会计能够起到如下作用：

- 如果市场没有相应产品的价格，生产成本数据就是企业定价的依据；
- 如果将企业所有的生产活动按部就班地进行，企业必须制定系统的计划和预算，将企业的目标层层分解和落实；
- 对生产过程进行控制，例如，对原材料（或产成品等）进行定期检查，以防止原材料因短缺而停工，或因储存过多而浪费成本；
- 对生产成本进行控制，避免生产成本（人工、材料和相关费用）超标；
- 检查不同部门的经营业绩，落实与兑现奖励措施，以提高员工的积极性；
- 对企业制度和资源的使用效率进行经常性评估，防止舞弊，提高企业资产的使用效率；
- 研究产品（顾客需求）的成本动因，根据成本动因设计企业生产流程，设置岗位和制度，保证企业经营活动的合理性、功能的最大化和成本的最小化；
- 对短期和长期投资进行预测，进行科学的可行性分析，提高投资的效率，等等。

内部会计是随着工业化的进程、管理科学的进步、企业规模的不断扩大而逐步发展和完善的。

3. 传递信息（决策有用性与受托责任）

如果为企业生产决策服务的会计是满足内部需要的内部会计，那么，会计作为一个信息系统，向企业外部提供信息用于满足决策有用和评估受托责任的需要则是外部会计。外部会计是随着劳动市场和资本市场的出现而产生的。

与产品市场不同，劳动市场和资本市场都是生产要素市场，交易的合约均为长期合约。在产品交易合约中，因为期限较短（当然，也有长期的期货合约），双方对各自的权利与责任的约定都可以比较具体和完备。但在一份一年或一年以上的劳动合约中，由于对未来不确定性因素无法准确预计，合同约定只能是不完备的，需要随时进行适当的调整。合约的履行和合约的调整就是根据相关的信息特别是会计信息来进行的。同时，在一份长期合同中，信息是建立企业和劳动者信用的基础。

劳动市场和资本市场的连接点是现代公司（包括有限责任公司和股份有限公司），一方面，企业是劳动和资本的需求者；另一方面，一般劳动者包括普通工人、技术和其他专业人士、职业经理人等是劳动的供给者，个人、家庭、金融机构、相关组织等是资本的供应方。当企业把双方结合起来时，结合的黏合剂就是信息，特别是企业的资产状况、经营成果和现金流量等财务会计信息。这时，会计作为一个信息系统发挥着重大的作用。

从投资者（包括债权人，下同）的角度看，投资前最关注的是自身投资的风险和回报。如何评估一项投资的风险和回报，关键是了解企业的资产状况、经营成果和现金流量等财务会计信息。所以，企业的财务会计信息就是投资者进行投资决策的依据。向一个企业投资并不是一项投资活动的终结，投资后，投资者还要时时关注企业的经营状况，投资者可以根据企业提供的财务会计信息随时作出投资的调整——证券的买卖。证券市场（如股票市场和债券市场）就提供了这种便利。因此，企业对外提供的企业财务信息越相关、及时和透明，投资品（股票和债券）的价格就越真实，资本市场就越活跃，企业的筹资就越便利，越能促进企业的发展，从而形成一个良性循环；否则就会出现一个相反的局面。

从劳动者特别是职业经理人（以下以职业经理人为例）的角度来看，关注的焦点是自身劳动的回报。由于劳动者的禀赋和能力的差异，一般而言，以劳动时间来确定劳动报酬准确性差，不容易调动劳动者的积极性。而以劳动成果来确定劳动报酬就能够起到很好的激励效果。职业经理人劳动成果的计量是一个比较复杂的问题，他们的劳动成果不像一般劳动者可以直接通过生产的产品、提供的劳务等来确定，其劳动本身又无法直接观察（比如一个饭店的服务员，他站着不动，我们可以说他在偷闲；他端茶递水，就说他在劳动）。这时，我们就通过企业的经营业绩来间接反映职业经理人的劳动成果。会计就是通过提供企业的资产状况、经营成果和现金流量等财务会计信息，来向投资者反映职业经理人接受合约后的劳动成果，并据此来兑现经理人的劳动报酬。这种信息越可靠、越完整，就越能反映经理人的实际能力，越能起到激励的作用，劳动价格的确定就越准确，企业就能够招聘到所需要的人才，企业的经营与发展才更有保障。

我们每个人都有过写个人总结的经历（比如个人简历），在总结时都会有一种扬长避短的趋向。企业会计信息的加工是由企业自己的会计人员来完成的，会计人员是由企业经理人员招用的。在技术规范上，会计人员遵循一般会计程序和会计准则（或制度）的规定，但大的原则上，却是要遵循经理人员的意见，因为从某种程度上讲，企业的会计信息就是对经理人员劳动成果的总结。为了避免企业总结时这种扬长避短的趋向，投资者需要更中立、更客观的会计信息。这时，一个解决之道就是由独立于经理人和投资者的第三方——审计师或注册会计师——对企业自身提供的会计信息进行评估和鉴证，并出具审计意见。如果我们去购买电视机，但不具备对其质量进行鉴别的专业知识，依据的是电视机机身上标识的质量等级，如特等品与一级品分别支付不同的价格，这时我们相信质检员给出的质检结果。如果媒体报道市场出售的猪肉都是由添加了对人体有害的瘦肉精喂养的，那么，消费者的反应就是不吃猪肉，除非权威部门认定现在市场上销售的已经不是这种猪肉了，否则，猪肉柜台就不会有生意。与此类似，资本市场上会计信息的真实性是保证其健康运行的前提，而会计信息真实性的保证又依赖于审计师工作的独立、客观与公正性。

政府也是会计信息的一个主要需求方。一国的治理是靠政府来进行的，而政府运行的费用来源于国家税收。征税的主要依据是企业的销售额、营业额和利润额等数量指标（当然也包括个人所得税和财产税等），这些数据都是由企业会计记录和会计处理系统加工出来的。另外，即使在市场经济体制中，政府也有调节经济的功能，纯粹的市场经济是不存在的，因此，政府需要了解企业运行情况，通过对这些数据的整理、综合和分析，有针对性地从宏观上对经济进行宏观调节和管理。

最后，对企业会计信息的需求是多方面的，除了上面提到的，还包括普通的消费者。比如，我们去购买汽车，即使价格再低，也不能购买濒临倒闭的企业生产的汽车，因为买完后需要维修保养，就很难再找到零配件。也包括在读的学生和财务会计理论研究人员，通过对上市公司公布的财务报表进行分析，提高专业学习与分析能力。要对所有的信息需求者一一列举不太可能，随着学习的深入，我们会知道有更多的会计信息的需求者。

4. 完善法律约定

会计和法律都在对产权进行确认和约定，但是两者的确认和约定有所不同。在大多数情形下，会计是根据法律的约定来记录企业的产权的。比如在《企业会计准则（2006）——基本准则》中，企业资产是这样定义的："资产是企业过去的交易或者事项形成的、由企业拥有或控制的、预期会给企业带来经济利益的资源。"法律上的产权界定是拥有完整的所有权，上面的定义中，会计也是根据这一标准对资产进行确认的，即企业"拥有"一项资产。但同时又看到，会计在确认企业的一项资产时增加了另一个标准，即"控制"。这是根据会计所遵循的一个基本原则——实质重于形式——来确定的，这里的"实质"，是指资产所产生的报酬主要归谁和风险主要由谁承担，就由谁来确认该资产。比如，一项融资租赁固定资产，因为承租方承担该资产的主要收益和风险，所以即使法律上所有权是属于出租方的（只有完成支付最后一笔尾款后，所有权才最终转移，比如，按揭购房，最后一笔款支付前，房屋产权是银行的，所以之前房产证一直抵押在银行），但在会计上由承租人确认该项资产。

所以可以这样说，会计对产权的确认是以法律形式为依据的，但不仅仅以法律形式为依据。在《企业会计准则第 22 号——金融工具确认和计量》中，金融工具的定义为："形成一个企业的金融资产并形成其他单位的金融负债或权益的合同。"这个定义初看可能比较令人费解，但从法律的角度去解读就很容易理解，拥有一项产权，表明拥有这项产权带来的权利；承担一定的责任，则表明要确认一项负债。相应地，金融工具作为一份合同，如果这份合同给你带来的是权利，就要确认为金融资产；如果是一项责任，就确认为金融负债；如果带来的是一项权益，就确认为权益工具。

还需要说明的是，在法律上认定一项产权的归属更多是一种形式上的，而要从经济实质上去认定一项产权的归属或转移，则要复杂得多，这主要是因为现代经济业务变得越来越复杂。比如，重大疾病的保险，从保险公司的角度来看，同一险种收到的保险金（权利）是相同的，但承担的责任（实际支付）却是千差万别的，支付的时间和支付的金额都不一致。这种例子在现代经济生活中越来越普遍，如票据贴现、担保、产品质量保证、衍生工具等。会计从权利与责任的经济实质来进行产权的确认，从更细致的角度对产权带来的风险与报酬进行确认和计量（如《企业会计准则第 23 号——金融资产转移》），就是对抽象的法律在产权确认方面的一个完善。只有对权利与责任所带来的风险和报酬进行更细致、更充分的界定、确认和计量，才能对产权进行更有效的保护，提高相关的产品（如衍生工具和风险管理）市场的运行效率。这是会计不可忽视的一个重要作用。随着知识经济的发展、全球资本一体化及竞争的加剧、对产品风险管理的加强等，这种作用将越来越突出。

第2节 会计准则——原则导向与规则导向

一、会计准则的原则导向与规则导向辨析

前面提到，市场经济的核心是商品交换，而交换的关键是交易双方在交易对象的价值认定上达成共识。这时需要交易各方共同认可的计量规则。会计规则是商品价值计量规则中最重要的计量规则之一。大体上，根据会计准则的特点，可以把会计准则分为两种导向：一是原则导向；一是规则导向。前者以国际会计准则委员会（IASC）的国际会计准则为代表，准则制定得比较宽泛，强调准则的基本原则，在很大程度上依靠会计人员和审计人员的职业经验对经济业务的实质进行认定，最后选择恰当的方法进行确认、计量和报告。后者以美国的公认会计原则为代表，准则的针对性强，各种会计方法及适应条件规定得非常具体细致，设置众多的界限，缩小会计人员判断和选择的空间。

会计规则的制定并不是一件简单的事情，在《中级财务会计》中，我们回顾了美国会计准则的制定历程，其准则制定机构一直饱受批评，根本的问题是准则的制定要获得交易各方的接受是一件十分困难的事情。从会计程序委员会（CAP）到会计原则委员会（APB），再到财务会计准则委员会（FASB），为了应对外界的批评，其所制定的会计规则不断细化，越来越复杂和例外增多，这种准则就是我们所指的规则性准则。从美国准则制定的三个发展阶段来看，我们注意到一个现象，准则制定机构在准则制定中介入得越来越深，从对各种问题提供“充足权威支持”到对会计实务的处理表明自己的意见和观点，再到对会计处理提供详细的准则、指南、解释等。[①] 因此，美国公认会计原则组成了一个庞大的体系（见图1—2）。

公认会计原则（GAAP）			
第一级	FASB 准则公告、解释和观点	AICPA 会计研究公报	APB 意见书
第二级	FASB 的技术公告	AICPA 的立场公告	AICPA 的行业审计与会计指南
第三级	FASB 的紧急问题任务小组研究报告		
第四级	FASB 的执行指南	AICPA 的会计解释	普遍认可或接受的行业实务处理

图1—2 美国公认会计原则层级图*

*实际上，构成 GAAP 的内容还包括 SEC 的会计系列公告、FASB 的概念框架、AICPA 的问题研究、IASB 的 IFRS、其他专业学会和机构的公告、AICPA 的技术实务部的技术问题、会计教材与手册、相关论文等。

资料来源：FASB：*SFAC No.* 162：*The Hierarchy of Accepted Accounting Principles*，Par3-5，2008.

① 截至2009年6月，美国会计准则制定机构共发布51份“会计研究公报”（ARBS）、4份名词公报、31份“意见书”（APB'S Opinion）、168份“财务会计准则公告”（SFAS）、7份“财务会计概念公告”（SFAC），以及大量的解释公告（FASB'S Interpretation）、观点（FASB'S Staff Position）、技术公告（FASB'S Technical Bulletin）、紧急问题公告（FASB'S Emerging Issues Task Force）、应用指南（FASB'S Implementation Guide）等。

虽然美国证券委员会（SEC）极力通过规则性准则的制定来缓解经营者侵害所有者利益的行为，但由于规则性准则自身的漏洞和局限，这一做法不仅没有起到应有的作用，反而加大了该问题的严重性，最终导致安然公司、世界通讯等一系列会计丑闻事件的发生。安然事件后，美国国会随即颁布了《2002年公众公司会计改革和投资者保护法案》（又称《萨班斯-奥克斯利法案》），该法案第108节中明确要求SEC将财务报告体系改用以原则为基础的会计准则进行研究，并在一年内向国会等部门提出研究报告。2003年7月，SEC提交了《按〈萨班斯-奥克斯利法案〉第108段对美国财务报告体系采用以原则为基础的会计制度的研究报告》（以下简称报告）。规则性准则越来越复杂，例外增多，使得准则本身的漏洞和局限凸显，为一些贪婪的管理者提供了可乘之机，引发安然等一系列会计造假事件的发生。这也是美国国会要求SEC改用以原则为基础的会计准则（以下简称原则性准则）的重要原因。

至2009年6月，FASB颁布最后一个第168号准则公告后，美国会计准则以汇编的形式出台，不再以其他形式出现，正式标志美国会计准则从规则型导向向原则型导向转变。①

另外，根据美国SEC的会计准则趋同路线图，从2015年起，美国GAAP开始与国际财务报告准则实现全面趋同。②

二、规则性准则的漏洞和局限

规则性导向的根本目的是一一对应原则，一种业务对应一种规定，一种特例对应一种特殊的规定，从而缩小会计人员的选择空间，增加会计处理的一致性。这种准则的主要特征是例外事项和界限的存在，这些界限将导致非常详细的补充指南，而且这些指南中往往又含有更多的界限，以缩小企业估计判断和会计选择的空间。现代经济业务的多变性和复杂性导致规则性准则不断增多，表面上看，这种做法试图做到经济业务与会计规则一一对应，但实际上，规则性准则的漏洞却越来越突出，具体表现为：

（1）有太多的界限检验，企业可以通过“业务安排”和“组织设计”轻而易举地逃避准则的约束，或者仅仅遵循这些字面的东西，而忽视准则的实际精神；

（2）有众多的原则例外，依据这些准则会导致会计处理不注重交易的经济实质；

（3）有庞大详尽的应用这些准则的操作指南，容易造成准则应用的复杂性和不确定性。

由于规则性准则存在上述缺陷，如准则所特有的众多的例外和大量的详细指南，经常导致准则运用的不一致；准则可能包含着相互冲突的指南，导致报表编制者和审计师对运用适当的文献规定有不同的看法，对于类似的交易，不同的公司可能有不同的会计处理；通过界限检验来标明各种例外为财务设计者获得满意

① 美国会计准则汇编（ASC）形式与结构，请参见本教材学习指导书附录。

② 但从实际情况看，由于会计准则背后巨大的经济后果，可以预计，美国GAAP和IASB的IFRS在短期或更长期的时间内不太可能趋同。

的会计结果提供了方便，这种财务设计的结果就是实际上相同的交易可能得到非常不同的会计结果。最严重的问题是，规则性的准则容易形成这样一种文化：规则没有明文禁止的，就是对的。这种文化极易诱导人们只注重交易的形式，而不关心交易的实质，独立的专业判断让位于机械地套用准则。①

另外，在验证财务报表编制的适当性时，要求审计师按照会计准则的标准对财务报表是否反映企业的经济状况做出恰当的判断。规则性准则旨在通过制定能够预见各种可能情况的复杂、完全清晰的规则，来尽量减少会计实务中的判断成分。然而，要使判断最小化或者被消除是不可能的。因此，规则性准则的局限性又表现为：

（1）准则制定者不能充分地识别出会计准则必须适用的各种商业情况，因此制定足够精密的会计类别以使其在碰到的各种情况下都达到最佳，实际上是不可能的。现实情况是，会计准则制定越严格、详细，对提供报表公司实际情况的适用程度也就越低。

（2）过于详细的会计准则不能利用公司一线职业经理人、会计人员、审计委员会成员、审计师所掌握的与公司相关的知识，而正是他们在进行各种判断和抉择，不能用过于详尽的规则性准则来剥夺本属于经理、会计人员和审计师的权利。

（3）在运用会计准则和对会计准则的运用进行审计时，要完全消除判断是不可能的。会计准则若是以消除判断为标准进行编写，不仅会引起不必要的支出，还会导致监管不当。即便是再复杂的会计准则，也不能代替财务报告过程中的职业操守和责任的基本要素。由于经营者掌握其他人所不能了解的更多信息，能对所面临的各种特殊情形做出迅速的反应，因此，规则性准则的制定不仅是低效率的，而且容易引发企业的经营者利用规则型准则的漏洞来进行财务设计以获得预期的会计结果。由于上述原因，SEC 决定将美国的准则导向由规则性转向原则性。

三、原则性导向的实质

理解准则的原则性导向，可以从法律的“诚信原则”中得到启示。诚信具有“黄金原则”和在民商法中“帝王条款”的重要地位。诚信原则“指社会经济活动当事人在从事经济活动时，应从善意出发，正当地行使权利和承担义务，以维持人与人之间及与社会利益之间的平衡关系”②。在这里，善意是一个重要的概念，它一般没有非常明确的定义，表示一种优良品质，包括诚实的信念、非恶意、不存在欺骗或追求不合理好处的目的。

诚信原则最早起源于罗马法的诚信契约和诚信诉讼。在罗马法中，诚信契约与严正契约是对应的。与严正契约相比，诚信契约对当事人提出了更高的要求，即当事人不仅要承担契约规定的义务，同时要具备善意和诚实的主观心理。诚信契约要求起着补充契约条款不足的作用，而诚信诉讼起着维持商品经济所要求的公平的作用。罗马法的这种做法后来为《法国民法典》和《德国民法典》所继

① 黄世忠：《2002 安然丑闻及其审计》，见《后安然时代》，北京，中国财政经济出版社，2003。

② 曾庆敏主编：《法学大辞典》，1156～1157 页，上海，上海辞书出版社，1988。

承。《德国民法典》第242条规定："债务人应按照诚实信用原则所要求的方式，并顾及一般的惯例，履行义务。"这一条款作为一条"法律的道德原则"，在整个德国法律中处于支配地位。① 由于这一条款在实际运用中的尺度把握比较困难，它更多是为法官提供一个价值判断的依据。根据该原则，会增加一些当事人的新义务，甚至包括契约履行后的义务②，而这正是立法者制定这一条款的目的。这些义务包括注意义务、监督主债务履行方法和方式义务、保证履约的义务、合作的义务，以及告知和说明的义务等。这一原则还要求契约当事人不得实施导致对方契约利益消失或明显减损的行为。③

此后，很多国家都将诚信原则作为整个民商法的"超级调整规范"。1907年《瑞士民法典》将第2条中诚信原则的范围扩大到一切权利行使和义务履行，规定"无论任何人行使权利、履行义务均应依诚实信用为之"。日本虽然1947年才将诚信原则写入民法典中，但适用这一原则的判例已经有500件之多。不仅很多国家都将诚信原则作为整个民商法的"超级调整规范"，甚至扩大到公法领域，使诚信原则逐渐成为整个法律的基本原则。④ 早在1936年，德国帝国法院就在一项判决中明确表示："诚实信用的原则，对于一切法律界，且包括公法在内，皆得适用之。"

因此，借鉴法律运用诚信原则的做法，反映经济实质应成为一般通用会计规则制定的最高原则。准则制定者制定一项准则要抓住所规定交易或事项的经济实质，并以有关交易或事项的经济实质来决定准则的变化范围。一旦准则的制定者成功地界定了准则的最佳范围，它就制定了没有例外和界限的准则，同时显著地增加了此会计准则使会计处理更忠实地记录有关类型的交易或事项实质的可能性⑤，进而也减少了那些希望进行财务设计的人在制度上"押宝"的机会。

审计师是原则性准则实施的一个重要保证。审计师在一定程度上扮演着法官的角色，它要对企业经营者提供的财务报告是否如实地反映了交易或事项的经济实质进行最终的判定，给出基本的结论。这样，在以原则为基础的会计准则的运行中，审计师的地位就更加重要和突出了。一方面，要加强审计师的权威性和独立性；另一方面，要加强对审计师的监督和管理。美国国会颁布的《萨班斯-奥克斯利法案》的一个核心就是要解决这些问题。例如，成立公众公司监督委员会（法案第一章）就是要解决审计师的监督和管理，具体规定有：加强对会计公司的审计、质量控制，加强对会计公司的检查和惩戒力度等；再如该法案的第二章就是要解决审计师的独立性这一问题，具体规定有：限制审计执业范围，对负责审计的合伙人实行轮换制等措施。⑥

---

① 霍恩等：《德国民商法导论》，147～148页，北京，中国大百科全书出版社，1996。

② 例如，出租房屋给一个诊所，房东必须允许已经搬走的诊所在一定时间内张贴地址变更广告。

③ 如某地产商因其地皮视野极佳而高价出售该地皮，那么该地产商就不得在其相邻的地皮上修建可能破坏该地视野的建筑物。

④ 刘茵：《论市民社会中的诚信与法治》，见《诚信与法治》，北京，中国工商出版社，2002。

⑤ FASB制定第141号会计准则取消APB第16号意见书中权益集合法的做法，就是以原则为基础确定准则最佳范围的一个例子。

⑥ Sarbans-Oxley Act of 2002，title Ⅰ & title Ⅱ.

我国《企业会计准则》第 16 条规定，企业应当按照交易或者事项的经济实质进行会计确认、计量和报告，不应仅以交易或者事项的法律形式为依据。这一会计信息质量原则的确定，就是基于上述考虑。

四、原则性准则的框架

在 SEC 看来，最佳的原则性准则的会计体系应包括一个关于主要会计原则的简明扼要的陈述，在这些陈述中，会计目标是会计原则的一个重要组成部分，并很少有（如果有）与这些原则例外或矛盾的地方。此外，准则应根据交易的种类和实质提供足够的实务指南而应避免界限检验。最后，此准则还应符合并且来源于具有一致性的财务会计概念框架。①

为此，SEC 对公认会计原则的结构进行了重新排列（包括权威文献和非权威文献两个部分），突出了会计概念框架的地位。权威方面的文献包括：

第一层次，财务会计准则委员会的概念框架；

第二层次，财务会计准则委员会的准则，如财务会计准则公告和解释、会计原则委员会的意见书和会计程序委员会的会计研究公报；

第三层次，紧急问题小组的一致意见和财务会计准则委员会工作人员的立场公告。

非权威文献主要包括行业团体的立场及资深的专业组织和实体的立场。②

将财务概念框架提升到会计准则的第一个层级，表明 SEC 对财务会计概念框架的高度重视。在 SEC 提出的以目标为导向的会计准则中，职业判断大大加强了，而职业判断除了遵循反映经济实质这一最高原则外，更具体的依据就是财务概念框架，也即会计目标、会计信息质量特征、会计确认与计量和报告的基本原则。大体上，一般通用会计规则包括财务会计概念框架、具体实施的准则和指南、临时问题和特定问题的紧急公告。

由上可以看出，会计基本理论（财务会计概念框架）对会计人员或审计师进行职业判断具有十分重要的意义。

第 3 节　高级财务会计的特点、结构与致学生的建议

一、高级财务会计的特点与结构

一般而言，中级财务会计讲述的是通用财务报告的编制，针对一般企业的基本经济业务。而高级财务会计则是讲述中级财务会计所没有涉及的一些内容，这些内容的特点可以用三个字来概括，即难、特和新。

---

① Study Pursuant to Section 108 (d) of the Sarbans-Oxley Act of 2002 on the Adoption by United States Financial Reporting System of a Principles-Based Accounting System. Ⅰ. c.

② 同上，Ⅳ. c。

“难”体现在会计处理的复杂性上,一般认为,高级财务会计中存在三大难点:合并会计、外币业务与外币报表折算和物价变动会计,随着衍生工具的大量出现,衍生工具会计成为高级财务会计的又一大难点。[①]

“特”主要体现在两个方面,一是特殊组织会计,如合伙会计、政府与非营利组织会计;二是特殊业务,如企业重组与破产会计、遗产与信托会计等。

“新”则体现在一些前沿领域,如人力资源会计、绿色会计(又称环境会计)、社会责任会计等。

教材的一个约定俗成的写法是将在理论研究中已经形成比较一致的观点、在实务中已经有了相应的制度规范的内容进行阐述。由于高级财务会计本身带有一些探索的色彩,一些编者可能将还处于争议阶段的内容纳入高级财务会计中,而另一些编者则不采用这种做法,因此导致我们看到的高级财务会计的体系出入很大。本教材采用一种稳健的做法,没有将还存在争议的内容包括进来。

高级财务会计的基本结构参见图1—3。

二、致学生的建议

鉴于上面提到的高级财务会计的难、特、新等特点,要真正学好这门课程,不是件容易的事情。下面提几条建议,帮助同学们更好地学习这门课程。

(1)细心。会计是一项十分细致的工作。无论哪门会计课程,课后的作业都要做到细心、认真,才能确保最后的结果正确。高级财务会计尤其如此,这是因为高级财务会计的作业难度大,每一题的工作量又特别大,比如合并报表的编制、衍生工具的会计处理和外币报表的折算等,因此,做每一题的每一步,都要求认真、细致、循序渐进,只有前面的结果正确了,最后结果的准确才有保证。同时,只有一次次得出正确的结果,才能树立学好高级财务会计的信心。

(2)关心。高级财务会计涉及难点和特殊业务,这些业务又是变化最大的,因而规范这些业务的会计准则的调整也相对频繁,所以我们要时时关注这些准则的变化。另一方面,由于我国市场经济还相对落后,很多国外已经开展的经济业务在我国只是刚刚开始,或者根本没有,因此,相应的会计准则也就规定得相对简单些,如金融工具的确认和计量、套期保值等,这种情况下,我们就要关注IASB和FASB制定的相应准则,包括这些机构在准则制定方面的新动向。

(3)用心。高级财务会计中很多会计处理不像其他会计课程能够一目了然,需要多思考才能理解其中的道理,而其中一些处理又特别复杂,如果不能理解其中原理,死记硬背不是长久之计。比如,长期股权投资中成本法与权益法的区别,合并会计中主体观与母公司观背后的理论基础等。所谓“知其然,知其所以然”,就是说学习中不是简单地掌握一种程序和方法,而是要领会程序与方法后面的要点。只有这样,我们才能理解准则制定机构为何对一项经济业务如此制定会计规则,并且对新的经济业务,能预测其将会制定怎样的规则。

① 我国著名会计学家常勋教授1999年出版专著《财务会计三大难题》,2002年又出版一本名为《财务会计四大难题》的专著,就反映了这种变化。

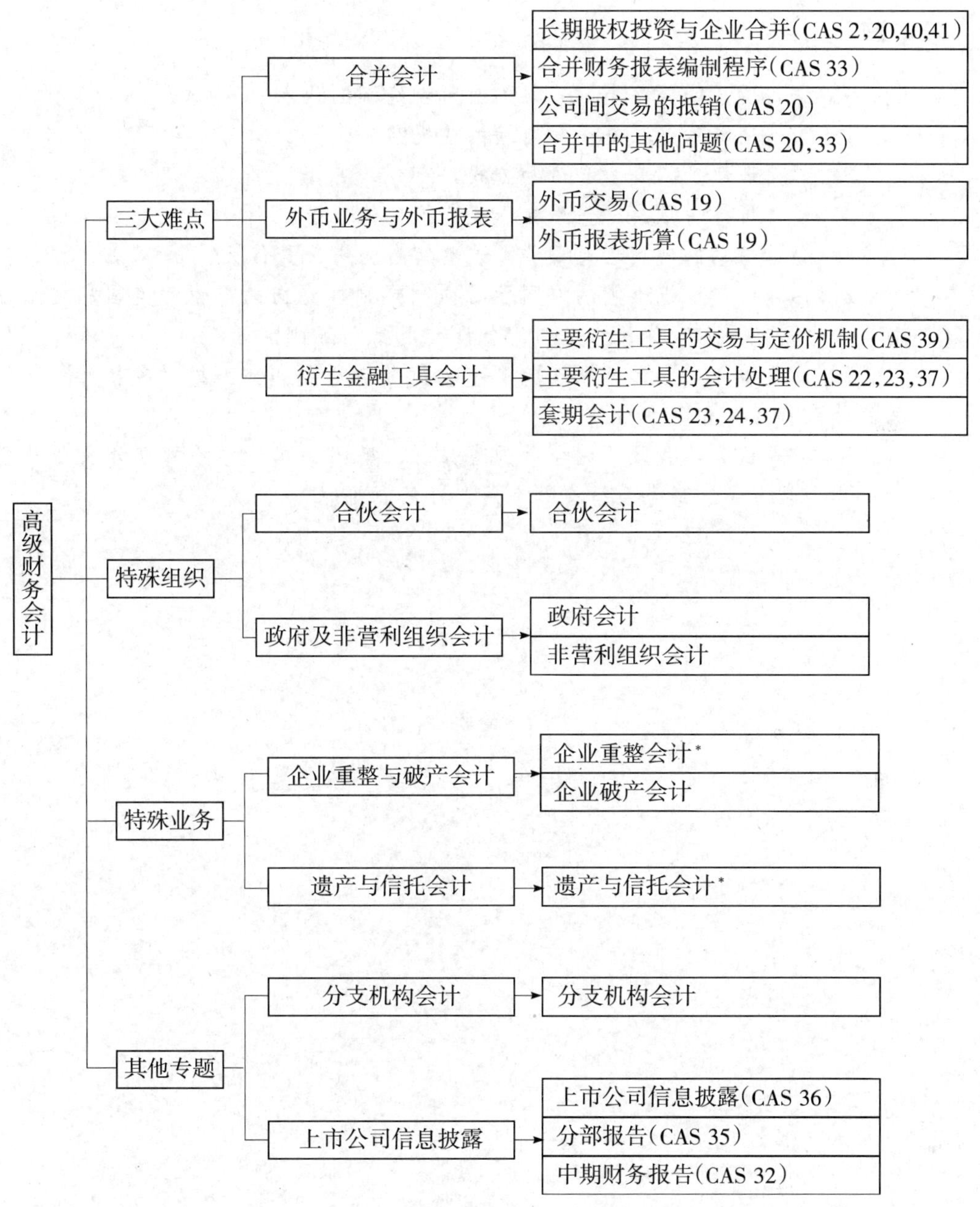

图 1—3 高级财务会计课程结构

*本版目前还没有这部分内容，时机成熟后我们会增补这部分内容。

会计准则的原则性导向已经成为一种趋势。比学习相关会计准则更重要的是对经济业务的实质进行判断。要具备这种判断能力，基本会计理论的学习必不可少。

思考题

1. 结合所学的经济学，谈谈你对市场经济的认识。

2. 为何明晰的产权是商品交换的前提？

3. 如何理解产权是一种激励方式？

4. 谈谈价格、信息、信用在市场交换中的作用。

5. 会计信息的使用者有哪些？这些信息的用途是什么？

6. 你是如何认识准则的原则性导向和规则性导向的？为何美国从规则性导向转向原则性导向？你认为中国的会计准则属于何种导向？

7. 简要叙述“会计学原理”、“中级财务会计”和“高级财务会计”三门课程的体系、区别和联系。

8. 有人认为，我既不到会计师事务所、集团公司，也不到涉外企业从事会计工作，学习高级财务会计有什么用？你的意见呢？

第2章

长期股权投资

本章结构

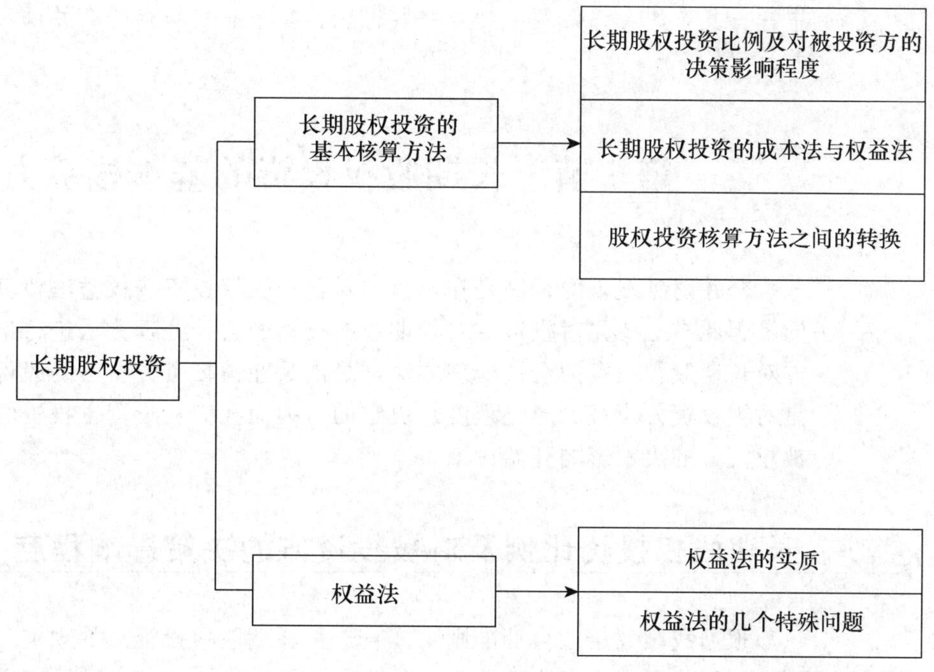

长期股权投资
长期股权投资的基本核算方法
长期股权投资比例及对被投资方的决策影响程度
长期股权投资的成本法与权益法
股权投资核算方法之间的转换
权益法
权益法的实质
权益法的几个特殊问题

本章要点

- 不同长期股权投资比例与相应的会计核算要求
- 成本法
- 权益法
- 公允价值法、成本法与权益法之间转换的处理
- 权益法下的特殊问题
- 合营安排的会计处理

合并财务报表的编制是高级财务会计新三大核心问题中最重要的一个，从本章开始分五章专门讲述这一问题。本章首先讨论投资方对长期股权投资的基本核算方法；接下来论述企业合并的基本方式及会计处理，合并财务报表编制的基本程序和方法，包括合并资产负债表、合并利润表、合并现金流量表和合并所有者权益变动表的编制；然后是对合并中的核心会计处理的讲述——母子公司间关联交易（存货、固定资产、往来款项和应付债券）的抵销处理；最后讨论合并会计中一些复杂的会计问题，如合并所得税、复杂股权结构的合并以及股权变动的合并处理。

第1节 长期股权投资的基本核算方法

合并财务报表的编制是在母公司对长期股权投资按权益法核算的基础上进行的，因此有必要先对投资方对长期股权投资的会计处理方法进行论述。由于投资方对长期股权投资的会计处理方法，是由其在被投资方所占的股份比例（其实质是对被投资方决策的影响程度）决定的，因而我们从投资方投资的股权比例及对被投资方的决策影响开始讨论。

一、长期股权投资比例及对被投资方的决策影响程度

根据我国《企业会计准则第2号——长期股权投资》的规定和国际通行的惯例，一般将股权投资比例分为三种情况：股权投资比例占被投资方有表决权股份的50%以上、股权投资比例占被投资方有表决权股份的20%～50%之间、股权投资比例占被投资方有表决权股份的20%以下。这三种股权比例背后隐含的实质是投资方对被投资方的决策拥有控制权、产生重大影响和无重大影响，最后一种情况，即持股比例小于20%并且不对被投资方经营产生重大影响的，将不在长期股权投资中核算，而在金融资产（交易性金融资产或可供出售金融资产）中核算。

当拥有被投资方有表决权的股份达到50%以上时，投资方被认为能对被投

资方实施控制①，即投资方有权决定被投资方的财务和经营政策，并据以从被投资方的经营活动中获取利益。这时投资方就称为母公司（parent corporation）或控股公司，被投资方则称为投资方的子公司（subsidiary corporation）或联属公司（affiliate）。有时，母公司、同一母公司的子公司均称为联属公司，这种结构则称为联属结构②。

控制可以通过拥有被投资方过半数的有表决权资本来获得：直接拥有被投资方过半数的有表决权的资本，或者间接拥有被投资方过半数的有表决权的资本，或者直接和间接拥有被投资方过半数的有表决权的资本。在拥有被投资方不过半数的有表决权资本时，控制也可以通过其他方式来获得：通过与其他投资者的协议，使其拥有被投资方过半数的有表决权资本；根据章程或协议，有权控制被投资方的财务和经营政策；有权任免董事会等类似权力机构的多数成员；在董事会或类似权力机构会议上有半数以上的投票权。

当拥有被投资方有表决权的股份在20%～50%之间时，投资方被认为能对被投资方的经营活动具有重大影响，即投资方对被投资方的财务和经营政策有参与决策的能力。这时被投资方称为投资方的联营企业（associated corporation）。这种重大影响可通过下列一种或几种情形来进行判断：在被投资方董事会或类似权力机构中派有代表；参与被投资单位财务和经营决策的制定过程；与被投资单位之间发生重要交易；向被投资单位派出管理人员；被投资方依赖投资方的技术资料。如果上述条件或情形都不满足，即使持有被投资方20%以上的股权，也不能认定对被投资方产生重大影响，因此不能在长期股权投资中进行核算，按一般金融工具进行核算。产生重大影响时，投资方的长期股权投资按权益法核算。

如果投资方所持股份小于20%，并且不能对被投资方的决策产生重大影响的，则采用公允价值法对股权投资按一般金融工具进行核算；如果持股比例达到或大于50%并且对被投资方决策实施控制的，则母公司按成本法进行核算，编制合并报表时再按权益法进行调整。

股权投资的核算方法具体参见表2—1。

表2—1　　股权投资（影响类型）与会计处理

分类	计价	核算科目	未实现持有利得或损失的报告	其他收益的报告
1. 无重大影响（<20%持股比例）				
a. 交易性	公允价值法	交易性金融资产	利润表中确认	股利在宣布时确认，差价在出售时确认

① 另外，还存在一种按合同约定对某项经济活动的共同控制，即按合同规定由投资双方或若干方共同控制一家企业的经营活动，被控制企业就称为合营安排。比如，A，B，C和D四家公司各出资25%组成一家E企业，E企业由上述四家出资方共同控制，E公司则为A，B，C和D四家公司的合营安排。合营安排又分共同经营和合营企业，合营企业的会计问题在下节讨论。

② 联属结构既包括对子公司直接控股的母子公司联属结构，也包括对孙公司间接控股的父—子—孙联属结构，还包括母子、子子公司间交叉控股的联属结构。

续前表

分类	计价	核算科目	未实现持有利得或损失的报告	其他收益的报告
b. 可供出售	公允价值法	可供出售金融资产	资产负债表中确认	同上
2. 有重大影响（20%～50%持股比例）	权益法	长期股权投资	不确认	按投资主体净损益的一定比例（持股比例）确认
3. 控制（>50%持股比例）	合并（成本法/权益法）	长期股权投资	不确认	不适用

接下来就对成本法和权益法进行比较分析。

二、长期股权投资的成本法与权益法

长期股权投资的成本法和权益法在中级财务会计中已经作过初步的介绍，这里通过一个例子进一步进行比较和分析。

例 2—1 珠江公司于 2013 年 7 月 1 日以 4 000 000 元（不考虑相关税费）购入丁企业有表决权的普通股，占丁企业普通股的 50%。丁企业 2013 年初所有者权益为 5 000 000 元，5 月发放现金股利 500 000 元，1—6 月已实现利润 1 000 000 元，假定购买时丁企业账面可辨认净资产等于其公允价值。2013 年度丁企业共实现净利润 1 800 000 元，2014 年 4 月丁企业宣布其中 20%用于发放现金股利；2014 年度丁企业宣布该年度净亏损 4 000 000 元，同时，净资产调增 2 000 000 元，其中，因可供出售金融资产期末市价上涨，其他综合收益调增 1 000 000 元。另外，丁企业因实施股票期权增加资本公积 1 000 000 元；2015 年度丁企业盈利 1 000 000 元。

针对珠江公司对丁企业的经营活动形成控制或者具有重大影响两种情况，珠江公司分别按成本法或权益法对这一长期股权投资处理如下（见表 2—2）。

表 2—2　珠江公司对丁企业长期股权投资按成本法和权益法处理的比较

日期与摘要	成本法	权益法
2013 年 7 月 1 日购买丁企业股票	借：长期股权投资——丁企业　4 000 000 　贷：银行存款　4 000 000 长期股权投资的初始成本小于投资时应享有被投资单位可辨认净资产公允价值份额时，不作调整。	借：长期股权投资——丁企业（投资成本）　4 000 000 　贷：银行存款　4 000 000 长期股权投资的初始成本小于投资时应享有被投资单位可辨认净资产公允价值份额时，要调整长期股权投资成本。

续前表

日期与摘要	成本法	权益法
丁企业宣布 2013 年度实现净利润	不确认	借：长期股权投资——丁企业（损益调整） 400 000 贷：投资收益——股权投资收益 400 000 投资企业在确认应享有被投资单位净损益的份额时，应以取得投资时被投资单位各项可辨认资产等的公允价值为基础，对被投资的净利润进行调整。
丁企业宣布发放 2013 年度股利	借：应收股利——丁企业 180 000 贷：投资收益 180 000	借：应收股利——丁企业 180 000 贷：长期股权投资——丁企业（损益调整） 180 000
丁企业宣布 2014 年度净亏损	不确认	借：投资收益——股权投资损失 2 000 000 贷：长期股权投资——丁企业（损益调整） 2 000 000
2014 年丁企业调整可供出售金融资产账面价值	不确认	借：长期股权投资——丁企业（其他综合收益） 500 000 贷：其他综合收益 500 000 投资企业按被投资单位其他综合收益的份额，调整长期股权投资的账面价值并计入其他综合收益。
2014 年丁企业实施股票期权增加资本公积	不确认	借：长期股权投资——丁企业（其他权益变动） 500 000 贷：资本公积 500 000 投资企业对于被投资单位除净损益以外的所有者权益变动的其他变动，应当调整长期股权投资的账面价值并计入所有者权益。
丁企业宣布 2015 年度实现净利润	不确认	借：长期股权投资——丁企业（损益调整） 500 000 贷：投资收益——股权投资收益 500 000

由于企业持股比例会发生变化，随着持股比例的变化，对长期股权投资的核算就会在成本法与权益法之间进行转换，以及从金融工具核算（公允价值法）转到长期股权投资核算（成本法或权益法）。

三、股权投资核算方法之间的转换

股权投资核算方法之间的转换分两类：一类是增持股票导致股权投资核算方法的转换；一类是减持股票导致的股权投资核算方法的转换。

增持股票导致股权投资核算方法的转换又分为三种情况：分别是股权投资公允价值计量转换为权益法或成本法，以及长期股权投资由权益法转为成本法。

1. 股权投资公允价值计量转换为权益法

首先，追加投资时，投资方应按照金融工具确认和计量准则确定的原有股权投资的公允价值加上为取得新增投资而应支付对价的公允价值，作为改按权益法核算的初始投资成本。原持有的股权投资分为可供出售金融资产的，其公允价值与账面价值之间的差额，以及原计入其他综合收益的累计公允价值变动应转入转换期的当期损益。

然后，再比较上述计算所得初始投资成本，与按追加投资后全新的持股比例计算确定的应享有被投资单位在追加日可辨认净资产公允价值份额之间的差额，前者大于后者的，不调整长期股权投资的账面价值；前者小于后者的，差额应调整长期股权投资的账面价值，并计入当期营业外收入。

2. 股权投资公允价值计量转换为成本法

如果投资方与被投资方不存在同一控制[①]，追加投资时，投资方应按照金融工具确认和计量准则确定的原有股权投资的公允价值加上为取得新增投资而应支付对价的公允价值，作为改按成本法核算的初始投资成本。原持有的股权的公允价值与账面价值之间的差额，以及原计入其他综合收益的累计公允价值变动应转入转换期的当期损益。

3. 长期股权投资由权益法转为成本法

如果投资方与被投资方不存在同一控制，追加投资时，投资方应按照权益法核算的原有股权的账面价值加上为取得新增投资而应支付对价的公允价值，作为改按成本法核算的初始投资成本。原持有股权按权益法核算形成的其他综合收益应当在处置该项投资时采用与被投资单位直接处理相关资产或负债相同的基础进行会计处理，因被投资方除净损益、其他综合收益和利润分配以外的其他所有者权益变动而确认的所有者权益，应当在处置该项投资时转入处置期间的当期损益。

例 2—2 珠江公司 2014 年 1 月 1 日购买 A 公司 2%的股权 400 000 股，不构成重大影响，发生交易费用 40 000 元，每股市价 6 元。年末 A 公司宣布净利润 5 000 000 元，其中 30%用于支付现金股利。年末该股票每股市价 6.5 元。珠江公司将此投资分类为交易性金融资产。珠江公司与 A 公司不存在同一控制。

情况一：2015 年初，珠江公司又购买 A 公司 18%的股权 3 600 000 股，构成重大影响，发生交易费用 1 200 000 元，每股市价 6.5 元。

情况二：2015 年初，珠江公司又购买 A 公司 45%的股权 9 000 000 股，构成控制，发生交易费用 5 000 000 元，每股市价 7 元[②]。

情况一：公允价值法转权益法

再购入时长期股权投资成本＝3 600 000×6.5＋1 200 000＋400 000×(6＋0.5)＝27 200 000(元)

① 同一控制与非同一控制的详细介绍在第 3 章进行。

② 每股 7 元中含 0.5 元的控制权溢价。

按市价登记交易性金融资产变动（应收股利等分录略）时：

借：交易性金融资产　　200 000

　贷：公允价值变动损益　　200 000

登记公允价值计量转换为权益法的会计处理时：

借：长期股权投资——投资成本　　27 200 000

　贷：交易性金融资产　　2 600 000

　　银行存款　　24 600 000

情况二：公允价值法转成本法

再购入时长期股权投资成本＝9 000 000×7＋400 000×(6＋0.5)

＝65 600 000

借：交易性金融资产　　200 000

　贷：公允价值变动损益　　200 000

借：长期股权投资——投资成本　　65 600 000

　管理费用　　5 000 000

　贷：交易性金融资产　　2 600 000

　　银行存款　　68 000 000

减持股票导致股权投资核算方法的转换也分为三种情况：一是长期股权投资由成本法转换为公允价值计量；二是长期股权投资由成本法转换为权益法；三是长期股权投资由权益法转为公允价值计量。

1. 长期股权投资由成本法转换为公允价值计量

减持时，对不再对被投资单位实施控制、共同控制或重大影响的剩余股权改按金融工具确认和计量准则进行会计处理，转换日剩余股权的公允价值与账面价值之间的差额计入当期损益。

2. 长期股权投资由成本法转换为权益法

长期股权投资由成本法转换为权益法是按追溯法进行的，也是所有转换中最复杂的一种处理。减持时，因处置等原因导致对被投资单位能够实施控制转为具有重大影响或者与其他投资方一起共同实施控制，首先按处置投资的比例结转应终止确认的长期股权投资成本。

然后，再比较上述剩余股权投资成本与按照剩余股权比例计算原投资时应享有被投资单位可辨认净资产公允价值的份额，前者大于后者的，不调整长期股权投资的账面价值；前者小于后者的，在调整长期股权投资成本的同时，调整留存收益。

对于原按成本法核算的剩余股权按权益法进行追溯调整，即按被投资方净资产的实际变动，一方面按投资方应享份额调整长期股权投资的账面价值，另一方面分别以下情况进行调整：(1) 对于原取得投资时至处置投资当期期初被投资单位实现的净损益（扣除已宣告发放的现金股利和利润）中应享有的份额，调整留存收益；(2) 对于处置投资当期期初至处置投资之日被投资单位实现的净损益中应享有的份额，调整当期损益；(3) 对于原取得投资时至处置投资日被投资单位其他综合收益变动中应享有的份额，调整其他综合收益；(4) 对于原取得投资时至处置投资日被投资单位除净损益、其他综合收益和利润分配以外的其他权益变动中应享有的份额，调整资本公积。

3. 长期股权投资由权益法转为公允价值计量

减持时，因处置等原因导致对被投资单位不再具有重大影响或者与其他投资方一起共同实施控制，处置日对剩余股权改按金融工具确认和计量准则进行会计处理，同时剩余股权的公允价值与账面价值之间的差额计入当期损益。

原采用权益法核算长期股权投资形成的其他综合收益，当在终止采用权益法核算时采用与被投资单位直接处置相关资产或负债相同的基础进行会计处理；因被投资单位除净损益、其他综合收益和利润分配以外的其他权益变动而确认的所有者权益，当在终止采用权益法核算时全部转入当期损益。

例 2—3 珠江公司 2014 年 1 月 1 日购买 A 公司 50％的股权 8 000 000 股（构成控制），发生交易费用 3 000 000 元，每股市价 6 元。购买日 A 公司净资产的账面价值与公允价值相等。年末 A 公司净资产增加 2 000 000 元，其中 1 000 000 元为当年实现的净利润，400 000 元为一项可供出售金融资产价格变动增加的其他综合收益，另外 600 000 元为 A 公司除净利润和其他综合收益以外的因素导致公司净资产变动的其他资本公积的增加。公司用净利润的 50％用于支付现金股利。

2015 年 7 月 1 日，珠江公司出售一半的 A 公司股权（股权出售后不再控制，但产生重大影响），每股价格 6.5 元，前半年 A 公司实现利润 1 000 000 元，除净利润以外的其他净资产未发生变动。

（1）登记出售分录。

借：银行存款	26 000 000	
贷：长期股权投资		24 000 000
投资收益		2 000 000

（2）按权益法追溯调整剩余投资的账面价值。

借：长期股权投资——投资成本	24 000 000	
——损益调整	375 000	
——其他综合收益	100 000	
——其他权益变动	150 000	
贷：留存收益（1 000 000－1 000 000×50％）×25％		125 000
其他综合收益（400 000×25％）		100 000
资本公积——其他资本公积（600 000×25％）		150 000
投资收益（1 000 000×25％）		250 000
长期股权投资		24 000 000

转换后，剩余长期股权投资账面价值调整为 24 625 000 元。

上例为成本法转权益法的追溯调整处理，下面再举一例说明权益法转公允价值计量的会计处理。

例 2—4 珠江公司 2014 年 1 月 1 日购买 A 公司 20％的股权 6 000 000 股（构成重大影响），发生交易费用 600 000 元，每股市价 6 元。年末 A 公司净资产增加 2 000 000 元，其中 1 000 000 元为当年实现的净利润，400 000 元为一项可供出

售金融资产价格变动增加的其他综合收益，另外 600 000 元为 A 公司除净利润和其他综合收益以外的因素导致公司净资产变动的其他资本公积的增加。公司用净利润的 50%用于支付现金股利。

2015 年 7 月 1 日，珠江公司出售一半 A 公司股权（股权出售后不再构成重大影响，但珠江公司不准备随时出售），每股价格 6.5 元，前半年 A 公司实现利润 1 500 000 元，除净利润以外的其他净资产未发生变动。

（1）登记出售股权的分录。

出售股权时的账面价值＝6 000 000×6＋600 000＋(2 000 000－1 000 000×50%)×20%＋1 500 000×20%＝37 200 000(元)

出售股权账面价值＝37 200 000×1/2＝18 600 000(元)

出售股权收入＝3 000 000×6.5＝19 500 000(元)

借：银行存款　　19 500 000
　贷：长期股权投资　　18 600 000
　　投资收益　　900 000

（2）结转原权益法核算形成的其他综合收益和资本公积。

借：其他综合收益　　80 000
　贷：投资收益　　80 000

借：资本公积——其他资本公积　　120 000
　贷：投资收益　　120 000

（3）按公允价值重新登记剩余投资，公允价值与原账面价值之间的差额计入当期损益。

借：可供出售金融资产　　19 500 000
　贷：长期股权投资　　18 600 000
　　投资收益　　900 000

上述转换的具体会计处理的归纳请参见表 2—3。以上讨论主要是针对投资公司自身报表上转换时的会计处理，需要编制合并报表的，转换时会计处理的讨论请参见合并财务报表的相关章节。

表 2—3　股权投资各种方法之间转换的会计处理

变动原因和变动类型		对原有/剩余股权的计量		累计其他综合收益		增持或处置股权
		个别报表	合并报表	个别报表	合并报表	
增持股票	公允价值法转权益法	以公允价值重新计量	不适用	转换当日转入当期损益	不适用	以追加对价的公允价值计量
	公允价值法转成本法	以公允价值重新计量	以公允价值重新计量	转换当日转入当期损益	转换当日转入当期损益	
	权益法转成本法	以账面价值计量	以公允价值重新计量	转换当日不结转，实际处置时结转	转换当日转入当期损益	

续前表

变动原因和变动类型		对原有/剩余股权的计量		累计其他综合收益		增持或处置股权
		个别报表	合并报表	个别报表	合并报表	
减持股票	成本法转公允价值法	以公允价值重新计量	不适用	不适用	不适用	以收到对价公允价值与处置部分账面价值的差额确认处置损益
	成本法转权益法	按权益法追溯调整	不适用	不适用	不适用	
	权益法转公允价值法	以公允价值重新计量	不适用	与被投资方直接处置一致	不适用	

本节只是简单地对成本法和权益法进行了比较，由于合并财务报表的编制是在母公司对长期股权投资采用权益法核算的基础上进行的，下节将对权益法做较系统的阐述。

第2节　权益法

一、权益法的实质

权益法是指最初以投资成本计价以后，每期根据投资方享有被投资方所有者权益份额的变动对投资的账面价值进行调整的方法。权益法下，初始投资或追加投资时，按照初始投资或追加投资时的投资成本登记“长期股权投资”。长期股权投资的初始成本大于投资时应享有被投资单位可辨认净资产公允价值份额的，不调整长期股权投资的初始投资成本；长期股权投资的初始成本小于投资时应享有被投资单位可辨认净资产公允价值份额的，其差额计入当期损益，同时调整长期股权投资成本。

投资后，随着被投资方所有者权益的变动而相应增加或减少长期股权投资的账面价值，应分别按以下情况处理：

（1）属于被投资方当年实现的利润和其他综合收益而影响的所有者权益的变动，投资方应按所持表决权资本比例计算应享有的份额，分别确认投资收益和其他综合收益。

（2）属于被投资方当年发生的净亏损和其他综合损失而影响所有者权益的变动，投资方应按所持表决权资本比例计算应分担的份额，分别确认投资损失和其他综合损失。投资方确认被投资方亏损的情况，一般以投资账面价值（包括投资成本减去已经计提的减值准备）以及其他实质上构成对被投资单位净投资①的长期权益减记至零为限。如果以后各期被投资方实现净收益，投资方应在计算收益

① 所谓实质上构成对被投资单位净投资，包括对被投资单位的长期应收款和按投资合同或协议约定承担被投资单位的额外义务。在长期股权投资账面价值冲减为零后，再冲减长期应收款，最后按约定的义务计提预计负债，计入当期投资损失。

分享额超过未确认的亏损分担额以后，按超过未确认的亏损分担额的金额，恢复投资的账面价值。

(3) 被投资方宣告分派利润或现金股利时，投资方按表决权资本比例计算的应分得的利润或现金股利，冲减长期股权投资的账面价值。

(4) 投资企业在确认应享有被投资单位净损益的份额时，应以取得投资时被投资单位各项可辨认资产等的公允价值为基础，对被投资的净利润进行调整。

(5) 投资企业对于被投资单位除净损益和其他综合损益以外的所有者权益的其他变动，应当调整长期股权投资的账面价值并计入所有者权益，即“资本公积——其他资本公积”。

下面通过一个实例对权益法的实质进行说明。

例 2—5　*沿用例 2—1。珠江公司相关的会计处理见表 2—2。*

通过上面的实例可以看出：(1) 长期投资账户能够反映投资方在被投资方的权益，始终反映了投资企业拥有被投资单位所有者权益的份额（通过上例中投资企业投资账户的变化以及在被投资方所有者权益的份额，能更清楚地说明这一点，参见表 2—4）。(2) 投资收益反映了投资企业经济意义上的投资利益，投资企业按股权比例享有被投资单位净利润的份额或应承担亏损的份额，才是真正实现的投资收益，而不受利润分配政策的影响（无论被投资单位分配多少利润或现金股利，什么时间分配利润或现金股利），体现了实质重于形式的原则。

表 2—4　　珠江公司各年末长期投资账面余额及被投资方所有者权益额

时期	投资成本*（元）	被投资方所有者权益（元）	投资成本占被投资方净资产的份额（%）
购买时	2 750 000	5 500 000	50
2013 年度	2 970 000	5 940 000	50
2014 年度	1 970 000	3 940 000	50
2015 年度	2 470 000	4 940 000	50

* 这里，投资成本包括投资成本、损益调整、其他综合收益和其他权益变动，不包括股权投资差额。随着股权投资差额中可辨认净资产公允价值升值部分摊销完毕，以及商誉减值为零后，长期股权投资在权益法下与被投资单位净资产理论上应一直保持同一比例，即持股比例。

此外，投资方按权益法计算应享有或应分担被投资单位的净损益时，与联营企业、合营企业之间发生的未实现内部交易损益按照应享有的比例计算归属于投资方的部分，应当予以抵销，在此基础上确认投资损益。关于这一点的讨论请参见例 3—6。

接下来讨论权益法的几个特殊问题。

二、权益法的几个特殊问题

1. 直接购买新股的持股比例的确定

前面对长期股权投资按权益法处理时，都是假定投资方从被投资方股东手中购买股票，因而计算所持有股票比例时，均按所购买的股票数量除以流通在外的股票数量。如果投资方直接从被投资公司手中购买，计算所持有股票比例时，则应按所购买的股票数量除以新股发行后被投资公司流通在外的股票数量。

例 2—6 设珠江公司 2015 年 1 月 1 日以银行存款 2 000 000 元，按每股市价 10 元直接从 S 公司购买其新发行的每股面值为 1 元的普通股 200 000 股。2014 年 12 月 31 日，S 公司的股东权益组成如下：每股面值为 1 元的普通股为 300 000 元，资本公积为 1 500 000 元，未分配利润为 200 000 元。

珠江公司所持股票数量和所获股权的账面价值计算如下：

（1）珠江公司所持 S 公司股权比例计算。

珠江公司购买的股票数量		200 000 股
S 公司发行新股后流通在外的股数		
2014 年 12 月 31 日流通在外的股数	300 000	
2015 年 1 月 1 日向珠江公司新发股数	200 000	500 000 股

珠江公司所持 S 公司股权比例＝200 000/500 000＝40%

（2）珠江公司所获股权的账面价值计算。

S 公司发行新股前的股东权益	2 000 000 元
发行新股增加的股东权益	2 000 000
发行新股后 S 公司的股东权益	4 000 000
珠江公司持股比例	40%
珠江公司所获股权的账面价值	1 600 000 元

2. 从有发行优先股的被投资方购买股权的持股比例的确定

若被投资方同时存在优先股，投资方在采用权益法对长期股权投资进行核算时，要对权益法作如下调整：一是将购买时被投资方的股东权益分为普通股和优先股权益两部分，以确定投资方普通股投资的账面价值；二是将被投资方的净利润分配给普通股和优先股，以确定投资方普通股投资在净利润中的应享份额。

例 2—7 设珠江公司 2015 年 1 月 1 日以银行存款 1 000 000 元购买 S 公司有表决权的股本 40%。2014 年 12 月 31 日，S 公司的股东权益组成如下：每股面值为 1 元的普通股 300 000 元，每股面值为 5 元 8% 的累积优先股 500 000 元，资本公积 1 000 000 元，未分配利润 200 000 元。2015 年度，S 公司全年净利润 300 000 元，年末宣布发放现金股利 120 000 元。

珠江公司确定投资成本差额及 2015 年投资收益的计算过程如下。

（1）确定投资成本差额。

购买 S 公司 40% 股权的成本		1 000 000 元
所获账面价值（同时也是其公允价值）		
S 公司股东权益	2 000 000	
减：优先股股东权益	500 000	
普通股股东权益	1 500 000	
珠江公司持股比例	40%	600 000
商誉		400 000 元

（2）计算 2015 年对 S 公司长期股权投资的收益。

2015 年 S 公司净利润	300 000 元
减：优先股股利[①]（500 000×8%）	40 000
普通股收益	260 000
在 S 公司的普通股收益的应享份额（260 000×40%）	104 000
2015 年对 S 公司的投资收益	104 000 元

3. 合营安排的会计处理

（1）合营安排的定义、特征和分类。合营安排是一项由两个或两个以上的参与方共同控制的安排。这种安排具有两个特征：一是参与方均受该安排的约束；二是参与方都不能单独控制该安排，对该安排具有共同控制的任何一方均能阻止其他参与方或参与方组合单独控制该安排。

合营安排分共同经营和合营企业。被共同控制的企业就称为合营企业或共同经营，企业合营中共同控制的任何一方称为合营者或参与方，合营安排中也存在不参与共同控制的其他投资者，这些投资方就只能称为参与方。比如，A，B，C 和 D 四家公司各出资 30%和 10%组成一家 E 企业，E 企业则为 A，B，C 三家公司的合营企业或共同经营，E 企业由上述 A，B，C 三家共同控制并称为合营方，D 则为合营安排的出资者或参与方。

合营安排中的共同经营是指共同控制一项安排的参与方享有与该安排相关资产的权利，并承担与该安排相关负债的合营安排。合营企业则是共同控制一项安排的参与方仅对该安排的净资产享有权利的合营安排。对一项合营安排是分类为共同经营还是合营企业，判断的标准是根据合营方获得回报的方式：如果合营方是通过对合营安排的资产享有权利并对合营安排的义务承担责任来获得回报，则该安排为共同经营；如果合营方仅对合营安排的净资产享有权利，则该安排为合营企业[②]。

（2）合营安排类型的判断。合营安排是为不同目的而设立的，可以采用不同的结构和法律形式。一些安排不要求采用单独主体的形式开展其活动，另一些则涉及构造单独主体。所谓单独主体，是指具有单独可辨认的财务框架的主体，包括单独的法人主体和不具备法人主体资格但法律所认可的主体。合营安排中的单独主体包括有限责任公司、合伙企业、合作企业，某些情况下，信托、基金也可以视作单独主体。

对合营安排类型的分类，单独主体是一个区分的起点，即合营安排中未设单独主体的，一定是共同经营；而设立单独主体的，可能为合营企业，也可能为共同经营。

对于设立了单独主体的合营安排，是否分类为合营企业，首先要观察单独主体的法律形式是否赋予各参与方享有与安排相关资产的权利，并承担与安排相关负债的义务。如果是，则只能分类为共同经营；如果没有相应的规定，则需进一

① 由于 S 公司的优先股为累积优先股，因此无论 S 公司年末是否宣布发放优先股股利，累积优先股股利都要从当年净利润中扣除。

② 我国《中外合资经营企业法》中的合营企业与这里提到的合营企业不是一个概念。该法中提到的合营企业是外方与中方投资者共同举办的企业。

步观察合约条款中是否约定各参与方享有与安排相关资产的权利，并承担与安排相关负债的义务。如果是，则只能分类为共同经营；如果没有相应的约定，则需进一步观察其他相关事实和情况是否赋予各参与方享有与安排相关资产的权利，并承担与安排相关负债的义务。如果是，则只能分类为共同经营；如果没有则最后将这一安排分类为合营企业。

上述说明可归结为图 2—1，以便更清晰地进行合营安排分类的判断。

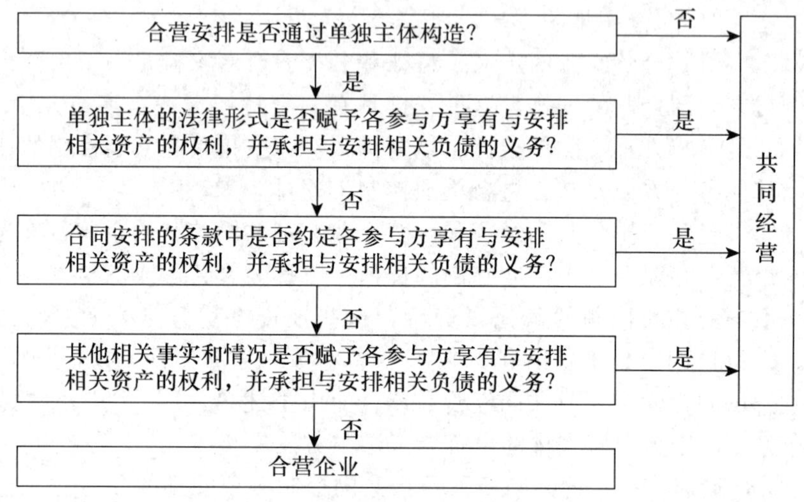

图 2—1　合营安排类型判断图

资料来源：引自《企业会计准则第 40 号——合营安排》。

（3）合营安排的会计处理。合营安排的会计处理不是一个准确的说法。严格来讲，与合营安排有关的会计处理，分合营参与方（包括参加合营拥有控制权和不拥有共同控制权的参与者）的会计处理和合营安排自身的会计处理（包括共同经营和合营企业）。对于后者，如果合营安排具备单独主体，则单独主体按其法律形式进行会计记录和报告，与一般企业没有差别；如果合营安排没有设立单独主体，则可能只需要进行相关资产、负债、收入、费用的备忘登记。这里讨论的合营安排的会计处理，主体是针对两类安排下的参与方的会计处理。

1）合营企业参与方的会计处理。合营企业的各参与方，按权益法对合营企业的长期股权投资进行核算。而合营企业中不构成对合营企业共同控制的参与方，则按对合营企业的影响程度进行相关的会计处理：对该合营企业具有重大影响的，仍按权益法对其投资进行处理，否则按公允价值法进行核算。另外，风险资本、共同基金、信托公司等类似组织或主体在合营企业中拥有权益时，一般也要求按公允价值对其在合营企业中的投资进行计量。

2）共同经营参与方的会计处理。共同经营参与方会计处理的一般原则是：单独或按份额确认资产、负债和费用，确认出售其享有的共同经营产出份额所产生的收入和按份额确认共同经营因出售产出所产生的收入。

另外，合营参与方与共同经营之间的关联交易（不构成业务的资产交易）中未实现的损益应该抵销。假设合营方向共同经营方投出或出售资产，在共同经营方未将其出售给第三方或消耗前，应当仅确认归属于共同经营其他参与方的利得或损失，如果交易资产发生减值损失的，合营方应当全额确认该损失。反过来，假设合营方向共同经营购买资产，在将该资产出售给第三方之前，不应当确认因该交易产生的损益中该合营方应享有的部分，但合营的其他参与方可以确认应享损益。

最后，对于共同经营中不享有共同控制的参与方，如果享有共同经营的相关资产且承担共同经营相关负债的，比照上述合营方的处理原则进行。否则，将按其他会计准则进行处理。比如，该参与方对共同经营的净资产享有权利并产生重大影响，则可按权益法进行核算；如果没有，则按公允价值对其合营投资进行计量。

下一章将转入合并的另一个主题——企业合并。

思考题

1. 请区分以下概念：

控制、共同控制与重大影响	合营与联营（或联属）
形式控制与实质控制	母公司与子公司
总公司与分公司	合营企业与联营（或联属）企业
合营方与合营安排	共同经营与合营企业

2. 衡量股权投资能对被投资方产生重大影响的判断标准是什么？

3. 未获得被投资方半数以上的表决权时，投资方还可以通过哪些方式实施对被投资方的控制？

4. 分别说明被投资方净资产的哪些变动会导致长期股权投资下的投资成本、损益调整、其他权益变动和其他综合收益等明细的变动。

5. 比较权益法和成本法对长期股权投资处理上的主要差异，并阐述权益法的实质。

6. 简要说明权益法转公允价值计量时的会计处理规定。

7. 简要说明成本法转权益法时的会计处理规定。

8. 阐述合营安排分类的判断标准。

9. 简要叙述共同经营关联交易抵销处理的规定。

练习题

（一）成本法和权益法

资料： 南方公司 2014 年 1 月 1 日购买 A 公司 30%的股权 6 000 000 股，发生交易费用 500 000 元，每股市价 3 元。年末 A 公司净资产增加 6 000 000 元，其中 5 000 000 元为当年实现的净利润，500 000 元为一项可供出售金融资产价格变动增加的其他综合收益，另外 500 000 元为 A 公司除净利润和其他综合收益以外的因素导致公司净资产变动的其他资本公积的增加。公司将净利润的 30%用于支付现金股利。

2015 年度，A 公司净资产减少 1 000 000 元，其中 800 000 元为当年净亏损，

200 000 元为一项可供出售金融资产价格变动减少的其他综合收益。

要求：分别按成本法（控制）和权益法（重大影响）对两年该股权投资各环节（购买、股利和期末调整）进行会计处理。

（二）权益法

资料：南方公司 2014 年 1 月 1 日购买 A 公司 20%的股权 4 000 000 股，构成对 A 公司经营的重大影响，发生交易费用 300 000 元，每股市价 3 元。购买日 A 公司净资产公允价值高于账面价值 2 000 000 元，其中存货重估公允价值高于账面 200 000 元，一项固定资产重估升值 1 800 000 元（该固定资产剩余寿命为 10 年，无残值），年末 A 公司升值存货已售出，实现净利润 5 000 000 元，公司用其中 30%用于支付现金股利。另外，该年度南方公司向 A 公司销售商品 600 000 元，成本 450 000 元，A 公司对外出售一半。

2015 年度，A 公司实现净利润 5 000 000 元，其中用 30%发放现金股利。另外，2014 年从南方公司购买的商品当年已经全部销售，同时，A 公司本年向南方公司销售商品 800 000 元，成本 600 000 元，全部形成南方公司当年期末存货。

要求：对 2014 年和 2015 年该股权投资进行会计处理。

（三）公允价值法转权益法和成本法

资料：南方公司 2014 年 1 月 1 日购买 A 公司 5%的股权 1 000 000 股，不构成重大影响，发生交易费用 50 000 元，每股市价 3 元。年末 A 公司宣布净利润 5 000 000 元，其中 30%用于支付现金股利。年末该股票每股市价 3.5 元。南方公司将此投资分类为可供出售金融资产。

南方公司与 A 公司不存在同一控制。

情况一：2015 年初，南方公司又购买 A 公司 15%的股权 3 000 000 股，构成重大影响，发生交易费用 150 000 元，每股市价 3.5 元。

情况二：2015 年初，南方公司又购买 A 公司 45%的股权 9 000 000 股，构成控制，发生交易费用 600 000 元，每股市价 3.8 元（注：3.8 元中含控制权溢价）。

要求：登记两种情况的会计处理。

（四）权益法转成本法

资料：南方公司 2014 年 1 月 1 日购买 A 公司 30%的股权 6 000 000 股，发生交易费用 500 000 元，每股市价 3 元。年末 A 公司净资产增加 6 000 000 元，其中 5 000 000 元为当年实现的净利润，500 000 元为一项可供出售金融资产价格变动增加的其他综合收益，另外 500 000 元为公司采用设定受益福利计划资产增值导致的其他综合收益的增加。公司用净利润的 30%用于支付现金股利。

2015 年初，南方公司又购买 A 公司 20%的股权 4 000 000 股，构成控制，发生交易费用 250 000 元，每股市价 3.5 元。南方公司与 A 公司不存在同一控制。

要求：登记再次购买股权的会计处理。

（五）权益法转公允价值法

资料：南方公司 2014 年 1 月 1 日购买 A 公司 30%的股权 6 000 000 股（构成重大影响），发生交易费用 500 000 元，每股市价 3 元。年末 A 公司净资产增加 6 000 000 元，其中 5 000 000 元为当年实现的净利润，500 000 元为一项可供出售金融资产价格变动增加的其他综合收益，另外500 000元为A公司除净利润和其他综合收益以外的因素导致公司净资产变动的其他资本公积的增加。公司将净利润的30%用于支付现金股利。

2015年7月1日，南方公司出售20%的A公司股权（股权出售后不再构成重大影响，但南方公司不准备随时出售），每股价格3.5元，前半年A公司实现利润2 000 000元，除净利润以外的其他净资产未发生变动。

要求：登记出售日相关会计处理。

（六）成本法转公允价值法

资料：南方公司2014年1月1日购买A公司50%的股权10 000 000股（构成控制），发生交易费用800 000元，每股市价3元。年末A公司净资产增加6 000 000元，其中5 000 000元为当年实现的净利润，500 000元为一项可供出售金融资产价格变动增加的其他综合收益，另外500 000元为A公司除净利润和其他综合收益以外的因素导致公司净资产变动的其他资本公积的增加。公司用净利润的30%用于支付现金股利。

2015年7月1日，南方公司出售30%的A公司股权（股权出售后不再构成重大影响，但南方公司不准备随时出售），每股价格3.5元，前半年A公司实现利润2 000 000元，除净利润以外的其他净资产未发生变动。

要求：登记出售日相关会计处理。

（七）成本法转权益法

资料：南方公司2014年1月1日购买A公司50%的股权10 000 000股（构成控制），发生交易费用800 000元，每股市价3元。购买日A公司净资产的账面价值与公允价值相等。年末A公司净资产增加6 000 000元，其中5 000 000元为当年实现的净利润，500 000元为一项可供出售金融资产价格变动增加的其他综合收益，另外500 000元为A公司除净利润和其他综合收益以外的因素导致公司净资产变动的其他资本公积的增加。公司用净利润的30%用于支付现金股利。

2015年7月1日，南方公司出售20%的A公司股权（股权出售后不再控制，但产生重大影响），每股价格3.5元，前半年A公司实现利润2 000 000元，除净利润以外的其他净资产未发生变动。

要求：登记出售日相关会计处理。

（八）直接购买新股的投资比例的确定

资料：南方公司2015年1月1日以银行存款2 000 000元，按每股市价10元直接从S公司购买其新发行的每股面值为1元的普通股400 000股中的200 000股。2014年12月31日，S公司的股东权益组成如下：每股面值为1元的普通股400 000元，资本公积1 600 000元，未分配利润500 000元。

要求：计算南方公司所持S公司的股权比例和长期股权投资差额。

（九）被投资方含优先股的投资比例的确定

资料：南方公司2015年1月1日以银行存款1 000 000元购买S公司有表决权的股本40%。2014年12月31日，S公司的股东权益组成如下：每股面值为1元的普通股为400 000元，以及每股面值为1元的8%累积优先股为500 000元，资本公积为1 100 000元（其中100 000元为优先股股本溢价），未分配利润

500 000 元。2015 年度，S 公司全年净利润 500 000 元。

要求：分别计算年末未宣布发放现金股利以及宣布发放现金股利 200 000 元两种情况下南方公司所持 S 公司的股权比例、长期股权投资差额、2015 年投资收益和长期股权投资余额。

（十）合营安排的会计处理

资料：2015 年 1 月 1 日，A，B，C 三个公司共同出资设立一项合营安排 D，该安排被分类为共同经营，A，B，C 公司对于安排 D 的资产、负债及损益分别享有 45%，45%和 10%的份额。2015 年 12 月，A 公司向 D 安排出售一批产品，售价 100 000 元，成本 80 000 元（该产品还未向第三者出售）。款项已经支付，不考虑增值税。2015 年全年 D 实现收入 1 000 000 元，发生成本费用 600 000 元。

要求：

（1）登记 A 公司对该共同经营的会计处理。

（2）假设上述关联交易为 A 向 D 购买，其他条件相同，并且 C 对 D 安排产生重大影响，请登记 A，B，C 三方与 D 安排相关的会计处理。

（3）假设上述其他条件相同，并假设 C 对 D 安排不产生重大影响，年末 C 持有的合营权益市价比年初增值 100 000 元，当年实现的收益全部分配，请重新登记 C 公司与 D 安排相关的会计处理。

第3章

企业合并

本章结构

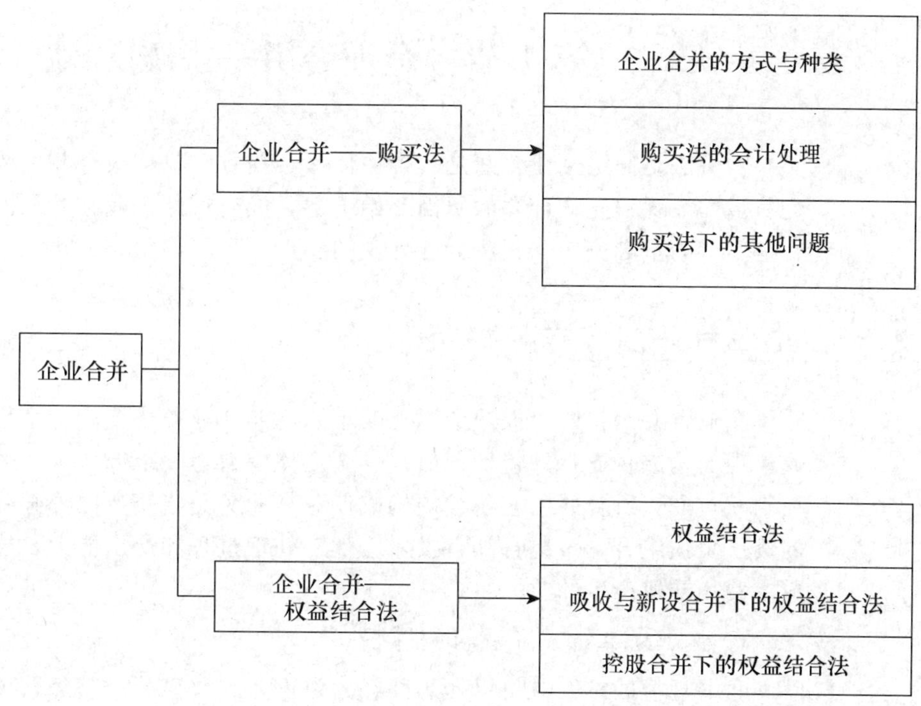

本章要点

- 企业合并的种类和方式
- 购买法
- 商誉和负商誉
- 购买商誉、整体商誉与商誉减值
- 不完全权益法与完全权益法
- 权益结合法

本章的主题是两种合并方法的介绍：购买法和权益结合法。现行合并的主流方法是购买法，权益结合法已经不被采用。由于我国大量企业合并涉及同一产权（国有资产）下的合并，因此仍然保留权益结合法。本章的重心还是在对购买法的阐述上，包括合并成本的确定和分配、商誉和负商誉的讨论、完全权益法和不完全权益法的比较。

第1节 企业合并——购买法

购买法是假定企业合并是一个主体（合并方）收购被合并主体净资产的一种交易。本节我们先从合并的原因开始论述，然后讨论企业合并的方式和分类，最后是本节的重心——购买法会计处理的要点。

一、企业合并的方式与种类

企业合并是将两个或两个以上的单独主体或业务集合为一个报告主体的交易或事项。构成企业合并包括：(1) 一个主体取得另一个或多个主体（或业务）的控制权；(2) 所合并的企业必须构成业务。业务是指企业内部某些生产经营活动的资产负债组合，该组合具有投入、加工处理过程和产出能力，能够独立计算其成本费用或所产生的收入。

1. 企业合并的原因与方式

企业规模的扩大既可以提高其经营效率，又可以分散其经营风险。自我积累和企业合并是企业扩张两种最主要的方式。比较而言，后者在扩张成本（如合并取得所需设备的成本要比自行购置设备的成本低）、降低风险（如通过合并实现多元化经营）、缩短经营的延滞时间（因为合并另一家企业后可以马上投入生产和经营）、防止被收购（合并壮大规模往往是防止被收购的基本策略）、取得被合并方的无形资产，以及税收筹划等方面都存在较大的优势，但有一点必须明确，即无论出于何种目的，企业合并，包括兼并、控制和合营等，大都通过取得股权这一方式来实现。

企业合并是一个通用名词，具体包括三种合并方式：

(1) 新设合并(consolidation),又称创立合并,是指现存的两家或以上的公司以其净资产换取新成立公司的股份,原来的公司宣告解散,从而只存在一个独立的经济主体和法律主体。比如,C公司发行新股,分别收购A公司和B公司的净资产,A公司和B公司原有股东按其所持股份的公允价值比重获得新公司中的股权,随后A公司和B公司宣告解散,这时C公司就成为唯一的经济和法律主体。

(2) 吸收合并(merge),又称兼并,是指一家公司在取得另一家或以上企业的净资产后,被收购企业随之解散,兼并方成为唯一的法律主体和经济主体。比如,A公司以现金和股票收购B公司的净资产,B公司原有股东按其所持股份的公允价值(包括商誉)获得相应的现金和股票,随后B公司宣告解散,这时A公司就成为唯一的经济和法律主体。

(3) 控股合并,是指一家公司在取得另一家或以上企业的流通在外的大部分有表决权的股权而对被合并企业实施控制。比如,A公司通过收购B公司60%的股票来达到对B公司的经营决策进行控制的目的。一般所指的购并(acquisition)是通过收购另一家公司的生产性资源来完成的,如上面的吸收合并,但实际上真正流行的方式是通过收购股权实施控制这种合并方式,即控股合并。控股合并后,收购方与被收购方仍然作为两个独立的法律主体存在。

前两种合并方式中,除了吸收合并要在合并时按购买法(国际主流做法)登记所收购的净资产的公允价值及确认商誉外,都不会出现新的会计问题。而在控股合并中,除了合并方(或投资方)仍然保持独立的经济主体和法律主体外,被合并方(或被投资方)也是一个独立的法律主体和经济主体,同时,投资方(母公司)和被投资方(子公司)又形成一个新的经济主体——集团(group)或会计主体,对集团的主要会计处理就是编制合并财务报表。

2. 企业合并的种类

控股合并按国际主流做法(如FASB和IASB),只能采用购买法进行合并处理。但根据我国《企业会计准则第20号——企业合并》的分类,企业合并分为同一控制下的企业合并和非同一控制下的企业合并。

所谓同一控制下的企业合并,是指参与合并的企业在合并前后均受同一方或相同的多方最终控制,且该控制并非暂时的。如果参与合并的企业在合并前后不受同一方或相同的多方最终控制的,则为非同一控制。同一控制下的企业合并形成的长期股权投资按权益结合法进行处理①;非同一控制下的企业合并形成的长期股权投资按购买法进行处理。本节讨论购买法的会计处理,下节则讨论权益结合法的会计处理。

二、购买法的会计处理

1. 确定购买方与购买日

购买法是假定企业合并是一个主体(合并方)收购被合并主体净资产的一种

① 权益法和权益结合法是两个容易混淆的概念,权益法是对长期股权投资初始和后续确认的一种会计处理方法,与成本法对应;而权益结合法是企业合并日的一种处理方法,与购买法对应。

交易。这种交易同其他买卖一样，收购成本按公允价值确定。在合并日，合并方按公允价值登记所收到的资产和负债，收购成本超过所获净资产公允价值的差额确认为商誉，商誉按传统做法在规定的期限内摊销，近来流行的惯例是每年进行减值测试。

采用购买法核算企业合并的首要前提是确定购买方。购买方是指在企业合并中取得对另一方或多方控制权的一方。在判断企业合并中的购买方时，应考虑所有相关事实和情况，特别是企业合并后参与合并各方的相对投票权、合并后主体管理机构及高层管理人员的构成、权益互换的条款等。具体确定原则如下。

(1) 合并中一方取得另一方半数以上有表决权股份的，除非有明确的证据表明不能形成控制的，一般认为取得另一方半数以上表决权股份的一方为购买方。

(2) 某些情况下，虽然一方没有取得另一方半数以上有表决权股份，但存在：通过与其他投资者的协议，使其拥有被投资方过半数的有表决权资本；根据章程或协议，有权控制被投资方的财务和经营政策；有权任免董事会等类似权力机构的多数成员；在董事会或类似权力机构会议上有半数以上的投票权的，一般也认为其获得了对另一方的控制权。

(3) 某些情况下，可能难以确定企业合并中的购买方，如参与合并的两家或多家企业规模相当时，则通过一些迹象来表明谁是购买方：以支付现金、转让非现金资产或承担负债方式进行的企业合并，支付现金、转让非现金资产或承担负债的一方；合并后具有较高投票比例的一方；合并后其管理层能够实施主导作用的一方；合并后公允价值远远大于另一方的一方；通过以有表决权的股份换取另一方的现金及其他资产的，付出现金或其他资产的一方；通过权益互换实现的企业合并，发行权益证券的一方。要注意的是，在最后一种合并中，如果有证据表明发行权益证券的一方，其生产经营决策在合并后被参与合并的另一方控制，则其应为被购买方。这类合并通常称为反向购买。后面对这种反向合并有进一步的讨论。

购买日是购买方获得对被购买方控制权的日期，即企业合并交易进行过程中，发生控制权转移的日期。确定购买日的基本原则是控制权转移的时点。在实务中，企业应结合合并合同或协议的约定及其他相关的影响因素，按照实质重于形式的原则进行判断。一般满足下述条件就认为控制权实现了转移：

(1) 企业合并合同已获股东大会等内部权力机构通过；

(2) 按照规定，合并事项需经过国家有关主管部门审批的，已获相关部门批准；

(3) 参与合并各方已办理必要的财产转移手续；

(4) 购买方已支付购买价款的大部分（一般应超过50%），并且有能力、有计划支付剩余款项；

(5) 购买方实际上已经控制了被收购方的财务和经营政策，享有相应的收益并承担相应的风险。

分步实现的企业合并中，购买日是指按照上述标准判断购买方最终取得对被购买企业控制权的日期。

2. 确定合并成本

企业合并成本是指购买方为进行企业合并所支付的代价。企业合并成本包括购买方在购买日支付的下列项目的合计金额：

(1) 作为合并对价的现金及非现金资产的公允价值；

(2) 发行权益证券的公允价值；

(3) 因企业合并发生或承担的债务的公允价值；

(4) 当企业合并合同或协议中提供了根据未来或有事项的发生而对合并成本进行调整时，购买日如果判断有关调整很可能发生并且能够计量的，应将相关调整金额计入企业合并成本；

通过多次交易分步实现的企业合并，其企业合并成本为每一单项交易的成本之和。

3. 合并成本的分配

根据《企业会计准则第 20 号——企业合并》的规定，购买方在购买日应当对合并成本进行分配，购买方对合并成本大于合并中取得的被购买方可辨认净资产公允价值份额的差额，应当确认为商誉。被购买方可辨认净资产的公允价值，是指合并中取得的被购买方可辨认资产的公允价值减去负债及或有负债公允价值后的余额。

根据《企业会计准则第 20 号——企业合并》应用指南的规定，被购买方可辨认净资产公允价值确定的指南如下：

- 货币资金——账面余额；
- 有价证券——公允价值，或评估价值；
- 商品及产成品——可实现净值减正常毛利；
- 在产品——可实现净值减正常毛利；
- 原材料——现行重置成本；
- 应收款项——短期按应收取的金额，长期按现行利率的折现值减坏账准备；
- 厂场和设备与无形资产——公允价值，同类市价，或评估价值；
- 负债——短期按应收取的金额，长期按现行利率的折现值；
- 或有负债——其公允价值在购买日能够可靠计量的，确认为预计负债；
- 递延所得税资产和递延所得税负债——根据取得被购买方各项可辨认资产、负债及或有负债的公允价值及其计税基础之间的差额，确认递延所得税资产或递延所得税负债。

对合并成本的分配处理包括商誉的确认和可辨认净资产公允价值的摊销。下面通过三个实例分别讨论正商誉、负商誉和吸收合并购买法的会计处理。

(1) 商誉。

例 3—1 珠江公司 2015 年 1 月 1 日以银行存款 2 200 000 元和每股市价 10 元、面值为 1 元的普通股 200 000 股购买 S 公司流通在外的有表决权的普通股的 40%(取得控制权)；另外，珠江公司支付股票发行与登记等相关费用 200 000 元，为购买 S 公司的股票所发生的评估和咨询等相关费用为 50 000 元。购买日，S 公司

资产负债的账面价值和公允价值资料如表 3—1 所示。

表 3—1　　S 公司 2014 年 12 月 31 日资产负债的账面价值和公允价值　　单位：元

报表项目	账面价值	公允价值
银行存款	500 000	500 000
应收账款	1 000 000	1 000 000
应收票据	800 000	800 000
交易性金融资产	200 000	200 000
存货	2 500 000	2 900 000
固定资产——净额	5 000 000	6 500 000
资产合计	10 000 000	11 900 000
短期借款	1 000 000	1 000 000
应付账款	500 000	500 000
长期应付款	1 000 000	900 000
股本（每股面值 1 元，计 1 000 000 股）	1 000 000	
资本公积	2 000 000	
未分配利润	4 500 000	
负债与股东权益合计	10 000 000	

2015 年 S 公司实现净利润 1 000 000 元，年末对外宣布发放现金股利 500 000 元，年初存货已全部售出，长期应付款 5 年后到期，固定资产按 20 年计提折旧，商誉不进行摊销①，根据《企业会计准则第 8 号——资产减值》的规定：企业合并所形成的商誉，至少应当于每年年度终了进行减值测试。

珠江公司按权益法对这一长期股权投资处理如下：

1）计算投资成本差额。

长期股权投资成本（2 200 000＋200 000×10）	4 200 000
所获 S 公司股权的账面价值（7 500 000×40%）	3 000 000
投资成本差额	1 200 000

2）编制投资成本差额分配表（见表 3—2）。

表 3—2　　投资成本差额分配表　　单位：元

分配项目	公允价值	账面价值	投资比例	分配金额
存货	2 900 000	2 500 000	400 000×40%	160 000
固定资产	6 500 000	5 000 000	1 500 000×40%	600 000
长期应付款	900 000	1 000 000	(100 000)×40%	(40 000)
可辨认净资产分配额				800 000
商誉				400 000
投资成本差额				1 200 000

① 2004 年，IASB 在颁布的第 3 号 IFRS（国际财务报告准则）中（取代原来的 IAS22《企业合并》），取消了原来对商誉按 20 年进行摊销的规定，采取和美国一样的做法。

3）2015 年 1 月 1 日，登记长期股权投资分录。

借：长期股权投资——S 公司 4 200 000
　贷：股本 200 000
　　资本公积 1 800 000
　　银行存款 2 200 000
借：资本公积 200 000
　管理费用 50 000
　贷：银行存款 250 000

4）2015 年 12 月 31 日，确认当年投资收益和登记应收股利。

借：长期股权投资——S 公司 400 000
　贷：投资收益（1 000 000×40%） 400 000
借：应收股利——S 公司 200 000
　贷：长期股权投资——S 公司（500 000×40%） 200 000

5）计算和登记当年投资成本差额中可辨认净资产公允价值升值部分摊销额。

①计算当年投资成本差额中可辨认净资产公允价值升值部分的摊销额（见表 3—3）。

表 3—3 当年投资成本差额中可辨认净资产公允价值升值部分摊销表 单位：元

项目	投资成本差额	摊销年限（或比例）	摊销额
存货	160 000	100%	160 000
固定资产	600 000	5%	30 000
长期应付款	(40 000)	20%	(8 000)
商誉	400 000	0	0
合计	1 200 000		198 000

②登记当年投资成本差额中可辨认净资产公允价值升值部分的摊销额。

借：投资收益 198 000
　贷：长期股权投资——S 公司 198 000

（2）负商誉。一般而言，投资方的投资成本会超过被投资方所获股权的账面价值，即上例中所体现的情况，这样，就将投资成本差额分配给可辨认的资产或负债项目，余额作为商誉。但是也会出现相反的情况，即投资方的投资成本会小于被投资方所获股权的账面价值，这时，首先要按公允价值将投资成本差额分配给相应的各项可辨认的资产或负债项目，余额就体现为负商誉；或者，投资方的投资成本大于被投资方所获股权的账面价值，但在按公允价值将其分配给各项可辨认净资产后，投资成本差额变为一个负数，也即负商誉。对于负商誉，现行的做法是直接计入当期损失。下面通过一个实例来说明这一情况的会计处理。

例 3—2 接例 3—1，珠江公司 2015 年 1 月 1 日以银行存款 2 200 000 元和每股市价 10 元、面值为 1 元的普通股 200 000 股购买 S 公司流通在外的有表决权的普通股的 50%；另外，珠江公司支付股票发行与登记等相关费用 200 000 元，为

购买S公司的股票所发生的评估和咨询等相关费用为50 000元。购买日，S公司资产负债的账面价值和公允价值资料如表3—4所示。

表3—4　　S公司2014年12月31日资产负债的账面价值和公允价值　　单位：元

报表项目	账面价值	公允价值
银行存款	500 000	500 000
应收账款	1 000 000	1 000 000
应收票据	800 000	800 000
交易性金融资产	200 000	200 000
存货	2 500 000	2 900 000
固定资产——净额	4 000 000	5 200 000
无形资产	1 000 000	1 300 000
资产合计	10 000 000	11 900 000
短期借款	1 000 000	1 000 000
应付账款	500 000	500 000
应付票据	1 000 000	900 000
股本	1 000 000	
资本公积	2 000 000	
未分配利润	4 500 000	
负债与股东权益合计	10 000 000	

2015年S公司实现净利润1 000 000元，年末对外宣布发放现金股利500 000元，年初存货已全部售出，长期应付款5年后到期，固定资产按20年计提折旧，无形资产按10年摊销。

珠江公司按权益法对这一长期股权投资处理如下：

1）计算投资成本差额：

长期股权投资成本　　4 200 000

（2 200 000＋200 000×10）

所获S公司股权的账面价值　　3 750 000

（7 500 000×50％）

投资成本差额　　450 000

按我国现行会计准则的规定，“长期股权投资的初始成本小于投资时应享有被投资单位可辨认净资产公允价值份额的，其差额计入当期损益，同时调整长期股权投资成本”来处理，负商誉在投资时一次确认为当期损益（营业外收入），不存在负商誉的调整。

2）会计分录如下：

借：长期股权投资——S公司　　4 200 000

　贷：股本　　200 000

资本公积		1 800 000
银行存款		2 200 000
借：资本公积	200 000	
管理费用	50 000	
贷：银行存款		250 000
借：长期股权投资——S公司	550 000	
贷：营业外收入		550 000

以后各期只需抵销公允价值变动部分。

(3) 商誉的进一步讨论。在前面（例3—1）的讨论中，我们计算了珠江公司收购S公司40%股权的商誉为400 000元，如果我们要计算S公司的整体商誉，并将商誉在多数股东和少数股东之间进行分配该如何进行？下面通过一个实例作进一步的说明。

例3—3 接例3—1，假定珠江公司整体收购S公司，商誉的计算如下：

计算投资成本差额

整体投资成本（4 200 000/40%）	10 500 000
所获S公司股权的账面价值	7 500 000
投资成本差额	3 000 000

分配投资成本差额，并确认整体商誉

投资成本差额	3 000 000
存货升值	(400 000)
固定资产升值	(1 500 000)
长期应付款减值	(100 000)
商誉	1 000 000

由此，我们计算出S公司整体商誉为1 000 000元。如果珠江公司只收购其40%的股权，溢价收购需要支付的商誉款为400 000元。通过推算，我们可以计算出珠江公司收购S公司40%的股权共计400 000股，支付对价4 200 000元，每股市价10.5元，假定珠江公司取得S公司控制权，每股所包括的控制权溢价（即商誉）为1元。这样整体商誉1 000 000元就在控制股东和非控制股东（少数股东）之间进行分配，分别享有的商誉价值为400 000元和600 000元。

但现实中，这种推断可能不成立，因为珠江公司取得S公司控制权后，剩余60%的股票就不太可能按每股10.5元出售，假定按每股10元出售，这时少数股东的股票溢价为300 000元，S公司整体商誉价值就为700 000元（400 000+300 000）。

由于商誉不再进行摊销而是每年进行减值测试，下面我们讨论商誉的减值测试和相应的会计处理。

根据我国资产减值准则的规定，企业合并所形成的商誉，至少应当在每年年度终了进行减值测试，测试要与相关的资产组或资产组组合结合进行。进行测试时，先对不包含商誉的资产组或资产组组合进行测试，计算可回收金额，并与相关账面价值相比较，确认相应的减值损失；然后再对包含商誉的资产组或资产组组合进行测试，比较这些相关资产组或资产组组合的账面价值（包括所分摊的商誉的账面价值）与其可回收金额，如相关资产组或资产组组合的可回收金额低于其账面价值，应当确认商誉的减值损失。

例3—4 资料同例3—1，假定S公司的所有资产被认定为一个资产组。2015年末珠江公司确定该资产组的可回收金额为8 000 000元，可辨认净资产的账面价为7 800 000元。

首先，要判断S公司资产组是否发生减值，如果产生减值，减值损失应为多少。减值测试和减值损失计算见表3—5。

表3—5 减值测试和减值损失计算表 单位：元

2015年末	商誉	可辨认净资产	合计
账面价值	400 000	7 800 000	8 200 000
未确认归属于非控制股东的商誉	600 000		600 000
调整后账面价值	1 000 000	7 800 000	8 800 000
可收回金额			8 000 000
减值损失			800 000

然后，进行减值损失的分摊，确认商誉调整后的价值。

资产组发生减值损失800 000元，应冲减商誉800 000元。由于归属于珠江公司的商誉减值损失为320 000元（800 000×40%），因此只需冲减商誉320 000元。商誉账面价值最后调整为80 000元。计算过程见表3—6。

表3—6 商誉调整计算表 单位：元

	商誉	可辨认净资产	合计
账面价值	400 000	7 800 000	8 200 000
确认的减值损失	320 000	0	(320 000)
确认减值损失后的账面价值	80 000	7 800 000	7 880 000

（4）吸收合并购买法的会计处理。由于吸收合并后不存在两个或以上的独立的经济和法律主体，合并时按购买法（非同一控制）进行会计处理，不按被收购方净资产公允价值进行收购的就会产生商誉（或负商誉）。吸收合并后，不再出现新的会计问题（合并报表的编制）。

例3—5 珠江公司2015年1月1日以银行存款10 000 000元收购S公司的全部股权，之后，S公司解散。购买日，S公司资产负债的账面价值和公允价值资料如表3—7所示。

表3—7 S公司2014年12月31日资产负债的账面价值和公允价值 单位：元

报表项目	账面价值	公允价值
银行存款	500 000	500 000
应收账款	1 000 000	500 000
应收票据	800 000	800 000

续前表

报表项目	账面价值	公允价值
交易性金融资产	200 000	200 000
存货	2 500 000	3 500 000
固定资产——净额	5 000 000	6 500 000
资产合计	10 000 000	12 000 000
短期借款	1 000 000	
应付账款	1 000 000	
应付票据	500 000	
股本	5 000 000	
资本公积	2 000 000	
未分配利润	500 000	
负债与股东权益合计	10 000 000	

珠江公司会计处理如下：

1）计算投资成本差额和商誉。

长期股权投资成本		10 000 000
所获S公司股权的账面价值		7 500 000
投资成本差额		2 500 000
减：可辨认公允价值升值金额		
应收账款（500 000－1 000 000）	(500 000)	
存货（3 500 000－2 500 000）	1 000 000	
固定资产（6 500 000－5 000 000）	1 500 000	2 000 000
商誉		500 000

2）登记企业合并的会计分录。

借：长期股权投资——S公司　10 000 000

　贷：银行存款　10 000 000

借：银行存款　500 000

　　应收账款　500 000

　　应收票据　800 000

　　交易性金融资产　200 000

　　存货　3 500 000

　　固定资产——净额　6 500 000

　　商誉　500 000

　贷：短期借款　1 000 000

　　　应付账款　1 000 000

　　　应付票据　500 000

　　　长期股权投资——S公司　10 000 000

如果出现所购买企业的净资产的公允价值超过投资成本，这一差额就为负商誉，负商誉直接计入当期损益。

4. 不完全权益法

在以上对合并成本分配的例子中，对长期股权投资都是按权益法进行处理的。而按我国现行准则的规定，对联营企业的投资按权益法处理，对子公司的投资平时按成本法进行处理（即在母公司自身的账簿中），合并时再调整到权益法的基础上（即在合并时的示意分录）。本章中我们不作这种区分，对长期股权投资统一按权益法进行讲解，但权益法是存在完全权益法和不完全权益法两种处理的，下面的实例就是讲解这两种方法之间的差异。

例 3—6 接例 3—1，并假定 2015 年度珠江公司将成本为 50 000 元的商品按 80 000 元销给 S 公司，这批商品 S 公司当年并未对外售出，同时假定 S 公司为珠江公司的子公司。下面是珠江公司按完全权益法和不完全权益法在 2015 年对 S 公司长期股权投资的会计处理（见表 3—8）。

表 3—8　珠江公司按完全权益法和不完全权益法对 S 公司长期股权投资的会计处理

完全权益法	不完全权益法
1. 2015 年 1 月 1 日，登记长期股权投资分录。 借：长期股权投资——S 公司　　4 200 000 　贷：股本　　200 000 　　资本公积　　1 800 000 　　银行存款　　2 200 000 借：资本公积　　200 000 　管理费用　　50 000 　贷：银行存款　　250 000	1. 2015 年 1 月 1 日，登记长期股权投资分录。 同完全权益法
2. 2015 年 12 月 31 日，确认当年投资收益和登记应收股利。 借：长期股权投资——S 公司　　400 000 　贷：投资收益（1 000 000×40%）　　400 000 借：应收股利——S 公司　　200 000 　贷：长期股权投资——S 公司（500 000×40%） 　　200 000	2. 2015 年 12 月 31 日，确认当年投资收益和登记应收股利。 同完全权益法
3. 2015 年 12 月 31 日，登记当年投资成本差额中可辨认净资产公允价值升值部分摊销额。 借：投资收益　　198 000 　贷：长期股权投资——S 公司　　198 000	3. 2015 年 12 月 31 日。 摊销或不摊销
4. (a) 2015 年 12 月 31 日，如果 S 公司为珠江公司的子公司，抵销公司间交易中未实现的利润。 借：投资收益　　30 000 　贷：长期股权投资——S 公司　　30 000	4. (a) 2015 年 12 月 31 日。 不抵销

续前表

完全权益法	不完全权益法
(b) 如果S公司为珠江公司的联营公司，则抵销分录为①： 借：投资收益（30 000×40%） 12 000 贷：长期股权投资——S公司 12 000	(b) 2011年12月31日。 不抵销

三、购买法下的其他问题

1. 分次并购

投资企业在持有被投资单位的部分股权后，又通过多次增持（各次增股不存在关联，即非一揽子交易）形成对被投资单位控制的，称为多次并购或分步并购。通过多次交易形成对被投资单位控制的处理程序如下（同一控制下的分次并购在下一节讨论）。

(1) 母公司自身对多次购买股权的投资处理：达不到重大影响的，按公允价值法进行核算；非重大影响因增股达到重大影响的，由公允价值法转为权益法；非重大影响因增股直接形成控制，无须调整长期股权投资原账面价值；重大影响因增股形成控制的，由权益法转为成本法。各种转换处理已经在第2章中详细说明。

(2) 合并日商誉的确定：达到企业合并时应确认的商誉为取得控制权日购买价格与被投资方可辨认净资产公允价值之间的差额，而非每次单项交易中所确认的商誉之和。

(3) 合并财务报表的编制：与一次并购合并财务报表编制相比，多次并购的合并财务报表的编制更复杂。多次并购形成的合并，在合并财务报表中，对于购买日之前持有的被购买方的股权，应当按照该股权在购买日的公允价值进行重新

---

① 无论该关联销售是顺销还是逆销，投资公司对未实现损益的抵销是相同的。不同的是，对联营企业在合并时（假定投资企业存在子公司），关联交易未实现损益的抵销在顺销和逆销下是存在差别的（即编制合并报表的示意分录）。

在顺销下，合并抵销分录为：

借：营业收入（80 000×40%） 32 000

　贷：营业成本（50 000×40%） 20 000

　　投资收益 12 000

此分录按40%比例冲销投资企业的营业收入和营业成本，即在合并报表中只确认60%的销售。

在逆销下，合并抵销分录为：

借：长期股权投资 30 000

　贷：存货 30 000

此分录一方面冲销投资方购买存货中的加价部分，即将投资公司购买的存货调整为成本价。另一方面，需要说明的是由于我国现行准则规定对子公司长期股权投资按成本法进行核算，因此，按成本法核算母公司不需要对关联交易进行抵销。即在我国现行准则下分录4.(b)要登记，而分录4.(a)是不用登记的。如果是联营企业关联交易抵销时，投资公司还存在其他子公司，在编制合并报表时，还需要在合并报表中做上述与联营企业相关的关联交易的合并抵销。

计量，公允价值与账面价值之间的差额计入当期投资收益；购买日之前持有的被购买方的股权涉及权益法核算下的其他综合收益等的，与其相关的其他综合收益应当转为购买日所属当期收益（但由于被投资方重新计量设定受益计划净负债或净资产变动而产生的其他综合收益除外）。分次并购的合并财务报表编制的进一步讨论请参见第 6 章第 3 节的内容。

2. *反向购买*

前面提到，以发行权益性证券交换股权的方式进行的企业合并，通常发行权益性证券的一方为购买方，但如果有证据表明发行权益性证券的一方，其生产经营决策在合并后被参与合并的另一方控制，则其应为被购买方。这类合并通常称为反向购买。在法律上，发行权益性证券的一方为母公司，后者为子公司，但在会计上，发行方为被购买方，后者为购买方。

反向并购中，购买方的企业合并成本是指为获得在合并后报告主体的股权比例，向被购买方的股东发行的权益性证券数量与权益性证券的公允价值计算的结果：购买方的权益性证券在购买日存在公开报价的，通常以公开报价作为公允价值；不存在公开报价的，应参照购买方的公允价值和被购买方的公允价值二者之中有更为明显证据支持的作为基础，确定假定应发行权益性证券的公允价值。

3. *购买子公司少数股权*

企业在取得对子公司的控制权后，继续购买子公司全部或部分权益的，这种交易的实质为股东之间的权益性交易，应当分别母公司个别报表和合并财务报表两方面的处理进行：

(1) 母公司个别报表中对长期股权投资购买的处理，按正常的长期股权投资进行。

(2) 在合并财务报表中，母公司新取得的投资与按照新增持股比例计算的应享有子公司自购买日（或合并日）开始持续计算的可辨认净资产份额之间的差额，应当调整合并财务报表中的资本公积，资本公积不足冲减的，调整留存收益。更进一步讨论请参见第 6 章第 3 节的内容。

第 2 节　企业合并——权益结合法

一、权益结合法

权益结合法（pooling of interest method）又称权益集合法、权益入股法或换股合并法，是指母公司用自己发行的股票交换对方几乎全部的普通股，从而达到由双方的股东联合控制其全部或实际上是全部的净资产和经营活动。

按照国际会计准则第 22 号《企业合并》中的说明，权益结合的实质并不是一方收购另一方的行为，而是双方的股东签订的一项本质上平等的协议，由双方共同控制其全部或实际上全部的净资产或经营权。因此，在这种企业合并中，分不清哪一方是购买者。否则，就应视作一项收购或购买行为。为了符合权益结合法，这种合并必须同时满足三个条件（IAS22 第 15 条）：

（1）参与合并的企业的有表决权的普通股，如果不是全部股份，至少也是绝大多数股份参与交换或集合；

（2）一个企业的公允价值与另一个企业的公允价值不能相差太大；

（3）合并之后，各企业的股东在合并后实体中应保持与合并前实质上同样的表决权和股权。

同购买法相比，权益结合法至少存在下面三个明显的特征：

第一，权益结合法是将合并双方几乎全部（至少为 90%）的权益结合在一起，并按双方权益的账面价值入账。由于这种合并不是一种收购行为，所以不存在收购价格，不需要重新估价，也不存在购买商誉。同时，参与合并双方的资产和负债也以账面价值记入合并后实体的账簿中。

第二，不论合并发生在年度中的哪一天，合并净利润都应包括参与合并双方全年的净利润。

第三，要消除合并双方对同一经济业务所使用的不同会计政策，这种消除或调整一般要进行追溯调整，从而使合并双方应用统一的会计政策。

从经济后果来看，与购买法相比，权益结合法既避免了巨额购买价格的支付，也避免了合并后巨额商誉的摊销，能使合并后的合并主体的净利润不受影响。也正是权益结合法的这一特点，许多企业在合并中都愿意使用权益结合法来编制合并财务报表，以使合并后的净利润保持一个较高的水平。为了防止权益结合法的滥用，APB 在第 16 号意见书中对使用该方法进行了严格的限定，只有同时满足 12 个条件，才能使用权益结合法。之后，FASB 在其 141 号《企业合并》中，最终取消了权益结合法。IASC 在其第 22 号国际准则中明确指出，几乎所有情况下，都能确定购买方，因而权益结合只是极少数的情况。①

我国《企业会计准则第 20 号——企业合并》将企业合并分为同一控制与非同一控制下的企业合并两种，同一控制下的企业合并主要指同一集团内部企业之间的合并。由于同一最终控制方的存在，该类合并并不会造成企业集团整体利益的流入和流出，最终控制方在合并前后实际控制的经济资源并没有发生变化，合并交易不作为出售或购买。因此，同一控制下的企业合并采用权益结合法。《企业会计准则第 2 号——长期股权投资》第五条规定：同一控制下的企业合并，合并方以支付现金、转让非现金资产或承担债务方式作为合并对价的，应当在合并日按照取得被合并方所有者权益在最终控制方合并财务报表中的账面价值的份额作为长期股权投资的初始投资成本。长期股权投资初始投资成本与支付的现金、转让的非现金资产以及承担的债务账面价值之间的差额，应当调整资本公积；资本公积不足冲减的，调整留存收益。

合并方以发行权益性证券作为合并对价的，应当在合并日按照取得被合并方所有者权益在最终合并方合并财务报表中的账面价值的份额作为长期股权投资的

① IASB 在最新颁布的 IFRS3 中规定，所有的企业合并都应采用购买法（IFRS3 第 14 条）。所以对权益结合法相关规定的讨论，我们仍然沿用 IAS22 的相关条文。

初始投资成本。按照发行股份的面值总额作为股本，长期股权投资初始投资成本与所发行股份面值总额之间的差额，应当调整资本公积；资本公积不足冲减的，调整留存收益。

根据我国现行准则的规定，与非同一控制下的购买法相比，同一控制下的权益结合法在对长期股权投资的核算上存在几个方面的区别，如表3—9所示。

表3—9　同一控制下与非同一控制下长期股权投资核算的差异

比较项目	同一控制	非同一控制
长期股权投资初始成本的确定	以在合并日按照取得被合并方所有者权益在最终控制方合并报表中的账面价值的份额作为长期股权投资的初始投资成本	按取得被投资方股权所转让的现金及其他非现金资产（包括承担债务）的公允价值确定
相关交易费用	直接计入当期损益，发行权益证券的费用冲减资本公积或留存收益，发行债券的费用计入债券的初始成本	同左
转让非现金资产（或承担债务）	按账面价值	按公允价值
长期股权投资成本的初始调整	不用调整	长期股权投资的初始成本小于投资时应享有被投资单位可辨认净资产公允价值份额时，要调整长期股权投资成本
长期股权投资成本的后续调整（1）	投资企业按被投资企业的净利润（以最终控制方计算的净利润为基础）确认应享有被投资单位净损益的份额	投资企业在确认应享有被投资单位净损益的份额时，应以取得投资时被投资单位各项可辨认资产等的公允价值为基础，对被投资的净利润进行调整
长期股权投资成本的后续调整（2）	投资企业对于被投资单位除净损益以外的所有者权益变动的其他变动，应当调整长期股权投资的账面价值，同时登记其他综合收益或资本公积	同左
长期股权投资成本的后续调整（3）	不确认商誉（最终控制方按购买法收购形成的商誉余额体现在合并报表中）	确认商誉，商誉发生减值损失时，调整长期股权投资成本

权益结合，顾名思义，就是合并双方资产、负债和股东权益的结合。在这一方法下，参与合并双方各自账上的资产和负债转为集团公司（或存续公司）的资产和负债，同时，总的所有者权益为参与合并双方的所有者权益之和。[①] 当集团

① 与此形成鲜明对照的是，购买法下，集团公司合并后的所有者权益仍为母公司购并后的股东权益。

公司或存续公司（发行新股后）的股本正好等于合并双方合并前的股本时，合并所有者权益就是合并双方的所有者权益的简单相加，否则，合并的所有者权益的结构就要进行相应调整。下面通过几个实例来说明权益结合法的会计处理。

二、吸收与新设合并下的权益结合法

在吸收合并和新设合并下，只存在一个会计主体，参与合并的双方将按账面资产、负债和净资产的价值转记到新的合并公司账上，因而，只需在合并当时进行合账即可，不存在合并后合并报表的编制问题。唯一要注意的是，以不同的股票数量进行交换合并，对合并后权益的结构（股本、资本公积和未分配利润的构成）会产生不同的影响。

1. 吸收合并下权益结合的会计处理

例3—7　珠江公司与海珠公司于2015年7月1日进行换股合并，合并后，海珠公司随即解散。合并前珠江公司资产总额为500 000元，负债总额为250 000元；海珠公司资产总额为400 000元，负债总额为250 000元，双方的权益结构如表3—10所示。

表3—10　**2015年7月1日合并前双方股东权益表**　单位：元

项目	珠江公司	海珠公司	合计
股本，每股面值1元	200 000	100 000	300 000
资本公积	10 000	10 000	20 000
投入资本合计	210 000	110 000	320 000
未分配利润	40 000	40 000	80 000
股东权益合计	250 000	150 000	400 000

在吸收合并方式下，珠江公司以下述三种方式与海珠公司进行合并：

第一种方式：发行100 000股普通股，交换海珠公司全部的普通股；

第二种方式：发行80 000股普通股，交换海珠公司全部的普通股；

第三种方式：发行130 000股普通股，交换海珠公司全部的普通股。

三种方式下的会计处理如下：

第一种方式：发行100 000股普通股，交换海珠公司全部的普通股。

合并时，珠江公司登记合并资产、负债和权益，由于珠江公司发行的股票面值等于海珠公司全部流通在外股票的面值，所以，海珠公司的股东权益按原有构成合并到珠江公司权益中。会计分录如下：

	借方	贷方
借：资产	400 000	
贷：负债		250 000
股本		100 000
资本公积		10 000
未分配利润		40 000

海珠公司合并后随即解散，作冲销账面资产、负债和权益的处理，结账分录如下：

借：负债　　250 000
　　股本　　100 000
　　资本公积　　10 000
　　未分配利润　　40 000
　贷：资产　　400 000

第二种方式：发行 80 000 股普通股，交换海珠公司全部的普通股。

珠江公司登记合并资产、负债和权益，由于珠江公司发行的股票面值小于海珠公司全部流通在外股票的面值，小于的部分增加资本公积，未分配利润仍按原有的金额合并到珠江公司的权益中。会计分录如下：

借：资产　　400 000
　贷：负债　　250 000
　　　股本　　80 000
　　　资本公积　　30 000
　　　未分配利润　　40 000

海珠公司解散分录同上。

第三种方式：发行 130 000 股普通股，交换海珠公司全部的普通股。

珠江公司登记合并资产、负债和权益，珠江公司发行的股票面值大于海珠公司股票面值的部分先冲减资本公积，余额再减少未分配利润额。会计分录如下：

借：资产　　400 000
　　资本公积　　10 000
　贷：负债　　250 000
　　　股本　　130 000
　　　未分配利润　　30 000

海珠公司解散分录同上。

吸收合并下，合并后珠江公司的股东权益结构如表 3—11 所示。

表 3—11　　2015 年 7 月 1 日合并后珠江公司股东权益表　　单位：元

项目	第一种方式	第二种方式	第三种方式
股本，每股面值 1 元	300 000	280 000	330 000
资本公积	20 000	40 000	0
投入资本合计	320 000	320 000	330 000
未分配利润	80 000	80 000	70 000
股东权益合计	400 000	400 000	400 000

2. 新设合并下权益结合的会计处理

例 3—8　资料同前，在新设合并方式下，江海公司接管珠江公司和海珠公司，以下述三种方式进行合并：

第一种方式：江海公司发行 300 000 股普通股，200 000 股给珠江公司股东，

100 000 股给海珠公司的股东；

第二种方式：江海公司发行 280 000 股普通股，200 000 股给珠江公司股东，80 000 股给海珠公司股东；

第三种方式：江海公司发行 330 000 股普通股，200 000 股给珠江公司股东，130 000 股给海珠公司股东。

三种方式下的会计处理如下：

第一种方式：江海公司发行 300 000 股普通股，200 000 股给珠江公司股东，100 000 股给海珠公司股东。

江海公司登记合并资产、负债和权益，会计分录如下：

借：资产	900 000	
贷：负债		500 000
股本		300 000
资本公积		20 000
未分配利润		80 000

海珠公司和珠江公司合并后随即解散，作各自冲销账面资产、负债和权益的会计分录（略）。

第二种方式：江海公司发行 280 000 股普通股，200 000 股给珠江公司股东，80 000 股给海珠公司股东。

江海公司登记合并资产、负债和权益，会计分录如下：

借：资产	900 000	
贷：负债		500 000
股本		280 000
资本公积		40 000
未分配利润		80 000

第三种方式：江海公司发行 330 000 股普通股，200 000 股给珠江公司股东，130 000 股给海珠公司股东。

江海公司登记合并资产、负债和权益，会计分录如下：

借：资产	900 000	
贷：负债		500 000
股本		330 000
未分配利润		70 000

三、控股合并下的权益结合法

如果合并后，合并双方并未解散，仍然继续存在，发行股票的一方则为购买方，成为母公司[①]；被交换股票的一方为被收购方，为子公司。这时，又分两种情况：一是发行方交换对方全部股权；二是交换对方几乎全部（90%以上）的股

① 特殊情况下，被交换的一方有可能作为控制方，成为母公司，这种情况即前面提到的反向并购。

权，产生少数股权。

1. 交换对方全部股权的权益结合法

在权益结合法下，发行方在发行股票时一方面按子公司股东权益的账面价值登记长期股权投资账户，另一方面登记权益的增加。

例 3—9 珠江公司 2015 年 7 月 1 日以控股合并的方式交换海珠公司全部股权，交换方式同例 3—7，其他资料也同该例。三种方式的会计处理如下：

第一种方式：发行 100 000 股普通股，交换海珠公司全部的普通股。

珠江公司一方面登记长期股权投资，另一方面登记权益的增加。会计分录如下：

借：长期股权投资　　150 000
　贷：股本　　100 000
　　　资本公积　　50 000

同时，在合并财务报表上，做一笔调整分录如下：

借：资本公积[①]　　40 000
　贷：未分配利润　　40 000

海珠公司仍然继续存在，但不用进行任何会计处理。

第二种方式：发行 80 000 股普通股，交换海珠公司全部的普通股。

珠江公司的会计分录如下：

借：长期股权投资　　150 000
　贷：股本　　80 000
　　　资本公积　　70 000

同时，在合并财务报表上，做一笔调整分录如下：

借：资本公积　　40 000
　贷：未分配利润　　40 000

第三种方式：发行 130 000 股普通股，交换海珠公司全部的普通股。

珠江公司的会计分录如下：

借：长期股权投资　　150 000
　贷：股本　　130 000
　　　资本公积　　20 000

同时，在合并财务报表上，做一笔调整分录如下：

借：资本公积　　30 000
　贷：未分配利润　　30 000

无论哪一种方式，合并抵销分录均相同。抵销分录如下：

借：股本　　100 000
　　资本公积　　10 000
　　未分配利润　　40 000
　贷：长期股权投资　　150 000

① 下划线表示该分录为合并抵销与调整分录，下同，具体说明参见下一章。

交换对方全部股权的权益结合法在合并报表上，通过抵销与调整分录后，总的股东权益为参与合并方的股东权益之和，而不是购买法下购买企业（母公司）的股东权益。

2. 交换对方部分股权的权益结合法

由于权益结合法存在一个前提条件，即要交换对方几乎全部的股权，一般为90%以上的股权，因此，少数股权的比例一般不会超过10%。

例3—10　同例3—9，不同的是，以相同的股份只交换海珠公司90%的股权。三种情况下的会计处理如下：

第一种方式：发行100 000股普通股，交换海珠公司90%的普通股。

珠江公司一方面按所获得的海珠公司股权的90%登记长期股权投资，另一方面登记相应权益的增加。会计分录如下：

借：长期股权投资（150 000×90%）　　135 000
　贷：股本　　100 000
　　　资本公积　　35 000

同时，在合并报表上，由于珠江公司仅获海珠公司90%的股权，因此，珠江公司最多只能增加海珠公司90%的未分配利润，另一方面冲减母公司的资本公积。调整分录如下：

借：资本公积　　36 000
　贷：未分配利润（40 000×90%）　　36 000

第二种方式：发行80 000股普通股，交换海珠公司90%的普通股。

珠江公司登记的长期投资分录为：

借：长期股权投资　　135 000
　贷：股本　　80 000
　　　资本公积　　55 000

同时，在合并报表上，调整按90%分享对方的留存收益。

借：资本公积　　36 000
　贷：未分配利润（40 000×90%）　　36 000

第三种方式：发行130 000股普通股，交换海珠公司90%的普通股。

珠江公司的会计分录如下：

借：长期股权投资　　135 000
　贷：股本　　130 000
　　　资本公积　　5 000

同时，在合并报表上，一方面冲减母公司账面资本公积（15 000元），另一方面贷记为分享对方的留存收益。

借：资本公积　　15 000
　贷：未分配利润　　15 000

不论珠江公司发行的股票数量是多少，合并后母公司增加的权益数均为长期投资的金额，即135 000元。另外，无论哪一种方式，合并抵销分录均相同，抵销分录如下：

借：股本　　100 000
　　资本公积　　10 000
　　未分配利润　　40 000
　贷：长期股权投资　　135 000
　　　少数股东权益（150 000×10%）　　15 000

交换对方部分股权的权益结合法在合并报表上，通过抵销与调整分录后，总的股东权益为母公司股东权益与被合并方的股权收购比例的股东权益之和。

3. 同一控制下分次并购的合并处理

企业通过多次交易（非一揽子交易）取得同一控制下被投资方股权，最终形成控制的，在取得控制日的合并处理为：

首先，在合并日，根据合并方应享有被合并方净资产在最终控制方合并财务报表中的账面价值份额，确定长期股权投资的初始投资成本。

其次，长期股权投资的初始投资成本与合并对价账面价值之间的差额调整资本公积，资本公积不足冲减的，冲减留存收益。合并对价账面价值等于合并前长期股权投资账面价值加上合并日支付对价的账面价值。

合并日之前原有股权按权益法或金融工具准则核算形成其他综合收益或其他所有者权益暂不处理，待处置时转入当期损益。

例 3—11　A 公司为珠江公司全资子公司。2011 年 1 月 1 日，A 公司以现金 120 万元购买 C 公司 20%的股权（产生重大影响），购买日 C 公司账面净资产的公允价值为 600 万元（与账面价值相等）。2013 年 1 月 1 日，珠江公司购买 C 公司 80%的股权，购买价格为 700 万元，购买日 C 公司可辨认净资产的公允价值为 800 万元（与账面价值相等）。2015 年 7 月 1 日，A 公司以定向增发 150 万股普通股（每股面值 1 元，每股公允价值 5 元）的方式收购珠江公司拥有的 C 公司全部 80%的股票中的 3/4，收购完成后 A 公司拥有 C 公司 80%的股票而形成控制。A 公司两次购买 C 公司股权不属于一揽子交易。假定 C 公司 2011 年实现净利润 80 万元，其他综合收益 20 万元；2012—2015 年每年实现的净利润均为 100 万元（期间一直未宣布支付股利），2015 年上半年实现利润 50 万元。不考虑所得税等影响。

首先，确定合并日长期股权投资的初始投资成本。

合并日追加投资后，A 公司拥有 C 公司 80%（即 20%＋60%）的股权，合并日 A 公司享有 C 公司在最终控制方合并财务报表中净资产的账面价值份额为 888 万元［(800＋250＋商誉 60)×80%］。

然后，计算长期股权投资的初始投资成本与合并对价账面价值之间的差额。

原 20%的股权采用权益法核算，在合并日的投资成本为 210 万元（120＋450×20%）。追加投资所支付对价的账面价值为 150 万元，合并对价的账面价值为 360 万元。长期股权投资的初始投资成本与合并对价账面价值之间的差额为 528 万元。

最后，登记合并日长期股权投资的会计处理（单位：万元）。

借：长期股权投资　888
　贷：长期股权投资——投资成本　120
　　　　　　　　——损益调整　86
　　　　　　　　——其他综合收益　4
　　股本　150
　　资本公积　528

2011 年确认的其他综合收益 4 万元等处置该投资时转入当期损益。

4. *权益结合法后的合并报表编制*

无论是权益结合法还是购买法，合并后的合并财务报表的编制要求基本相同，都需要抵销母子公司间的内部损益，抵销来自子公司的投资收益和股利，抵销母公司长期股权投资和子公司股东权益账户，抵销母子公司间交易的对应账户——公司间应收与应付款项、公司间收入与费用，等等。具体的合并程序请参见下一章。只不过在权益结合法下，不存在商誉的确认和减值测试，合并报表中对子公司的资产和负债不按公允价值计量等，比购买法稍简单些。因此，以后的合并程序中，我们不再专门针对权益结合法进行讲解。

从下一章开始，我们将逐步深入地论述合并财务报表的编制技术、程序、相关的合并理论、合并抵销和更复杂的合并会计处理。

思考题

1. 请区分以下概念：

同一控制与非同一控制	新设合并、吸收合并与控股合并
并购与反向并购	商誉和负商誉
完全权益法与不完全权益法	购买法与权益集合法

2. 长期股权投资差额、合并价差与商誉是一回事吗？请简要说明商誉的计算方法。

3. 完全权益法与不完全权益法的区别是什么？目前我国会计实务中所运用的对长期股权投资的会计处理是完全权益法吗？

4. 简述反向并购会计处理的基本要点。

5. 为什么负商誉（分配）的处理与正商誉的处理存在差异？请说明理由。

6. 比较购买法与权益结合法。我国为何要保留权益结合法？

7. FASB 和 IASB（包括我国）都规定商誉不再进行系统摊销，而是每期期末对其价值进行评估，请你谈谈对这一处理的看法。

8. 比较三种合并方式的异同，并指出三种合并方式在会计处理上的差异。

9. 简要叙述购买商誉与整体商誉、多数股东和少数股东在分享商誉上的区别。

练习题

（一）商誉

资料：南方公司于 2015 年 4 月 1 日在公开市场以每股 2.6 元购得 S 公司流

通在外股票100 000股中的70 000股，取得S公司70%的股权。取得股权的其他成本，包括5 000元的经纪人佣金和5 000元的法律顾问费。S公司2015年1月1日和4月1日的资产负债表如表3—12所示。

表3—12　　S公司2015年1月1日和4月1日的资产负债表　　单位：元

项目	2015年1月1日（账面价值）	2015年4月1日（账面价值）	2015年4月1日（公允价值）
现金	40 000	45 000	45 000
存货	35 000	60 000	50 000
其他流动资产	25 000	20 000	20 000
固定资产——建筑物（净额）	30 000	30 000	50 000
固定资产——设备（净额）	100 000	95 000	135 000
资产合计	230 000	250 000	300 000
应付账款	45 000	40 000	40 000
其他负债	15 000	20 000	20 000
股本，每股面值1元	100 000	100 000	
未分配利润（1月1日）	70 000	70 000	
当期净利润		20 000	
负债及权益合计	230 000	250 000	

其他资料：

(1) 高估的存货于2015年9月出售。

(2) 建筑物的折旧年限还有20年，低估的设备在2015年4月1日尚有4年剩余使用年限。

(3) S公司2015年的净利润为80 000元（2015年4月1日到12月31日为60 000元）。

(4) S公司于2015年12月1日公布每股0.4元的股利，并于2016年1月10日发放。

要求：

(1) 编表将投资成本与账面价值的差额分摊至各项可辨认或不可辨认资产。

(2) 进行会计处理。

(3) 计算南方公司2015年对S公司的投资收益，并计算南方公司2015年12月31日对S公司的长期股权投资账户余额。

(二) 负商誉

资料：见练习题（一）的资料，将每股市价改为1.4元。

要求：

(1) 编表将投资成本与账面价值的差额分配至各项可辨认或不可辨认资产。

(2) 进行会计处理。

(3) 计算南方公司2015年对S公司的投资收益，并计算南方公司2015年12月31日对S公司的投资账户余额。

（三）购买法（吸收合并）

资料：2015 年 1 月 2 日，南方公司和 S 公司进行企业合并，S 公司解散。南方公司支付 825 000 元给 S 公司，其中包括南方公司 330 000 股的普通股，每股市价为 2.5 元，每股面值为 1 元。另外，合并时南方公司用现金支付了如表 3—13 所示的费用。

表 3—13　　单位：元

项目	金额
发起人费用	35 000
会计和律师费	65 000
证券的登记和发行费用	40 000
合计	140 000

2014 年 12 月 31 日，即合并前，两公司的资产负债表和公允价值资料如表 3—14 所示。

表 3—14　　南方公司和 S 公司 2014 年 12 月 31 日的资产负债表　　单位：元

项目	南方公司账面价值	S 公司账面价值	S 公司公允价值
现金	150 000	30 000	30 000
应收账款（净额）	230 000	50 000	40 000
存货	520 000	80 000	120 000
固定资产——建筑物（净额）	400 000	100 000	150 000
固定资产——设备（净额）	1 000 000	200 000	300 000
无形资产	500 000	300 000	250 000
资产合计	2 800 000	760 000	890 000
应付账款	300 000	40 000	40 000
应付票据	600 000	200 000	180 000
股本，每股面值 1 元	800 000	300 000	
资本公积	600 000	50 000	
未分配利润	500 000	170 000	
负债和所有者权益合计	2 800 000	760 000	

要求：假设采用购买合并，请为南方公司编制 2015 年 1 月 2 日即合并之日的资产负债表。

（四）购买商誉与整体商誉

资料：南方公司 2015 年 1 月 1 日从非关联方 A 公司控股股东处以每股 28 元购买取得了 A 公司有表决权普通股 60%的股权（共 600 万股），于当日完成了各项手续并能对 A 公司实施控制。收购日，A 公司 2015 年 1 月 1 日资产负债表的有关信息如下：

(1) 股东权益总额为 20 000 万元，其中普通股本 1 000 万元（每股面值 1 元，计 1 000 股），资本公积 15 000 万元，盈余公积 2 000 万元，未分配利润 2 000 万元。

(2) 应收账款账面价值 2 500 万元，经评估的公允价值为 2 300 万元；存货的账面价值 8 000 万元，经评估的公允价值为 10 000 万元。固定资产账面价值 10 000 万元，经评估公允价值为 13 000 万元。固定资产采用年限平均法计提折旧，剩余折旧年限为 10 年。

要求：

(1) 不考虑所得税，分别计算购买商誉和整体商誉。

(2) 不考虑所得税，假定收购完成后，剩余 40%的公司股价为每股 27 元，计算归属于多数股东和少数股东的商誉和整体商誉。

(五) 商誉减值

资料：见练习题（四）(1)，假定 A 公司的所有资产被认定为一个资产组。2015 年末，南方公司确定该资产组的可回收金额为 22 000 万元，可辨认净资产的账面价值为 21 000 万元。

要求：请为南方公司对 A 公司资产组进行减值测试，确定是否发生减值，如果发生减值，南方公司合并资产负债表中列示的 A 公司商誉应为多少。

(六) 完全权益法——合营企业

资料：2015 年 1 月 1 日 A，B，C 公司共同出资设立一项合营安排 D，该安排被分类为合营企业，A，B，C 公司对于安排 D 的资产、负债及损益分别拥有 45%，45%和 10%的表决权。2015 年 6 月，A 公司向 D 安排出售一设备，售价 100 000 元，成本 80 000 元（该设备还未向第三者出售，设备折旧年限为 10 年，无残值，按直线法计提折旧)。款项已经支付，不考虑增值税。2015 年全年 D 实现净利润 400 000 元。

要求：

(1) 登记 A 公司对该合营企业的会计处理。

(2) 假设上述关联交易为 A 向 D 购买，其他条件相同，请登记 A 公司对该合营企业的会计处理。

(3) 假设 A 公司还拥有其他子公司，请编制顺销和逆销两种方向的合并抵销处理。

(七) 权益结合法

资料：2014 年 12 月 31 日，南方公司与 S 公司股东权益如表 3—15 所示。

表 3—15　　**2014 年 12 月 31 日合并双方股东权益表**　　单位：元

项目	南方公司	S 公司	合计
股本，每股面值 1 元	500 000	400 000	900 000
资本公积	50 000	40 000	90 000
投入资本合计	550 000	440 000	990 000
未分配利润	100 000	60 000	160 000
股东权益合计	650 000	500 000	1 150 000

2015 年 1 月 1 日南方公司发行 400 000 股普通股收购 S 公司 90%的股权。

要求：

(1) 按权益结合法登记合并日的会计处理。

(2) 如果南方公司发行500 000股普通股收购S公司股权的90%，按权益结合法登记合并日的会计处理。

(3) 如果南方公司发行350 000股普通股收购S公司股权的90%，按权益结合法登记合并日的会计处理。

(4) 编制合并日合并抵销分录。

(八) 同一控制下合并日的会计处理

资料：A公司为珠江公司全资子公司。2011年1月1日，A公司以现金120万元购买C公司20%的股权（产生重大影响），购买日C公司账面净资产的公允价值为600万元（与账面价值相等）。2013年1月1日，珠江公司购买C公司80%的股权，购买价格为800万元，购买日C公司可辨认净资产的公允价值为900万元，可辨认净资产的账面价值为800万元，可辨认净资产的公允价值超过账面价值100万元的差额为固定资产评估增值，该资产剩余折旧年限为10年，无残值。2015年7月1日，A公司以定向增发150万股普通股（每股面值1元，每股公允价值5元）的方式收购珠江公司拥有的C公司全部80%的股票中的3/4，收购完成后A公司拥有C公司80%的股票而形成控制。A公司两次购买C公司股权不属于一揽子交易。假定C公司2011—2015年每年实现的净利润均为100万元（未宣布支付股利），2015年全年实现利润100万元，上半年实现利润50万元。不考虑所得税等影响。

要求：

(1) 登记合并日长期股权投资的会计处理。

(2) 按权益法计算2015年度合并后A公司在C公司的收益分享份额。

第4章

合并财务报表编制的基本程序与方法

本章结构

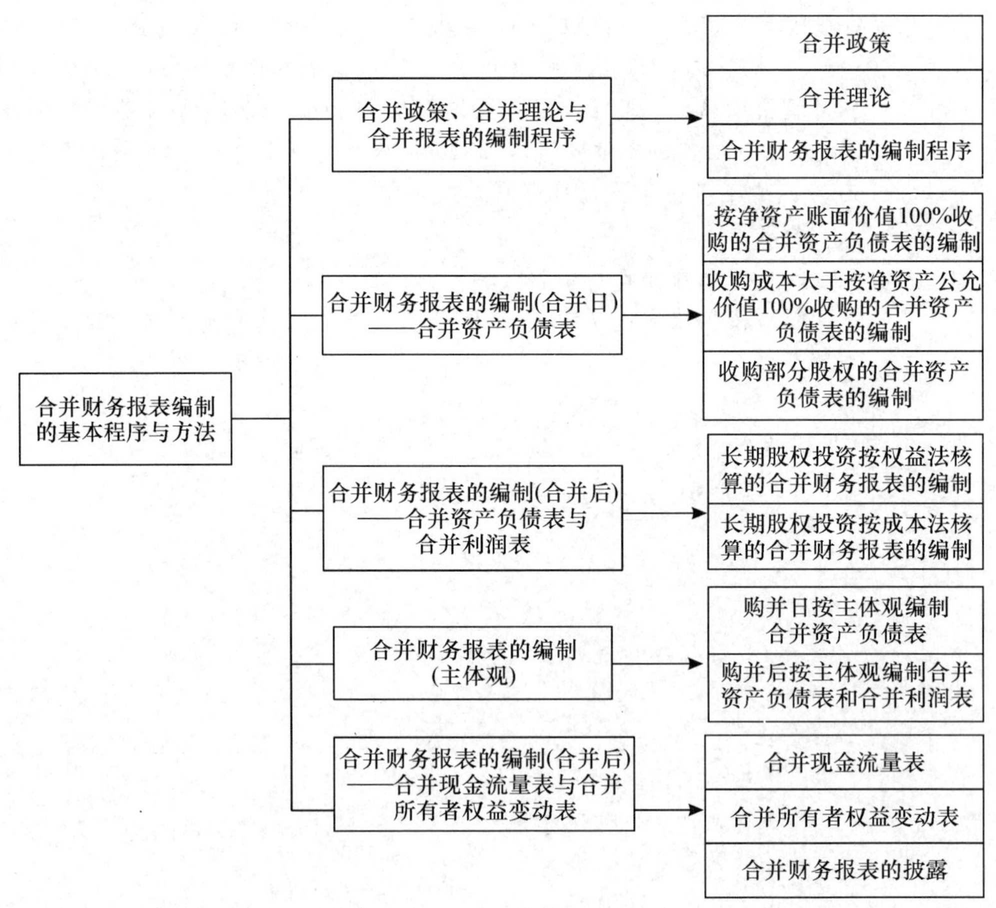

本章要点

- 合并政策的演进
- 控制的标准和判断
- 特殊目的实体
- 母公司理论、主体理论与现行合并理论
- 合并报表的编制程序
- 母公司理论下合并资产负债表与利润表的编制方法
- 主体理论下合并资产负债表与利润表的编制方法
- 合并现金流量表和所有者权益变动表的编制方法
- 合并报表披露的要求和合并每股收益的计算

本章主要讨论合并财务报表编制的基本程序与方法问题，包括合并资产负债表、合并利润表、合并现金流量表和合并所有者权益变动表的基本程序与方法，合并会计中核心的问题——公司间交易的抵销在下一章中讲述。这一章首先阐述合并政策、合并理论与合并报表的编制程序，然后讲解合并日合并资产负债表的编制以及合并后合并资产负债表与合并利润表及利润分配表的编制（母公司观和主体观），最后说明合并现金流量表、合并所有者权益变动表的编制及合并财务报表的披露。通过本章的学习，对合并财务报表的相关概念和编制程序有个基本的了解和掌握。

第1节　合并政策、合并理论与合并报表的编制程序

一、合并政策

上两章主要讨论了长期股权投资核算方法（成本法与权益法）和企业合并的方法。合并报表的编制则是建立在对长期股权投资按权益法核算的基础上进行的。权益法通常称为单行合并，这是由于在投资方的资产负债表里是以单一金额、单独一行来列示长期股权投资（对应子公司所占份额的净资产）；在利润表中，同样也以单一金额、单独一行来列示投资收益（在完全权益法下，母公司净利润等于母子公司合并的净利润）。而编制合并报表，则要将子公司的资产、负债、收入和费用项目纳入整个报表，使母公司投资者了解整个集团的财务状况、经营业绩和现金流动的全貌。而是否需要将被投资企业的报表纳入合并报表之列，则要弄清合并政策的要求。

（一）合并政策的演进

当合并将两个或以上的公司置于同一个管理当局的控制之下时，虽然母子公

司作为独立法律主体仍然存在，各自也保持其本身的会计记录，但一个新的经济主体（合并报告主体）已经出现。正如美国第 51 号《会计研究公告》所指出的："合并财务报表的目的是，根据母公司股东和债权人的利益，反映母子公司的财务状况和经营成果，使母子公司的关系如拥有一家或以上分支机构或部门的集团一样。"合并财务报表提供了许多母子公司个别报表上所没有反映的信息，而这些信息又是了解集团整体财务状况和经营成果必不可少的。但对经营方式完全不同于母公司的子公司则不合并。

原先，是否取得多数股权（50%以上的股权）的量化标准一直被认为是判断控制与否进而是否进行合并的首要原则，而后才进一步判断持股目的是否在于控制子公司的财务和经营决策。根据这样的标准，在实务中可能出现持有的股权不足 50%但在事实上拥有控制权的企业，在判断是否合并时不得不遵从取得多数股权原则的尴尬情况。同时，随着公司股权结构的日益分散以及公司集团内部多层和交叉控股等关系的日趋复杂，使得合并政策发生了重大的变革，从多数控制权到法定控制权，再到实质性控制权，可以发现"多数股权（50%以上的股权）"的标准逐渐淡化，而"控制对方的财务与经营决策"的标准则愈显突出。

于是，合并与否的界限逐渐从多数控制权向法定控制权过渡。法定控制权与多数控制权的最主要区别在于规定了当母公司只拥有一家企业半数或半数以下股权时，如果（1）通过与其他投资企业协议，掌握了 50%以上的表决权；（2）根据法律文件或协议，有权控制该企业的财务和经营决策；（3）有权任命董事会或类似权力机构的多数成员；（4）在董事会或类似权力机构的会议上有权投多数票，那么它即被认为拥有控制权，可以予以合并。这些都必须以母公司具有相关法律文件或协议等客观可鉴证的法定证据为前提。

1995 年 10 月，FASB 发布了《合并财务报表：政策与程序》建议准则的征求意见稿，1999 年 2 月又发布了《合并报表：目的与政策》[①] 建议准则的征求意见稿。从这两者的有关规定可以发现，新准则将突破对要求拥有多数股权或具有法定控制权（在达不到拥有多数股权时）的规定，把合并政策扩大至"实质性控制权"。实质性控制权的最大特点就是引入专业判断的主观因素，只要股份制公司具备以下三个条件之一（或同时具备一个以上），就具有控制权，应予以合并：（1）在选举公司的管理机构中具有多数表决权或有权指派其管理机构的多数成员；（2）在选举公司的管理机构中拥有巨大的少数表决权，同时不存在具有重大表决权的其他方或联合组成的其他方；（3）通过现在拥有的可转换证券或其他权利，单方面拥有在选举公司管理机构中的多数表决权，或有权指派公司管理机构的多数成员，且这些可转换证券或其他权利在其持有者的选择下即可行使，同时，转换这些证券或行使这些权利的预期收益超过其预期成本。

相对于多数控股权、法定控制权而言，实质性控制权显得更合理，更适合当

① 1995 年颁布的《合并财务报表：程序与政策》的主题有两个：合并政策与合并程序，在"程序"部分建议将"少数股权"列入"股东权益"中，称为子公司的"非控制性股权"（不再称"少数股权"，是因为如果采用新的合并政策，控制性股权有可能是"少数股权"），以与"控制性股权"对应。由于这两个主题在征求意见中分歧很大，在 1999 年出台的《合并财务报表：目的与政策》中把"程序"部分的内容分开并推迟了，先集中解决合并政策问题。

前的实际情况，但是由于实质性控制权在相当程度上依赖于主观判断，难免使人质疑它所留下的操纵空间。正是利用这一漏洞，大量的以规避合并产生的特殊目的实体（或称结构化主体）得以产生。

需要说明的是，无论是多数控制权、法定控制权还是实质控制权，都是基于一个核心的标准——表决权——来对是否形成控制进行判断。但是，在新型的组织结构中，表决权因素或类似权利已经不是确定是否形成对这些特殊组织控制的决定因素了，如结构化主体。这时，控制的判断变得更加复杂。在这种情况下，FASB一直致力于从多数控制权向实质控制权方向转变，在SFAS160中明确将多数控制权和少数控制权分别用控制性权益和非控制性权益取代（包括在IASB的IFRS10中），并和IASB一起共同制定企业合并和合并财务报表等相关准则（IFRS3和IFRS10），双方在解决控制的判断标准问题上基本达成共识。控制的重新定义为合并政策向实质控制权过渡扫清了最大的障碍。合并最终实现了从多数控制权向实质控制权方向转变（下文“特殊目的实体的合并”部分将进行更充分的阐述），而且将不同于母公司经营方式的子公司都纳入合并范围，并通过另行提供分部报告的方式弥补这种合并的不足。

（二）控制的标准和判断

2014年，我国重新修订的《企业会计准则第33号——合并财务报表》基本采纳了IASB对控制的定义和判断的观点，下面以我国第33号准则为基础讨论控制的标准和判断方法。

第33号准则第七条明确规定，合并财务报表的合并范围应当以控制为基础予以确定，并明确控制“是指投资方拥有对被投资方的权力，通过参与被投资方的相关活动而享有可变回报，并且有能力运用对被投资方的权力影响其回报金额”。由此，我们可以归纳出判断控制的三要件：投资方拥有对被投资方的权力；因参与被投资方的相关活动而享有可变回报；有能力运用对被投资方的权力影响其回报金额。在具体实施判断评估时，投资方应当综合考虑所有相关事实和情况对上述三要件进行判断，一旦相关事实和情况的变化导致对控制所涉及的要素发生变化，投资方应进行重新评估。

1. 投资方拥有对被投资方的权力

投资方拥有对被投资方的权力是判断控制的第一要素，这要求投资方需要识别被投资方并评估其设立的目的和设计，识别被投资方的相关活动以及对相关活动进行决策的机制，确定投资方以及涉及被投资方的其他方拥有的与被投资方相关的权力等，以确定投资方当前是否有能力主导被投资方的相关活动。

（1）评估被投资方设立的目的和设计。

在判断投资方是否拥有权力时，通常要结合被投资方设立的目的和设计，如果被投资方的设计安排表明表决权是判断控制的决定因素时，通常拥有半数以上表决权就表明拥有控制权，存在特殊约定的（如章程或其他协议规定需要2/3以上表决权才能通过）以特殊协议约定的数量为准。如果被投资方的设计安排表明表决权不是判断控制的决定因素时（控制由其他合同安排），投资方应结合被投资方设计产生的风险和收益、被投资方转移给其他投资方的风险和收益，以及投资方面临的风险和收益等一并判断是否控制被投资方。

(2) 识别被投资方的相关活动及其决策机制。

识别被投资方的相关活动的目的是确定投资方是否对被投资方拥有权力，这里的相关活动是对被投资方的回报产生重大影响的活动，如经营活动和财务活动。识别相关活动的最终目的还要看被投资方相关活动的决策机制，决策机制一般由章程、协议来约定，特殊情况下，也可能由专门的合同约定（如专门的管理委员会），根据章程、协议和合同，我们一般能判断谁是最终决策的主导者。如果被投资方从事若干相关活动，同时又存在两个或以上的投资者能分别单独主导被投资方的不同相关活动时，能够主导被投资方回报产生最重大影响的活动的一方拥有对被投资方的权力。

(3) 确定投资方拥有与被投资方相关的权力（核心）。

通常情况下，投资者拥有被投资方相关活动的表决权或类似权利表明投资者获得实际权力。这种权力的获得又存在以下几种情况。

第一种情况：拥有多数表决权。通常情形是拥有多数表决权就拥有对被投资方的权力，但有两种情况例外：一是存在合同赋予其他方对被投资方的权力；二是所拥有的为保护性权力，而不是实质性权力。

第二种情况：拥有半数或以下表决权，但通过与其他表决权持有人之间的协议能够控制半数以上表决权。

第三种情况：投资人拥有多数表决权但没有权力。确定持有半数以上表决权的投资方是否拥有权力，关键在于该投资方现时是否有能力主导被投资方的相关活动。当其他投资方现时有权力能够主导被投资方相关活动，且其他投资方不是投资方的代理时，投资方就不拥有对被投资方的权力。

第四种情况：拥有半数或以下表决权，是否拥有表决权，要综合考虑相关事实和情况。如各方持有表决权的相对份额、存在潜在表决权、其他合同安排的权利、其他相关事实或情况。这种情况前面已经有所讨论。

第五种情况：权力来自表决权以外的其他权利。投资方对被投资方的权力通常来自表决权，但有时投资方对一些主体的权力不是来自表决权，而是由一项或多项合同安排决定的，如证券化产品、资产支持融资工具、部分投资基金等结构化主体。所谓结构化主体就是设计的没有将表决权或类似权利作为确定控制方的决定因素的主体。

2. 因参与被投资方的相关活动而享有可变回报

判断投资方是否控制被投资方的第二项基本要素，是因参与被投资方的相关活动而享有可变回报，可变回报是指随被投资方的业绩而变动的回报，有正、有负，或正负皆有，如股利、利息、报酬等。投资方在判断其享有被投资方的回报是否变动以及如何变动时，应当根据合同安排的实质，而不是法律形式。

3. 有能力运用对被投资方的权力影响其回报金额

判断控制的第三项基本要素是，有能力运用对被投资方的权力影响其回报金额。只有当投资方不仅拥有对被投资方的权力、通过参与被投资方的相关活动而享有可变回报，并且有能力运用对被投资方的权力来影响其回报的金额时，投资方才能控制被投资方。拥有决策权的投资方在判断是否能够控制被投资方时，需要考虑决策是以主要责任人的身份还是以代理人的身份进行。此外，在其他方拥有决策权时，投资方还需要考虑其他方是不是以代理人的身份代表该投资方行使决策权。

当满足上述条件时，一般要将被投资方纳入合并范围，但有几种合并的例外情况需要我们注意。

第一，对被投资方可分割部分的控制。

通常情况下，投资方有权对被投资方的整体进行合并，但在少数情况下，如果有证据表明同时满足下列条件并且符合相关法律法规规定的，投资方应当将被投资方的一部分视为被投资方可分割的部分，进而判断是否控制该部分：（1）该部分的资产是偿付该部分负债或该部分其他权益的唯一来源，不能用于偿还该部分以外的被投资方的其他负债；（2）除与该部分相关的各方外，其他方不享有与该部分资产相关的权利，也不享有与该部分资产剩余现金流量相关的权利。

第二，投资性主体。

如果母公司是投资性主体，则应只将那些为母公司的投资活动提供相关服务的子公司纳入合并范围，其他子公司不予合并，按公允价值计量且其变动计入当期损益。一个投资性主体的母公司本身不是投资主体，则应当将其控制的全部主体，包括投资性主体以及通过投资性主体间接控制的主体，纳入合并范围。

第三，控制的持续评估。

控制的评估是持续的，当环境或情况发生变化时，投资方需要评估控制的三项基本要素中的一项或多项是否发生变化，如果任何事实或情况表明控制的要素发生变化而不能实际持续控制时，需要调整合并政策和合并范围。

运用实质控制权来确定是否合并的一个最好的例子就是对特殊目的实体合并的相关准则的出台和制定。

（三）实质控制权——特殊目的实体的合并

安然事件后，特殊目的实体（special purpose entity，SPE）的合并问题引起人们的关注。这种实体是为了进行租赁、从事研发、完成金融资产证券化等目标，而采用公司、信托、合伙或非公司实体的形式创立的经济实体。在这种SPE中，基于多数股权的控制标准可能会使很多特殊目的实体不能进入合并的范围。因此，2003年12月，FASB发布修订第46号解释公告FIN46（R），要求“如果一个公司承担了由某一可变受益主体的活动产生的多数风险或损失，或者有权收取某一可变受益主体的多数剩余报酬，或者两种情况兼而有之，那么该公司（即主要受益方）应合并该可变受益主体”。其中“可变受益主体”就包括SPE、表外融资结构及类似实体。这种基于“主受益方”合并是对基于“实质控制”合并的补充。

在对特殊目的实体根据多数控股权（持有50%以上有表决权的股权）进行合并选择时，可能会使很多这种实体不能进入合并范围，基于此，FASB提出用风险—报酬模式作为合并选择的标准，即当表决权不能决定合并与否时，谁实际分享或承担特殊目的实体的收益或损失（报酬或风险），谁就合并该实体。在这一模式中，FASB 提出了“可变受益主体”（variable-interest entity，VIE）这一概念。当某一实体具备以下三个特征之一时，就成为可变受益主体：

（1）不充分的风险权益投资。一般情况下，股东的资本投资是充足的，当股东的投资不足以维持主体的经营活动时。

（2）股东缺乏决策制定权。在有些情况下，股东不能掌握公司的决策制定权。

（3）股东未能正常承担或分享主体的损失或收益。在这些主体中，股东不必承担主体的主要风险损失，或者股东的报酬被封存，或必须与其他主体分享。

只要某个主体符合上述标准之一，确定为可变受益主体，就应用风险—报酬标准进行合并。注意，主要受益者可能通过多种工具或财务安排，如权益投资，提供贷款、租赁、衍生工具或担保等，来分享或承担可变受益主体的报酬或风险。

下面举一个实例。[①] 10 家独立的公司决定联合其财务资源，成立一家投资于海上油井租赁的合营企业——速富公司，新公司不打算公开发行股份，每个投资者出资 100 万美元并取得 10%的有表决权的普通股股份，同时，每个公司派驻一名董事。公司成立后，还将另外举债 2 000 万美元用于获取租赁权及后续的勘探、研究与开发。这项计划回报预计非常丰厚，但也存在风险，因为海上油井租赁会产生重大的环境负债，这一负债将远远超过初始权益投资的 1 000 万美元。如果合营安排不能成功，其中的 C 公司同意负担 75%的损失，相应地，C 公司在获得的回报中将分享收益的 28%，其余 9 家公司各获 8%。

表面上看 10 家公司各投资 10%的权益资本，都不符合控制及合并的标准，但由于 C 公司承担了大部分剩余风险和最大比例的剩余收益，C 公司成为这一合营安排的可变受益主体并对其进行合并，而不是按合营安排的规定进行简单的比例合并或按权益法对其合营投资进行处理。

在第 33 号准则中，对此类主体统称为结构化主体，并在该准则指南中“权力来自表决权之外的其他权利”部分，对是否拥有结构化主体的权力评估时提供了评估的四个方面：（1）在设立被投资方时的决策及投资方的参与度；（2）相关的合同安排；（3）仅在特殊情况或事项发生时开展的相关活动；（4）投资方对被投资方做出的承诺。结构化主体不仅相关活动不是来自表决权而由合同安排，并且运营后法律上的权力机构表决的事项通常仅与行政事务相关，表决权对投资方的回报往往不具有重大的直接联系。此外，在第 41 号准则中，对纳入合并财务报表范围的结构化主体的披露提供了明确的要求。

二、合并理论

合并报表的编制都是依据一定的合并理论进行的，不同的合并理论具有不同的编制目的，会使所编制的合并报表产生一定的差异。因此，在讲述合并报表编制程序前，我们先简要介绍几种基本的合并理论。

1. 母公司理论（又称业主观）

母公司理论又称为传统理论，这种理论把合并报表看成母公司本身报表的延

---

① 引自 Beams，Anthony，Clement & Lowensohn，*Advanced Accounting*，10th ed.，Prentice Hall，2009。

伸，把合并报表的重点放在母公司的股东上。具体在合并财务报表的编制程序上有以下特点：

第一，子公司少数股权不包括在合并资产负债表的股东权益内，而是列在合并资产负债表的负债和股东权益间；

第二，子公司的少数股东应享收益份额作为费用项目从合并净利润中扣除；

第三，对子公司同一资产采用双重计价，即母公司拥有的股权部分按收购价格计价（按公允市价），而少数股东拥有的部分按子公司原账面价值计价；

第四，商誉仅列示属于母公司控股的部分（即母公司的购买商誉）；

第五，公司间交易中未实现的利润，顺销时从合并净利润中100%地进行抵销，逆销时按母公司拥有的股权比例消除。

2. 主体理论（又称主体观）①

这种理论把合并报表看成集团公司各成员构成的经济联合体的财务报表，对于所有股东一视同仁，而无论多数股东还是少数股东。具体在合并财务报表的编制程序上有以下特点：

第一，子公司少数股权包括在合并资产负债表的股东权益内，列在合并资产负债表的股东权益内；

第二，子公司的少数股东应享收益份额作为合并净利润的一部分；

第三，对子公司同一资产或负债采用单一计价，即子公司资产负债表项目均按收购价格计价（按公允市价）；

第四，商誉按整体商誉列示；

第五，公司间交易中未实现的利润，顺销时从合并净利润中100%地进行抵销，逆销时将抵销额按多数股东与少数股东的股权比例在二者间加以分配。

3. 现行理论②

现行理论是由会计实务（会计制度和准则）发展而来的，它并不单纯遵循某一种合并理论（主体理论或母公司理论），而是两种理论的混合体。每个时期的混合做法不一样，以下是现行混合理论的做法：

第一，子公司少数股权包括在合并资产负债表的股东权益内，列在合并资产负债表的股东权益内（同主体观）；

第二，子公司的少数股东应享收益份额作为合并净利润的减项而不是费用（同主体观）；

第三，对子公司同一资产或负债采用单一计价，即子公司资产负债表项目均按收购价格计价（按公允市价，同主体观）；

第四，商誉仅列示属于母公司控股的部分（即母公司的购买商誉，同母公司观）；

第五，公司间交易中未实现的利润，顺销时从合并净利润中100%地进行抵

---

① 这一理论最早由美国的Maurice Moonitz教授提出，1944年发表于美国会计学会标题为《合并报表的主体理论》(The Entity Theory of Consolidation Statement) 一文中。

② FASB在2007年修订的141号《企业合并》规定，要求采用主体理论编制合并财务报表。IASB在2007年修订的IFRS3《企业合并》规定，允许企业在主体理论和现行理论之间进行选择。

销，逆销时将抵销额按多数股东与少数股东的股权比例在二者间加以分配（同主体观）。

4. 所有权理论

对所合并的企业按所拥有的股权比例进行合并，该理论仅适用于合营企业。在我国，合营企业已经取消了比例合并的做法，直接按权益法对合营企业的长期股权投资进行核算（单行合并）。

我国《企业会计准则第 33 号——合并财务报表》并没有明确合并财务报表所依据的理论，但从其表述可以看出，其所依据的合并理论是一种以主体理论为主的混合理论，即除了商誉的计价和列示依据母公司理论，其余的都依据主体理论。

一般而言，无论何种合并理论，母公司（收购企业）的资产、负债都是以其账面价值并入合并财务报表中；而子公司的资产、负债根据合并理论的不同，全部或部分以收购时的公允价值并入合并财务报表中（非同一控制）；合并的权益结构为母公司的所有权结构；合并财务报表的比较信息为母公司报表与合并财务报表。

三、合并财务报表的编制程序

根据《企业会计准则第 33 号——合并财务报表》的规定，合并财务报表包括合并资产负债表、合并利润表、合并现金流量表、合并所有者权益变动表及附注。合并资产负债表、合并利润表是在母子公司个别报表的基础上，通过编制调整和抵销分录合计而成的。要注意的是：合并财务报表是一个虚拟的报告主体，其本身并无交易或分类账户。合并报表一般借助工作底稿来完成，合并工作底稿上的调整或抵销分录并不是母公司账上的分录，无须登账和过账，类似于现金流量表中的示意分录。

掌握合并报表的编制程序是非常关键的一个环节，合并报表编制程序如下①：

第一步：编制合并工作底稿（格式见表 4—11）。

第二步：将母子公司个别报表金额过入底稿中。

---

① 在企业合并中，反向合并比较少见，但由于我国上市资源稀缺，控股非上市公司通过反向收购取得上市资格就成为一种比较常见的现象，因此我们在此对反向收购的合并报表编制进行简要说明。反向收购后，被收购方（法律上的母公司）每期末按权益法对长期股权投资进行调整，在此基础上按下列原则负责编制合并财务报表。

·收购方（法律上的子公司）的资产、负债以其账面价值并入合并财务报表中。

·合并报表中的权益结构反映的是法律上母公司的权益结构，但合并报表中权益工具的金额为法律上子公司合并前发行在外的股份面值以及假定在企业合并中新发行的权益性工具的金额。

·法律上母公司有关可辨认资产、负债在并入合并财务报表时，应以购买日确定的公允价值进行合并，企业合并成本大于合并中取得的法律上母公司可辨认净资产公允价值的份额体现为商誉，反之，则确认为合并当期损益。

·法律上子公司有关股东在合并过程中未将其持有的股份转换为法律上母公司股份的，该部分股东享有的权益份额在合并财务报表中应作为少数股东列示。另外，对于法律上母公司的所有股东，虽然该项合并中其被认为是被购买方，但其享有合并形成报告主体的净资产及损益，不应作为少数股东列示。

·合并财务报表的比较信息为法律上子公司报表与合并财务报表。

第三步：编制抵销与调整分录[①]，并过入工作底稿。

(1) 调整母公司财务报表中的错误和遗漏；

(2) 抵销母子公司间的内部损益（未实现，包括与联营及合营安排之间的内部损益）；

(3) 抵销来自子公司的投资收益和股利，从而将对子公司的长期股权投资调整为期初余额；

(4) 抵销母公司期初长期股权投资和子公司股东权益账户余额（如果母公司采用成本法核算长期股权投资，需要将其调整为权益核算基础上）；

(5) 分配和摊销长期股权投资差额；

(6) 抵销母子公司间交易的对应账户——公司间应收与应付款项、公司间收入与费用；

(7) 确认少数股东收益和少数股东权益，等等。

第四步：计算合计数。

第五步：编制合并资产负债表和合并利润表及所有者权益变动表（格式参见表4—12 、表4—13）。

第六步：根据合并资产负债表和合并利润表及所有者权益变动表编制合并现金流量表（参见表4—25）。

合并现金流量表是在合并资产负债表、合并利润表及所有者权益变动表的基础上编制的。本章第2节和第3节先讲解母公司观念下合并资产负债表和合并利润表及利润分配表的编制，第4节讲述主体观念下合并资产负债表和合并利润表及利润分配表的编制，最后一节讲述合并现金流量表和合并所有者权益变动表的编制，以及合并报表的披露与合并每股收益的计算。

第2节 合并财务报表的编制（合并日）——合并资产负债表

一、按净资产账面价值100%收购的合并资产负债表的编制

我们先从最基本和最简单的地方入手，来了解合并报表的编制方法和程序。在合并日，要编制的只是合并资产负债表。我们假定投资方按被投资方净资产的账面价值收购对方100%股权，下面就讨论这种情况下合并资产负债表的编制。

例4—1 珠江公司2015年1月1日以银行存款7 500 000元购买S公司100%的股权，购买日，S公司资产负债表的账面价值和公允价值相等，两公司的资产负债表如表4—1所示。

① 调整与抵销分录是有区别的，比如，确认少数股东收益等就属于调整分录，而抵销母公司长期投资及子公司股东权益等就属于抵销分录。而对于编制合并财务报表，分清两者间的区别，意义不大。因此，以后合并抵销与调整分录我们不作严格区分。

表 4—1　　　　**珠江公司和S公司资产负债表**（2015年1月1日）　　　　单位：元

报表项目	珠江公司	S公司
银行存款	1 150 000	500 000
应收账款	5 000 000	1 200 000
应收票据	1 000 000	600 000
存货	10 350 000	2 500 000
固定资产	50 000 000	8 000 000
减：累计折旧	(10 000 000)	(2 800 000)
长期股权投资——S公司	7 500 000	
资产合计	65 000 000	10 000 000
银行借款	10 000 000	1 000 000
应付账款	12 000 000	500 000
长期应付款	10 000 000	1 000 000
股本	5 000 000	1 000 000
资本公积	20 000 000	4 500 000
盈余公积	5 000 000	500 000
未分配利润	3 000 000	1 500 000
负债与股东权益合计	65 000 000	10 000 000

由于是按S公司账面净资产全额购买，因此既不存在投资成本差额，也不出现少数股权的问题，因而合并资产负债表编制起来比较简单，只要求将两个对应的账户——珠江公司对S公司长期股权投资和S公司股东权益——相互抵销即可合并。合并报表与单行合并及汇总报表的区别在于：单行合并中，子公司的资产、负债、收入与费用项目不能反映在母公司的报表上，汇总报表只是个别报表的简单相加，而合并报表则要将对应的账户进行抵销或调整，而非对应的账户进行加总。对应账户（包括公司间交易）的抵销和调整是合并报表中一项重要的工作。下面是珠江公司的合并过程：

2015年1月1日，珠江公司登记长期股权投资分录。

借：长期股权投资——S公司　　7 500 000

　贷：银行存款　　7 500 000

接下来就是合并的基本程序。

（1）编制抵销分录，将对应的长期投资和股东权益抵销。

a. 借：股本[①]　　1 000 000

　　　资本公积　　4 500 000

　　　盈余公积　　500 000

　　　未分配利润　　1 500 000

　　贷：长期股权投资——S公司　　7 500 000

（2）编制合并工作底稿（见表4—2）。

① 为了区分抵销分录与一般分录，所有抵销与调整分录下均标横线。全书同。

表4—2 珠江公司合并工作底稿 单位：元

合并项目	珠江	S（100%）	抵销与调整分录		合并金额
现金	1 150 000	500 000			1 650 000
应收账款	5 000 000	1 200 000			6 200 000
应收票据	1 000 000	600 000			1 600 000
存货	10 350 000	2 500 000			12 850 000
固定资产	50 000 000	8 000 000			58 000 000
减：累计折旧	10 000 000	2 800 000			12 800 000
长期股权投资——S公司	7 500 000			a. 7 500 000	
合计	65 000 000	10 000 000			67 500 000
银行借款	10 000 000	1 000 000			11 000 000
应付账款	12 000 000	500 000			12 500 000
长期应付款	10 000 000	1 000 000			11 000 000
股本	5 000 000	1 000 000	a. 1 000 000		5 000 000
资本公积	20 000 000	4 500 000	a. 4 500 000		20 000 000
盈余公积	5 000 000	500 000	a. 500 000		5 000 000
未分配利润	3 000 000	1 500 000	a. 1 500 000		3 000 000
合计	65 000 000	10 000 000			67 500 000

在合并后，我们发现，合并的股东权益就是母公司的股东权益，对S公司长期投资余额为零，这就是抵销后的结果，也是在按完全权益法的基础上编制合并报表的一个基本原则。

（3）编制合并资产负债表（略）。

二、收购成本大于按净资产公允价值100%收购的合并资产负债表的编制

当收购成本大于按净资产公允价值100%收购时，合并资产负债表的编制与前面的不同之处在于：要计算投资成本差额、分配公允价值升值、在合并报表中反映商誉。

例4—2 珠江公司2015年1月1日以银行存款7 500 000元和500 000股每股市价为5元（面值1元）的普通股购买S公司100%的股权，S公司净资产的公允价值大于其账面价值。购买日，珠江公司的资产负债表和S公司资产负债表的公允价值和账面价值如表4—3所示。

表4—3 珠江公司和S公司资产负债表（2015年1月1日） 单位：元

报表项目	珠江公司	S公司（账面价值）	S公司（公允价值）
银行存款	1 150 000	500 000	500 000
应收账款	5 000 000	1 200 000	1 200 000

续前表

报表项目	珠江公司	S公司（账面价值）	S公司（公允价值）
应收票据	1 000 000	600 000	600 000
存货	10 350 000	2 500 000	2 900 000
固定资产	50 000 000	8 000 000	9 500 000
减：累计折旧	(10 000 000)	(2 800 000)	(2 800 000)
长期股权投资——S公司	10 000 000		
资产合计	67 500 000	10 000 000	11 900 000
银行借款	10 000 000	1 000 000	1 000 000
应付账款	12 000 000	500 000	500 000
长期应付款	10 000 000	1 000 000	900 000
股本	5 500 000	1 000 000	
资本公积	22 000 000	4 500 000	
盈余公积	5 000 000	500 000	
未分配利润	3 000 000	1 500 000	
负债与股东权益合计	67 500 000	10 000 000	

（1）计算投资成本差额。

长期股权投资成本（7 500 000+500 000×5）	10 000 000
所获S公司股权的账面价值	7 500 000
投资成本差额	2 500 000

（2）编制投资成本差额分配表（见表4—4）。

表4—4　　投资成本差额分配表　　单位：元

分配项目	公允价值	账面价值	分配金额
存货	2 900 000	2 500 000	400 000
固定资产	6 700 000	5 200 000	1 500 000
长期应付款	900 000	1 000 000	(100 000)
可辨认净资产			2 000 000
商誉			500 000
投资成本差额			2 500 000

（3）2015年1月1日，登记长期股权投资分录。

借：长期股权投资——S公司　　10 000 000

　贷：银行存款　　7 500 000

　　　股本　　500 000

　　　资本公积　　2 000 000

（4）编制合并日合并抵销与调整分录。

抵销对S公司长期投资和S公司股东权益。

a. 借：股本 1 000 000
资本公积 4 500 000
盈余公积 500 000
未分配利润 1 500 000
合并价差 2 500 000
贷：长期股权投资——S公司 10 000 000

分配合并价差（将子公司资产与负债项目调整为公允价值，确认合并商誉）。

b. 借：存货 400 000
固定资产 1 500 000
长期应付款 100 000
商誉 500 000
贷：合并价差 2 500 000

（5）编制合并工作底稿（见表4—5）。

表4—5 珠江公司与S公司合并工作底稿 单位：元

合并项目	珠江	S（100%）	抵销与调整分录		合并金额
现金	1 150 000	500 000			1 650 000
应收账款	5 000 000	1 200 000			6 200 000
应收票据	1 000 000	600 000			1 600 000
存货	10 350 000	2 500 000	b. 400 000		13 250 000
固定资产	50 000 000	8 000 000	b. 1 500 000		59 500 000
减：累计折旧	10 000 000	2 800 000			12 800 000
长期股权投资——S公司	10 000 000			a. 10 000 000	
商誉			b. 500 000		500 000
合计	67 500 000	10 000 000			69 900 000
银行借款	10 000 000	1 000 000			11 000 000
应付账款	12 000 000	500 000			12 500 000
长期应付款	10 000 000	1 000 000	b. 100 000		10 900 000
股本	5 500 000	1 000 000	a. 1 000 000		5 500 000
资本公积	22 000 000	4 500 000	a. 4 500 000		22 000 000
盈余公积	5 000 000	500 000	a. 500 000		5 000 000
未分配利润	3 000 000	1 500 000	a. 1 500 000		3 000 000
合计	67 500 000	10 000 000			69 900 000

与表4—2不同的是，合并资产负债表中出现了商誉，这一商誉为合并商誉，合并商誉既不出现在母公司账上，也不反映在子公司账上，只能在合并资产负债表中体现。另外，子公司的资产和负债均按公允价值合并到资产负债表中。

（6）编制合并资产负债表（略）。

三、收购部分股权的合并资产负债表的编制

由于对被投资方实施控制并不一定需要100%的控股，因此，通过收购部分股权来达到对被投资方的控制，在现实经济中更为普遍。这时，在编制合并资产负债表时就产生一个新的问题——少数股东权益。在合并子公司所有资产和负债时，净资产中的少数股东股权（不能抵销）应单独作为一个项目列示。

例4—3 珠江公司2015年1月1日以银行存款7 650 000元购买S公司70%的股权。购买日，S公司净资产的公允价值大于其账面价值，珠江公司的资产负债表和S公司资产负债表的公允价值和账面价值如表4—6所示。

表4—6 **珠江公司和S公司资产负债表**（2015年1月1日） 单位：元

报表项目	珠江公司	S公司（账面价值）	S公司（公允价值）
银行存款	1 000 000	500 000	500 000
应收账款	5 000 000	1 200 000	1 200 000
应收票据	1 000 000	600 000	600 000
存货	10 350 000	2 500 000	2 900 000
固定资产	50 000 000	8 000 000	9 500 000
减：累计折旧	(10 000 000)	(2 800 000)	(2 800 000)
长期股权投资——S公司	7 650 000		
资产合计	65 000 000	10 000 000	11 900 000
银行借款	10 000 000	1 000 000	1 000 000
应付账款	12 000 000	500 000	500 000
长期应付款	10 000 000	1 000 000	900 000
股本	5 000 000	1 000 000	
资本公积	20 000 000	4 500 000	
盈余公积	5 000 000	500 000	
未分配利润	3 000 000	1 500 000	
负债与股东权益合计	65 000 000	10 000 000	

珠江公司合并资产负债表编制过程如下：

（1）计算投资成本差额。

长期股权投资成本	7 650 000
所获S公司股权的账面价值（7 500 000×70%）	5 250 000
投资成本差额	2 400 000

（2）编制投资成本差额分配表（见表4—7）。

表 4—7　　　　投资成本差额分配表　　　　单位：元

分配项目	公允价值	账面价值	投资比例	分配金额
存货	2 900 000	2 500 000	400 000×70%	280 000
固定资产	6 700 000	5 200 000	1 500 000×70%	1 050 000
长期应付款	900 000	1 000 000	(100 000×70%)	(70 000)
可辨认净资产分配额				1 400 000
商誉				1 000 000
投资成本差额				2 400 000

(3) 2015 年 1 月 1 日，登记长期股权投资分录。

借：长期股权投资——S公司　　7 650 000
　贷：银行存款　　7 650 000

(4) 编制合并日合并抵销与调整分录。

抵销对S公司长期投资和S公司股东权益，确认少数股东权益。

a. 借：股本　　1 000 000
　　　资本公积　　4 500 000
　　　盈余公积　　500 000
　　　未分配利润　　1 500 000
　　　合并价差　　2 400 000
　　贷：长期股权投资——S公司　　7 650 000
　　　　少数股东权益　　2 250 000

分配合并价差。

b. 借：存货　　280 000
　　　固定资产　　1 050 000
　　　长期应付款　　70 000
　　　商誉　　1 000 000
　　贷：合并价差　　2 400 000

(5) 编制合并工作底稿（见表 4—8)。

表 4—8　　　　珠江公司与S公司合并工作底稿　　　　单位：元

合并项目	珠江	S (70%)	抵销与调整分录		合并金额
现金	1 000 000	500 000			1 500 000
应收账款	5 000 000	1 200 000			6 200 000
应收票据	1 000 000	600 000			1 600 000
存货	10 350 000	2 500 000	b. 280 000		13 130 000
固定资产	50 000 000	8 000 000	b. 1 050 000		59 050 000
减：累计折旧	10 000 000	2 800 000			12 800 000
长期股权投资——S公司	7 650 000			a. 7 650 000	
商誉			b. 1 000 000		1 000 000
合计	65 000 000	10 000 000			69 680 000
银行借款	10 000 000	1 000 000			11 000 000
应付账款	12 000 000	500 000			12 500 000

续前表

合并项目	珠江	S（70%）	抵销与调整分录		合并金额
长期应付款	10 000 000	1 000 000	b. 70 000		10 930 000
股本	5 000 000	1 000 000	a. 1 000 000		5 000 000
资本公积	20 000 000	4 500 000	a. 4 500 000		20 000 000
盈余公积	5 000 000	500 000	a. 500 000		5 000 000
未分配利润	3 000 000	1 500 000	a. 1 500 000		3 000 000
少数股东权益				a. 2 250 000	2 250 000
合计	65 000 000	10 000 000			69 680 000

与表 4—5 不同的是，合并资产负债表中的子公司的资产和负债的公允价值升值部分是按母公司的控股比例合并的，它所依据的是母公司合并理论观念。另外，由于不是 100%控股，合并资产负债表中出现少数股东权益，同样，依据母公司理论，少数股东权益在合并资产负债表负债与股东权益之间列示（见表 4—9），表明从母公司股东的角度，少数股东的权益并不构成整个集团股东权益的一部分。在合并资产负债表中的商誉为合并商誉，只体现母公司控股的比例部分，而非子公司整体商誉。

（6）编制合并资产负债表（见表 4—9）。

表 4—9 **珠江集团合并资产负债表**（2015 年 1 月 1 日） 单位：元

项目	金额	项目	金额
现金	1 500 000	银行借款	11 000 000
应收账款	6 200 000	应付账款	12 500 000
应收票据	1 600 000	长期应付款	10 930 000
存货	13 130 000	少数股东权益	2 250 000
固定资产	59 050 000	股本	5 000 000
减：累计折旧	12 800 000	资本公积	20 000 000
商誉	1 000 000	盈余公积	5 000 000
		未分配利润	3 000 000
合计	69 680 000	合计	69 680 000

第 3 节　合并财务报表的编制（合并后）——合并资产负债表与合并利润表

母子关系成立后，母子公司的账户余额就会随着各自的经营而发生变化，对应账户的抵销就会比合并日复杂：一方面要继续抵销期初形成的母公司对子公司的长期股权投资和子公司的股东权益，同时要抵销母公司来自子公司的投资收益及由此对母公司长期投资带来的增减变化金额；另一方面，母子公司间的交易所产生的应收与应付款项、资产及负债、收入与成本、交易中未实现的利润等都要进行消除。另外，随着双方经营的开展，合并利润表和合并现金流量表也纳入合并财务报表体系。本节及下一节主要讲述合并资产负债表与合并利润表的编制(母公司观与主体观)，合并现金流量表和合并所有者权益变动表在第5节中讨论，公司间交易的抵销系统的讲解在下一章进行。

在阐述按母公司理论编制合并后的资产负债表和合并利润表中，我们首先讲述长期股权投资按权益法核算的报表合并方法。然后再讲述长期股权投资按成本法核算的报表合并方法。本章后两节的实例都是建立在长期股权投资权益法核算基础上进行讲解的。

一、长期股权投资按权益法核算的合并财务报表的编制

合并财务报表的编制是在长期股权投资权益法核算的基础上完成的，因此，我们先举一个长期股权投资权益法核算基础上合并财务报表的合并例子。

例4—4　珠江公司2015年1月1日以银行存款7 650 000元购买S公司70%的股权。2015年12月31日，珠江公司和S公司个别资产负债表和利润表如表4—11所示（2015年1月1日珠江公司和S公司个别资产负债表参见表4—6)。2015年S公司年初存货已全部售出，长期应付款5年后到期，固定资产按20年计提折旧，商誉每年进行减值测试（本年未发生减值)。公司按净利润的10%提取盈余公积。

珠江公司编制2015年末的合并资产负债表和2015年度的合并利润表的程序如下。

购并后，珠江公司按成本法对S公司的长期股权投资进行核算，在编制合并报表前重新按权益法进行调整和核算，属于合并报表编制的一个重要环节。

珠江公司按权益法编制对S公司长期股权投资的有关会计分录。

2015年1月1日，登记长期股权投资。

a. 借：长期股权投资——S公司　　7 650 000
　　贷：银行存款　　7 650 000

2015年12月31日，按投资比例确认本年对S公司的投资收益。

b. 借：长期股权投资——S公司（1 000 000×70%）　　700 000
　　贷：投资收益　　700 000

登记应收S公司股利。

c. 借：应收股利——S公司（500 000 ×70%）　　350 000
　　贷：长期股权投资——S公司　　350 000

摊销投资成本差额中可辨认净资产公允价值升值部分。

d. 借：投资收益　　346 500
　　贷：长期股权投资——S公司　　346 500

346 500元的摊销额的计算见表4—10。

表4—10　　**2015年投资成本差额摊销表**　　单位：元

项目	投资成本差额	摊销年限（或比例）	摊销额
存货	280 000	100%	280 000

续前表

项目	投资成本差额	摊销年限（或比例）	摊销额
固定资产	1 050 000	5%	52 500
长期应付款	(70 000)	20%	(14 000)
商誉	1 000 000	0	0
合计	2 400 000		346 500

年末，珠江公司对S公司长期股权投资和投资收益账户变动情况如下。

长期股权投资——S公司

借方		贷方
期初	7 650 000	c. 350 000
	b. 700 000	d. 346 500
本期	3 500	
期末	7 653 500	

投资收益

借方	贷方	
d. 346 500		b. 700 000
	本期	353 500

以下是合并报表编制过程。

(1) 编制抵销和调整分录。

抵销本年长期股权投资及投资收益。

a. 借：投资收益　353 500
　贷：股利[①]　350 000
　　长期股权投资——S公司　3 500

抵销珠江公司期初长期投资与S公司账面净资产，分配合并价差。

b. 借：股本　1 000 000
　　资本公积　4 500 000
　　盈余公积　500 000
　　未分配利润　1 500 000
　　存货　280 000
　　固定资产　1 050 000
　　长期应付款　70 000
　　商誉　1 000 000
　贷：长期股权投资——S公司　7 650 000
　　少数股东权益　2 250 000

抵销S公司除股利外的其他利润分配。

c. 借：盈余公积　100 000
　贷：提取盈余公积　100 000

摊销S公司可辨认净资产公允价值升值部分。

d. 借：主营业务成本　280 000
　　折旧费用　52 500
　　财务费用　14 000

① 该科目也可以写成“利润分配——应付股利”，下同。

贷：固定资产　　52 500

长期应付款　　14 000

存货　　280 000

确认本期少数股权增加数（即少数股东对S公司的收益分享额）。

e. 借：少数股东收益[①]（1 000 000×30%）　　300 000

贷：少数股东权益　　150 000

股利（500 000×30%）　　150 000

抵销公司间债权债务。

f. 借：应付股利——珠江公司　　350 000

贷：应收股利——S公司　　350 000

（2）编制合并工作底稿（见表4—11）。

表4—11　　珠江公司合并工作底稿　　单位：元

合并项目	珠江	S（70%）	抵销与调整分录		合并金额
			借	贷	
利润表					
主营业务收入	50 000 000	10 000 000			60 000 000
投资收益	353 500		a. 353 500		
主营业务成本	35 000 000	7 000 000	d. 280 000		42 280 000
折旧费用	2 500 000	400 000	d. 52 500		2 952 500
管理费用	5 753 500	1 000 000			6 753 500
财务费用	1 000 000	100 000	d. 14 000		1 114 000
所得税	1 800 000	500 000			2 300 000
少数股东收益			e. 300 000		300 000
净利润	4 300 000	1 000 000			4 300 000
利润分配表					
期初未分配利润	3 000 000	1 500 000	b. 1 500 000		3 000 000
净利润	4 300 000	1 000 000			4 300 000
股利	2 000 000	500 000		a. 350 000 e. 150 000	2 000 000
盈余公积	430 000	100 000		c. 100 000	430 000
期末未分配利润	4 870 000	1 900 000			4 870 000
资产负债表					
货币资金	4 246 500	1 400 000			5 646 500
应收账款	15 000 000	3 200 000			18 200 000

① 从母公司的角度来看，少数股东收益就是集团利润的减项。因此，按母公司理论，少数股东收益是作为一个费用项目来处理；在主体理论中，少数股东收益虽然作为合并利润的一部分，但并不属于集团公司的利润。根据IASB的IFRS10和FASB的FAS160，“少数股东收益”改为“非控制性收益”，“少数股东权益”改为“非控制性权益”。

续前表

合并项目	珠江	S（70%）	抵销与调整分录		合并金额
			借	贷	
应收票据	1 000 000	600 000			1 600 000
存货	5 350 000	3 500 000	b. 280 000	d. 280 000	8 850 000
应收股利	350 000			f. 350 000	
固定资产	55 000 000	8 000 000	b. 1 050 000	d. 52 500	63 997 500
减：累计折旧	12 500 000	3 200 000			15 700 000
长期股权投资——S公司	7 653 500			a. 3 500 b. 7 650 000	
商誉			b. 1 000 000		1 000 000
合计	76 100 000	13 500 000			83 594 000
银行借款	10 000 000	2 000 000			12 000 000
应付账款	17 000 000	1 500 000			18 500 000
长期应付款	10 000 000	1 000 000	b. 70 000	d. 14 000	10 944 000
应交税费	1 800 000	500 000			2 300 000
应付股利	2 000 000	500 000	f. 350 000		2 150 000
股本	5 000 000	1 000 000	b. 1 000 000		5 000 000
资本公积	20 000 000	4 500 000	b. 4 500 000		20 000 000
盈余公积	5 430 000	600 000	c. 100 000 b. 500 000		5 430 000
未分配利润	4 870 000	1 900 000			4 870 000*
少数股东权益				b. 2 250 000 e. 150 000	2 400 000
合计	76 100 000	13 500 000			83 594 000

*期末未分配利润从利润分配表中转入。

合并利润表中，出现了少数股东收益，按母公司观念，少数股东收益是一个费用项目，作为合并利润的一个抵减项目，因此，前面的抵销分录中，借记少数股东收益表明费用项目的增加。同时，对已经耗用项目的公允价值变动部分的摊销也是按母公司控股比例进行的。

在合并后，我们又发现，合并后的净利润就是母公司的净利润，对S公司投资收益余额为零，这就是抵销后的结果，也是在按完全权益法的基础上编制合并报表的另一个基本原则。

（3）编制合并资产负债表和合并利润表（见表4—12、表4—13）。

表4—12 珠江公司2015年比较合并资产负债表 单位：元

项目	年初	年末	项目	年初	年末
现金	1 500 000	5 646 500	银行借款	11 000 000	12 000 000
应收账款	6 200 000	18 200 000	应付账款	12 500 000	18 500 000

续前表

项目	年初	年末	项目	年初	年末
应收票据	1 600 000	1 600 000	应交税费		2 300 000
存货	13 130 000	8 850 000	应付股利		2 150 000
固定资产	59 050 000	63 997 500	长期应付款	10 930 000	10 944 000
减：累计折旧	12 800 000	15 700 000	少数股东权益	2 250 000	2 400 000
商誉	1 000 000	1 000 000	股本	5 000 000	5 000 000
			资本公积	20 000 000	20 000 000
			盈余公积	5 000 000	5 430 000
			未分配利润	3 000 000	4 870 000
合计	69 680 000	83 594 000	合计	69 680 000	83 594 000

表 4—13　　珠江公司 2015 年合并利润及利润分配表　　单位：元

项目	金额
主营业务收入	60 000 000
减：主营业务成本	42 280 000
折旧费用	2 952 500
管理费用	6 753 500
财务费用	1 114 000
所得税	2 300 000
少数股东收益	300 000
净利润	4 300 000
加：期初未分配利润	3 000 000
减：股利	2 000 000
盈余公积	430 000
期末未分配利润	4 870 000

二、长期股权投资按成本法核算的合并财务报表的编制

我国合并财务报表编制的现行规定是母公司对长期股权投资的核算运用的是成本法，因此，我们先需要将长期股权投资从成本法调整到权益法核算的基础上，然后再进行合并财务报表的编制。

例 4—5　沿用例 4—4，假定三年后的 2018 年珠江公司编制与 S 公司的合并财务报表，珠江公司从合并开始一直采用成本法核算对 S 公司的股权投资，2018 年底对 S 公司长期股权投资账面成本仍为初始的 7 650 000 元，商誉每年进行减值测试，均未发生损失。S 公司 2016 年、2017 年、2018 年三年均实现利润 1 000 000 元，每年分配股利 500 000 元（2018 年已经宣布但未发放），2018 年末

S公司账面净资产为 9 500 000 元，其中股本 1 000 000 元、资本公积 4 500 000 元、盈余公积 900 000 元、未分配利润 3 100 000 元。

由于珠江公司对长期股权投资的核算运用的是成本法，因此，我们首先将长期股权投资从成本法调整到权益法核算的基础上，同时，我们是采用抵销期初长期股权投资和子公司的净资产的方法，所以只需要将珠江公司本年初的长期股权投资进行调整。

首先，计算 2015—2018 年四年摊销额（见表 4—14）。

表 4—14　　2015—2018 年投资成本差额摊销计算表　　单位：元

项目	投资成本差额	摊销年限（或比例）	摊销额	摊销年份	摊销合计
存货	280 000	100%	280 000	1	280 000
固定资产	1 050 000	5%	52 500	4	210 000
长期应付款	(70 000)	20%	(14 000)	4	(56 000)
商誉	1 000 000	0	0	4	0
合计	2 400 000		346 500		546 000

然后，计算长期股权投资的调整额。

2018 年底长期股权投资余额的计算：

初始投资成本		7 650 000
2015—2017 年净收益（3 000 000×70%）	2 100 000	
2015—2017 年摊销（479 500）	(479 500)	
2015—2017 年股利（1 500 000）×70%	(1 050 000)	570 500
2017 年底长期股权投资余额		8 220 500
2018 年净收益（1 000 000×70%）	700 000	
2018 年摊销（66 500）	(66 500)	
2018 年股利（500 000×70%）	(350 000)	283 500
2018 年底长期股权投资余额		8 504 000

成本法下，每年底长期股权投资余额为 7 650 000 元，2018 年的投资收益为 350 000 元。2017 年成本法转换为权益法，长期股权投资余额为 8 220 500 元，调整额为 570 500 元；2018 年成本法转换为权益法，长期股权投资余额为 8 504 000 元，调整额为 854 000 元。

最后，编制调整分录如下：

a. 从成本法转换到权益法的调整。

借：长期股权投资（参见前面计算）　　570 500

　贷：期初未分配利润（母公司）　　570 500

b. 抵销当年分配的股利。

借：投资收益　　350 000

　贷：股利　　350 000

为了完整地将两种方法进行比较，下面通过表 4—15 将两种方法下的抵销分录对照列示如下。

表 4—15 成本法和权益法下合并抵销分录对照表

合并抵销摘要	权益法	成本法
调整长期股权投资		借：长期股权投资 570 500 贷：期初未分配利润（母公司） 570 500
抵销本年股权投资和投资收益	借：投资收益 633 500 贷：股利 350 000 长期股权投资——S公司 283 500	借：投资收益 350 000 贷：股利 350 000
抵销珠江公司期初长期投资与S公司账面净资产，分配合并价差	借：股本 1 000 000 资本公积 4 500 000 盈余公积 800 000 未分配利润 2 700 000 固定资产 892 500 长期应付款 28 000 商誉 1 000 000 贷：长期股权投资——S公司 8 220 500 少数股东权益 2 700 000	同权益法
抵销S公司除股利外的其他利润分配	借：盈余公积 100 000 贷：提取盈余公积 100 000	同权益法
摊销S公司可辨认净资产公允价值升值部分	借：折旧费用 52 500 财务费用 14 000 贷：固定资产 52 500 长期应付款 14 000	同权益法
确认本期少数股权增加数	借：少数股东收益①（1 000 000×30%） 300 000 贷：少数股东权益 150 000 股利（500 000×30%） 150 000	同权益法
抵销公司间债权债务	借：应付股利——珠江公司 350 000 贷：应收股利——S公司 350 000	同权益法

第4节 合并财务报表的编制（主体观）

前面所讲述的都是运用母公司理论来编制合并财务报表。为了使大家对主体理论有一个系统的了解，下面通过一个实例对主体理论进行说明。

① 从母公司的角度来看，少数股东收益就是集团利润的减项。因此，按母公司理论，少数股东收益是作为一个费用项目来处理；在主体理论中，少数股东收益虽然作为合并利润的一部分，但并不属于集团公司的利润。根据IASB的IFRS10和FASB的FAS160，“少数股东收益”改为“非控制性收益”，“少数股东权益”改为“非控制性权益”。

一、购并日按主体观编制合并资产负债表

例4—6 接例4—3，珠江公司2015年1月1日以银行存款7 650 000元购买S公司70%的股权，购买日，S公司净资产的公允价值大于其账面价值。珠江公司的资产负债表和S公司资产负债表的公允价值和账面价值如表4—16所示。

表4—16 **珠江公司和S公司资产负债表**（2015年1月1日） 单位：元

报表项目	珠江公司	S公司（账面价值）	S公司（公允价值）
银行存款	1 000 000	500 000	500 000
应收账款	5 000 000	1 200 000	1 200 000
应收票据	1 000 000	600 000	600 000
存货	10 350 000	2 500 000	2 900 000
固定资产	50 000 000	8 000 000	9 500 000
减：累计折旧	(10 000 000)	(2 800 000)	(2 800 000)
长期股权投资——S公司	7 650 000		
资产合计	65 000 000	10 000 000	11 900 000
银行借款	10 000 000	1 000 000	1 000 000
应付账款	12 000 000	500 000	500 000
长期应付款	10 000 000	1 000 000	900 000
股本	5 000 000	1 000 000	
资本公积	20 000 000	4 500 000	
盈余公积	5 000 000	500 000	
未分配利润	3 000 000	1 500 000	
负债与股东权益合计	65 000 000	10 000 000	

珠江公司合并资产负债表编制过程如下：

（1）计算投资成本差额。

长期股权投资成本	7 650 000
所获S公司股权的账面价值（7 500 000×70%）	5 250 000
投资成本差额	2 400 000

（2）编制投资成本差额分配表（见表4—17）。

表4—17 **投资成本差额分配表***（母公司） 单位：元

分配项目	公允价值	账面价值	投资比例	分配金额
存货	2 900 000	2 500 000	400 000×70%	280 000
固定资产	6 700 000	5 200 000	1 500 000×70%	1 050 000
长期应付款	900 000	1 000 000	(100 000×70%)	(70 000)
可辨认净资产分配额				1 400 000
商誉				1 000 000
投资成本差额				2 400 000

*本表主要用于珠江公司按权益法对长期股权投资进行核算。

（3）计算整体商誉。

整体购买价格（7 650 000/70%）	10 928 571
减：所获S公司股权的账面价值	7 500 000
长期股权投资差额	3 428 571
减：存货升值部分	400 000
固定资产升值部分	1 500 000
长期应付款减值部分	100 000
整体商誉	1 428 571（或1 000 000/70%）

（4）珠江公司按权益法对长期股权投资进行核算，无论是采用母公司理论还是采用主体理论，都不影响母公司对长期股权投资的会计核算。

2015年1月1日，登记长期股权投资分录。

借：长期股权投资——S公司　　7 650 000
　贷：银行存款　　7 650 000

抵销对S公司长期投资和S公司股东权益，确认少数股东权益，其中少数股东权益是按净资产的公允价值加商誉后的金额计算的。

a. **借：股本**　　**1 000 000**[①]
　　资本公积　　**4 500 000**
　　盈余公积　　**500 000**
　　未分配利润　　**1 500 000**
　　合并价差[②]　　**3 428 571**
　贷：长期股权投资——S公司　　**7 650 000**
　　少数股东权益　　**3 278 571**

分配合并价差，子公司净资产按其公允价值合并，商誉也按整体商誉确认。

b. **借：存货**　　**400 000**
　固定资产　　**1 500 000**
　长期应付款　　**100 000**
　商誉　　**1 428 571**
　贷：合并价差　　**3 428 571**

（5）编制合并工作底稿（见表4—18）。

表4—18　　**珠江公司与S公司合并工作底稿**（主体理论）　　单位：元

合并项目	珠江	S（70%）	抵销与调整分录		合并金额
现金	1 000 000	500 000			1 500 000
应收账款	5 000 000	1 200 000			6 200 000
应收票据	1 000 000	600 000			1 600 000
存货	10 350 000	2 500 000	**b. 400 000**		**13 250 000**

① 黑体字表明主体理论和母公司理论在会计处理上的区别。后同。

② 在主体理论下，合并价差与母公司账面上反映的股权投资差额是不一样的（在母公司理论下，两者是一致的），前者体现的是整个子公司可辨认净资产公允价值升值部分和商誉，后者是子公司可辨认净资产公允价值升值部分和商誉的母公司控股比例部分。为了区分这二者，合并分录中我们使用合并价差，母公司账上采用股权投资差额。

续前表

合并项目	珠江	S（70%）	抵销与调整分录		合并金额
固定资产	50 000 000	8 000 000	**b. 1 500 000**		**59 500 000**
减：累计折旧	10 000 000	2 800 000			12 800 000
长期股权投资——S公司	7 650 000			a. 7 650 000	
商誉			**b. 1 428 571**		**1 428 571**
合计	65 000 000	10 000 000			**70 678 571**
银行借款	10 000 000	1 000 000			11 000 000
应付账款	12 000 000	500 000			12 500 000
长期应付款	10 000 000	1 000 000	**b. 100 000**		**10 900 000**
股本	5 000 000	1 000 000	a. 1 000 000		5 000 000
资本公积	20 000 000	4 500 000	a. 4 500 000		20 000 000
盈余公积	5 000 000	500 000	a. 500 000		5 000 000
未分配利润	3 000 000	1 500 000	a. 1 500 000		3 000 000
少数股东权益				a. 3 278 571	**3 278 571**
合计	65 000 000	10 000 000			**70 678 571**

（6）编制合并资产负债表（见表 4—19）。

表 4—19　　珠江公司合并资产负债表（2015 年 1 月 1 日）（主体理论）　　单位：元

项目	金额	项目	金额
现金	1 500 000	银行借款	11 000 000
应收账款	6 200 000	应付账款	12 500 000
应收票据	1 600 000	长期应付款	**10 900 000**
存货	**13 250 000**	股本	5 000 000
固定资产	**59 500 000**	资本公积	20 000 000
减：累计折旧	12 800 000	盈余公积	5 000 000
商誉	**1 428 571**	未分配利润	3 000 000
		少数股东权益	**3 278 571**
合计	**70 678 571**	合计	**70 678 571**

下面继续举例说明合并日后按主体理论编制的合并财务报表。

二、购并后按主体观编制合并资产负债表和合并利润表

例 4—7　接例 4—4，珠江公司 2015 年 1 月 1 日以银行存款 7 650 000 元购买 S 公司 70%的股权。2015 年 12 月 31 日，珠江公司和 S 公司个别资产负债表和利润表如表 4—22 所示。

珠江公司编制 2015 年末的合并资产负债表和 2015 年度的合并利润表的程序

如下。

（1）珠江公司按权益法编制对S公司长期股权投资的有关会计分录。

2015年1月1日，登记长期股权投资分录。

a. 借：长期股权投资——S公司　　7 650 000
　　贷：银行存款　　7 650 000

2015年12月31日，按投资比例确认本年对S公司投资收益。

b. 借：长期股权投资——S公司（1 000 000×70%）　　700 000
　　贷：投资收益　　700 000

登记应收S公司股利。

c. 借：应收股利——S公司（500 000 ×70%）　　350 000
　　贷：长期股权投资——S公司　　350 000

摊销投资成本差额中可辨认净资产公允价值升值部分。

d. 借：投资收益　　346 500
　　贷：长期股权投资——S公司　　346 500

346 500元的摊销额的计算见表4—20。

表4—20　　2015年投资成本差额摊销表（母公司）　　单位：元

项目	投资成本差额	摊销年限（或比例）	摊销额
存货	280 000	100%	280 000
固定资产	1 050 000	5%	52 500
长期应付款	(70 000)	20%	(14 000)
商誉	1 000 000	0	0
合计	2 400 000		346 500

（2）年末，珠江公司对S公司长期股权投资和投资收益账户变动情况如下：

长期股权投资——S公司

借方		贷方	
期初	7 650 000	c.	350 000
b.	700 000	d.	346 500
本期	3 500		
期末	7 653 500		

投资收益

借方		贷方	
d.	346 500	b.	700 000
		本期	353 500

以下是合并报表编制过程。

（1）编制抵销和调整分录。

抵销本年长期股权投资及投资收益。

a. 借：投资收益　　353 500
　　贷：股利　　350 000
　　　　长期股权投资——S公司　　3 500

抵销珠江公司期初长期投资与S公司账面净资产，分配合并价差。

b. **借：股本　　1 000 000**
　　资本公积　　4 500 000
　　盈余公积　　500 000

未分配利润 **1 500 000**
存货 **400 000**
固定资产 **1 500 000**
长期应付款 **100 000**
商誉 **1 428 571**
贷：长期股权投资——S公司 **7 650 000**
少数股东权益 **3 278 571**

c. 借：盈余公积 100 000
贷：提取盈余公积 100 000

摊销S公司可辨认净资产公允价值升值部分，计算如表4—21所示。

表4—21 **2015年投资成本差额摊销表**（集团公司） 单位：元

项目	投资成本差额	摊销年限（或比例）	摊销额
存货	400 000	100%	400 000
固定资产	1 500 000	5%	75 000
长期应付款	(100 000)	20%	(20 000)
商誉	1 428 571	0	0
合计	3 428 571		495 000

d. **借：主营业务成本** **400 000**
折旧费用 **75 000**
财务费用 **20 000**
贷：固定资产 **75 000**
长期应付款 **20 000**
存货 **400 000**

确认本期少数股权增加数（即少数股东对S公司的收益分享额），由于少数股权是按净资产的公允价值加商誉后的金额计算的，因而少数股东收益应按摊销净资产公允价值升值与商誉后的净利润来计算。

e. **借：少数股东收益［(1 000 000－495 000)×30%］** **151 500**
贷：少数股东权益 **1 500**
股利 **150 000**

抵销公司间债权债务。

f. 借：应付股利——珠江公司 350 000
贷：应收股利——S公司 350 000

(2) 编制合并工作底稿（见表4—22）。

表4—22 **珠江公司合并工作底稿**（主体理论） 单位：元

合并项目	珠江	S（70%）	抵销与调整分录		合并金额
			借	贷	
利润表					
主营业务收入	50 000 000	10 000 000			60 000 000

续前表

合并项目	珠江	S（70%）	抵销与调整分录		合并金额
			借	贷	
投资收益	353 500		a. 353 500		
主营业务成本	35 000 000	7 000 000	**d. 400 000**		**42 400 000**
折旧费用	2 500 000	400 000	**d. 75 000**		**2 975 000**
管理费用	5 753 500	1 000 000			**6 753 500**
财务费用	1 000 000	100 000	**d. 20 000**		**1 120 000**
所得税	1 800 000	500 000			2 300 000
少数股东收益			e. 151 500		151 500
净利润	4 300 000	1 000 000			4 300 000
利润分配表					
期初未分配利润	3 000 000	1 500 000	b. 1 500 000		3 000 000
净利润	4 300 000	1 000 000			4 300 000
股利	2 000 000	500 000		a. 350 000 **e. 150 000**	2 000 000
盈余公积	430 000	100 000		c. 100 000	430 000
期末未分配利润	4 870 000	1 900 000			4 870 000
资产负债表					
货币资金	4 246 500	1 400 000			5 646 500
应收账款	15 000 000	3 200 000			18 200 000
应收票据	1 000 000	600 000			1 600 000
存货	5 350 000	3 500 000	**b. 400 000**	**d. 400 000**	8 850 000
应收股利	350 000			f. 350 000	
固定资产	55 000 000	8 000 000	**b. 1 500 000**	**d. 75 000**	**64 425 000**
减：累计折旧	12 500 000	3 200 000			15 700 000
长期股权投资——S公司	7 653 500			a. 3 500 b. 7 650 000	
商誉			**b. 1 428 571**		**1 428 571**
合计	76 100 000	13 900 000			**84 450 071**
银行借款	10 000 000	2 000 000			12 000 000
应付账款	17 000 000	1 500 000			18 500 000
长期应付款	10 000 000	1 000 000	**b. 100 000**	**d. 20 000**	**10 920 000**
应交税费	1 800 000	500 000			2 300 000
应付股利	2 000 000	500 000	f. 350 000		2 150 000
股本	5 000 000	1 000 000	b. 1 000 000		5 000 000
资本公积	20 000 000	4 500 000	b. 4 500 000		20 000 000
盈余公积	5 430 000	600 000	c. 100 000 b. 500 000		5 430 000

续前表

合并项目	珠江	S(70%)	抵销与调整分录		合并金额
			借	贷	
未分配利润	4 870 000	1 900 000			4 870 000*
少数股东权益				**b. 3 278 571** **e. 1 500**	**3 280 071**
合计	76 100 000	13 900 000			**84 450 071**

*期末未分配利润从利润分配表中转入。

(3)编制合并资产负债表和合并利润表(见表4—23、表4—24)。

表4—23　　珠江公司2015年比较合并资产负债表(主体理论)　　单位:元

项目	年初	年末	项目	年初	年末
现金	1 500 000	5 646 500	银行借款	11 000 000	12 000 000
应收账款	6 200 000	18 200 000	应付账款	12 500 000	18 500 000
应收票据	1 600 000	1 600 000	应交税费		2 300 000
存货	**13 250 000**	8 850 000	应付股利		2 150 000
固定资产	**59 500 000**	**64 425 000**	长期应付款	**10 900 000**	**10 920 000**
减:累计折旧	12 800 000	15 700 000	股本	5 000 000	5 000 000
商誉	**1 428 571**	**1 428 571**	资本公积	20 000 000	20 000 000
			盈余公积	5 000 000	5 430 000
			未分配利润	3 000 000	4 870 000
			少数股东权益	**3 278 571**	**3 280 071**
合计	**70 678 571**	**84 450 071**	合计	**70 678 571**	**84 450 071**

可以看出,母公司理论与主体理论下的合并资产负债表格式是不相同的(参见表4—12和表4—23)。从金额上看,合并资产负债表中,母公司理论与主体理论也不相等。请读者找出这些差别,并说明理由。

表4—24　　珠江公司2015年合并利润及利润分配表(主体理论)　　单位:元

项目	金额
主营业务收入	60 000 000
减:主营业务成本	**42 400 000**
折旧费用	**2 975 000**
管理费用	**6 753 500**
财务费用	**1 120 000**
所得税	2 300 000
合并净利润总额	**4 451 500**
其中:少数股东收益	**151 500**
多数股东收益	**4 300 000**

续前表

项目	金额
加：期初未分配利润	3 000 000
减：股利	2 000 000
盈余公积	430 000
期末未分配利润	4 870 000

两种理论下的合并利润表在格式上均存在一定的区别（参见表 4—13 和表 4—24）。从金额上看，无论哪种理论，合并净利润都是相同的，并且都等于母公司的净利润（主体理论下，合并净利润是包括少数股东收益的，但扣除这一金额后，也与母公司净利润相同），但合并的各成本项目是不相同的，少数股东收益也不相等（参见表 4—13 和表 4—24）。

第 5 节 合并财务报表的编制（合并后）——合并现金流量表与合并所有者权益变动表

一、合并现金流量表

合并现金流量表与合并资产负债表和合并利润表的编制不同，它不是依据母子公司个别报表来编制的①，而是根据比较合并资产负债表和当期合并利润表来编制的。除了少数例外情况，编制合并现金流量表的程序和方法与母子公司单独编制现金流量表所使用的程序和方法基本相同。

与个别现金流量表相比，合并现金流量表存在一个特殊的问题，即在母公司拥有子公司部分股权的情况下，涉及子公司与其少数股东之间的现金流入和流出的处理问题。对于子公司与其少数股东之间的现金流入和流出，从整个集团公司来看，也影响到其整体的现金流入和流出数量的增减变动，必须在合并现金流量表中予以反映。为了便于母公司的股东、债权人等投资者了解掌握其现金流量的情况，有必要将其子公司与子公司少数股东之间发生的现金流入和现金流出的情况单独予以反映。

子公司与少数股东之间发生的影响现金流入和现金流出的经济业务包括：少数股东对子公司增加权益性投资、子公司向其少数股东支付现金股利、少数股东依法从子公司中抽回权益性投资等。对于子公司的少数股东增加在子公司中的权益性资本投资，在合并现金流量表中应当在“筹资活动产生的现金流量”之下的“吸收投资所收到的现金”项目之后单列“子公司吸收少数股东权益性投资收到的现金”项目反映；对于子公司向少数股东支付现金股利，在合并现金流量表中应当在“筹资活动产生的现金流量”之下的“分配股利或利润和偿付利息所支付

① 从理论上讲，也可以利用母子公司个别的现金流量表通过抵销调整来编制合并现金流量表，其原理与合并资产负债表和合并利润表相同。

的现金”项目之后单列“子公司支付少数股东的股利”项目反映;对于子公司的少数股东依法抽回其在子公司中的权益性投资,在合并现金流量表中应当在“筹资活动产生的现金流量”之下的“支付的其他与筹资活动有关的现金”项目之后单列“子公司减少注册资本支付给少数股东的现金”项目反映(参见表4—26)。

下面按照我国具体准则的要求,编制2015年度珠江集团公司合并现金流量表。

例4—8 接例4—4,除了比较合并资产负债表(表4—12)和当期合并利润及利润分配表(表4—13)外,珠江公司编制合并现金流量表过程中的其他相关资料如下:

(1)珠江公司本年以银行存款5 000 000元购买一台设备;

(2)S公司本年从银行借入1 000 000元;

(3)珠江公司和S公司的管理费用全部付现,其中5 000 000元为职工工资。

珠江公司编制过程如下:

第一步,编制合并现金流量表示意调整分录。

调整主营业务收入。

	借方	贷方
a. 借:经营活动现金流量——销售商品收到的现金	48 000 000	
应收账款	12 000 000	
贷:主营业务收入		60 000 000

调整主营业务成本。

	借方	贷方
b. 借:主营业务成本	**42 280 000**①	
贷:经营活动现金流量——购买商品支付的现金		**32 000 000**
应付账款		**6 000 000**
存货		**4 280 000**

调整管理费用。

	借方	贷方
c. 借:管理费用	6 753 500	
贷:经营活动经营流量——支付职工		5 000 000
——支付其他		1 753 500

调整财务费用。

	借方	贷方
d. 借:财务费用	**1 114 000**	
贷:筹资活动现金流量——偿付利息		**1 100 000**
长期应付款		**14 000**

调整所得税。

	借方	贷方
e. 借:所得税	2 300 000	
贷:应交税费		2 300 000

调整固定资产。

	借方	贷方
f. 借:固定资产	5 000 000	
贷:投资活动现金流量——购建固定资产		5 000 000

① 黑体字表示与一般现金流量表编制上的区别。

调整折旧费用。

g. 借：折旧费用 2 952 500

贷：累计折旧 2 900 000

固定资产 52 500

调整银行借款。

h. 借：筹资活动现金流量——银行借款 1 000 000

贷：银行借款 1 000 000

调整利润分配。

i. 借：净利润 4 300 000

贷：应付股利 2 000 000

盈余公积 430 000

未分配利润 1 870 000

调整少数股东权益。

j. 借：少数股东收益 300 000

贷：应付股利 150 000

少数股东权益 150 000

调整现金净变化额。

k. 借：现金 4 146 500

贷：现金净增加额 4 146 500

第二步，编制合并现金流量表工作底稿（见表4—25）。

表4—25 合并现金流量表工作底稿 单位：元

项目	期初数	调整分录		期末数
		借方	贷方	
一、资产负债表项目				
借方项目：				
货币资金	1 500 000	k. 4 146 500		5 646 500
应收票据	1 600 000			1 600 000
应收账款	6 200 000	a. 12 000 000		18 200 000
存货	13 130 000		b. 4 280 000	8 850 000
固定资产	59 050 000	f. 5 000 000	g. 52 500	63 997 500
减：累计折旧	12 800 000		g. 2 900 000	15 700 000
商誉	1 000 000			1 000 000
借方项目合计	69 680 000			83 594 000
贷方项目				
银行借款	11 000 000		h. 1 000 000	12 000 000
应付账款	12 500 000		b. 6 000 000	18 500 000
长期应付款	10 930 000		d. 14 000	10 944 000
应交税费			e. 2 300 000	2 300 000
应付股利			i. 2 000 000	2 150 000

续前表

项目	期初数	调整分录		期末数
		借方	贷方	
			j. 150 000	
少数股东权益	2 250 000		j. 150 000	2 400 000
股本	5 000 000			5 000 000
资本公积	20 000 000			20 000 000
盈余公积	5 000 000		i. 430 000	5 430 000
未分配利润	3 000 000		i. 1 870 000	4 870 000
贷方项目合计	69 690 000			83 594 000
二、利润表项目				本期数
主营业务收入			a. 60 000 000	60 000 000
主营业务成本		b. 42 280 000		42 280 000
折旧费用		g. 2 952 500		2 953 500
管理费用		c. 6 753 500		6 753 500
财务费用		d. 1 114 000		1 114 000
所得税		e. 2 300 000		2 300 000
少数股东收益		j. 300 000		300 000
净利润			i. 4 300 000	4 300 000
三、现金流量表项目				
（一）经营活动产生的现金流量				
销售商品、提供劳务收到的现金		a. 48 000 000		48 000 000
现金收入小计				
购买商品、接受劳务支付的现金			b. 32 000 000	32 000 000
支付给职工以及为职工支付的现金			c. 5 000 000	
支付的各项税款				
支付的其他与经营活动有关的现金			c. 1 753 500	6 753 500
现金支出小计				
经营活动产生的现金流量净额				9 246 500
（二）投资活动产生的现金流量				
收回投资所收到的现金				
取得投资收益所收到的现金				
处置固定资产、无形资产和其他长期资产所收回的现金净额				
现金收入小计				
购建固定资产、无形资产和其他长期资产所支付的现金			f. 5 000 000	5 000 000
现金支出小计				
投资活动产生的现金流量净额				（5 000 000）
（三）筹资活动产生的现金流量				

续前表

项目	期初数	调整分录		期末数
		借方	贷方	
借款所收到的现金				
现金收入小计		h. 1 000 000		1 000 000
偿还债务所支付的现金				
分配股利、利润或偿付利息所支付的现金				
现金支出小计				
筹资活动产生的现金流量净额			d. 1 100 000	1 100 000
（四）现金及现金等价物净增加额				(100 000)
		k. 4 146 500		4 146 500
调整分录借贷合计				

第三步，编制合并现金流量表（主表及补充资料）（见表4—26）。

表4—26　　**合并现金流量表**　　会合03表

编制单位：珠江公司　　2015年度　　单位：元

项目	行次	金额
一、经营活动产生的现金流量：		
销售商品、提供劳务收到的现金	1	48 000 000
收到的税收返还	3	
收到的其他与经营活动有关的现金	8	
现金收入小计	9	48 000 000
购买商品、接受劳务支付的现金	10	32 000 000
支付给职工以及为职工支付的现金	12	5 000 000
支付各项税费	13	
支付的其他与经营活动有关的现金	18	1 753 500
现金支出小计	20	38 753 500
经营活动产生的现金流量净额	21	9 246 500
二、投资活动产生的现金流量：		
收回投资所收到的现金	22	
取得投资收益所收到的现金	23	
处置固定资产、无形资产和其他长期资产所收回的现金净额	25	
收到的其他与投资活动有关的现金	28	
现金收入小计	29	
购建固定资产、无形资产和其他长期资产所支付的现金	30	5 000 000
投资所支付的现金	31	
支付的其他与投资活动有关的现金	35	
现金支出小计	36	
投资活动产生的现金流量净额	37	(5 000 000)
三、筹资活动产生的现金流量：		
吸收投资所收到的现金	38	

续前表

项目	行次	金额
其中：子公司吸收少数股东权益性投资收到的现金	40	
取得借款所收到的现金	41	1 000 000
收到的其他与筹资活动有关的现金	43	
现金收入小计	44	
偿还债务所支付的现金	45	
分配股利、利润和偿付利息所支付的现金	46	1 100 000
其中：子公司支付少数股东的股利	47	
支付的其他与筹资活动有关的现金	52	
其中：子公司减少注册资本支付给少数股东的现金	53	
现金支出小计	54	(100 000)
筹资活动产生的现金流量净额	55	
四、汇率变动对现金的影响	56	
五、现金及现金等价物净增加额	57	4 146 500
补充资料		
1. 将净利润调节为经营活动现金流量：		
净利润		4 300 000
加：少数股东收益		300 000
计提的资产减值准备		
固定资产折旧		2 952 500
商誉减值		
无形资产摊销		
长期待摊费用摊销		
待摊费用的减少（减：增加）		
预提费用的增加（减：减少）		
处置固定资产、无形资产和其他长期资产的损失（减：收益）		
固定资产报废损失		
财务费用		1 114 000
投资损失（减：收益）		
递延税款贷项（减：借项）		
存货的减少（减：增加）		4 280 000
经营性应收项目的减少（减：增加）		(12 000 000)
经营性应付项目* 的增加（减：减少）		8 300 000
其他		
经营活动产生的现金流量净额		9 246 500
2. 不涉及现金收支的投资和筹资活动：		
债务转为资本		
一年内到期的可转换公司债		
融资租入固定资产		
3. 现金和现金等价物的净增加情况：		
现金的期末余额		5 646 500
减：现金的期初余额		1 500 000
加：现金等价物的期末余额		
减：现金等价物的期初余额		
现金和现金等价物的净增加额		4 146 500

* 经营性应付项目不含应付股利。

二、合并所有者权益变动表

合并所有者权益变动表既可以根据母子公司的所有者权益变动表为基础进行编制，也可以根据合并资产负债表和合并利润表来编制。下面以双方的所有者权益变动表为基础来讲述合并所有者权益变动表的编制。

例4—9 珠江公司2015年1月2日，以银行存款3 000万元收购S公司80%的股权。购买日，S公司股东权益总额为3 500万元，其中股本为2 000万元，资本公积为1 500万元，除了一固定资产重估增值100万元外，其余资产公允价值均为账面价值。2015年度，合并利润表和双方的所有者权益变动表如表4—27、表4—28所示。

根据以上资料编制2015年度珠江集团公司合并所有者权益变动表（见表4—29）。

表4—27　　合并利润表　　会合02表

编制单位：珠江公司　　2015年度　　单位：万元

项目	本期金额	上期金额
一、营业收入	10 200	
减：营业成本	5 378	
其中：营业成本	4 450	
营业税金及附加	425	
销售费用	25	
管理费用	108	
财务费用	370	
资产减值损失	0	
加：公允价值变动收益（损失以“一”号填列）		
投资收益（损失以“一”号填列）	0	
其中：对联营企业和合营企业的投资收益		
二、营业利润（亏损以“一”号填列）	4 822	
加：营业外收入		
减：营业外支出	0	
其中：非流动资产处置损失		
三、利润总额（亏损总额以“一”号填列）	4 822	
减：所得税费用	1 813	
四、净利润（净亏损以“一”号填列）	3 009	
少数股东损益	199	
归属于母公司所有者的净利润	2 810	
五、其他综合收益的税后净额	0	
归属于母公司所有者的其他综合收益净额	0	
以后不能重分类进损益的其他综合收益		
以后将重分类进损益的其他综合收益		
归属于少数股东的其他综合收益净额	0	
六、综合收益总额	3 009	
归属于母公司所有者的综合收益总额	2 810	
归属于少数股东的综合收益总额	199	

表 4—28

所有者权益变动表

2015 年度

会企 04 表

编制单位：珠江公司

单位：万元

项目	珠江公司							S公司						
	实收资本（或股本）	资本公积	减:库存股	其他综合收益	盈余公积	未分配利润	所有者权益合计	实收资本（或股本）	资本公积	减:库存股	其他综合收益	盈余公积	未分配利润	所有者权益合计
一、上年年末余额	4 000	800	0	0	732	468	6 000	2 000	1 500	0	0	0	0	3 500
加：会计政策变更														
前期差错更正														
二、本年年初余额	4 000	800	0	0	732	468	6 000	2 000	1 500	0	0	0	0	3 500
三、本年增减变动金额（减少以“—”号填列）					268	732	1 000				100	100	300	500
（一）综合收益总额						2 680	2 680				100		1 000	1 100
（二）所有者投入和减少资本														
1. 所有者投入资本														
2. 其他														
（三）利润分配					268	（1 948）	（1 680）					100	（700）	（600）
1. 提取盈余公积					268	（268）	0					100	（100）	0
2. 对所有者（或股东）的分配						（1 680）	（1 680）						（600）	（600）
3. 其他														
（四）所有者权益内部结转														
（五）其他														
四、本年年末余额	4 000	800	0	0	1 000	1 200	7 000	2 000	1 500	0	100	100	300	4 000

表 4—29　　　　**合并所有者权益变动表**　　　　会合 04 表

编制单位：珠江公司　　　　2015 年度　　　　单位：万元

项目	本年金额								上年金额							
	归属于母公司所有者权益						少数股东权益	所有者权益合计	归属于母公司所有者权益						少数股东权益	所有者权益合计
	实收资本（或股本）	资本公积	其他综合收益	盈余公积	未分配利润	小计			实收资本（或股本）	资本公积	其他综合收益	盈余公积	未分配利润	盈余公积		
一、上年年末余额	4 000	800	0	732	468	6 000		6 000								
加：会计政策变更							720	720								
前期差错更正																
二、本年年初余额	4 000	800	0	732	468	6 000	720	6 720								
三、本年增减变动金额（减少以“—”号填列）			80	268	862	1 210	99	1 309								
（一）综合收益总额			80		2 810	2 890	219	3 109								
（二）所有者投入和减少资本																
1. 所有者投入资本																
2. 其他																
（三）利润分配				268	（1 948）	（1 680）	（120）	（1 800）								
1. 提取盈余公积				268	（268）	0	0	0								
2. 对所有者（或股东）的分配					（1 680）	（1 680）	（120）	（1 800）								
3. 其他																
（四）所有者权益内部结转																
（五）其他																
四、本年年末余额	4 000	800	80	1 000	1 330	7 210	819	8 029								

编制说明如下。

● 期初调整增加少数股东权益，金额为S公司合并日的净资产公允价值乘以少数股权比例；

● 合并净利润分为两个部分：归属于母公司股东和少数股东，数据来源于合并利润表；

● S公司固定资产公允价值增加100万元，其中20万元（20%）直接计入少数股东权益，80万元则计入母公司其他综合收益；

● 利润分配按母公司分配金额登记，S公司股利分配按少数股权比例减少少数股东权益。

三、合并财务报表的披露

1. 合并财务报表附注

本部分先讨论合并财务报表披露的附注规定，然后阐述合并每股收益的计算原理并进行实例说明。

合并财务报表附注是对合并财务报表所列项目的文字描述或明细说明，以及对未能在这些报表中进行列示的其他情况说明。根据《企业会计准则第30号——财务报表列报》和《企业会计准则第31号——现金流量表》等的相关规定，在合并财务报表下应披露的内容包括企业集团的基本情况、财务报表的编制基础、遵循企业会计准则的声明等。企业集团的基本情况要求列示：

（1）企业注册地、组织形式和总部地址；

（2）企业的业务性质和主要经营活动，如企业所处行业、所提供的主要产品或服务、客户的性质、销售策略、监管环境的性质等；

（3）母公司及集团最终母公司的名称；

（4）财务报告的批准报出者和批准报出日。

其他披露的内容和要求请参见本系列教材《中级财务会计》第20章相关内容。

关于合并财务报表附注，《企业会计准则第41号——在其他主体中权益的披露》提出了针对性的具体披露要求：

（1）列明企业集团构成的相关信息，包括子公司名称、主要经营地及注册地、业务性质、注册资本、本企业合计持股比例和本企业合计享有的表决权比例。

（2）使用企业集团资产和清偿企业集团债务存在重大限制的，披露相关限制信息。

（3）企业存在纳入合并报表范围的结构化主体的，披露结构化主体的相关信息。

（4）因子公司所有者权益份额发生变化而导致丧失控制的，按第33号准则的要求计算并披露：1）由于丧失控制权而产生的利得或损失以及相应的列报项目；2）剩余控制权在丧失控制权日按照公允价值重新计量的利得或损失。

（5）企业是投资性主体且存在未纳入合并财务报表范围的子公司，并对该子公司权益按照公允价值计量且其变动计入当期损益的，应在财务报表附注中对该情况予以说明。

2. 合并每股收益

在合并利润表中，同单一报表一样，也需要计算和披露基本的和稀释的每股收益（EPS）。在单一报表中，计算基本的和稀释的EPS，只需考虑该企业的资本结构；而在计算合并的EPS时，则既要考虑母公司的资本结构，又要考虑子公司的资本结构。

如果子公司的资本结构为简单资本结构，母公司或合并EPS的计算同单一企业EPS的计算相同，不存在差别。若子公司的资本结构为复杂资本结构，合并EPS的计算就要复杂些，主要是其计算时要考虑子公司证券的稀释效果，来调整合并主体的EPS。下面通过一个简单的实例来讲解合并EPS的计算过程。[①]

例4—10 珠江公司2015年度归属于普通股股东的净利润为24 000万元（不包括子公司S公司的利润和支付的股利），发行在外的普通股加权平均股数为60 000万股，持有S公司60%的普通股（有表决权）。S公司2015年度归属于普通股股东的利润为15 000万元，发行在外普通股加权平均股数20 000万股，该普通股当年平均市价为12元/股。年初，S公司对外发行800万份普通股认股权证，行权价格为6元，珠江公司持有60万份，当年无认股权证被行权。另外，母子公司当年无其他需抵销的内部交易，珠江公司取得S公司时的各项可辨认净资产公允价值已经摊销完毕。

合并EPS计算过程如下：

第一步，计算S公司基本EPS和稀释EPS。

（1）计算S公司基本EPS。

S公司基本EPS＝15 000÷20 000＝0.75(元/股)

（2）计算S公司稀释EPS。

调整增加的普通股股数＝800－800×6÷12＝400(万股)

稀释的EPS＝15 000÷(20 000＋400)＝0.735(元/股)

第二步，计算合并基本EPS和稀释EPS。

（1）计算合并基本EPS。

计算合并EPS所包括的S公司净利润＝0.75×20 000×60%＝9 000(万元)

基本EPS＝(24 000＋9 000)÷60 000＝0.55(元/股)

（2）计算合并稀释EPS。

S公司净利润中归属于普通股且由珠江公司享有的部分＝0.735×20 000×60%＝8 820(万元)

S公司净利润中归属于认股权证且由珠江公司享有的部分＝0.735×400×60÷800＝22.05(万元)

稀释EPS＝(24 000＋8 820＋22.05)÷60 000＝0.547(元/股)

---

① 合并EPS更深入的讨论请参见：王华、石本仁：《财务会计研究前沿》，53～57页，北京，机械工业出版社，2008。

另外，反向收购中合并 EPS 的计算，用法律上子公司计算期间归属于普通股股东的净损益除以法律上母公司向法律上子公司股东发行的普通股股数。这里不再举例说明。

思考题

1. 在何种情况下，一家公司可以合并另一家公司的财务报表？什么样的合并政策你认为是合理的？

2. 区分多数控股权、法定控股权和实质控股权。

3. 判断控制的标准和要注意的问题是什么？

4. 怎样辨别特殊目的实体（或结构化主体）中的可变受益主体？

5. 为什么合并商誉并未出现在母公司报表上，但当商誉发生减损时要在母公司的当期损益中进行确认？

6. 在分摊长期股权投资成本超过被收购子公司净资产账面价值的差额时，分摊到可辨认资产或负债的金额是否应在母公司账上单独反映？为什么？

7. 单行合并与报表合并的主要区别是什么？

8. 简述合并报表编制的基本程序。

9. 合并抵销分录的原理是什么？请解释。

10. 合并工作底稿中的调整与抵销分录是否应在母公司或子公司的账上登记？请说明理由。

11. 权益法下，母公司财务报表中的净利润和未分配利润与合并报表中相应的项目是一种什么样的关系？

12. 少数股东权益的性质是什么？在不同合并理论下的解释和计算金额如何？

13. 合并现金流量表与一般现金流量表的编制有何差异？

14. 在确定经营活动现金流量时，为何将少数股东收益纳入合并净利润中？

15. 比较三种合并财务报表的理论——现行理论、母公司理论和主体理论，并说明自己对这三种理论的认识和看法。

16. 合并财务报表的目的是什么？你认为现行的合并实务真正实现了合并财务报表编制的目的吗？

17. 简要说明合并财务报表附注要求披露的主要内容。

18. 简述合并 EPS 与单一企业 EPS 的计算有何差别。

练习题

(一) 合并财务报表——母公司理论

资料：2014 年 12 月 31 日南方公司以 5 000 000 元的现金和 1 000 000 股、每股面值 1 元、市场价格为 5 元的普通股购买 S 公司 90%流通在外的有表决权股权；另外，南方公司支付与合并相关的费用 100 000 元及股票发行登记费 200 000 元。购买日两公司资产负债表如表 4—30 所示。

表 4—30　　南方公司与 S 公司 2014 年 12 月 31 日资产负债表　　单位：元

报表项目	南方公司	S 公司（账面价值）	S 公司（公允价值）
银行存款	6 600 000	200 000	200 000
应收账款	700 000	300 000	300 000
存货	900 000	500 000	600 000
其他流动资产	600 000	400 000	400 000
固定资产——土地	1 200 000	600 000	800 000
固定资产——建筑物	8 000 000	4 000 000	5 000 000
固定资产——设备	7 000 000	2 000 000	1 700 000
资产合计	25 000 000	8 000 000	9 000 000
应付账款	2 000 000	700 000	700 000
长期应付票据	3 700 000	1 400 000	1 300 000
股本（面值 1 元）	10 000 000	4 000 000	
资本公积	5 000 000	1 000 000	
未分配利润	4 300 000	900 000	
负债与股东权益合计	25 000 000	8 000 000	

2015 年发生如下相关业务：

S 公司实现净利润和发放现金股利分别为 800 000 元和 300 000 元；

S 公司的存货已销售，应付票据已归还；

S 公司的建筑物按 25 年计提折旧，设备的使用年限为 5 年，土地不摊销，商誉每年进行减值测试，2015 年末发生减损 390 000 元。

2015 年末两公司的资产负债表和该年度的利润表如表 4—31 所示。

表 4—31　　单位：元

报表项目	南方	S（90%）	抵销分录		合并金额
利润表（2015 年度）					
主营业务收入	9 832 000	2 200 000			
投资收益——S 公司	168 000				
主营业务成本	（4 000 000）	（700 000）			
折旧费用（建筑物）	（200 000）	（80 000）			
折旧费用（设备）	（700 000）	（360 000）			
管理费用	（2 100 000）	（260 000）			
少数股东收益					
净利润	3 000 000	800 000			
利润分配表					
期初未分配利润	4 200 000*	900 000			
净利润	3 000 000	800 000			
股利	（1 500 000）	（300 000）			

续前表

报表项目	南方	S（90%）	抵销分录		合并金额
期末未分配利润	5 700 000	1 400 000			
资产负债表（2015 年 12 月 31 日）					
银行存款	562 000	100 000			
应收账款	540 000	200 000			
存货	1 300 000	600 000			
其他流动资产	800 000	500 000			
固定资产——土地	1 200 000	600 000			
固定资产——建筑物	9 500 000	3 800 000			
固定资产——设备	8 000 000	1 800 000			
长期股权投资	9 898 000				
商誉					
合计	31 800 000	7 600 000			
应付账款	2 300 000	1 200 000			
长期应付票据	4 000 000				
股本	11 000 000	4 000 000			
资本公积	8 800 000	1 000 000			
未分配利润	5 700 000	1 400 000			
少数股东权益					
合计	31 800 000	7 600 000			

* 期初未分配利润从 4 300 000 元减少为 4 200 000 元，是因并购发生的交易费用 100 000 元计入当期损益的结果。

要求：

（1）编制合并日有关会计分录（南方公司长期投资与合并抵销分录）。

（2）按权益法编制南方公司 2015 年长期投资有关分录。

（3）按业主观（母公司合并理论）编制合并一年后财务会计报表（登记有关抵销分录、合并报表工作底稿、合并资产负债表和利润表及利润分配表）。

（4）根据以上计算结果和以下资料编制 2015 年度现金流量表：

第一，南方公司与 S 公司本年度共用现金购置建筑物 1 580 000 元及购买设备 1 860 000 元；

第二，本期管理费用全部以现金支付，其中支付职工工资 2 000 000 元，其他费用 360 000 元；

第三，南方公司本期以应付票据购买其他流动资产 300 000 元，S 公司以现金 1 400 000 元偿付应付票据；

第四，本期南方公司发放现金股利 1 500 000 元，S 公司向少数股东支付现金股利 30 000 元。

提示：合并日南方公司长期投资的会计处理如下：

借：长期股权投资——S公司　　10 000 000
　贷：股本　　1 000 000
　　　资本公积　　4 000 000
　　　银行存款　　5 000 000
借：资本公积　　200 000
　　管理费用　　100 000
　贷：银行存款　　300 000

（二）合并财务报表——母公司理论

资料：2015年1月1日南方公司以198 000元购买S公司90%的股权，购买日，两公司资产负债表如表4—32所示。

表4—32　　单位：元

报表项目	南方公司	S公司（账面价值）	S公司（公允价值）
银行存款	220 000	5 000	5 000
应收账款	80 000	30 000	35 000
存货	90 000	40 000	50 000
其他流动资产	20 000	10 000	10 000
固定资产	220 000	60 000	80 000
资产合计	630 000	145 000	180 000
应付账款	80 000	25 000	25 000
股本（面值1元）	400 000	100 000	
未分配利润	150 000	20 000	
负债与股东权益合计	630 000	145 000	

2015年发生如下相关业务：

S公司实现净利润和发放现金股利分别为35 000元和10 000元；

S公司按公允价值评估的应收款和存货已实现；

S公司的固定资产按20年计提折旧，商誉每年进行减值测试。

2015年末两公司的资产负债表和该年度的利润表如表4—33所示。

表4—33　　单位：元

报表项目	南方	S（90%）	抵销分录		合并金额
利润表（2015年度）					
主营业务收入	600 000	200 000			
投资收益——S公司	17 100				
主营业务成本	（300 000）	（120 000）			
管理费用	（211 250）	（45 000）			
少数股东收益					
净利润	105 850	35 000			
利润分配表					

续前表

报表项目	南方	S（90%）	抵销分录		合并金额
期初未分配利润	150 000	20 000			
净利润	105 850	35 000			
股利	(80 000)	(10 000)			
期末未分配利润	175 850	45 000			
资产负债表（2015 年 12 月 31 日）					
银行存款	29 750	13 000			
应收账款	90 000	32 000			
存货	100 000	48 000			
其他流动资产	30 000	17 000			
固定资产	200 000	57 000			
长期股权投资	206 100				
商誉					
合计	655 850	167 000			
应付账款	80 000	22 000			
股本	400 000	100 000			
未分配利润	175 850	45 000			
少数股东权益					
合计	655 850	167 000			

要求：

（1）编制合并日有关会计分录（南方公司长期股权投资与合并抵销分录）。

（2）按权益法编制南方公司 2015 年长期投资有关分录。

（3）按业主观（母公司合并理论）编制合并一年后财务会计报表（登记有关抵销分录、合并报表工作底稿、合并资产负债表和利润表）。

（三）合并财务报表——主体理论

资料：资料同（二）。

要求：

（1）编制合并日有关会计分录（南方公司长期股权投资与合并抵销分录）。

（2）按权益法编制南方公司 2015 年长期投资有关分录。

（3）按主体观编制合并一年后财务会计报表（登记有关抵销分录、合并报表工作底稿、合并资产负债表和利润表）。

（四）合并每股收益

资料：南方公司 2015 年度归属于普通股股东的净利润为 20 000 万元（不包括子公司 S 公司的利润和支付的股利），发行在外的普通股加权平均股数为 50 000 万股，持有 S 公司 75%的有投票权普通股。S 公司 2015 年度归属于普通股股东的利润为 10 000 万元，发行在外普通股加权平均股数 15 000 万股，该普通股当年平均市价为16元/股。2015年4月1日，S公司对外发行900万份普通股认股权证，行权价格为8元，南方公司持有120万份，该认股权证两年后可行权。另外，母子公司当年无其他需抵销的内部交易，南方公司取得S公司投资时的各项可辨认净资产公允价值与其账面价值一致。

要求：

（1）计算S公司基本EPS和稀释EPS。

（2）计算S公司合并基本EPS和稀释EPS。

（五）合并财务报表——母公司长期股权投资成本法核算下的合并

资料：2013年1月1日，南方公司以银行存款822 000元收购S公司100%流通在外的股权。收购日，S公司固定资产公允价值高于账面价值72 000元（剩余寿命12年），投资性房地产（成本法核算）公允价值高于账面价值10 000元（剩余寿命10年），一项未登记的专利价值20 000元（剩余寿命10年），S公司其他资产与负债公允价值与账面价值相等。

2013年和2014年，S公司分别报告的净利润为100 000元和120 000元，分配的现金股利分别为30 000元和20 000元。

2015年，南方公司（长期股权投资成本法与权益法下）和S公司资产负债表和利润表如表4—34所示。

表4—34　南方公司与S公司2015年资产负债表和利润表（成本法和权益法）　单位：元

合并项目	南方		S（100%）
	成本法	权益法	
利润表			
主营业务收入	1 100 000	1 100 000	420 000
投资收益	10 000	111 000	
主营业务成本	500 000	500 000	120 000
管理费用	150 000	150 000	100 000
销售费用	50 000	50 000	40 000
所得税	100 000	100 000	40 000
净利润	310 000	411 000	120 000
利润分配表			
期初未分配利润	822 000	874 100	490 000
净利润	310 000	411 000	120 000
盈余公积	31 000	40 100	
股利	70 000	70 000	10 000
期末未分配利润	1 031 000	1 175 000	600 000
资产负债表			
货币资金	10 000	10 000	60 000
应收账款	40 000	40 000	30 000

续前表

合并项目	南方		S（100%）
	成本法	权益法	
存货	280 000	280 000	260 000
固定资产	1 940 000	1 940 000	760 000
投资性房地产	210 000	210 000	150 000
无形资产			
长期股权投资——S公司	822 000	1 075 000	
商誉			
合计	3 302 000	3 555 000	1 260 000
银行借款	400 000	400 000	200 000
应付账款	80 000	80 000	60 000
股本	500 000	500 000	400 000
资本公积	400 000	400 000	
盈余公积	891 000	1 000 000	
未分配利润	1 031 000	1 175 000	600 000
合计	3 302 000	3 555 000	1 260 000

要求：编制两种方法下南方公司和S公司的合并资产负债表和利润表。

第5章

公司间交易的抵销

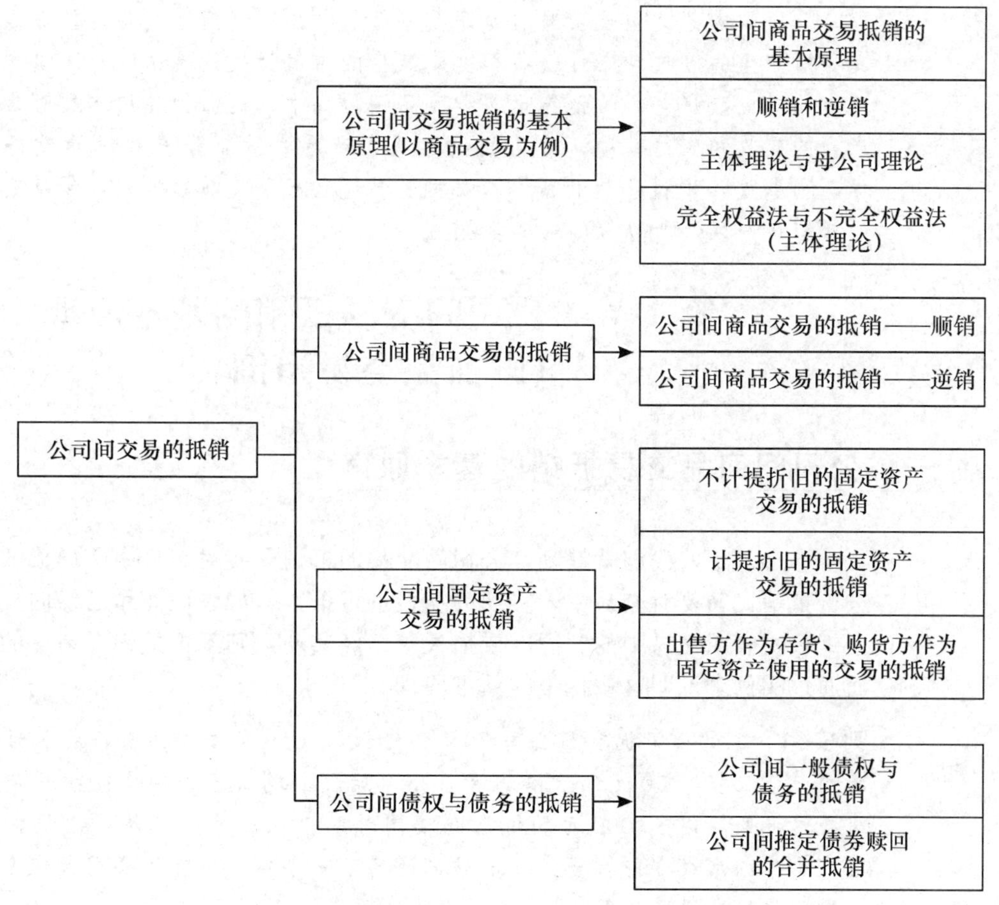

本章要点

- 公司间交易抵销的基本原理
- 顺销商品交易的合并抵销处理
- 逆销商品交易的合并抵销处理
- 公司间固定资产交易的抵销会计处理
- 公司间一般债权债务的抵销会计处理
- 公司间推定债券赎回的抵销会计处理

合并财务报表是将集团公司视为一个经济主体，这一主体间的交易将被作为内部交易。为了反映这一主体不含内部交易的合并财务状况和经营成果，必须将母子公司间的交易抵销。公司间的交易不仅会形成相对应的账户，而且还可能会形成未实现的损益。因此，公司间交易的抵销既要对交易中所形成的对应账户进行抵销，又要对交易中未实现的损益进行抵销；如果该商品已经向集团外的企业销售，表明交易中的利润（或损失）已经实现，则不再抵销交易中的损益。

公司间内部交易较普遍的为商品（存货和固定资产）交易、债券买卖以及由交易所产生的应收、应付款项和由此产生的减值计提的转回等。由公司间的销货产生的对应账户有商品销售收入和商品销售成本、商品销售成本和存货以及由此产生的应收和应付款项；公司间债券买卖产生的对应账户有债券投资和应付债券，利息收入和利息费用等。本章主要讲述这三种交易的抵销，包括交易所形成的对应账户以及所包含的未实现损益。

第1节　公司间交易抵销的基本原理（以商品交易为例）

一、公司间商品交易抵销的基本原理

本章开始，我们就提到，公司间交易的抵销既要对交易中所形成的对应账户进行抵销，又要对交易中未实现的损益进行抵销；如果该商品已经向集团外的企业销售，表明交易中的利润（或损失）已经实现，则不再抵销交易中的损益。下面通过实例来说明这一抵销的基本原理。

例5—1　珠江公司拥有S公司70%的股权，2015年珠江公司将成本为40 000元的A商品以60 000元的价格售给S公司后，出现以下三种情况：一是当年S公司将这批商品以80 000元的价格向集团外的企业出售；二是当年该批商品全部没有出售，形成期末存货；三是该批商品下一年售出。珠江公司按完全权益法对长期股权投资进行核算。

1. 抵销公司间销货与购货

我们先来看第一种情况（见表5—1）。如果S公司已将商品对外出售，从集团公司的角度来讲，就是将成本为40 000元的商品以80 000元的价格对外出售，这是在合并报表中正常的反映。我们将珠江公司和S公司有关的销售与购进等分录汇总后发现，有一笔分录重复（黑体字），这就是需要抵销的分录，这一抵销分录的实质就是消除双方的购货与销货。

表5—1　　珠江公司与S公司购货与销货的汇总与抵销

珠江公司	S公司（70%）	汇总	抵销
登记销货（2015） 借：银行存款　60 000 　贷：营业收入　60 000 结转成本 借：营业成本　40 000 　贷：存货　40 000	登记购货（2015） 借：存货　60 000 　贷：银行存款　60 000 登记销货 借：银行存款　80 000 　贷：营业收入　80 000 结转成本 借：营业成本　60 000 　贷：存货　60 000	登记销货 借：银行存款　80 000 　贷：营业收入　80 000 结转成本 借：营业成本　40 000 　贷：存货　40 000 **汇总账户** **借：营业成本　60 000** **　贷：营业收入　60 000**	借：营业收入　60 000 　贷：营业成本　60 000

当S公司将所购商品全部对外出售后，购货和销货的抵销按母公司的售价一方面抵销母公司的销货收入，另一方面抵销子公司的销货成本。

2. 抵销期末存货中未实现利润

我们再来看第二种情况（见表5—2）。如果S公司未将商品对外出售，从集团公司的角度来讲，则母子公司的购货和销货都不成立。我们将珠江公司和S公司有关的销售与购进等分录汇总后发现，所有汇总账户（黑体字）都是需要抵销的分录，这一抵销分录的实质就是消除母公司的销货和子公司购入存货中的未实现利润。

表5—2　　珠江公司与S公司购货与销货的汇总与抵销

珠江公司	S公司（70%）	汇总	抵销
登记销货（2015） 借：银行存款　60 000 　贷：营业收入　60 000 结转成本 借：营业成本　40 000 　贷：存货　40 000	登记购货（2015） 借：存货　60 000 　贷：银行存款　60 000	**汇总账户** **借：营业成本　40 000** **　　存货　20 000** **　贷：营业收入　60 000**	借：营业收入　60 000 　贷：营业成本　60 000 借：营业成本　20 000 　贷：存货　20 000 上述两笔分录可以合成一笔分录。

当S公司所购商品全部未对外出售时，一方面抵销母子公司间购货和销货（与上面的抵销分录相同），另一方面抵销（递延）期末存货中未实现的利润。

另外，按完全权益法，当集团公司间内部交易中期末存货存在未实现利润时，母公司要在自己的账上登记如下分录（以珠江公司为例）：

借：投资收益　　20 000

　贷：长期股权投资——S公司　　20 000

借方登记“投资收益”，是使母公司净利润和合并净利润都不能包含公司间交易未实现损益；而贷方登记“长期股权投资”，是为了保持会计分录的平衡性。

3．期初存货中未实现利润本期实现的调整

我们最后来看第三种情况（见表5—3）。如果S公司将上年购进的商品对外出售，从集团公司的角度来讲，就是将子公司按60 000元结转的销货成本调整为原来的40 000元，因为上期期末存货中未实现的利润本期已经实现。如果本期继续发生母子公司间的购货与销货，抵销原理同上。

表5—3　　珠江公司与S公司购货与销货的汇总与抵销

珠江公司	S公司（70%）	汇总	抵销
	登记销货（2016）（上年存货） 借：银行存款　80 000 　贷：营业收入　80 000 结转成本 借：营业成本　60 000 　贷：存货　60 000	登记销货（上年存货）： 借：银行存款　80 000 　贷：营业收入　80 000 结转成本 借：营业成本　40 000 　贷：存货　40 000 **汇总账户** **借：营业成本　20 000** **　贷：存货　20 000**	借：长期股权投资——S公司 　20 000 　贷：营业成本　20 000

表5—3的抵销分录中，贷方是用调减销售成本的办法来确认已实现的上期末存货未实现利润。借方会计科目的确定比较复杂，它受销售方向、少数股权比例和母公司对长期股权投资所采用的会计方法（完全权益法或不完全权益法）的影响。这里，借方登记“长期股权投资”，是因为珠江公司对长期股权投资采用完全权益法，同时，母子公司间的交易为顺销，只有满足这两个条件，才能按表5—3中的方法进行抵销。对于顺销和逆销，将在下面进行讲解。

另外，按完全权益法，当上一年末存货中未实现的利润本期实现时，要转回上年冲减的投资收益和长期股权投资。即

借：长期股权投资——S公司　　20 000
　贷：投资收益　　20 000

上面已经指出（见第二种情况），当母公司按完全权益法贷记“长期股权投资”时，母公司长期股权投资和子公司股东权益的对应关系已经不成立了，在上期存货完成销售时，通过借记“长期股权投资”将母公司长期股权投资调整到与子公司股东权益对应的水平。

二、顺销和逆销

在前面的例子中，是母公司将商品销给子公司，这种情况称为顺销；反之，则称为逆销。当母公司将商品销给子公司时，母公司的销售收入、销售成本及销售毛利都会因此而增加，但子公司未将该商品对外出售时，对子公司的净利润没有影响。因此，按完全权益法，母公司要将所增加的利润全部消除，其做法是同时减少投资收益和长期股权投资；在合并报表中，则是通过减少销售收入和销售

成本来完成的。

不论是顺销还是逆销，母子公司间的销货与购货都应全额抵销，但当存在未对外销售的存货中含有未实现的利润时，母公司对长期股权投资按权益法的处理和合并抵销分录的编制，在顺销与逆销两种不同的情况下就会出现差异。在逆销的情况下，子公司单独的净利润包括了未实现的利润，在计算少数股东收益时，就必须扣除子公司净利润中所包含的未实现利润；如果存在期初存货中包含未实现利润，则应在长期股权投资和少数股权之间将未实现利润加以分配，以更正前期期末存货中未实现利润对长期股权投资及少数股权的影响。① 另外，在逆销时，母公司按其持股比例冲销其净利润（完全权益法）。下面举一实例进行说明。

例5—2 按例5—1，只是将珠江公司由销售方改为购货方。

在第一种情况下，母公司按权益法对长期股权投资与合并抵销公司间交易的会计处理与顺销情况下的处理完全相同。

在第二种情况下，合并抵销公司间交易的会计处理与顺销是相同的，区别在于少数股东收益是按子公司扣除未实现利润后的净利润计算；另外，母公司按其持股比例冲减投资收益和长期股权投资。即

借：投资收益（20 000×70%）　　14 000
　贷：长期股权投资——S公司　　14 000

在第三种情况下，合并抵销公司间交易的会计处理与顺销不相同，期初存货中未实现利润要在多数股权和少数股权之间进行分配，母公司仍按其持股比例转回投资收益和长期股权投资。即

借：长期股权投资——S公司（20 000×70%）　　14 000
　贷：投资收益　　14 000

合并抵销分录为：

借：长期股权投资——S公司（20 000×70%）　　14 000
　　少数股东权益（20 000×30%）　　6 000
　贷：营业成本　　20 000

另外，少数股东收益就按子公司加回期初存货中未实现利润本期实现的金额后的净利润计算。

三、主体理论与母公司理论

对顺销商品交易的抵销，主体理论与母公司理论的处理是一样的。而在逆销下，两种理论对商品交易中所存在的未实现利润的处理要求就产生了差别：在母公司理论下，只要求按母公司拥有的股权比例进行消除；而在主体理论下则要将未实现利润在多数股权和少数股权之间进行分配。在这一点上，现行理论的做法与主体理论是相同的。

① 将存货中未实现的利润在多数股东和少数股东之间进行分配，依据的不是母公司理论，而是主体理论。关于两者之间差异的更系统的论述参见本节第三部分。

例5—2中的处理就是按主体理论来进行的。如果按母公司理论进行处理，仍以例5—2为例，会计处理如下：

在第一种情况下，与主体理论的处理要求完全相同。

在第二种情况下，母公司按其持股比例冲减投资收益和长期股权投资。即

借：投资收益（20 000×70%） 14 000
　贷：长期股权投资——S公司 14 000

抵销分录为：

借：营业收入 60 000
　贷：营业成本 60 000
借：营业成本（20 000×70%） 14 000
　贷：存货 14 000

此外，少数股东收益是按子公司的净利润来计算的，不用扣除存货中未实现的利润。

在第三种情况下，母公司仍按其持股比例转回投资收益和长期股权投资。即

借：长期股权投资——S公司（20 000×70%） 14 000
　贷：投资收益 14 000

之后，再按母公司的股权比例一方面转回长期股权投资，另一方面调整主营业务成本：

借：长期股权投资——S公司（20 000×70%） 14 000
　贷：营业成本 14 000

另外，少数股东收益就按子公司的净利润计算，不用加回期初存货中未实现的利润在本期实现的金额。

四、完全权益法与不完全权益法（主体理论）

以上实例都是按完全权益法进行处理的。当母公司采用不完全权益法时，无论是顺销还是逆销，母子公司间存货交易合并抵销分录与完全权益法下都存在差异。

例5—3 接例5—1，珠江公司按不完全权益法对长期股权投资进行处理。由于珠江公司采用不完全权益法，在第二、三种情况下，珠江公司都不必对投资收益和长期股权投资进行调整。不完全权益法下，合并抵销分录如下：

第一种情况，同完全权益法。

第二种情况，由于采用不完全权益法，母公司长期股权投资与投资收益两个账户的金额与完全权益法下相应金额产生差异，因而，两种方法下，除对本期投资收益与长期股权投资抵销数额不相同外，公司间交易的抵销一样。

第三种情况，除了对本期投资收益与长期股权投资抵销数额不相同外，公司间交易的抵销也不一样，公司间交易的抵销分录（期初存货本期销售）如下：

借：期初未分配利润 20 000
　贷：营业成本 20 000

在逆销情况下，这一抵销分录为：

借：期初未分配利润　　14 000

　　少数股东权益　　6 000

　贷：营业成本　　20 000

下面完整归纳一下公司间商品交易三种交易情形下两种理论和两个流向的抵销处理（见表5—4）。

表5—4　　公司间商品交易三种交易情形下抵销处理汇总

交易情形	母公司理论		主体理论	
	顺销	逆销	顺销	逆销
第一种情形	借：营业收入 60 000 贷：营业成本 60 000	同左	借：营业收入 60 000 贷：营业成本 60 000	同左
第二种情形	销货抵销同上 借：营业成本 20 000 贷：存货 20 000	销货抵销同上 借：营业成本 14 000 贷：存货 14 000	销货抵销同上 借：营业成本 20 000 贷：存货 20 000	销货抵销同上 借：营业成本 20 000 贷：存货 20 000
第三种情形	借：长期股权投资* 20 000 贷：营业成本 20 000	借：长期股权投资 14 000 贷：营业成本 14 000	借：长期股权投资 20 000 贷：营业成本 20 000	借：长期股权投资 14 000 少数股东权益 6 000 贷：营业成本 20 000

*第三种情形下，使用不完全权益法时，此科目应更改为“期初未分配利润”。

由于我国现行准则（2014年修订后的第33号准则）对关联交易的抵销采用的是成本法（抵销原理同不完全权益法）下的主体理论，因此我们只需要掌握主体理论下不完全权益法对关联交易的抵销做法。后面的举例按此说明。

第2节　公司间商品交易的抵销

本节按商品交易的流向将商品交易分为两大类：顺销和逆销。顺流交易为母公司向子公司销售商品。先讨论顺销下关联商品交易的抵销处理。

一、公司间商品交易的抵销——顺销

例5—4[①]　珠江公司2013年1月1日以定向增发普通股的方式，从非关联处购买取得了S公司70%的股权，于同日通过产权交易所完成了该项股权转让程序和工商登记手续。

① 本例取自《企业会计准则第33号——合并财务报表》，72～74页，稍作调整。

2013和2014年商品关联交易（顺销）的相关信息为：

2013年5月1日，珠江公司向S公司销售商品1 000万元，商品销售成本700万元，S公司以支票支付商品价款500万元，其余价款待商品出售后支付。S公司购进的本批商品本年全部未实现对外销售而形成期末存货。该年末，S公司对这批商品进行检查时发现已经部分陈旧，其可变现净值已降至980万元。为此，S公司于2013年年末对该存货计提存货跌价准备20万元，并在其个别报表中列示。

2014年3月1日，S公司将2013年5月1日从珠江公司购进的商品全部对外出售。2014年4月10日，珠江公司又向S公司销售商品1 600万元，商品销售成本1120万元，B公司以支票支付商品价款1 000万元，其余价款待商品出售后支付。S公司购进的本批商品本年全部未实现对外销售而形成期末存货。该年末，S公司对这批商品进行检查时发现已经部分陈旧，其可变现净值已降至1 570万元。为此，S公司于2014年年末对该存货计提存货跌价准备30万元，并在其个别报表中列示。

(1) 以下是2013年商品交易（顺流）相关的抵销分录。

抵销公司间销售收入和销售成本（分录单位：万元，下同）。

a. 借：营业收入　　1 000
　　贷：营业成本　　1 000

抵销期末存货中未实现利润，调增销售成本与调减存货成本。

b. 借：营业成本　　300
　　贷：存货　　300

抵销存货跌价准备。

c. 借：存货跌价准备　　20
　　贷：资产减值损失　　20

(2) 以下是2014年商品交易（顺流）相关的抵销分录。

上年存货未实现利润本年销售实现，调整年初未分配利润和冲减本期营业成本。

a. 借：期初未分配利润　　300
　　贷：营业成本　　300

抵销公司间销售收入和销售成本。

b. 借：营业收入　　1 600
　　贷：营业成本　　1 600

抵销期末存货中未实现利润，调增销售成本与调减存货成本。

c. 借：营业成本　　480
　　贷：存货　　480

结转已销售商品跌价准备。

d. 借：营业成本　　20
　　贷：期初未分配利润　　20

抵销本期存货跌价准备。

e. 借：存货跌价准备　　30
　　贷：资产减值损失　　30

二、公司间商品交易的抵销——逆销

逆流交易为子公司向母公司出售商品。还有一类平流交易，即子公司之间的关联交易。逆流交易和平流交易的抵销原理相同。下面举例说明逆流交易的抵销处理。

例 5—5 接例 5—4，2013 和 2014 年珠江公司和 S 公司关联商品交易（逆销）的相关信息为：

2013 年 6 月 1 日，珠江公司向 S 公司购买商品 1 200 万元，商品销售成本 800 万元，珠江公司以支票支付全部商品价款。珠江公司购进的本批商品本年 40%未实现对外销售而形成期末存货。该年末，珠江公司对这批商品进行检查时未发现减值现象。

2014 年 5 月 8 日，珠江公司将 2013 年 6 月 1 日从 S 公司购进商品剩余部分全部对外出售。2014 年 6 月 1 日，珠江公司又向 S 公司购买商品 1 500 万元，商品销售成本 1 000 万元，珠江公司以支票支付全部商品价款。珠江公司购进的本批商品本年 40%未实现对外销售而形成期末存货。该年末，珠江公司对这批商品进行检查时未发现减值现象。

以下是 2013 年商品交易（逆流）相关的抵销分录（单位：万元，下同）。

抵销公司间销售收入和销售成本。

	借方	贷方
a. 借：营业收入	1 200	
贷：营业成本		1 200

抵销期末存货中未实现利润，调增销售成本与调减存货成本。

	借方	贷方
b. 借：营业成本	160	
贷：存货		160

以下是 2014 年商品交易（逆流）相关的抵销分录。

上年存货未实现利润本年销售实现，调整年初未分配利润和冲减本期营业成本

	借方	贷方
a. 借：未分配利润——期初	112	
少数股东权益	48	
贷：营业成本		160

抵销本年公司间销售收入和销售成本

	借方	贷方
b. 借：营业收入	1 500	
贷：营业成本		1 500

抵销期末存货中未实现利润，调增销售成本与调减存货成本。

	借方	贷方
c. 借：营业成本	200	
贷：存货		200

同时需要说明的是，与商品交易（逆流）相关的抵销分录，还包括在合并报表中确认少数股东收益和少数股东权益时，要对子公司的账面净利润进行调整（调减），即在调整未实现损益后的利润基础上确认少数股东收益和少数股东权

益。这种情形对所有逆销交易都适用。此外，购买时子公司公允价值后期的摊销按现行准则要求也需要对子公司的账面净利润进行调整，商誉的减值除外（但主体理论下也需要调整）。

再次说明一下，由于我国 2014 年修订后的第 33 号准则对关联交易的抵销采用的是成本法（抵销原理同不完全权益法）下的主体理论，因此上面的举例说明都是按不完全权益法下的主体理论进行的。完全权益法下的抵销处理同学们可以参照上节给出的抵销原理自行对照做一次。

第 3 节　公司间固定资产交易的抵销

公司间固定资产交易的抵销与存货交易的抵销虽有相似之处，但两种交易抵销的最大区别是：存货所产生的未实现利润，经过两个会计期间后会自动消失（即实现）；而固定资产所产生的未实现损益，一直要到该固定资产出售给集团以外的企业或折旧计提完毕（耗尽）为止，才不再影响合并报表的编制。所以两种关联交易的抵销存在较大区别。本节分三个方面讨论固定资产交易的抵销：不计提折旧的固定资产交易的抵销；计提折旧的固定资产交易的抵销；出售方作为存货、购货方作为固定资产使用的交易的抵销。

一、不计提折旧的固定资产交易的抵销①

固定资产交易的抵销也分顺销和逆销，方法同存货的处理，先说明顺销交易的抵销。

由于购货方对所购买的固定资产不计提折旧，因此，在合并报表中，销售当年作抵销母公司营业外收入（固定资产出售毛利）和将固定资产调整为原成本额；其后每年，一方面将销售当年母公司虚增的收益（未分配利润）调低，另一方面将固定资产调为原成本额；对外出售时，一方面继续将销售当年母公司虚增的收益（未分配利润）调低，另一方面将调增营业外收入，使固定资产毛利建立在子公司售价与母公司成本的基础上。

例 5—6　珠江公司持有 S 公司有表决权的普通股 70%，形成母子关系。2010 年 12 月 31 日，珠江公司将账面价值为 100 000 元的固定资产（不计提折旧）作价 125 000 元销售给其子公司 S 公司。2015 年 12 月 31 日，S 公司将其对外出售。

成本法下，母公司平时不对固定资产交易中的未实现利润进行消除，合并抵销时，在销售当年，需要抵销关联交易中未实现的损益，同时将固定资产恢复原有水平；此后，需要将销售当年母公司虚增的收益（未分配利润）调低，同时将固定资产恢复原有水平。由于合并分录为示意分录，因此，只要交易的固定资产

---

① 固定资产不计提折旧的典型例子是土地。由于我国土地未实行私有化，企业只拥有使用权而不拥有所有权，因而对土地使用权是在无形资产中核算的，不计提折旧的典型例子在我国是按公允价值模式核算的投资性房地产。

未被出售或处置，此分录每年进行一次，一直到出售或处置为止。固定资产被出售或处置时，一方面将销售当年母公司虚增的收益（未分配利润）调低；另一方面将调增营业外收入，使固定资产毛利建立在子公司售价与母公司成本的基础上。

(1) 2010 年 12 月 31 日，抵销交易的固定资产所包含的利润。

借：营业外收入　　25 000

　贷：固定资产　　25 000

(2) 2011—2015 年，合并抵销分录如下。此分录一方面将销售当年母公司虚增的收益（未分配利润）调低，另一方面将固定资产调整到母公司原来的成本水平。

借：期初未分配利润　　25 000

　贷：固定资产　　25 000

(3) 2015 年 12 月 31 日，合并抵销分录如下。此分录一方面将销售当年母公司虚增的收益（未分配利润）调低；另一方面将调增营业外收入，使固定资产毛利建立在子公司售价与母公司成本的基础上。

借：期初未分配利润　　25 000

　贷：营业外收入　　25 000

下面举例说明逆销交易抵销的会计处理。

例 5—7 接例 5—6，只是将交易方向作一下调整。2010 年 12 月 31 日，S 公司将账面价值为 100 000 元的固定资产（不计提折旧）作价 125 000 元销售给珠江公司。2015 年 12 月 31 日，珠江公司将其对外出售。

(1) 2010 年 12 月 31 日，抵销交易的固定资产所包含的利润。

借：营业外收入　　25 000

　贷：固定资产　　25 000

同时需要注意的是，在合并报表中确认少数股东收益和少数股东权益时，要对子公司的账面净利润进行调整（调减），即在调整未实现损益后的利润基础上确认少数股东收益和少数股东权益。

(2) 2011—2015 年，合并抵销分录如下。此分录一方面将销售当年子公司虚增的少数股东权益和母公司虚增的收益（未分配利润）调低，另一方面将固定资产调整到子公司原来的成本水平。

借：期初未分配利润　　17 500

　　少数股东权益　　7 500

　贷：固定资产　　25 000

(3) 2015 年 12 月 31 日，合并抵销分录如下。此分录一方面将销售当年子公司虚增的少数股东权益与母公司虚增的收益（未分配利润）调低；另一方面将调增营业外收入，使固定资产毛利建立在子公司售价与子公司成本的基础上。

借：期初未分配利润　　17 500

　　少数股东权益　　7 500

　贷：营业外收入　　25 000

同时需要注意的是，抵销各年在合并报表中确认少数股东收益和少数股东权益时，要对子公司的账面净利润进行调整（调增），即在调整未实现损益后的利润基础上确认少数股东收益和少数股东权益。

二、计提折旧的固定资产交易的抵销

与不计提折旧的固定资产相比，计提折旧的固定资产会由于每年计提折旧，使固定资产交易中包含的未实现利润逐步实现，这样，每年抵销的金额会不断减少，一直到折旧计提完毕。下面通过两个对应的实例说明折旧固定资产顺销和逆销的抵销处理。首先是顺销折旧固定资产交易的例子。

例5—8 接例5—6，其他条件相同，只是交易的固定资产为折旧资产，固定资产按直线法计提折旧，剩余寿命为5年，预计残值为零。

成本法下，母公司平时不对固定资产交易中未实现利润进行消除，合并抵销时，在销售当年，需要抵销关联交易中未实现的损益，同时将固定资产恢复原有水平；此后，需要将销售当年母公司虚增的收益（未分配利润）调低，同时将固定资产恢复原有水平。由于子公司每年对新增固定资产计提的折旧会减少利润，因此，每年对销售当年母公司虚增的收益（未分配利润）调低数在减少（减少数与累计折旧数对应）。另外，要抵销每年新增的折旧费用与相应的累计折旧。

各年合并抵销分录如表5—5所示。

表5—5　计提折旧固定资产交易合并抵销处理（顺销）

2010年	2011年	2012年	2013年	2014年	2015年
	借：累计折旧	5 000	10 000	15 000	20 000
借：营业外收入	期初未分配利润 25 000	20 000	15 000	10 000	5 000
25 000	贷：固定资产 25 000	25 000	25 000	25 000	25 000
贷：固定资产 25 000	借：累计折旧 5 000	5 000	5 000	5 000	5 000
	贷：折旧费用 5 000	5 000	5 000	5 000	5 000

逆销折旧固定资产的例子如下。

例5—9 接例5—8，其他条件相同，只是交易的固定资产方向调整一下，由S公司向珠江公司出售固定资产。此外，假定2010年后，S公司每年实现的净利润均为1 000 000元，购买日S公司一项固定资产升值2 000 000元，购买日的剩余年限为10年，按直线法折旧，无残值，2010年该固定资产剩余折旧年限还有3年，2010年评估S公司商誉减值500 000元。

成本法下，母公司平时不对固定资产交易中未实现利润进行消除，合并抵销时，在销售当年，需要抵销关联交易中实现的损益，同时将固定资产恢复原有水平；此后，需要将销售当年母公司虚增的收益（未分配利润）和少数股东权益调低，同时将固定资产恢复原有水平。由于子公司每年对新增固定资产计提的折旧会减少利润。因此，每年对销售当年母公司虚增的收益（未分配利润）和少数股东权益调低数在减少（减少数与累计折旧数对应）。另外，要抵销每年新增的折旧费用与相应的累计折旧。

各年合并抵销分录如表5—6所示。

表5—6　　计提折旧固定资产交易合并抵销处理（逆销）

2010年	2011年	2012年	2013年	2014年	2015年
借：营业外收入　25 000	借：累计折旧	5 000	10 000	15 000	20 000
贷：固定资产　25 000	期初未分配利润　17 500	14 000	10 500	7 000	3 500
借：少数股东收益	少数股权权益　7 500	6 000	4 500	3 000	1 500
232 500①	贷：固定资产　25 000	25 000	25 000	25 000	25 000
贷：少数股东权益　232 500	借：累计折旧　5 000	5 000	5 000	5 000	5 000
	贷：折旧费用　5 000	5 000	5 000	5 000	5 000
	借：少数股东收益　241 500②	241 500	301 500③	301 500	301 500
	贷：少数股东权益　241 500	241 500	301 500	301 500	301 500

①232 500＝1 000 000－25 000－200 000)×30%
②241 500＝(1 000 000＋5 000－200 000)×30%
③301 500＝(1 000 000＋5 000)×30%

同时，在合并报表中确认少数股东收益和少数股东权益时，对子公司的账面净利润进行调整。

例5—10　接例5—4，2013年和2014年珠江公司和S公司关联固定资产交易的相关信息为：2013年6月20日，珠江公司将其原值为1 000万元，账面净值600万元的一厂房作价1 200万元出售给S公司，S公司以支票支付全款，该厂房预计剩余使用年限为15年，双方都采用直线法对该固定资产计提折旧。

2014年S公司继续对该厂房按直线法计提折旧，另外无其他相关固定资产交易。

各年抵销分录如下（单位：万元）：

(1) 2013年的抵销分录。

抵销固定资产交易：

a. 借：营业外收入　　600
　　贷：固定资产　　600

抵销当年计提的折旧：

b. 借：累计折旧　　20
　　贷：管理费用　　20

(2) 2014年的抵销分录。

a. 借：累计折旧　　20
　　期初未分配利润　　580
　　贷：固定资产　　600

抵销当年计提的折旧：

b. 借：累计折旧　　40
　　贷：管理费用　　40

三、出售方作为存货、购货方作为固定资产使用的交易的抵销

出售方作为存货、购货方作为固定资产使用的交易的抵销，在首次抵销时，其抵销分录与存货的抵销相同：一方面抵销销售收入，另一方面抵销销售成本，其后的抵销与计提折旧的固定资产抵销相同。

例 5—11 接例 5—8，2010 年 12 月 31 日，珠江公司将成本为 100 000 元的商品作价 125 000 元销给其子公司 S 公司，S 公司将所购商品作为固定资产使用，按直线法分 5 年对其计提折旧（无估计残值）。

2010 年 12 月 31 日，合并抵销分录如下：

	借方	贷方
借：营业收入	125 000	
贷：营业成本		100 000
固定资产		25 000

其后的抵销分录与例 5—8 相同。

以上介绍的都是固定资产交易中包含未实现的利润，但也有可能是未实现的损失。下面举一简例说明这种情况。

例 5—12 接例 5—6，2010 年 12 月 31 日，珠江公司将账面原值为 100 000 元的固定资产作价 75 000 元销给其子公司 S 公司。2015 年 12 月 31 日，S 公司将其对外出售。

(1) 2010 年 12 月 31 日，合并抵销分录如下：

	借方	贷方
借：固定资产	25 000	
贷：营业外支出		25 000

(2) 2011—2015 年，合并抵销分录如下：

	借方	贷方
借：固定资产	25 000	
贷：期初未分配利润		25 000

(3) 2015 年 12 月 31 日出售后，合并抵销分录如下：

	借方	贷方
借：营业外支出	25 000	
贷：期初未分配利润		25 000

第 4 节 公司间债权与债务的抵销

我们已经注意到，公司间交易过程中经常会发生相互间的应收与应付往来，如果不涉及利息费用，只需简单抵销即可。另外，公司间还会发生一些借贷活动，包括相互间从对方手中购买所发行的债券。这些借贷活动一方面产生了有关本金和利息的应收与应付款项，另一方面还产生了与利息相关的收入和费用账户。从合并主体的角度来看，这些既不属于合并主体的债权债务，也不形成收入和费用，要在编制合并财务报表时予以抵销。

但当集团公司中的某一主体从市场上（集团外）直接购买集团公司另一主体

发行的公司债，其所产生的合并会计问题则比一般的债权债务复杂。虽然这种债券的购买，对于债券发行公司而言，其债券仍然流通在外，但是从合并主体的角度来看，这一行为则为债券的赎回，简称推定债券赎回。根据代理理论，购买债券的公司是在母公司的控制下，作为债券发行公司的代理而回购这些债券。

这一节分两个方面讨论公司间债权与债务的合并抵销问题：公司间一般债权债务的合并抵销、推定债券赎回的合并抵销。

一、公司间一般债权与债务的抵销

（一）一般应收应付款项的抵销处理

1. 当期应收应付款项和坏账准备的抵销处理

一般应收应付款项的抵销，除了抵销双方的应收应付款项外，还要抵销由此形成的坏账准备。由于坏账准备计提的连续性，我们将一般应收与应付款项的抵销分为：当期应收应付款项和坏账准备的抵销处理；连续编制合并会计报表时坏账准备的抵销处理。先举例说明第一种情况。

例5—13　2014年12月31日，珠江公司当期应收账款50 000元全部为内部应收账款，珠江公司当期按应收账款余额的5‰计提坏账准备。

在编制合并会计报表时，应将公司间应收账款与应付账款相互抵销；同时还应将由此形成的应收账款坏账准备予以抵销。本例中，其抵销分录如下：

（1）借：应付账款	50 000	
贷：应收账款		50 000
（2）借：坏账准备	250	
贷：资产减值损失		250

2. 连续编制合并会计报表时坏账准备的抵销处理

由于坏账准备计提的连续性，上一期计提的坏账准备会影响下一期坏账准备的计提：（1）如果本期坏账准备仍与上一期金额相同，则不需要编制新的抵销（坏账准备与资产减值损失）分录，只是对上期计提的仍保留在账面上的坏账准备进行抵销即可，与坏账准备对应的是“期初未分配利润”，即调增上期收益。（2）如果本期坏账准备大于上一期金额，一方面要将大于上期的坏账准备，编制新的抵销（坏账准备与资产减值损失）分录，同时，另一方面还要对上期计提的仍保留在账面上的坏账准备进行抵销。（3）如果本期坏账准备小于上一期金额，一方面要就小于上期的坏账准备，编制抵销（坏账准备与资产减值损失）转回分录，同时，另一方面还要对仍保留在账面上的坏账准备进行抵销。

下面分别就以上三种情况举例说明。

（1）本期坏账准备余额与上一期相同，没有计提新的坏账准备。

例5—14　接例5—13，2015年12月31日，假设珠江公司的公司间应收账款仍为50 000元，珠江公司个别资产负债表中坏账准备余额为250元（针对其子公司的应收账款部分），本期不必计提新的坏账准备。在这种情况下，只需将上期公司间应收账款计提的坏账准备予以抵销。

抵销分录如下，该抵销分录一方面将上期计提仍保留在珠江公司账上的坏账准备予以抵销，另一方面调增上期收益。

借：坏账准备　　250

　贷：期初未分配利润　　250

将双方应收与应付款项互相抵销。

借：应付账款　　50 000

　贷：应收账款　　50 000

（2）本期计提的坏账准备大于上期余额。

例5—15　接例5—13，假设2015年12月31日，珠江公司对子公司内部应收账款为80 000元，按5‰计提坏账准备，本期应计提的坏账准备为400元，即在上期坏账准备250元的基础上补提150元。

在这种情况下，其合并抵销分录如下：

1）将上期内部应收账款计提仍保留在账上的坏账准备予以抵销。该抵销分录一方面将上期计提仍保留在珠江公司账上的坏账准备予以抵销，另一方面将调增上期收益。

借：坏账准备　　250

　贷：期初未分配利润　　250

2）将本期补提的坏账准备予以抵销，其抵销分录如下：

借：坏账准备　　150

　贷：资产减值损失　　150

实际上，可以将上期坏账准备与本期补提坏账准备的抵销合二为一，即

借：坏账准备　　400

　贷：期初未分配利润　　250

　　　资产减值损失　　150

最后，将双方应收与应付款项互相抵销。

借：应付账款　　80 000

　贷：应收账款　　80 000

（3）本期计提的坏账准备余额小于上期余额。

例5—16　接例5—13，假设珠江公司2015年12月31日内部应收账款为30 000元，按5‰计提坏账准备，本期应转回的坏账准备为100元，即在上期坏账准备250元的基础上，转回100元。

在这种情况下，其合并抵销分录如下。

1）将上期内部应收账款计提的坏账准备予以抵销。该抵销分录一方面将上期计提的坏账准备予以抵销，另一方面调增上期收益。

借：坏账准备　　250

　贷：期初未分配利润　　250

2）将因内部应收账款减少而冲减的坏账准备（即因本期内部应收账款减少而冲减的资产减值损失）予以抵销，其抵销分录如下。

借：资产减值损失 100

　贷：坏账准备 100

最后，将双方应收与应付款项互相抵销。

借：应付账款 30 000

　贷：应收账款 30 000

例5—17 接例5—4，2013年和2014年珠江公司和S公司一般债权债务的相关信息为：截至2013年12月31日，珠江公司个别资产负债表中有480万元应收S公司的账款，该应收账款账面为500万元，珠江公司当年计提20万元的坏账准备。S公司应付珠江公司账款为500万元。

截至2014年12月31日，珠江公司个别资产负债表中有576万元应收S公司的账款，该应收账款账面为600万元，珠江公司当年该笔应收账款坏账准备的余额为24万元。S公司应付珠江公司账款为600万元。

各年抵销分录如下（单位：万元）：

（1）2013年的抵销分录。

抵销应收应付款项：

a. 借：应付账款 500

　贷：应收账款 500

抵销计提的坏账准备：

b. 借：坏账准备 20

　贷：资产减值损失 20

（2）2014年的抵销分录。

抵销应收应付款项：

a. 借：应付账款 600

　贷：应收账款 600

抵销上年计提的坏账准备：

b. 借：坏账准备 20

　贷：期初未分配利润 20

抵销当年计提的坏账准备：

c. 借：坏账准备 4

　贷：资产减值损失 4

需要指出的是，在上面所举的例子中，是母公司借款给子公司（相当于顺销），由母公司计提坏账准备，因此按100%的比例进行抵销；如果情况相反，是由子公司借款给母公司（相当于逆销），由子公司计提坏账准备，合并利润的抵销则必须在多数股东和少数股东之间进行分配，方法与存货逆销时的合并抵销处理相同，这里不再举例。

（二）一般债券买卖的抵销处理

公司间债券买卖是集团公司内部的债权债务，在债券实现对外销售之前，不能确认与债券有关的损益，这种内部事项必须在合并会计报表中予以抵销。在合并工作底稿上，一个企业的债券投资与另一企业的应付债券相抵销，同样，由此引起的投资收益（利息收入）和财务费用也必须予以抵销。

例5—18 设S公司是珠江公司的子公司，2011年1月1日，S公司按面值在珠江公司债券发行日购买了珠江公司的10 000元债券，利率为10%，利息于每年6月30日和12月31日支付。债券期限10年，将于2020年12月31日到期。

(1) S公司2011年账面记录。

1月1日，借：持有至到期投资　　10 000

　　贷：银行存款　　10 000

6月30日，借：银行存款　　500

　　贷：投资收益　　500

12月31日，借：银行存款　　500

　　贷：投资收益　　500

(2) 珠江公司2011年账面记录。

1月1日，借：银行存款　　10 000

　　贷：应付债券　　10 000

6月30日，借：财务费用　　500

　　贷：银行存款　　500

12月31日，借：财务费用　　500

　　贷：银行存款　　500

(3) 在编制2011年12月31日合并财务报表时，应编制如下抵销分录：

借：应付债券　　10 000

　　贷：持有至到期投资　　10 000

借：投资收益　　1 000

　　贷：财务费用　　1 000

二、公司间推定债券赎回的合并抵销

如果集团公司的一方不是在债券发行日直接从集团内部购买，而是之后从市场上购买，对于整个集团公司而言相当于赎回集团公司发行在外的债券，这种购买行为就称为推定赎回。如果购买债券的价格与应付债券的账面价值（债券面值加未摊销溢价或减未摊销折价）不一致，则债券推定赎回发生了推定损益。① 按完全权益法，在母公司账上，这种推定损益要调整对子公司长期股权投资和投资收益账户（顺销按全额调整，逆销按母公司控股比例调整）；按不完全权益法②，则不作这种调整。另外，子公司向母公司（债券发行公司）购买债券（顺销），推定损益全额分配给母公司；或者母公司向子公司（债券发行公司）购买债券（逆销），推定损益全额分配给子公司，并按股权比例在多数股权和少数股权之间进行分配。

① 债券的推定损益必须满足以下几个假定：一是对于合并主体而言是已实现的；二是购买的债券是集团公司某一主体发行的；三是从市场上购买；四是购买价格与债券的账面价值不一致。

② 这里的不完全权益法不同于前面提到的成本法，下同。

例5—19　珠江公司于2013年12月31日以224 000元购买S公司70%的股权。购买日，S公司的股本为200 000元，未分配利润为120 000元。2015年1月，珠江公司流通在外的面值为400 000元、利率为10%的债券，未摊销的溢价为4 000元，同时，S公司以38 000元购买了面值为40 000元的债券，该债券2020年初到期，付息日为每年的1月1日和7月1日。珠江公司和S公司均采用直线法对债券溢折价进行摊销，2015年12月31日双方的资产负债表和利润表如表5—7所示。

表5—7　　2015年珠江公司与S公司利润表及资产负债表　　单位：元

合并项目	珠江公司	S公司
利润表（2015年度）		
营业收入	160 000	80 000
投资收益	8 080	
债券赎回收益（推定）		
利息收入		4 400
营业成本与其他费用	76 400	75 600
利息费用	39 200	
净利润	52 480	8 800
利润分配表		
期初未分配利润	196 000	160 000
净利润	52 480	8 800
期末未分配利润	248 480	168 800
资产负债表（2015年12月31日）		
其他流动资产	1 595 200	764 000
应收利息		2 000
对S公司投资	260 080	
持有至到期投资——珠江公司		38 400
合计	1 855 280	804 400
其他流动负债	383 600	435 600
应付利息	20 000	
应付债券——面值	400 000	
应付债券——溢价*	3 200	
股本	800 000	200 000
未分配利润	248 480	168 800
合计	1 855 280	804 400

*现行准则中，此明细已改为“利息调整”，利息调整除包括溢折价外，还包括发行费用。

1. 珠江公司和S公司2015年有关债券投资和应付债券的有关会计分录

（1）购买时S公司的会计记录为：

借：持有至到期投资　　38 000

　　贷：现金　　38 000

(2) 购买时的抵销分录为：

借：应付债券——面值（母公司）　40 000
　　　　　——溢价（母公司）　400
　贷：持有至到期投资（子公司）——S公司　38 000
　　　债券赎回收益（推定）（母公司）[①]　2 400

(3) 珠江公司应付债券支付利息及摊销分录如下：

7月1日，借：财务费用　20 000
　　　　　贷：现金（400 000×10%÷2）　20 000

12月31日，借：财务费用　20 000
　　　　　　贷：应付利息（400 000×10%÷2）　20 000
　　　　　借：应付债券——溢价　800
　　　　　　贷：财务费用（4 000÷5）　800

(4) S公司债券投资利息收入及摊销分录如下：

7月1日，借：现金　2 000
　　　　　贷：投资收益（40 000×10%÷2）　2 000

12月31日，借：应收利息　2 000
　　　　　　贷：投资收益（40 000×10%÷2）　2 000
　　　　　借：持有至到期投资——折价摊销　400
　　　　　　贷：投资收益（2 000÷5）　400

2. 按完全权益法编制2015年合并报表

(1) 珠江公司按完全权益法登记有关会计分录。

S公司宣布净利润。

a. 借：长期股权投资——S公司　6 160
　　贷：投资收益（8 800×70%）　6 160

登记债券赎回收益（推定）。

b. 借：长期股权投资　2 400
　　贷：投资收益　2 400

调整债券赎回收益（推定）已确认部分。

c. 借：投资收益　480
　　贷：长期股权投资（2 400÷5）或（4 400－3 920）　480

本期长期股权投资和投资收益发生额＝6 160＋2 400－480＝8 080（元）

(2) 编制2015年珠江集团公司合并抵销分录。

抵销应付债券、债券投资及确认债券赎回收益。

a. 借：应付债券——面值（母公司）　40 000
　　　应付债券——溢价（母公司）（400－400÷5）　320
　　贷：持有至到期投资（子公司）（38 000＋2 000÷5）　38 400
　　　　债券赎回收益（推定）（母公司）（2 400－480）　1 920

① 此分录只是示意的合并抵销分录，并非正式的合并抵销分录。

抵销利息费用和利息收入及确认债券赎回收益。

b. 借：投资收益（子公司） 4 400
　　贷：财务费用（母公司） 3 920
　　　　债券赎回收益（推定）（母公司） 480

抵销本期母公司长期股权投资及投资收益。

c. 借：投资收益 8 080
　　贷：长期股权投资 8 080

抵销期初母公司长期股权投资和子公司净资产。

d. 借：未分配利润 160 000
　　　　股本 200 000
　　贷：长期股权投资——S公司 252 000
　　　　少数股东权益 108 000

抵销双方债权债务。

e. 借：应付利息 2 000
　　贷：应收利息 2 000

确认本期少数股东权益的增加额。

f. 借：少数股东收益 2 640
　　贷：少数股东权益（8 800×30%） 2 640

(3) 编制合并工作底稿（见表5—8）。

表5—8　　合并工作底稿　　单位：元

合并项目	珠江	S（70%）	抵销与调整分录		合并金额
			借	贷	
利润表（2015年度）					
营业收入	160 000	80 000			240 000
投资收益	8 080		c. 8 080		
债券赎回收益（推定）				a. 1 920 b. 480	2 400
利息收入		4 400	b. 4 400		
营业成本与其他费用	76 400	75 600			152 000
利息费用	39 200			b. 3 920	35 280
少数股东收益			f. 2 640		2 640
净利润	52 480	8 800			52 480
利润分配表					
期初未分配利润	196 000	160 000	d. 160 000		196 000
净利润	52 480	8 800			52 480
期末未分配利润	248 480	168 800			248 480
资产负债表（2015年12月31日）					
其他流动资产	1 595 200	764 000			2 359 200
应收利息		2 000		e. 2 000	

续前表

合并项目	珠江	S（70%）	抵销与调整分录		合并金额
			借	贷	
对S公司投资	260 080			d. 252 000 c. 8 080	
持有至到期投资——珠江公司		38 400		a. 38 400	
合计	1 855 280	804 400			2 359 200
其他流动负债	383 600	435 600			819 200
应付利息	20 000		e. 2 000		18 000
应付债券——面值	400 000		a. 40 000		360 000
应付债券——溢价	3 200		a. 320		2 880
股本	800 000	200 000	d. 200 000		800 000
未分配利润	248 480	168 800			248 480
少数股东权益				d. 108 000 f. 2 640	110 640
合计	1 855 280	804 400			2 359 200

3. 按不完全权益法编制2015年合并报表

(1) 珠江公司按不完全权益法登记有关会计分录。

S公司宣布净利润。

借：长期股权投资——S公司　　6 160

　贷：投资收益（8 800×70%）　　6 160

(2) 编制2015年珠江集团公司合并抵销分录。

抵销应付债券、债券投资及赎回收益。

a. 借：应付债券——面值（母公司）　　40 000

　　　应付债券——溢价（母公司）（400－400÷5）　　320

　　贷：持有至到期投资（子公司）（38 000＋2 000÷5）　　38 400

　　　　债券赎回收益（推定）（母公司）（2 400－480）　　1 920

抵销利息费用和利息收入。

b. 借：投资收益（子公司）　　4 400

　　贷：财务费用（母公司）　　3 920

　　　　债券赎回收益（推定）（母公司）　　480

抵销本期母公司长期股权投资及投资收益。

c. 借：投资收益　　6 160

　　贷：长期股权投资　　6 160

抵销期初母公司长期股权投资和子公司净资产。

d. 借：未分配利润　　160 000

　　　股本　　200 000

　　贷：长期股权投资——S公司　　252 000

　　　　少数股东权益　　108 000

抵销双方债权债务。

e. 借：应付利息 2 000

  贷：应收利息 2 000

确认本期少数股东权益的增加额。

f. 借：少数股东收益 2 640

  贷：少数股东权益（8 800×30%） 2 640

（3）编制合并工作底稿（见表5—9）。

表5—9 合并工作底稿 单位：元

合并项目	珠江	S（70%）	抵销与调整分录		合并金额
			借	贷	
利润表（2015年度）					
营业收入	160 000	80 000			240 000
投资收益	6 160		c. 6 160		
债券赎回收益（推定）				a. 1 920 b. 480	2 400
利息收入		4 400	b. 4 400		
营业成本与其他费用	76 400	75 600			152 000
利息费用	39 200			b. 3 920	35 280
少数股东收益			f. 2 640		2 640
净利润	50 560	8 800			52 480
利润分配表					
期初未分配利润	196 000	160 000	d. 160 000		196 000
净利润	50 560	8 800			52 480
期末未分配利润	246 560	168 800			248 480
资产负债表（2015年12月31日）					
其他流动资产	1 595 200	764 000			2 359 200
应收利息		2 000		e. 2 000	
对S公司投资	258 160			d. 252 000 c. 6 160	
持有至到期投资——珠江公司		38 400		a. 38 400	
合计	1 853 360	804 400			2 359 200
其他流动负债	383 600	435 600			819 200
应付利息	20 000		e. 2 000		18 000
应付债券——面值	400 000		a. 40 000		360 000
应付债券——溢价	3 200		a. 320		2 880
股本	800 000	200 000	d. 200 000		800 000
未分配利润	246 560	168 800			248 480
少数股东权益				d. 108 000 f. 2 640	110 640
合计	1 853 360	804 400			2 359 200

4. 按完全权益法和不完全权益法编制 2016—2019 年应付债券的合并抵销分录

（1）完全权益法（2016—2019 年，见表 5—10）。

表 5—10 珠江公司按完全权益法登记有关分录

年份	2016	2017	2018	2019
借：投资收益	480	480	480	480
贷：长期股权投资	480	480	480	480

抵销分录如表 5—11 所示。

表 5—11 抵销应付债券、债券投资及调整长期股权投资

年份	2016	2017	2018	2019
a. 借：应付债券——面值（母公司）	40 000	40 000	40 000	40 000
——溢价（母公司）	240	160	80	0
贷：持有至到期投资（子公司）	38 800	39 200	39 600	40 000
长期股权投资（母公司）	1 440	960	480	0

抵销利息收入、利息费用及调整长期股权投资（4 年均相同）。

b. 借：投资收益（子公司） 4 400
　　贷：利息费用（母公司） 3 920
　　　　长期股权投资（母公司）——S 公司 480

抵销债权债务（4 年均相同）。

c. 借：应付利息 2 000
　　贷：应收利息 2 000

（2）不完全权益法（2016—2019 年）。抵销分录如表 5—12 所示。

表 5—12 抵销应付债券、债券投资及调整长期股权投资

年份	2016	2017	2018	2019
a. 借：应付债券——面值（母公司）	40 000	40 000	40 000	40 000
——溢价（母公司）	240	160	80	0
贷：持有至到期投资（子公司）	38 800	39 200	39 600	40 000
期初未分配利润（母公司）	1 440	960	480	0

抵销利息收入、利息费用及调整长期股权投资（4 年均相同）。

b. 借：投资收益（子公司） 4 400
　　贷：财务费用（母公司） 3 920
　　　　期初未分配利润（母公司） 480

抵销债权债务（4 年均相同）。

c. 借：应付利息 2 000
　　贷：应收利息 2 000

上面所举实例是子公司购买母公司发行的债券，属顺销。如果是母公司购买子公司发行的债券则属逆销，债券交易逆销的抵销处理原理与商品逆销的抵销处

理相同。这里不再举例阐述。

思考题

1. 何谓顺销和逆销？两种方法的会计处理有什么区别（从合并主体和母公司净利润的计算两个方面）？

2. 在编制合并报表时，为什么要抵销母子公司间交易中未实现的损益？

3. 不完全权益法与完全权益法在公司间交易中未实现利润的抵销会计处理的区别是什么？

4. 公司间交易的抵销在什么情况下会影响到少数股东收益？

5. 如果第1年公司间交易中未实现的利润在第2年仍未实现，在完全权益法下和不完全权益法下，合并抵销的会计处理有何不同？

6. 在逆销下，母公司期初、期末均有未实现利润时，其少数股东收益如何计算？

7. 简要归纳我国准则规定的公司间交易抵销的特点。

8. 为何要抵销公司间固定资产交易中未实现的损益？

9. 顺销和逆销两种情况下，公司间土地的交易中如何计算少数股东收益？

10. 解释公司间计提折旧的固定资产交易的未实现损益是如何实现的，并指出固定资产交易中和土地交易中未实现利润在合并抵销处理中有何差别。

11. 阐述固定资产交易中未实现损益的合并抵销程序，并说明母公司对长期股权投资的会计处理方法（完全权益法或不完全权益法）对合并抵销处理的影响。

12. 公司间固定资产交易中，一方作为存货和另一方作为固定资产，与双方均作为存货时在合并抵销上有无区别？

13. 公司间借贷是否会引起未实现的损益？

14. 简述连续编制合并报表时，坏账准备的抵销的合并处理程序。

15. 公司间借贷和债券买卖需要哪些相对应的账户？

16. 什么是推定损益？推定损益是如何产生的？它与公司间固定资产交易中的未实现利润有何区别？

17. 阐述公司间债券交易中推定损益在单独公司账上的实现和确认过程。假如子公司以超过账面价值购买母公司债券，该损益应归于母公司还是子公司？请说明理由。

18. 请阐述在顺销和逆销、完全权益法和不完全权益法下，公司间债券交易中所产生的推定损益的合并会计处理的差异。

练习题

（一）公司间商品交易的抵销

资料：设南方公司于2014年年初以472 500元购买S公司90%的股份（S公司当时的股本为500 000元，留存收益为25 000元），南方公司与S公司内部交易情况如下：

（1）2015 年，南方公司销售给 S 公司 100 000 元（成本 75 000 元）商品。

（2）S 公司从南方公司购买的存货中未实现的利润为 10 000 元（2014 年末）。

（3）2014 年未销售存货 2015 年已全部销售。

（4）S 公司从南方公司购买的存货中未实现的利润为 12 500 元（2015 年末）。

（5）2015 年末，S 公司欠南方公司账款 500 000 元。

（6）2015 年，S 公司实现净收益 150 000 元，其中，50 000 元用于发放现金股利。2014 年末，S 公司股本和留存收益分别为 500 000 元和 225 000 元，南方公司长期投资为 642 500 元（不完全权益法下为 652 500 元）。

要求：按主体理论，分别对母公司用完全权益法、不完全权益法和成本法核算长期股权投资的三种情形编制 2015 年南方集团公司存货合并抵销分录。

（二）公司间固定资产交易的抵销

资料：设南方公司持有 S 公司 70%股份，2010 年 12 月 31 日将一台账面价值为 500 000 元、已计提累计折旧 200 000 元的设备作价 400 000 元出售给 S 公司，该设备的剩余使用年限为 5 年，不考虑残值，S 公司按直线法对固定资产计提折旧。

要求：按主体理论，用完全权益法和不完全权益法编制 2010—2015 年南方集团公司有关该固定资产的合并抵销分录。

（三）公司间债权与债务的抵销

资料：南方公司 2013—2015 年 3 年期末对其子公司 S 公司的应收账款余额分别为 500 000 元、800 000 元和 700 000 元，南方公司按应收账款余额的 5%计提坏账准备。

要求：按主体理论，登记 2014—2015 年两年有关应收账款与坏账准备的合并抵销分录（完全权益法与不完全权益法）。

（四）公司间债权与债务的抵销

资料：2014 年 12 月 31 日，南方公司以账面价值收购 S 公司 100%的流通在外普通股股权。收购日，S 公司的股东权益包括股本 20 000 元，其他投入资本 250 000 元，未分配利润 70 000 元。收购日，S 公司的资产和负债均以其公允价值记录。

南方公司采用不完全权益法处理对 S 公司的长期股权投资。S 公司对南方公司的债权投资为 2015 年 1 月 2 日以 96 000 元购得的南方公司发行在外的面值为 100 000 元、利率为 10%的债券。这些债券于 2019 年 1 月 1 日到期，每半年付息一次，付息日为每年的 1 月 1 日和 7 月 1 日。2015 年及年底南方公司与 S 公司的利润表、利润分配表及资产负债表汇总如表 5—13 所示。

表 5—13　2015 年及年底南方公司与 S 公司的利润表、利润分配表及资产负债表　单位：元

	南方公司	S 公司
2015 年利润表和利润分配表		
营业收入	300 000	110 000
投资收益——S 公司	50 000	—

续前表

	南方公司	S公司
利息收入	—	11 000
营业成本	(146 000)	(40 000)
折旧费用	(56 000)	(18 000)
利息费用	(18 000)	—
管理费用	(60 000)	(13 000)
净利润	70 000	50 000
加：期初未分配利润	130 000	70 000
减：股利	(20 000)	(40 000)
期末未分配利润	180 000	80 000
2015 年 12 月 31 日资产负债表		
现金	30 000	18 000
应收账款	40 000	20 000
应收利息	—	5 000
存货	120 000	20 000
固定资产净额	420 000	240 000
长期股权投资——S公司	350 000	—
持有至到期投资——南方公司	—	97 000
资产总计	960 000	400 000
应付账款	84 000	50 000
应付利息	10 000	—
10%的应付债券	200 000	—
应付债券溢价（按直线法摊销）	6 000	—
股本，每股面值 1 元	40 000	20 000
资本公积	440 000	250 000
未分配利润	180 000	80 000
权益合计	960 000	400 000

要求：编制南方公司及S公司2015年的合并工作底稿。

（提示：2015年1月2日南方公司应付债券溢价通过年末资产负债表提供的数据推算。）

（五）公司间固定资产交易的抵销——逆销

资料：南方公司拥有S公司75%的股权，S公司于2014年12月31日将尚有6年剩余使用年限的设备出售给南方公司，获利96 000元。假定S公司每年净利润均为400 000元，该固定资产按直线法计提折旧，不考虑残值。

要求：按主体理论，登记该固定资产交易的相关合并抵销会计分录（完全权益法与不完全权益法）。

（六）合并财务报表——公司间交易的抵销

资料：珠江公司2013年1月1日以定向增发普通股的方式，从非关联处购买取得了S公司70%的股权，于同日通过产权交易所完成了该项股权转让程序和工商登记。珠江公司定向增发5 000万股，每股面值1元，每股市场定价2.95元。珠江公司和S公司属于非同一控制下的企业。

1. 2013年1月1日（购买日）S公司资产负债表有关信息如下：

（1）股东权益总额16 000万元。其中，股本10 000万元，资本公积4 000万元，盈余公积600万元，未分配利润1 400万元。

（2）应收账款账面价值1 960万元，公允价值1 560万元；存货账面价值10 000万元，公允价值11 000万元；固定资产（办公楼）账面价值9 000万元，公允价值12 000万元，办公楼折旧应用直线法，剩余折旧年限15年。

2. S公司2013年12月31日资产负债表有关信息如下：

（1）股东权益总额19 150万元。其中，股本10 000万元，资本公积4 000万元，其他综合收益150万元，盈余公积1 600万元，未分配利润3 400万元。

（2）2013年全年实现利润5 250万元，当年提取盈余公积1 000万元，年末向股东宣告分派现金股利2 250万元，现金股利尚未支付。

（3）截至2013年12月31日，应收账款按评估确认的金额收回，评估确认的坏账已经核销；购买日发生评估增值存货当年已经全部实现对外销售。

3. 2013年，珠江公司和S公司内部交易和往来事项列示如下：

（1）截至2013年12月31日，珠江公司个别资产负债表中有480万元应收S公司的账款，该应收账款账面价值500万元，珠江公司当年计提20万元的坏账准备。S公司应付珠江公司账款500万元。

（2）2013年5月1日，珠江公司向S公司销售商品1 000万元，商品销售成本700万元，B公司以支票支付商品价款500万元，其余价款待商品出售后支付。S公司购进的这批商品本年全部未实现对外销售而形成期末存货。该年末，S公司对这批商品进行检查时发现已经部分陈旧，其可变现净值已降至980万元。为此，S公司于2013年年末对该存货计提存货跌价准备20万元，并在其个别报表中列示。

2013年6月1日，珠江公司向S公司购买商品1 200万元，商品销售成本800万元，珠江公司以支票支付全部商品价款。珠江公司购进的这批商品本年40%未实现对外销售而形成期末存货。该年末，珠江公司对这批商品进行检查时未发现减值现象。

（3）2013年6月20日，珠江公司将其原值为1 000万元，账面净值600万元的一厂房作价1 200万元出售给S公司，S公司以支票支付全款，该厂房预计剩余使用年限为15年，双方都采用直线法对该固定资产计提折旧。

4. S公司2014年12月31日资产负债表有关信息如下：

（1）股东权益总额22 000.5万元。其中，股本10 000万元，资本公积4 096万元（本年增加的96万元的资本公积为从本年开始实施股票期权所致），其他综合收益217.5万元，盈余公积2 453万元，未分配利润5 234万元。

（2）2014年全年实现利润5 687万元，当年提取盈余公积853万元，年末向股东宣告分派现金股利3 000万元，现金股利尚未支付。

5. 2014年，珠江公司和S公司内部交易和往来事项列示如下：

(1) 截至2014年12月31日，珠江公司个别资产负债表中有576万元应收S公司的账款，该应收账款账面价值600万元，珠江公司当年该笔应收账款坏账准备的余额为24万元。S公司应付珠江公司账款为600万元。

(2) 2014年3月1日，S公司将2013年5月1日从珠江公司购进的商品全部对外出售。2014年5月8日，珠江公司将2013年6月1日从S公司购进商品的剩余部分全部对外出售。

2014年4月10日，珠江公司又向S公司销售商品1 600万元，商品销售成本1 120万元，B公司以支票支付商品价款1 000万元，其余价款待商品出售后支付。S公司购进的这批商品本年全部未实现对外销售而形成期末存货。该年末，S公司对这批商品进行检查时发现已经部分陈旧，其可变现净值已降至1 570万元。为此，S公司于2014年年末对该存货计提存货跌价准备30万元，并在其个别报表中列示。

2014年6月1日，珠江公司又向S公司购买商品1 500万元，商品销售成本1 000万元，珠江公司以支票支付全部商品价款。珠江公司购进的这批商品本年40%未实现对外销售而形成期末存货。该年末，珠江公司对这批商品进行检查时未发现减值现象。

(3) 2014年S公司继续对该厂房按直线法计提折旧，另外无其他相关固定资产交易。

6. 珠江公司和S公司2013年的相关信息见表5—14、珠江公司和S公司2014年的相关信息见表5—15。两家公司的所得税税率均为25%。

表5—14　　　　合并工作底稿（第一年）　　　　单位：万元

合并项目	珠江公司	S公司	合计金额	抵销与调整分录		合并金额
				借	贷	
利润表项目						
一、营业收入	75 000	47 400	122 400			
减：营业成本	48 000	36 500	84 500			
营业税金及附加	900	500	1 400			
销售费用	2 600	1 700	4 300			
管理费用	3 000	1 950	4 950			
财务费用	600	400	1 000			
资产减值损失	300	150	450			
加：公允价值变动收益（损失以“—”号填列）	0	0	0			
投资收益（损失以“—”号填列）	4 900	100	5 000			
二、营业利润（亏损以“—”号填列）	24500	6 300	30 800			

续前表

合并项目	珠江公司	S公司	合计金额	抵销与调整分录		合并金额
				借	贷	
加：营业外收入	800	1 200	2 000			
减：营业外支出	1 300	500	1 800			
三、利润总额（亏损总额以“—”号填列）	24 000	7 000	31 000			
减：所得税费用	6 000	1 750	7 750			
四、净利润（净亏损以“—”号填列）	18 000	5 250	23 250			
少数股东损益						
归属于母公司股东的净利润						
五、其他综合收益的税后净额	0	150	150			
(一) 以后不能重分类进损益的其他综合收益	0	0	0			
(二) 以后将重分类进损益的其他综合收益	0	150	150			
其中：权益法核算的在被投资单位以后重分类	0	0	0			
可供出售金融资产公允价值变动利得和损失	0	150	150			
六、综合收益总额	18 000	5 400	23 400			
归属于母公司所有者的综合收益总额						
归属于少数股东的综合收益总额						
利润分配表项目						
期初未分配利润	4 500	1 400	5 900			
归属于母公司股东的净利润	18 000	5 250	23 250			
股利	10 000	2 250	12 250			
盈余公积	3 500	1 000	4 500			
期末未分配利润	9 000	3 400	12 400			
资产负债表项目						
流动资产：						
货币资金	2 850	3 250	6 100			
交易性金融资产	1 500	2 500	4 000			
应收票据	3 600	1 800	5 400			
应收账款	4 250	2 550	6 800			
预付账款	750	1 250	2 000			

续前表

合并项目	珠江公司	S公司	合计金额	抵销与调整分录		合并金额
				借	贷	
应收利息	0	0	0			0
应收股利	2 400	0	2 400			
其他应收款	250	650	900			
存货	18 500	9 000	27 500			
其他流动资产	900	500	1 400			
流动资产合计	35 000	21 500	56 500			
非流动资产：						
可供出售金融资产	4 500	900	5 400			
持有至到期投资	7 000	2 000	9 000			
长期应收款	0	0	0			
长期股权投资	34 750	0	34 750			
固定资产	14 000	13 000	27 000			
在建工程	6 500	1 200	7 700			
无形资产	3 000	900	3 900			
商誉	0	0	0			
长期待摊费用	0	0	0			
递延所得税资产	0	0	0			
其他非流动资产	0	0	0			
非流动资产合计	69 750	18 000	87 750			
资产合计	104 750	39 500	144 250			
流动负债：						
短期借款	5 000	2 400	7 400			
交易性金融负债	2 000	1 200	3 200			
应付票据	6 500	1 800	8 300			
应付账款	9 000	2 600	11 600			
预收账款	2 000	1 950	3 950			
应付职工薪酬	2 500	800	3 300			
应交税费	1 350	700	2 050			
应付利息	0	0	0			
应付股利	0	2 250	2 250			
其他应付款	2 650	200	2 850			
其他流动负债	1 000	450	1 450			
流动负债合计	32 000	14 350	46 350			
非流动负债：						

续前表

合并项目	珠江公司	S公司	合计金额	抵销与调整分录		合并金额
				借	贷	
长期借款	2 000	2 400	4 400			
应付债券	10 000	3 500	13 500			
预计负债	0	0	0			
长期应付款	3 000	0	3 000			
递延所得税负债	0	100	100			
其他非流动负债	0	0	0			
非流动负债合计	15 000	6 000	21 000			
负债合计	47 000	20 350	67 350			
所有者权益：						
股本	25 000	10 000	35 000			
资本公积	14 750	4 000	18 750			
其他综合收益	0	150	150			
盈余公积	9 000	1 600	10 600			
未分配利润	9 000	3 400	12 400			
归属于母公司所有者权益合计						
少数股东权益						
所有者权益合计	57 750	19 150	76 900			
负债和所有者权益合计	104 750	39 500	144 250			

表 5—15　　合并工作底稿（第二年）　　单位：万元

合并项目	珠江公司	S公司	合计金额	抵销与调整分录		合并金额
				借	贷	
利润表项目						
一、营业收入	82 500	52 140	134 640			
减：营业成本	52 800	40 150	92 950			
营业税金及附加	584	252	836			
销售费用	2 860	1 870	4 730			
管理费用	3 300	2 145	5 445			
财务费用	660	440	1 100			
资产减值损失	330	165	495			
加：公允价值变动收益（损失以“－”号填列）	－50	130	80			
投资收益（损失以“－”号填列）	5 390	200	5 590			

续前表

合并项目	珠江公司	S公司	合计金额	抵销与调整分录		合并金额
				借	贷	
二、营业利润（亏损以“—”号填列）	27 306	7 448	34 754			
加：营业外收入	92	200	292			
减：营业外支出	300	100	400			
三、利润总额（亏损总额以“—”号填列）	27 098	7 548	34 646			
减：所得税费用	5 285.75	1 861	7 146.75			
四、净利润（净亏损以“—”号填列）	21 812.25	5 687	27 499.25			
少数股东损益						
归属于母公司股东的净利润						
五、其他综合收益的税后净额	75	217.5	292.5			
(一) 以后不能重分类进损益的其他综合收益						
(二) 以后将重分类进损益的其他综合收益	75	217.5	292.5			
其中：权益法核算的在被投资单位以后重分类						
可供出售金融资产公允价值变动利得和损失	75	217.5	292.5			
六、综合收益总额	21 887.25	5 904.5	27 791.75			
归属于母公司所有者的综合收益总额						
归属于少数股东的综合收益总额						
利润分配表项目						
期初未分配利润	9 000	3 400	12 400			
归属于母公司股东的净利润	21 812.25	5 687	27 499.25			
股利	10 906	3 000	13 906			
盈余公积	3 272	853	4 125			
期末未分配利润	16 634.25	5 234	21 868.25			
资产负债表项目						
流动资产：						
货币资金	6 449	4 428	10 877			
交易性金融资产	1 650	2 750	4 400			
应收票据	3 767	2 349	6 116			

续前表

合并项目	珠江公司	S公司	合计金额	抵销与调整分录		合并金额
				借	贷	
应收账款	6 327	3 898	10 225			
预付账款	825	1 375	2 200			
应收利息	0	0	0			
应收股利	2 640	0	2 640			
其他应收款	250	650	900			
存货	20 350	9 900	30 250			
其他流动资产	900	500	1 400			
流动资产合计	43 158	25 850	69 008			
非流动资产：						
可供出售金融资产	4 950	990	5 940			
持有至到期投资	7 700	2 200	9 900			
长期应收款	0	0	0			
长期股权投资	38 195	0	38 195			
固定资产	15 400	14 300	29 700			
在建工程	7 150	1 320	8 470			
无形资产	3 300	990	4 290			
商誉	0	0	0			
长期待摊费用	0	0	0			
递延所得税资产	338.75	201.5	540.25			
其他非流动资产	0	0	0			
非流动资产合计	77 033.75	20 001.5	97 035.25			
资产合计	120 191.75	45 851.5	166 043.25			
负债和所有者权益						
流动负债：						
短期借款	3 000	3 000	6 000			
交易性金融负债	2 200	1 320	3 520			
应付票据	2 383	1 712	4 095			
应付账款	3 574	2 568	6 142			
预收账款	2 200	2 145	4 345			
应付职工薪酬	2 750	880	3 630			
应交税费	1 485	770	2 255			
应付利息	0	0	0			
应付股利	10 906	3 000	13 906			
其他应付款	2 650	200	2 850			

续前表

合并项目	珠江公司	S公司	合计金额	抵销与调整分录		合并金额
				借	贷	
其他流动负债	1 000	450	1 450			
流动负债合计	32 148	16 045	48 193			
非流动负债：						
长期借款	2 000	3 600	5 600			
应付债券	10 000	3 500	13 500			
预计负债	825	521	1 346			
长期应付款	2 000	0	2 000			
递延所得税负债	62.5	185	247.5			
其他非流动负债	0	0	0			
非流动负债合计	14 887.5	7 806	22 693.5			
负债合计	47 035.5	23 851	70 886.5			
所有者权益：						
股本	25 500	10 000	35 500			
资本公积	18 675	4 096	22 771			
其他综合收益	75	217.5	292.5			
盈余公积	12 272	2 453	14 725			
未分配利润	16 634.25	5 234	21 868			
归属于母公司所有者权益合计						
少数股东权益						
所有者权益合计	73 156.25	22 000.5	95 156.75			
负债和所有者权益合计	120 191.75	45 851.5	166 043.25			

要求：

(1) 计算购买商誉和编制合并日的抵销分录。

(2) 编制合并后第一年的合并抵销分录和合并工作底稿。

(3) 编制合并后第二年的合并抵销分录和合并工作底稿。

第6章

合并中的其他问题

本章结构

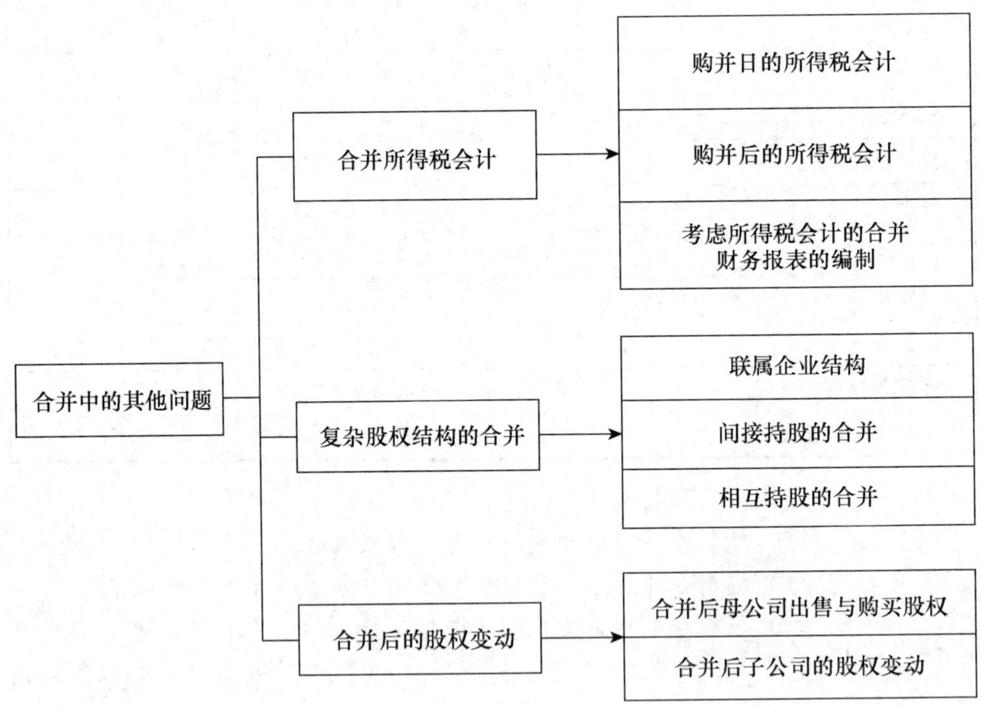

本章要点

- 购并日的所得税会计
- 购并后的所得税会计
- 复杂股权控股结构
- 父—子—孙股权结构的报表合并
- 兄弟联属股权结构的报表合并
- 相互持股股权结构的报表合并
- 合并后母公司出售与购买子公司股权的会计处理
- 合并后子公司的股权变动对母公司股权投资会计的影响

回顾一下前面所学的内容，第 2 章我们讨论了长期持有股权会计处理的基本核算方法——成本法和权益法（包括完全权益法和不完全权益法），第 3 章讨论了购买一个企业在购买日的会计处理方法——权益结合法和购买法，第 4 章则阐述了合并的标准、合并理论和合并财务报表编制的基本流程，并通过实例进行了应用说明，第 5 章则集中论述了合并报表编制的核心——关联交易的抵销处理，包括存货交易、固定资产交易、债权债务等交易的抵销处理。至此，基本的合并报表编制方法都已经交代清楚。但是，合并中会遇到一些更复杂、更特殊的问题还未涉及，其中有些还是基本的合并问题，如合并所得税会计，所以本章中讨论的问题是合并中或复杂或特殊的问题。第 1 节阐述合并所得税会计，第 2 节阐述复杂股权结构的合并报表编制，最后一节则讨论合并后的股权变动的会计处理。

第 1 节　合并所得税会计

合并所得税会计的产生有两个层面：一是因为按集团纳税而产生的合并纳税问题；二是由于合并资产与负债的会计计价与其计税基础不一致产生暂时性差异而形成的合并所得税调整。比如，在合并日，合并子公司的资产和负债按公允价值计价（计税基础仍然是子公司的账面价值），合并后，对关联交易中未对外出售的资产调整其中的未实现利润。对于第一个层面的合并所得税会计，由于我国基本还是以集团内各个法人企业作为纳税主体，所以本章不讨论这个层面的合并所得税会计处理，而主要讨论第二个层面的所得税会计处理。本节先讨论合并日的所得税会计处理，然后讨论合并后的所得税会计处理，最后通过一个实例说明考虑所得税会计的合并财务报表的编制过程。

一、购并日的所得税会计

合并日的所得税会计主要是因为在合并日，合并子公司的资产和负债按公允价值计价，从而导致会计计价与计税基础不一致。会计计价（公允价值）与计税基础（账面价值）产生的应纳税暂时性差异，确认递延所得税负债；会计计价

(公允价值）与计税基础产生的可抵扣暂时性差异，确认递延所得税资产，随着按公允价值计价的资产和负债的逐步结转，这一暂时性差异也随之转回。

例6—1 接例5—4，珠江公司2013年1月1日以定向增发普通股的方式，从非关联处购买取得了S公司70%的股权，于同日通过产权交易所完成了该项股权转让程序和工商登记。珠江公司定向增发5 000万股，每股面值1元，每股市场定价2.95元。珠江公司和S公司属于非同一控制下的企业。两家公司所得税税率均为25%。

2013年1月1日（购买日）S公司资产负债表有关信息如下：

(1) 股东权益总额16 000万元。其中，股本10 000万元，资本公积4 000万元，盈余公积600万元，未分配利润1 400万元。

(2) 应收账款账面价值1 960万元，公允价值1 560万元；存货账面价值10 000万元，公允价值11 000万元；固定资产（办公楼）账面价值9 000万元，公允价值12 000万元，办公楼折旧应用直线法，剩余折旧年限15年。

首先，计算考虑所得税后的商誉（单位：万元，下同）。

长期股权投资成本（2.95×5 000）		14 750
所获S公司股权的账面价值（16 000×70%）		11 200
投资成本差额		3 550
减（加）：公允价值升值（减值）		
应收账款减值［(400×70%)×75%］	210	
存货升值［(1 000×70%)×75%］	(525)	
固定资产升值［(3 000×70%)×75%］	(1 575)	(1 890)
商誉		1 660

然后，编制合并日的抵销分录。

抵销期初长期股权投资（母）与所有者权益（子）：

a. 借：股本　10 000
　　资本公积　4 000
　　盈余公积　600
　　未分配利润（初）　1 400
　　合并价差　4 630
　贷：长期股权投资　14 750
　　少数股东权益　5 880

分配股权投资差额：

b. 借：存货　1 000
　　固定资产　3 000
　　商誉　1 030
　贷：应收账款　400
　　合并价差　4 630

调整子公司公允价值升值资产与负债的所得税影响：

c. 借：递延所得税资产*（400×25%）　100
　　少数股东权益（900×30%）　270

商誉（900×70%） 630

贷：递延所得税负债（4 000×25%） 1 000

*账面资产大于计税基础形成递延所得税负债，反之，则为递延所得税资产，下同。

分录b和分录c可以合二为一，考虑所得税的影响后，存货的净影响为750万元（1 000×75%），固定资产为2 250万元，应收账款为300万元。由于考虑所得税的影响，少数股东权益也调减了270万元［(1 000－100)×30%］。

二、购并后的所得税会计

合并后，所得税会计主要涉及：一是对合并日形成的递延所得税资产和负债随着摊销的进行逐步转回；二是对关联交易中未对外出售的资产调整其中的未实现利润形成的递延所得税资产和负债的确认和转回；三是资产减值确认涉及的所得税会计处理。

例6—2 接例6—1，与合并所得税相关的信息如下：

(1) 截至2013年12月31日，应收账款按评估确认的金额收回，评估确认的坏账已经核销；购买日发生评估增值存货当年已经全部实现对外销售。

(2) 截至2013年12月31日，珠江公司个别资产负债表中有480万元应收S公司的账款，该应收账款账面价值500万元，珠江公司当年计提20万元的坏账准备。S公司应付珠江公司账款500万元。

(3) 2013年5月1日，珠江公司向S公司销售商品1 000万元，商品销售成本700万元，S公司以支票支付商品价款500万元，其余价款待商品出售后支付。S公司购进的本批商品本年全部未实现对外销售而形成期末存货。该年末，S公司对这批商品进行检查时发现已经部分陈旧，其可变现净值已降至980万元。为此，S公司于2013年年末对该存货计提存货跌价准备20万元，并在其个别报表中列示。

2013年6月1日，珠江公司向S公司购买商品1 200万元，商品销售成本800万元，珠江公司以支票支付全部商品价款。珠江公司购进的本批商品本年40%未实现对外销售而形成期末存货。该年末，珠江公司对这批商品进行检查时未发现减值现象。

(4) 2013年6月20日，珠江公司将其原值为1 000万元、账面净值600万元的一厂房作价1 200万元出售给S公司，S公司以支票支付全款，该厂房预计剩余使用年限为15年，双方都采用直线法对该固定资产计提折旧。

与合并所得税相关的会计处理如下（黑体分录为第二年的抵销分录）：

抵销期初长期股权投资（母）与所有者权益（子）时，确认子公司公允价值升值资产与负债的所得税影响。

a. 借：递延所得税资产 100

少数股东权益 270

商誉 630

贷：递延所得税负债 1 000

合并第二年，首先要调整母公司的长期股权投资（成本法），将其期初的长期股权投资调整为权益法核算的基础上（见例 6—3），调整分录如下：

借：长期股权投资 1 645[①]

贷：未分配利润——年初 1 540

其他综合收益 105

考虑所得税的影响后，上期随着当期公允价值升值资产和负债成本的结转和摊销，相应结转和摊销的已确认递延所得税资产和负债已转回，并确认贷方所得税费用 200 万元，因而增加合并子公司相应的收益额，所以按权益法对长期股权投资的成本法核算进行调整时，还要补充进行调整，一方面调增长期股权投资，另一方面调增期初未分配利润。

借：长期股权投资（200×70%） 140

贷：期初未分配利润 140

接着，确认子公司公允价值升值资产与负债合并第二年的所得税影响。

借：少数股东权益（700×30%） 210

商誉 630

贷：递延所得税负债［(3 000－200)×25%］ 700

长期股权投资（对上期补充调整的抵销） 140

随着本期公允价值升值（或减值）资产和负债成本的结转和摊销，相应结转和摊销的已确认递延所得税资产和负债将转回。

b. 借：递延所得税负债［(1 000＋200)×25%］ 300

贷：递延所得税资产（400×25%） 100

所得税费用 200

合并第二年，随着本期公允价值升值资产成本的结转，相应结转的已确认递延所得税负债将转回。

借：递延所得税负债（200×25%） 50

贷：所得税费用 50

登记转回计提坏账准备的所得税影响。

c. 借：所得税费用（20×25%） 5

贷：递延所得税资产 5

合并第二年，一方面对本年转回计提的坏账准备的所得税影响进行确认，另一方面对仍然存在的上一年计提的坏账准备的所得税影响进行确认。

借：期初未分配利润（20×25%） 5

贷：递延所得税资产 5

确认商品交易（顺销）的所得税影响。

首先，登记抵销未实现利润的所得税影响。

d. 借：递延所得税资产（300×25%） 75

贷：所得税费用 75

然后，登记转回存货减值计提的所得税影响。

---

① ［5 250－800（摊销）－2 250（股利）＋150（其他综合收益）］×70%＝1 645（元）

借：所得税费用（20×25%）　5

　贷：递延所得税资产　5

以上两个分录可以合二为一。

合并第二年，首先登记上年存货本年销售所包含的未实现利润的所得税影响，然后登记本年期末存货所包含的未实现利润的所得税影响。

借：所得税费用［(300－20)×25%］　70

**　贷：期初未分配利润　70**

确认商品交易（逆销）的所得税影响。

e. 借：递延所得税资产（160×25%）　40

　　贷：所得税费用　40

合并第二年，首先登记上年存货本年销售所包含的未实现利润的所得税影响，然后登记本年期末存货所包含的未实现利润的所得税影响。

借：所得税费用（160×25%）　40

**　贷：期初未分配利润　28**

**　　少数股东权益　12**

确认固定资产交易的所得税影响。

f. 借：递延所得税资产［(600－20)×25%］　145

　　贷：所得税费用　145

首先登记上年固定资产交易的所得税影响，然后登记本年计提折旧的所得税影响。

借：递延所得税资产［(600－20)×25%］　145

**　贷：未分配利润（期初）　145**

三、考虑所得税会计的合并财务报表的编制

例6—3　接例6—1和例6—2，与合并相关的其他信息如下：

(1) S公司2013年12月31日股东权益总额19 150万元。其中，股本10 000万元，资本公积4 000万元，其他综合收益150万元，盈余公积1 600万元，未分配利润3 400万元。

(2) S公司2013年全年实现利润5 250万元，当年提取盈余公积1 000万元，年末向股东宣告分配现金股利2 250万元，现金股利尚未支付。

2013年全部合并抵销分录如下（黑体分录为与所得税会计相关的分录）：

a. 抵销期初长期股权投资（母）与所有者权益（子）。

借：股本　10 000

　　资本公积　4 000

　　盈余公积　600

　　未分配利润（期初）　1 400

　　合并价差　4 630

　贷：长期股权投资　14 750

　　少数股东权益　5 880

分配股权投资差额。

借：存货 1 000

　　固定资产 3 000

　　商誉 1 030

　贷：应收账款 400

　　　合并价差 4 630

b. 抵销期初长期股权投资（母）与所有者权益（子）时，确认子公司公允价值升值资产与负债的所得税影响。

借：递延所得税资产 100

**　　少数股东权益 270**

**　　商誉 630**

**　贷：递延所得税负债 1 000**

c. 根据子公司已实现的公允价值调整当期净利润。

借：营业成本 1 000

　　管理费用 200

　　应收账款 400

　贷：存货 1 000

　　　固定资产 200

　　　资产减值损失 400

d. 随着本期公允价值升值资产和负债成本的结转和摊销，相应结转和摊销的已确认递延所得税资产和负债将转回。

借：递延所得税负债 300

**　贷：递延所得税资产 100**

**　　　所得税费用 200**

e. 抵销本期（子公司）股利分配。

借：投资收益 1 575

　贷：未分配利润（股利） 1 575

f. 抵销计提盈余公积。

借：盈余公积 1 000

　贷：未分配利润（盈余公积） 1 000

g. 抵销应付与应收账款。

借：应付账款 500

　贷：应收账款 500

h. 抵销计提坏账准备。

借：坏账准备 20

　贷：资产减值损失 20

i. 登记转回计提坏账准备的所得税影响。

借：所得税费用（20×25%） 5

**　贷：递延所得税资产 5**

j. 抵销应收股利与应付股利。

借：应付股利　1 575
　贷：应收股利　1 575

k. 抵销内部销售及未实现利润（顺流）。

借：营业收入　1 000
　贷：营业成本　1 000
借：营业成本　300
　贷：存货　300

l. 抵销存货跌价准备。

借：存货跌价准备　20
　贷：资产减值损失　20

m. 确认商品交易（顺销）的所得税影响。

首先，登记抵销未实现利润的所得税影响。

借：递延所得税资产（300×25%）　75
**　贷：所得税费用　75**

然后，登记转回存货减值计提的所得税影响。

借：所得税费用（20×25%）　5
**　贷：递延所得税资产　5**

以上两个分录可以合二为一。

n. 抵销内部销售及未实现利润（逆流）。

借：营业收入　1 200
　贷：营业成本　1 040
　　　存货　160

o. 确认商品交易（逆销）的所得税影响。

借：递延所得税资产（160×25%）　40
**　贷：所得税费用　40**

p. 抵销固定资产交易。

借：营业外收入　600
　贷：固定资产　600

q. 抵销固定资产折旧。

借：累计折旧　20
　贷：管理费用　20

r. 确认固定资产交易的所得税影响。

借：递延所得税资产［(600－20)×25%］　145
**　贷：所得税费用　145**

s. 确认少数股东收益和少数股东权益。

借：少数股东收益［5 250＋(400－1 000－200)＋200－(160－40)］×30%　1 359
**　　其他综合收益（150×30%）　45**
**　贷：少数股东权益　729**
**　　　未分配利润（股利）（2 250×30%）　675**

根据上述抵销分录，2013 年合并工作底稿如表 6—1 所示。

表 6—1　　合并后第一年的工作底稿（考虑所得税）　　单位：万元

合并项目	珠江公司	S公司	合计金额	抵销与调整分录		合并金额
				借	贷	
利润表项目						
一、营业收入	75 000	47 400	122 400	k. 1 000 n. 1 200		120 200
减：营业成本	48 000	36 500	84 500	c. 1 000 k. 300	k. 1 000 n. 1 040	83 760
营业税金及附加	900	500	1 400			1 400
销售费用	2 600	1 700	4 300			4 300
管理费用	3 000	1 950	4 950	c. 200	q. 20	5 130
财务费用	600	400	1 000			1 000
资产减值损失	300	150	450		c. 400 h. 20 l. 20	10
加：公允价值变动收益（损失以“－”号填列）	0	0	0			0
投资收益（损失以“—”号填列）	4 900	100	5 000	e. 1 575		3 425
二、营业利润（亏损以“－”号填列）	24 500	6 300	30800			28 025
加：营业外收入	800	1 200	2 000	p. 600		1 400
减：营业外支出	1 300	500	1 800			1 800
三、利润总额（亏损总额以“－”号填列）	24 000	7 000	31 000			27 625
减：所得税费用	6 000	1 750	7 750	i. 5	d. 200 m. 70 o. 40 r. 145	7 300
四、净利润（净亏损以“－”号填列）	18 000	5 250	23 250			20 325
少数股东损益				s. 1 359		1 359
归属于母公司股东的净利润						18 966
五、其他综合收益的税后净额	0	150	150			150
（一）以后不能重分类进损益的其他综合收益	0	0	0			0
（二）以后将重分类进损益的其他综合收益	0	150	150			150
其中：权益法核算的在被投资单位以后重分类	0	0	0			0
可供出售金融资产公允价值变动利得和损失	0	150	150			150

续前表

合并项目	珠江公司	S公司	合计金额	抵销与调整分录		合并金额
				借	贷	
六、综合收益总额	18 000	5 400	23 400			20 475
归属于母公司所有者的综合收益总额						19 071
归属于少数股东的综合收益总额						1 404
利润分配表项目						
期初未分配利润	4 500	1 400	5 900	a. 1 400		4 500
归属于母公司股东的净利润	18 000	5 250	23 250			18 966
股利	10 000	2 250	12 250		e. 1 575 s. 675	10 000
盈余公积	3 500	1 000	4 500		f. 1 000	3 500
期末未分配利润	9 000	3 400	12 400			9 966
资产负债表项目						
流动资产：						
货币资金	2 850	3 250	6 100			6 100
交易性金融资产	1 500	2 500	4 000			4 000
应收票据	3 600	1 800	5 400			5 400
应收账款	4 250	2 550	6 800	c. 400 h. 20	a. 400 g. 500	6 320
预付账款	750	1 250	2 000			2 000
应收利息	0	0	0			0
应收股利	2 400	0	2 400		j. 1 575	825
其他应收款	250	650	900			900
存货	18 500	9 000	27 500	a. 1 000 l. 20	c. 1 000 k. 300 n. 160	27 060
其他流动资产	900	500	1 400			1 400
流动资产合计	35 000	21 500	56 500			54 005
非流动资产：						
可供出售金融资产	4 500	900	5 400			5 400
持有至到期投资	7 000	2 000	9 000			9 000
长期应收款	0	0	0			0
长期股权投资	34 750	0	34 750		a. 14 750	20 000
固定资产	14 000	13 000	27 000	a. 3 000 q. 20	c. 200 p. 600	29 220

续前表

合并项目	珠江公司	S公司	合计金额	抵销与调整分录		合并金额
				借	贷	
在建工程	6500	1200	7700			7700
无形资产	3000	900	3900			3900
商誉	0	0	0	b. 630 a. 1030		1660
长期待摊费用	0	0	0			0
递延所得税资产	0	0	0	b. 100 m. 70 o. 40 r. 145	d. 100 i. 5	250
其他非流动资产	0	0	0			0
非流动资产合计	69750	18000	87750			77130
资产合计	104750	39500	144250			131135
流动负债：						
短期借款	5000	2400	7400			7400
交易性金融负债	2000	1200	3200			3200
应付票据	6500	1800	8300			8300
应付账款	9000	2600	11600	g. 500		11100
预收账款	2000	1950	3950			3950
应付职工薪酬	2500	800	3300			3300
应交税费	1350	700	2050			2050
应付利息	0	0	0			0
应付股利	0	2250	2250	j. 1575		675
其他应付款	2650	200	2850			2850
其他流动负债	1000	450	1450			1450
流动负债合计	32000	14350	46350			44275
非流动负债：						
长期借款	2000	2400	4400			4400
应付债券	10000	3500	13500			13500
预计负债	0	0	0			0
长期应付款	3000	0	3000			3000
递延所得税负债	0	100	100	d. 300	b. 1000	800
其他非流动负债	0	0	0			0
非流动负债合计	15000	6000	21000			21700

续前表

合并项目	珠江公司	S公司	合计金额	抵销与调整分录		合并金额
				借	贷	
负债合计	47 000	20 350	67 350			65 975
所有者权益：						
股本	25 000	10 000	35 000	a. 10 000		25 000
资本公积	14 750	4 000	18 750	a. 4 000		14 750
其他综合收益	0	150	150	s. 45		105
盈余公积	9 000	1 600	10 600	a. 600 f. 1 000		9 000
未分配利润	9 000	3 400	12 400			9 966
归属于母公司所有者权益合计						58 821
少数股东权益				b. 270	a. 5 880 s. 729	6 339
所有者权益合计	57 750	19 150	76 900			65 160
负债和所有者权益合计	104 750	39 500	144 250			131 135

第2节　复杂股权结构的合并

前面我们讲述的都是母公司对子公司直接控股联属企业结构的合并会计问题，实际上，在实务中还存在更复杂的联属企业结构，如通过子公司直接控制另一家企业而取得控股地位的父—子—孙联属企业结构，母子公司、子子公司交叉持股的联属企业结构。本节主要阐述的就是这两种比较复杂的联属企业结构——间接持股及交叉持股的合并会计问题。无论是直接控股，还是间接与交叉持股，合并的基本目的都是一样的，只是合并程序复杂些，这主要体现在联属结构中每个单独公司利润的计算及在多数股权和少数股权分配等问题上。下面首先从确定联属企业的结构开始。

一、联属企业结构

联属企业结构主要分三种：直接控股、间接控股和交叉持股。

1. 直接控股

直接控股是指投资公司（母公司）直接对一个或一个以上的被投资公司（子公司）有表决股的投资。在直接控股的联属结构中，包括只对单一公司控股和对两个以上公司控制的两种形式（见图6—1）。

直接控股中的单个子公司的合并前面已经讨论过了，而多个子公司的合并只是简单的重复而已。本节重点讨论的是间接控股和交叉持股的合并问题。

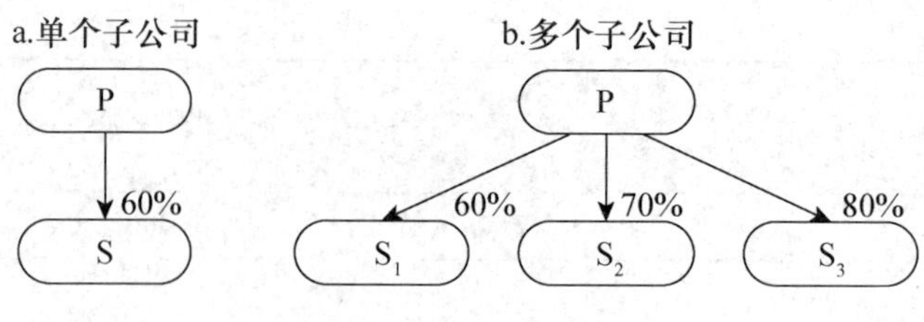

图 6—1 直接控股图

图中，P 代表母公司，S 代表子公司，下同。

2. 间接控股

间接控股是指能使投资公司（母公司）直接拥有的被投资公司（子公司）对其非直接（间接）拥有的被投资公司（孙公司或另一家直接持股的公司）的决策进行控制的投资。在间接控股的联属结构中，包括父—子—孙联属企业结构和兄弟联属结构两种形式（见图 6—2）。图 6—2a 中，母公司直接拥有 S 公司（子公司）70%的股权，而间接拥有 T 公司（孙公司）56%（即 70%×80%）的股权①，因此，T 公司就间接成为 P 公司的子公司，同理，在图 6—2b 中，P 公司直接和间接拥有 S_2 公司 54%（即 60%×40%+30%）的股权而拥有该公司的控制权。

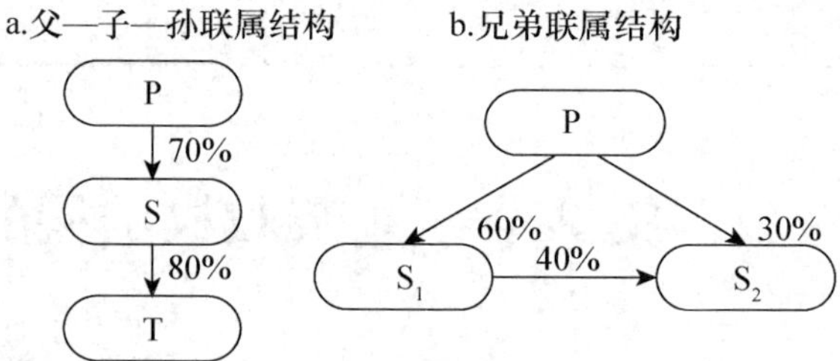

图 6—2 间接控股图

图中，T 代表孙公司，下同。

3. 相互持股

相互持股（又称交叉持股）是指联属企业间互相持股的一种情况（见图 6—3）。在图 6—3a 中，母公司拥有子公司 60%的股份，而子公司又拥有母公司 10%的股份，由于这 10%的股份被联属企业所持有，因而只有 90%的股份流通在外。图 6—3b 中，是 P 公司的两个子公司相互持股。相互持股的联属结构导致了比前两种联属结构更复杂的合并会计处理。

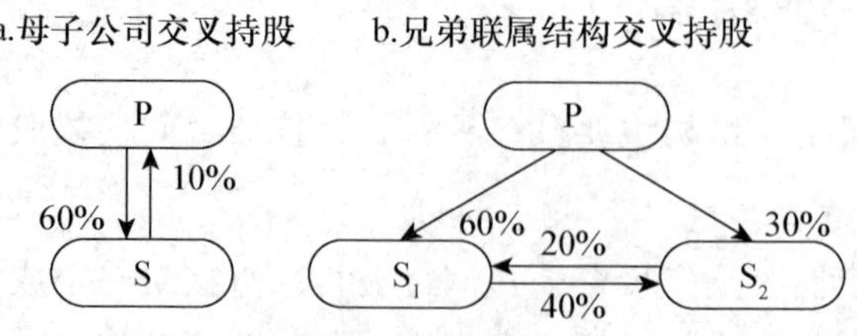

图 6—3 交叉持股图

① 国际上还有另一种用直接相加来计算间接持股的方法，我国目前就是采用这种方法，但通用的惯例还是本书中使用的计算方法（乘法）。

二、间接持股的合并

间接持股的合并会计并未带来新的会计问题，只是在确定各个联属企业的净利润（投资收益）和权益（少数股权）时增加了烦琐程度而已。下面分两个方面进行举例说明：一是父—子—孙联属结构的合并处理；二是兄弟附属结构的合并处理。

例6—4① 2013年1月1日，P公司用640 000元的现金购买S公司80%的有表决权的普通股，收购时，S公司净资产账面价值700 000元（股本100 000元，未分配利润600 000元）。收购价高于账面价值是由于S公司一项固定资产评估增值100 000元，该资产剩余使用年限为10年（按直线法折旧，无残值）。

2014年1月1日，S公司用462 000元现金购买T公司70%的有表决权的普通股，收购时，T公司净资产账面价值630 000元（股本130 000元，未分配利润500 000元）。收购价高于账面价值是由于T公司一项专利权没有入账，其公允价值为30 000元，剩余法定期限为6年（每年摊销5 000元）。

由此，P，S和T公司形成父—子—孙联属企业结构（见图6—4）。

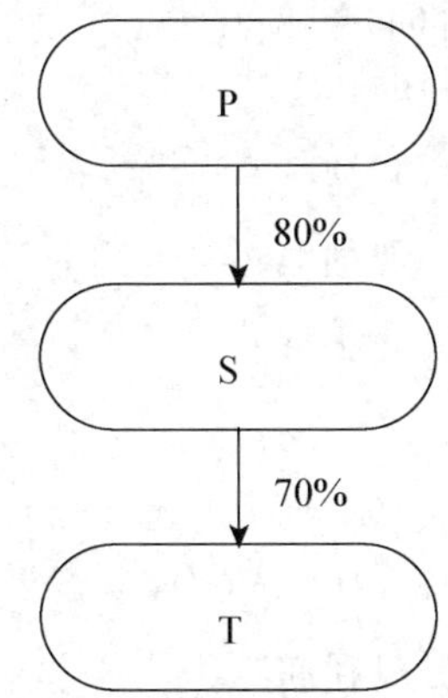

图6—4　P，S和T公司父—子—孙联属企业结构图

其他相关信息如下：

（1）2013—2015年三公司实现净利润（不含投资收益）和分配的现金股利见表6—2）。

表6—2　2013—2015年三公司实现利润（不含投资收益）和分配的现金股利　单位：元

年份	P公司		S公司		T公司	
	净利润	股利	净利润	股利	净利润	股利
2013	300 000	120 000	90 000	40 000		
2014	300 000	120 000	130 000	60 000	100 000	0
2015	300 000	120 000	200 000	90 000	100 000	50 000

① 本例根据Hoyle等人编写的《高级会计》中的实例改编。Hoyle & Schaefer & Doupnik，2015，*Advanced Accounting*，12th ed，McGraw-Hill. Exhibit7-1. pp. 310-316。

（2）2014—2015 年三公司关联交易情况见表 6—3。

表 6—3　　2014—2015 年三公司关联交易情况　　单位：元

年份	T公司向S公司销售商品		S公司向P公司销售商品	
	交易额	期末存货未实现利润	交易额	期末存货未实现利润
2014	75 000	17 500	200 000	30 000
2015	120 000	25 000	250 000	40 000

假定上年关联交易形成的存货本年全部售出。

（3）P和S公司分别采用成本法核算其长期股权投资，其他相关信息参见表6—4。

由于P和S公司分别采用成本法核算其长期股权投资，在编制抵销分录前需要将长期股权投资和投资收益调整为权益法的基础，以便进行后面的合并。

第一步，计算权益法下P和S公司的净利润。

（1）2014 年S公司净利润（权益法下）计算如下：

S公司净利润（不含投资收益）		130 000
加：来自T公司的投资收益		
T公司净利润	100 000	
减：专利权摊销（30 000/6）	(5 000)	
关联交易未实现利润	(17 500)	
T公司净利润（权益法下）	77 500	
S公司持股比例	70%	
来自T公司的投资收益		54 250
减：固定资产折旧（100 000/10）		(10 000)
关联交易未实现利润		(30 000)
S公司净利润（权益法下）		144 250

（2）2014 年P公司净利润（权益法下）计算如下：

P公司净利润（不含投资收益）		300 000
加：来自S公司的投资收益		
S公司净利润（权益法下）	144 250（计算见上）	
P公司持股比例	80%	
来自S公司的应享受收益		115 400
P公司净利润（权益法下）		415 400

（3）2015 年S公司净利润（权益法下）计算如下：

S公司净利润（不含投资收益）		200 000
加：来自T公司的投资收益		
T公司净利润	100 000	

减：专利权摊销（30 000/6）	(5 000)	
本年关联交易未实现利润	(25 000)	
加：上年关联交易未实现利润	17 500	
T公司净利润（权益法下）	87 500	
S公司持股比例	70%	
来自T公司的投资收益		61 250
减：固定资产折旧（100 000/10）		(10 000)
本年关联交易未实现利润		(40 000)
加：上年关联交易未实现利润		30 000
S公司净利润（权益法下）		241 250

(4) 2015年P公司净利润（权益法下）计算如下：

P公司净利润（不含投资收益）		300 000
加：来自S公司的投资收益		
S公司净利润（权益法下）	241 250（计算见上）	
P公司持股比例	80%	
来自S公司的应享受收益		193 000
P公司净利润（权益法下）		493 000

第二步，根据上述计算，将长期股权投资调整为权益法的核算基础。

(1) 2014年底，S对T公司长期股权投资计算如下：

期初S对T公司长期股权投资（2014.1.1）		462 000
加：T公司净利润	77 500（计算见上）	
减：股利	(0)	
加：关联交易未实现利润（转回）	17 500	
S公司持股比例	70%	
调整额		66 500
期末S对T公司长期股权投资（2014.12.31）		528 500

(2) 2014年底，P对S公司长期股权投资计算如下：

期初P对S公司长期股权投资（2013.1.1）		640 000
加：S公司净利润［(90 000－10 000)＋144 250］	224 250	
减：股利（40 000＋60 000）	100 000	
加：关联交易未实现利润（17 500×70%＋30 000）	42 250	
P公司持股比例	80%	
调整额		133 200
期末P对S公司长期股权投资（2014.12.31）		773 200

第三步，编制2015年合并抵销分录。

（1）编制S与T公司之间的抵销分录。

a_1．将长期股权投资从成本法调整为权益法。

借：长期股权投资——T　　66 500
　贷：期初未分配利润（S）　　66 500

b_1．抵销本年利润（股利）分配。

借：投资收益（S）　　35 000
　贷：股利（T）　　35 000

c_1．抵销S公司长期股权投资与T公司净资产。

借：股本（T）　　130 000
　　期初未分配利润（T）　　600 000
　　无形资产——特许权（T）　　25 000
　贷：长期股权投资——T　　528 500
　　　少数股东权益（T）　　226 500

d_1．摊销专利权。

借：管理费用　　5 000
　贷：无形资产——专利权（T）　　5 000

e_1．抵销关联交易。

借：营业收入　　120 000
　贷：营业成本　　120 000

借：营业成本　　25 000
　贷：存货　　25 000

f_1．转回上年抵销的存货中的未实现利润。

借：期初未分配利润（T）　　12 250
　　少数股东权益　　5 250
　贷：营业成本　　17 500

g_1．确认少数股东分享。

借：少数股东损益（T）［87 500（计算见上）×30%］　　26 250
　贷：少数股东权益（T）　　11 250
　　　股利（T）　　15 000

（2）编制P与S公司之间的抵销分录。

a_2．将长期股权投资从成本法调整为权益法。

借：长期股权投资——S　　113 200
　贷：期初未分配利润（P）　　113 200

b_2．抵销本年利润（股利）分配。

借：投资收益（P）　　72 000
　贷：股利（S）　　72 000

c_2．抵销P公司长期股权投资与S公司净资产。

借：股本（S）　　100 000
　　期初未分配利润（S）（720 000＋66 500）　　786 500
　　固定资产（S）　　80 000

贷：长期股权投资——S 773 200

少数股东权益（S） 193 300

d_2．计提升值固定资产折旧。

借：管理费用 10 000

贷：固定资产（S） 10 000

e_2．抵销关联交易。

借：营业收入 250 000

贷：营业成本 250 000

借：营业成本 40 000

贷：存货 40 000

f_2．转回上年抵销的存货中的未实现利润。

借：期初未分配利润（S） 24 000

少数股东权益 6 000

贷：营业成本 30 000

g_2．确认少数股东分享。

借：少数股东损益（S）［241 250（计算见上）×20%］ 48 250

贷：少数股东权益（S） 30 250

股利（S） 18 000

第四步，根据上述抵销分录，编制P公司2015年合并工作底稿，如表6—4所示。

表6—4 **P公司合并工作底稿**（2015年） 单位：万元

合并项目	P公司	S公司	T公司	抵销与调整分录		合并金额
				借	贷	
利润表项目						
一、营业收入	800 000	500 000	300 000	e_1．120 000 e_2．250 000		1 230 000
减：营业成本	(300 000)	(220 000)	(140 000)	e_1．25 000 e_2．40 000	e_1．120 000 e_2．250 000 f_1．17 500 f_2．30 000	(307 500)
管理费用	(200 000)	(80 000)	(60 000)	d_1．5 000 d_2．10 000		(355 000)
投资收益：来自T公司 来自S公司	 72 000	35 000		b_1．35 000 b_2．72 000		0
四、净利润（净亏损以“－”号填列）	372 000	235 000	100 000			567 500
少数股东损益（T公司）				g_1．26 250		(26 250)
少数股东损益（S公司）				g_2．48 250		(48 250)
归属于母公司股东的净利润						493 000
利润分配表项目						
期初未分配利润： P公司 S公司 T公司	 740 000	 720 000	 600 000	c_2．786 500 f_2．24 000 c_1．600 000 f_1．12 250	a_2．133 200 a_1．66 500	836 950
净利润	372 000	235 000	100 000			493 000

续前表

合并项目	P公司	S公司	T公司	抵销与调整分录		合并金额
				借	贷	
股利：P公司 S公司 T公司	(120 000)	(90 000)	(50 000)		b_2. 72 000 g_2. 18 000 b_1. 35 000 g_1. 15 000	(120 000)
期末未分配利润	992 000	865 000	650 000			1 209 950
资产负债表项目						
货币资金	600 000	300 000	280 000			1 180 000
存货	300 000	260 000	290 000		e_1. 25 000 e_2. 40 000	785 000
长期股权投资——S	640 000			a_2. 99 400	c_2. 739 400	0
长期股权投资——T		462 000		a_1. 54 250	c_1. 516 250	0
固定资产	352 000	143 000	510 000	c_2. 80 000	d_2. 10 000	1 075 000
无形资产				c_1. 25 000	d_1. 5 000	20 000
资产合计	1 892 000	1 165 000	1 080 000			3 060 000
长期借款	500 000	200 000	300 000			1 000 000
所有者权益：						
股本：P公司 S公司 T公司	400 000	100 000	130 000	c_2. 100 000 c_1. 130 000		400 000
未分配利润	992 000	865 000	650 000			1 209 950
少数股东权益：T公司 S公司				f_1. 5 250 f_2. 6 000	c_1. 226 500 g_1. 11 250 c_2. 193 300 g_2. 30 250	232 500 217 550
负债和所有者权益合计	1 892 000	1 165 000	1 080 000			3 060 000

上面举例说明的是父—子—孙联属结构的合并处理，以下简单说明一下兄弟附属结构的合并处理要点。

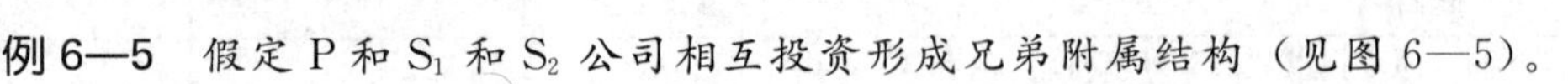

例 6—5 假定 P 和 S_1 和 S_2 公司相互投资形成兄弟附属结构（见图 6—5）。

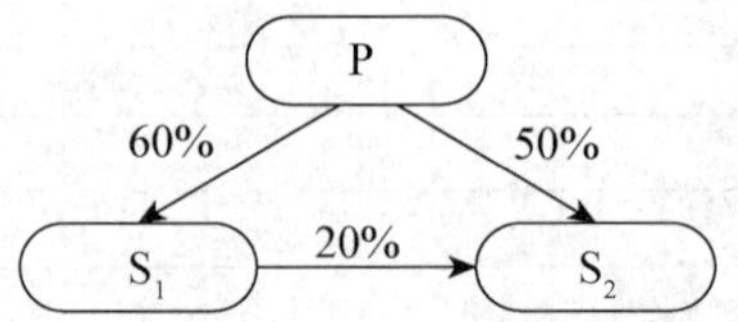

图 6—5 P－S_1－S_2 兄弟附属结构

其基本的合并流程及要点如下：

第一步，计算权益法下 P 和 S_1 公司的净利润。

按先后顺序，先确定 S_2 的净利润（权益法下），然后计算 S_1 的净利润（权益法下），最后计算 P 公司的净利润（权益法下），注意 P 公司的净利润包括来自 S_1 和 S_2 公司的投资收益。

第二步，根据上述计算，将长期股权投资调整为权益法的核算基础。

如果 P 和 S_1 公司采用成本法核算长期股权投资，需要将 P 公司对 S_1 的长期股权投资、P 公司对 S_2 的长期股权投资和 S_1 对 S_2 的长期股权投资调整为权益法的核算基础。

第三步，编制合并抵销分录。

首先，编制 P 与 S_2 公司、S_1 和 S_2 公司之间的抵销分录。与父—子—孙联属结构的合并抵销分录稍稍不同的分录有：

a. 将长期股权投资从成本法调整为权益法。

借：P 对 S_2 长期股权投资
　　S_1 对 S_2 长期股权投资
　贷：期初未分配利润（P）
　　　期初未分配利润（S_1）

b. 抵销本年利润（股利）分配。

借：投资收益（P）
　　投资收益（S_1）
　贷：股利（S_2）

c. 抵销 P 对 S_2 长期股权投资、S_1 对 S_2 长期股权投资与 S_2 公司的净资产。

借：股本（S_2）
　　留存收益（S_2）
　　合并价差（含商誉和购并评估调整值）
　贷：P 对 S_2 长期股权投资
　　　S_1 对 S_2 长期股权投资
　　　少数股东权益（S_2）

剩余的关联交易的抵销不存在区别。

其次，编制 P 与 S_1 公司之间的抵销分录，相关抵销分录与父—子—孙联属结构的合并抵销分录不存在差异。

三、相互持股的合并

实务中，复杂的联属企业结构如上面提到的间接持股的两种情形都不少见，而母子公司、子子公司交叉持股的联属企业结构却并不多见，特别是在我国。这种交叉持股的主要目的之一就是防止被收购和兼并，但对这种做法各国证券法都会有一定的限制。前面提到，相互持股分两种情形：一是子公司持有母公司的股份，在图 6—3a 中，母公司拥有子公司 60％的股份，而子公司又拥有母公司 10％的股份。在图 6—3b 中，是 P 公司（母公司）的两个子公司相互持股。

相互持股的联属结构导致的基本合并问题就是对相互持股的抵销，在图6—3a中，由于子公司持有母公司10%的股份并未流通在外，因而在合并报表中不能以流通在外的股权来列示，需要对这部分股权进行抵销。对这部分股权的抵销可以采用库存股法和推定赎回两种方法进行：库存股法视母公司被子公司所持的股票为合并主体的库存股，从合并股东权益中减去成本基础下的对母公司长期股权投资（即子公司对母公司长期股权投资按成本法或公允价值法进行核算）；推定赎回法视母公司被子公司所持的股票为推定赎回，采用权益法来处理子公司对母公司的长期股权投资，并按通常方式从母公司股东权益账户中抵销子公司的“长期股权投资”账户。

再明确一下，两种方法的主要区别：

第一，库存股法是按子公司最初的投资成本作为库存股进行处理，其分录为：

借：库存股（初始成本）

　贷：子公司对母公司长期股权投资（初始成本）

而推定赎回的抵销分录则是：

借：股本（母公司）

　　留存收益（母公司）

　贷：子公司对母公司长期股权投资

第二，库存股法是按子公司收到的股利作为投资收益，而推定赎回法是按权益法核算子公司对母公司投资收益的，并通过联立方程求出双方从对方获取的投资收益。

由于我国第33号准则对子公司持有母公司股份要求按库存股列示，下面我们只按库存股法进行举例说明。

例6—6[①] 2013年1月1日，S公司用120 000元的现金购买珠江公司10%的有表决权的普通股，收购价与珠江公司净资产账面价值相等。

2014年1月1日，珠江公司用504 000元现金购买S公司70%的有表决权的普通股，收购时，S公司净资产账面价值600 000元（股本200 000元，未分配利润400 000元）。收购价高于账面价值是由于S公司一项特许权没有入账，其公允价值为120 000元，剩余法定期限为40年（每年摊销3 000元）。

由此，珠江公司和S公司形成相互持股联属企业结构（见图6—6）。

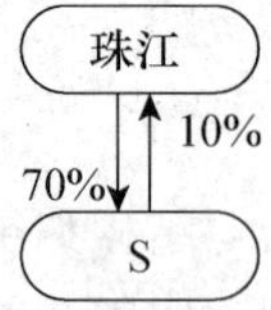

图6—6 珠江和S相互持股联属企业结构图

其他相关信息如下：

---

① 本例根据Hoyle等人编写的《高级会计》中的实例改编。Hoyle，Schaefer & Doupnik，2015，*Advanced Accounting*，12 th ed，McGraw-Hill. Exhibit7-2. pp. 319-321。

（1）2013—2015 年两公司实现净利润（不含投资收益）和分配的现金股利见表 6—5。

表 6—5　　2013—2015 年两公司实现利润（不含投资收益）和分配的现金股利　　单位：元

年份	S公司			珠江公司		
	净利润	股利收入	股利分配	净利润	股利收入	股利分配
2013	20 000	3 000	8 000	90 000	0	30 000
2014	30 000	5 000	10 000	130 000	7 000	50 000
2015	40 000	8 000	15 000	160 500	10 500	80 000

（2）珠江和 S 公司分别采用成本法和公允价值法核算其长期股权投资（假定 S 公司对珠江公司长期股权投资市价没有变动）。

第一步，计算珠江公司和 S 公司的净利润。

（1）2014 年 S 公司净利润计算如下：

S 公司净利润（不含投资收益）	30 000
加：来自珠江公司的投资收益（股利）（50 000×10%）	5 000
减：特许权摊销（120 000/40）	（3 000）
S 公司净利润[①]	32 000
珠江公司持股比例	70%
来自 S 公司的应享受收益	22 400

（2）2014 年珠江公司净利润计算如下：

珠江公司净利润（不含投资收益）	130 000
加：来自 S 公司的投资收益（股利）（10 000×70%）	7 000
珠江公司净利润（成本法下）	137 000

（3）2015 年 S 公司净利润计算如下：

S 公司净利润（不含投资收益）	40 000
加：来自珠江公司的投资收益（股利）（80 000×10%）	8 000

---

① 这里，S 公司的净利润不是按权益法核算的，如果 S 公司（子公司）按权益法核算其对母公司的长期股权投资，则不是库存股法的做法，而是推定赎回的处理法。由于按权益法核算子公司的应享权益，则出现双方的净利润相互包含的情况，这时就需要使用联立方程计算双方权益法下的净利润。这里举一个简例说明这种方法。P 和 S 公司相互持股，P 持有 S 公司 80% 的股份，而 S 持有 P 公司 20% 的股份，双方实现的净利润（不含投资收益）为 70 000 元和 30 000 元，通过联立方程计算双方含对方投资收益的净利润：

$$P=70\,000+S\times80\%$$

$$S=30\,000+P\times20\%。$$

计算得：$P=111\,905$ 元，$S=52\,381$ 元。上述计算中 P 和 S 都包含了应抵销的相互投资收益。因此，合并净利润和少数股权应享计算如下：

P 公司净利润（即归属于多数股东的净利润）（111 905×80%）	89 524
少数股东应享损益（52 381×20%）	10 476
合计	100 000

减：特许权摊销（120 000/40）		(3 000)
S公司净利润		45 000
珠江公司持股比例		70%
来自S公司的应享受收益		31 500

第二步，根据上述计算，将长期股权投资调整为权益法的核算基础。

2014年底珠江公司对S公司长期股权投资计算如下：

期初珠江公司对S公司长期股权投资（2014.1.1）		504 000
加：S公司净利润	32 000（计算见上）	
减：股利	(10 000)	
珠江公司持股比例	70%	
调整额		15 400
期末珠江公司对S公司长期股权投资（2014.12.31）		519 400

第三步，编制合并抵销分录。

a. 将长期股权投资从成本法调整为权益法。

借：长期股权投资——S	15 400	
贷：期初未分配利润（珠江）（见上计算）		15 400

b. 抵销本年利润（股利）分配。

借：投资收益（珠江）	10 500	
投资收益（S）	8 000	
贷：股利（珠江）		8 000
股利（S）		10 500

c. 抵销珠江公司长期股权投资与S公司净资产。

借：股本（S）	200 000	
未分配利润（S）	425 000	
专利权（S）	117 000	
贷：长期股权投资——S（504 000+15 400）		519 400
少数股东权益（S）		222 600

d. 摊销专利权。

借：管理费用	3 000	
贷：无形资产——专利权（S）		3 000

e. 将S公司对珠江公司长期股权投资确认为库存股。

借：库存股（珠江）	120 000	
贷：长期股权投资——珠江		120 000

f. 确认少数股东分享。

借：少数股东损益（S）[45 000（计算见上）×30%]	13 500	
贷：少数股东权益（S）		9 000
股利（S）		4 500

第四步，根据上述抵销分录编制合并工作底稿（见表6—6）。

表 6—6 珠江公司合并工作底稿（2015 年） 单位：元

合并项目	珠江公司	S公司	抵销与调整分录		合并金额
			借	贷	
利润表项目					
一、营业收入	900 000	400 000			1 300 000
减：管理费用	(739 500)	(360 000)	d. 3 000		(1 102 500)
股利收入	10 500	8 000	b. 10 500 b. 8 000		0
四、净利润（净亏损以“－”号填列）	171 000	48 000			197 500
少数股东损益（S公司）			f. 13 500		(13 500)
归属于母公司股东的净利润					184 000
利润分配表项目					
期初未分配利润：					
珠江公司	747 000			a. 15 400	762 400
S公司		425 000	c. 425 000		
净利润	171 000	48 000			184 000
股利：				b. 8 000	
珠江公司	(80 000)			b. 10 500	(72 000)*
S公司		(15 000)		f. 4 500	
期末未分配利润	838 000	458 000			874 400
资产负债表项目					
货币资金	142 000	132 000			274 000
存货	700 000	200 000			900 000
长期股权投资——S	504 000		a. 15 400	c. 519 400	0
长期股权投资——珠江		120 000		e. 120 000	0
固定资产	642 000	516 000			1 158 000
无形资产			c. 117 000	d. 3 000	114 000
资产合计	1 988 000	968 000			2 446 000
长期借款	550 000	310 000			860 000
所有者权益：					
股本	600 000	200 000	c. 200 000		600 000
未分配利润	838 000	458 000			874 400
少数股东权益：				c. 222 600 f. 9 000	231 600
减：库存股			e. 120 000		(120 000)
负债和所有者权益合计	1 988 000	968 000			2 446 000

*P公司本年发放的股利为 80 000 元，由于有 10％发放给了外部股东，因此在合并报表上列示的金额只有 72 000 元（80 000×90％）。

第3节　合并后的股权变动

本节讨论的第三个问题是合并后母子公司股权变动的会计处理，包括两个方面：一是这种股权变动母子公司个别报表如何处理；二是在合并报表中如何对这种股权变动进行处理。讨论的重点是第二个方面。

一、合并后母公司出售与购买股权

首先我们讨论控制形成后母公司继续购买与出售股权的会计处理，同样包括两个方面，母公司个别报表的会计处理和合并报表中的会计处理。另一个问题则讨论分步合并和分步处置的会计处理。在第 2 章和第 3 章中，我们阐述了同一控制和非同一控制下投资公司对长期股权投资公允价值法转成本法、权益法转成本法的会计处理，并没有涉及合并层面的会计处理，同样，也阐述了投资公司对成本法转公允价值法、成本法转权益法的会计处理，也没有涉及合并层面的会计处理。在这里我们将讨论分步合并和分步处置的母公司个别报表和合并报表层面两方面的会计处理。

1. 合并后母公司购买子公司股权

根据第 33 号准则第 47 条的规定，投资方取得被投资方控制权后，继续购买子公司股权的（即子公司少数股权），从母公司的角度而言，对其长期股权投资的核算方法没有变动，继续按成本法核算其长期股权投资，但在合并报表的层面上，要对进一步购买少数股权的这部分长期股权投资与按照新增持股比例计算应享有子公司自购买日或合并日开始持续计算的净资产份额之间的差额，调整资本公积（母公司），资本公积不足冲减的，调整留存收益（母公司）。实例参见例 6—8。

2. 分步合并

在第 2 章中，我们阐述了母公司对长期股权投资公允价值法转成本法、权益法转成本法的会计处理，长期股权投资从公允价值法、权益法转换到成本法，从本质上讲，就是投资方通过多次股权购买形成对被投资方的控制并要求编制合并报表，我们简称这一过程为分步合并。在第 2 章里没有涉及合并层面对原有股权在合并报表中的会计处理。一般而言，在合并报表中，对于购买日之前持有的被购买方的股权，应当按照该股权在购买日的公允价值进行重新计量，公允价值与账面价值之间的差额计入当期投资收益；购买日之前持有的被购买方的股权涉及权益法核算下的其他综合收益等的，与其相关的其他综合收益应当转为购买日所属当期收益（但由于被投资方重新计量设定受益计划净负债或净资产变动而产生的其他综合收益除外）。

这时我们会发现，投资方在合并日，当长期股权投资直接从公允价值法转为成本法时，个别报表中的原长期股权投资核算金额与合并财务报表中的原持有股权的核算金额是一致的，合并报表中的长期股权投资不需要调整；而当长期股权投资从权益法转为成本法时，单独报表中的原长期股权投资核算金额（原权益法核算的账面价值）与合并财务报表中的原持有股权核算金额可能是不一致的，合并报表中的长期股权投资就可能需要调整，调整就是上面已经表述过的方法。这种调整的本质与合并后母公司购买子公司股权处理原则是一致的。不同的是对原长期股权投资与子公司净资产之间的差额不计入资本公积（或留存收益），而是计入当期损益，因为合并之前的股权购买不是资本交易。

例 6—7 珠江公司 2014 年 1 月 1 日购买 A 公司 20％的股权 4 000 000 股（产生重大影响），发生交易费用 400 000 元，每股市价 3 元。年末 A 公司净资产增加 6 000 000元，其中 5 000 000 元为当年实现的净利润，500 000 元为一项可供出售金融资产价格变动增加的其他综合收益，另外 500 000 元为公司实施股票期权导致的其他资本公积的增加。公司将净利润的 50％用于支付现金股利。

2015 年初，珠江公司又购买 A 公司 30％的股权 6 000 000 股，构成控制，发生交易费用 600 000 元，每股市价 3.5 元。购买当日，A 公司净资产的公允价值为 70 000 000 元，账面价值 60 000 000 元（其中股本 20 000 000 元，资本公积 20 000 000 元，未分配利润 20 000 000 元），公允价值高于账面价值的部分全部为商誉。

2015 年度，A 公司实现净利润 6 000 000 元，其中 50％用于分配现金股利。

（1）2014 年，珠江公司按权益法处理其对 A 公司的长期股权投资。购买时会计处理如下：

借：长期股权投资——投资成本（4 000 000×3＋400 000）　12 400 000
　贷：银行存款　12 400 000

（2）年末，按权益法对长期股权投资进行后续处理。

借：长期股权投资——损益调整　1 000 000
　　　　　　　　——其他综合收益　100 000
　　　　　　　　——其他权益变动　100 000
　贷：投资收益　1 000 000
　　　其他综合收益　100 000
　　　资本公积　100 000
借：应收股利（5 000 000×50％×20％）　500 000
　贷：长期股权投资——损益调整　500 000

（3）2015 年，珠江公司再购买时的会计处理。

再购入时长期股权投资成本＝12 400 000＋(6 000 000－2 500 000)×20％
＋6 000 000×3.5＝34 100 000（元）

借：长期股权投资　34 100 000
　　管理费用　600 000
　贷：长期股权投资——投资成本　12 400 000
　　　　　　　　　——损益调整　500 000
　　　　　　　　　——其他综合收益　100 000
　　　　　　　　　——其他权益变动　100 000
　　　银行存款　21 600 000

权益法核算形成的其他综合收益 100 000 元在该投资处置时与被投资单位直接处置相关资产和负债相同的会计基础进行会计处理，权益法核算形成的其他权益变动 100 000 元在该投资处置时转入处置期间的当期损益。

以上为投资公司个别报表上长期股权投资的会计处理，下面讨论合并报表中合并日的会计处理（抵销与调整分录）。

(1) 2015 年合并日的合并抵销分录。

借：其他综合收益　　100 000
　　资本公积　　100 000
　贷：投资收益　　200 000
借：长期股权投资　　900 000
　贷：投资收益　　900 000*

* 900 000=70 000 000×20%-(12 400 000+500 000+100 000+100 000)，这一调整使得购买日的长期股权投资与子公司净资产的公允价值与其持股比例相对应，即 34 100 000+900 000=70 000 000×50%。

上述分录一方面对于购买日之前持有的被购买方的股权，按照该股权在购买日的公允价值进行重新计量，公允价值与账面价值之间的差额计入当期投资收益；另一方面购买日之前持有的被购买方的股权涉及权益法核算下的其他综合收益等的，与其相关的其他综合收益转入购买日所属当期收益。

(2) 母公司长期股权投资与子公司净资产的抵销分录。

借：股本　　20 000 000
　　资本公积　　20 000 000
　　未分配利润　　20 000 000
　　商誉　　5 000 000
　贷：长期股权投资　　35 000 000
　　　少数股东权益　　30 000 000

另外，本年股利分配及由此形成的债权债务、本期少数股东应享确认及抵销调整分录不再列示。

(3) 合并日后的连续合并抵销，首先要将母公司的长期股权投资调整为权益法的核算基础，这一调整分两步：第一步是对分步合并原持有股权的调整（本例中为 20%的股权），第二步是对合并日后按成本法核算的长期股权投资（50%的股权）的调整。

假定 2016 年进行合并抵销，首先对分步合并原有股权（20%股权）的调整。

借：其他综合收益　　100 000
　　资本公积　　100 000
　贷：期初未分配利润　　200 000
借：长期股权投资　　900 000
　贷：期初未分配利润　　900 000

其次，对合并日后按成本法核算的长期股权投资（50%股权）的调整。

借：长期股权投资［(6 000 000-3 000 000)×50%］　　1 500 000
　贷：期初未分配利润　　1 500 000

需要说明的是，上述分步合并的多次交易之间不存在关联，不属于一揽子交易。如果合并是按照事先设定好的计划通过多次交易完成，则属于一揽子交易，按一次并购处理。

上述举例都是针对非同一控制下的合并进行的。分步（非一揽子交易）实现的同一控制下的企业合并，与非同一控制下的分步合并存在两点差异：一是在编制比较合并报表时，以不早于合并方和被合并方同处于最终控制方的控制之下的时点为限，将被合并方的有关资产、负债并入合并财务报表的比较报表中，并将因合并而增加的净资产在比较合并报表中调整所有者权益下的相关项目（资本公积等）；二是为避免重复计算，合并方在取得被合并方控制权之前持有的股权投资，在取得原股权之日与合并方和被合并方同处于同一方最终控制之日孰晚日起至合并日之间已确认有关损益、其他综合收益及其他净资产变动，应分别冲减比较报表期间的期初留存收益或当期损益。

例6—8 A公司为珠江公司全资子公司。2011年1月1日，A公司以现金120万元购买C公司20%的股权（产生重大影响），购买日C公司账面净资产的公允价值为600万元（与账面价值相等）。2013年1月1日，珠江公司购买C公司80%的股权。2015年7月1日，A公司购买珠江公司拥有的C公司80%的股权（A公司两次购买C公司股权不属于一揽子交易）。假定C公司每年（2011—2014年）实现的净利润为100万元，2015年上半年实现利润50万元。不考虑所得税等影响。

分析：该例中，2015年7月1日，A公司从珠江公司手中收购C公司80%股权的交易属于同一控制下的企业合并。A公司虽然于2011年1月1日开始持有C公司20%的股权，但2013年1月1日开始与C公司同受珠江公司最终控制，A公司合并C公司的报表应自取得C公司20%的股权（2011年1月1日）和与C公司同处于珠江公司最终控制之日（2013年1月1日）孰晚日（2013年1月1日）起开始将C公司纳入合并范围，即从2015年7月1日（合并日）正式编制合并财务报表时，还需提供2013年1月1日起A公司持有C公司100%的股权并重述合并财务报表的比较数据。2013年初A公司将C公司净资产纳入合并后，因合并增加的净资产调整资本公积。

借：各资产、各负债（贷方）（C公司）　　8 000 000
　贷：长期股权投资——C（1 200 000＋2×1 000 000×20%）　　1 600 000
　　资本公积　　6 400 000

2015年7月1日A公司编制正式的合并C公司的财务报表中，还应冲减2013年至2015年7月1日两年半的20%原股权投资权益法核算结果，以避免对C公司净资产的重复计算。

借：期初留存收益（2×1 000 000×20%）　　400 000
　　投资收益（500 000×20%）　　100 000
　贷：长期股权投资　　500 000

3. 不丧失控制权母公司出售子公司股权

投资方取得被投资方控制权后，在不丧失子公司控制权的情况下处置部分股权的，从母公司的角度而言，对其长期股权投资的核算方法没有变动，继续按成本法核算其长期股权投资；而在合并报表的层面上处置款与处置的长期股权投资相对应享有子公司自购买日或合并日开始持续计算的净资产份额之间的差额，应当调整资本公积（母公司），资本公积不足冲减的，调整留存收益（母公司）。对处置款与处置的长期股权投资相对应享有子公司自购买日或合并日开始持续计算的净资产份额之间的差额，计入资本公积（或留存收益）而不计入当期损益，是考虑这种股东之间的交易（不丧失控制权）为资本交易，不能产生损益。

4. 丧失控制权母公司出售子公司股权

企业因处置部分股权等原因丧失了对被投资方的控制权的，投资方在其个别报表中，分别按第 2 章中阐述的成本法转公允价值法、成本法转权益法的方法进行处理。在合并报表中（是指如果母公司还存在其他子公司所需要编制的合并报表，如果不存在其他子公司，则不需要考虑合并报表的处理），对于剩余股权，应当按照其在丧失控制日的公允价值进行重新计量。处置股权取得的对价与剩余股权公允价值之和，减去按原持股比例计算的应享有原有子公司自购买日或合并日开始计算的净资产的份额之间的差额，计入丧失控制权当期的投资收益，同时冲减商誉。与原有子公司股权投资相关的其他综合收益、其他所有者权益变动，应当在丧失控制权时转为当期的投资收益（但由于被投资方重新计量设定受益计划净负债或净资产变动而产生的其他综合收益除外）。

例 6—9 珠江公司 2014 年 1 月 1 日购买 A 公司 50%的股权 10 000 000 股（构成控制），发生交易费用 800 000 元，每股市价 3 元。购买日 A 公司净资产的公允价值为 60 000 000 元，A 公司可辨认净资产的公允价值为 50 000 000 元（与其账面价值相等）。年末 A 公司净资产账面价值增加 6 000 000 元，其中 5 000 000 元为当年实现的净利润，500 000 元为一项可供出售金融资产价格变动增加的其他综合收益，另外 500 000 元为 A 公司除净利润和其他综合收益以外的因素导致公司净资产变动的其他资本公积的增加。公司将净利润的 30%用于支付现金股利。

2015 年 7 月 1 日，珠江公司出售 20%的 A 公司股权（股权出售后不再控制，但产生重大影响），每股价格 3.5 元，前半年 A 公司实现利润 2 000 000 元，除净利润以外的其他净资产未发生变动。出售日 A 公司账面净资产为 56 500 000 元。

我们分两个方面进行阐述，一方面是投资公司个别报表对出售股权（成本法转权益法）的会计处理。

（1）登记出售分录。

借：银行存款	14 000 000	
贷：长期股权投资		12 000 000
投资收益		2 000 000

（2）按权益法调整剩余投资的账面价值（追溯调整）。

借：长期股权投资——投资成本　18 000 000
　　　　　　　　——损益调整　1 650 000
　　　　　　　　——其他综合收益　150 000
　　　　　　　　——其他权益变动　150 000
　贷：留存收益［(5 000 000－1 500 000)×30%］　1 050 000
　　　其他综合收益（500 000×30%）　150 000
　　　资本公积——其他资本公积（500 000×30%）　150 000
　　　投资收益（2 000 000×30%）　600 000
　　　长期股权投资　18 000 000

另一方面，在丧失控制权期间的合并报表中对丧失股权的会计处理如下：

(1) 将剩余股权调整为公允价值。

借：长期股权投资　1 050 000
　贷：投资收益（3.5×6 000 000－19 950 000）　1 050 000*

(2) 将原50%股权权益法核算形成的其他综合收益和其他权益变动转入当期损益。

借：其他综合收益（500 000×50%）　250 000
　　资本公积——其他资本公积（500 000×50%）　250 000
　贷：投资收益　500 000

(3) 转出售出的20%股权按权益法核算增加的长期股权投资对应的投资收益。

借：投资收益（处置收益）　1 300 000*
　贷：留存收益（5 000 000－1 500 000)×20%　700 000
　　　其他综合收益（500 000×20%）　100 000
　　　资本公积——其他资本公积（500 000×20%）　100 000
　　　投资收益——损益调整（2 000 000×20%）　400 000

*1 300 000＝(2 000 000＋1 050 000)－1 750 000(处置收益)
1 750 000＝(14 000 000＋3.5×6 000 000)－56 500 000×50%－5 000 000

上面讨论的是一次性处置股权导致丧失子公司控制权的情况，假设投资公司通过多次交易分步处置子公司股权直至丧失控制权，并且这种分步处置的各项交易属于一揽子交易的，应当将各项交易作为一项处置交易进行处理，在丧失控制权每一次处置款与处置投资对应的享有该子公司自购买日开始持续计算的净资产份额的差额，在合并报表中应当确认为其他综合收益，在丧失控制权时一并转入丧失控制权当期的损益。

二、合并后子公司的股权变动

以上讲述的都是母公司自身的股权结构变动。下面讨论的则是被投资公司——子公司股权结构变动对母公司长期股权投资的影响。

由于子公司可能通过发行股票向外部筹集资本来扩张经营，也可能由于需要而回购自身的股票，再有就是子公司发放股票股利和进行股票分割。这时，母公司对子公司的长期股权投资会因子公司股票交易而发生变化。除最后一种情况不影响母公司对长期股权投资的会计处理和合并程序外，前两种情况都会影响母公司在子公司的股权权益份额，有时还要调整母公司的长期股权投资及资本公积。① 下面我们分别上述三种情况进行讲述。

1. 子公司发行股票

子公司向外增发新股分三种情况：一是全部向母公司发行；二是全部向母公司以外的其他主体发行；三是按现有比例向原股东发行。

（1）全部向母公司发行。

例 6—10 珠江公司拥有 S 公司 60％的股权，2015 年 1 月 1 日，珠江公司对 S 公司的长期股权投资为 350 000 元，其中 50 000 元为商誉，当日 S 公司净资产构成如下：

股本（每股面值 1 元）	100 000
资本公积	200 000
盈余公积	100 000
未分配利润	100 000
合计	500 000

情形一：如果 S 公司按账面价值每股 5 元（500 000/100 000）向珠江公司增发 20 000 股普通股。根据前面合并后母公司购买子公司股权的阐述，根据第 33 号准则第 47 条的规定，珠江公司长期股权投资、投资比重和资本公积重新确认如表 6—7 所示。

表 6—7　子公司按账面价值发行股份，母公司权益的确定　单位：元

	购买前	购买后
S 公司权益	500 000	600 000
珠江公司所占股权比例	60％	66.67％*
珠江公司在 S 公司中的权益	300 000	400 000
商誉	50 000	50 000
资本公积	—	—
长期股权投资	350 000	450 000

* 66.67％＝（60 000＋20 000）/（100 000＋20 000）

根据上面的计算可以看出，由于珠江公司是按面值购买 S 公司发行的新股，因此，资本公积未发生变化，只是投资比例由原来的 60％提高到 66.67％，长期股权投资由原来的 350 000 元增加到 450 000 元。

情形二：如果 S 公司按每股 6 元向珠江公司增发 20 000 股普通股。珠江公司长期股权投资及投资比重重新确认如表 6—8 所示。

① 因子公司股票交易导致母公司在子公司股权权益份额的变化不能确认损益，FASB 在 SFAS160 就明确规定这种交易为股权交易（权益性交易）。另外，前面提到的合并后母公司继续收购子公司少数股权，以及在不丧失控制的情况下出售股权，也均属于股权交易，都不得确认当期损益。我国第 33 号准则的规定与此一致。

表 6—8　　子公司按高于账面价值发行股份，母公司权益的确定　　单位：元

	购买前	购买后
S公司权益	500 000	620 000
珠江公司所占股权比例	60%	66.67%
珠江公司在S公司中的权益	300 000	413 354
商誉	50 000	50 000
资本公积	—	(6 646*)
长期股权投资	350 000	470 000

*资本公积计算如下：

购买价格（6×20 000）	120 000
购买后所获账面价值［(500 000+120 000)×66.67%］	413 354[①]
购买前所获账面价值（500 000×60%）	(300 000)
按账面购买价格	113 354
资本公积	6 646

根据上面的计算可以看出，由于珠江公司是按高于面值来购买S公司发行的新股，因此，购买股权的这部分长期股权投资与按照新增持股比例计算应享有子公司自购买日或合并日开始持续计算的净资产份额之间的差额，调整资本公积，调整额为6 646元，同第一种情况一样，投资比例由原来的60%提高到66.67%，长期股权投资由原来的350 000元增加到470 000元。

情形三：如果S公司按每股4元向珠江公司增发20 000股普通股。珠江公司长期股权投资及投资比重重新确认如表6—9所示。

表 6—9　　子公司按低于账面价值发行股份，母公司权益的确定　　单位：元

	购买前	购买后
S公司权益	500 000	580 000
珠江公司所占股权比例	60%	66.67%
珠江公司在S公司中的权益	300 000	386 686
商誉	50 000	50 000

① 如果对母公司取得控制权后继续购买子公司股权不按权益性交易处理，则母公司继续购买子公司股权的对价与按比例计算的子公司净资产份额之间的差额计入商誉，这时购买后的商誉为56 646元。为了比较这两种处理之间的差异，我们将赎买前后以及按权益性交易和不按权益性交易合并处理列表如下。

购买前合并抵销		购买后合并抵销			
		不按权益性交易处理		按权益性交易处理	
借：股本	100 000	借：股本	120 000	借：股本	120 000
资本公积（子）	200 000	资本公积（子）	300 000	资本公积（子）	300 000
盈余公积	100 000	盈余公积	100 000	盈余公积	100 000
未分配利润	100 000	未分配利润	100 000	未分配利润	100 000
商誉	50 000	商誉	56 646	商誉	50 000
贷：长期股权投资	350 000	贷：长期股权投资	470 000	资本公积（母）	6 646
少数股东权益	200 000	少数股东权益	206 646	贷：长期股权投资	470 000
(200 000=500 000×40%)		(206 646=620 000×33.33%)		少数股东权益	206 646

续前表

	购买前	购买后
资本公积	—	6 686*
长期股权投资	350 000	430 000

*资本公积计算如下：	
购买价格（4×20 000）	80 000
购买后所获账面价值［(500 000＋80 000)×66.67%］	386 686
购买前所获账面价值（500 000×60%）	(300 000)
按账面购买价格	86 686
资本公积	(6 686)

根据上面的计算可以看出，由于珠江公司是按低于面值来购买S公司发行的新股，因此，资本公积增加了6 686元。投资比例由原来的60%提高到66.67%，长期股权投资由原来的350 000元增加到430 000元。

从三种情况的变化结果来看，无论是按何种价格向母公司发行股票，都不会导致母公司资本公积的调整，变化的是母公司长期股权投资的比例（增加）、在子公司股东权益中的份额（增加）和资本公积（按面值发行的除外）。

（2）全部向母公司以外的其他主体发行。

例6—11 接上例，S公司将20 000股普通股向集团外分别以每股5元、6元和4元出售，售出后珠江公司在S公司所占的股权比例、长期股权投资额分别如表6—10所示。

表6—10　　子公司对母公司以外的少数股东发行股份，母公司权益的确定　　单位：元

	售价4元	售价5元	售价6元
S公司股东权益（增发后）	580 000	600 000	620 000
珠江所占股权比例	50%	50%	50%
增发前珠江在S中的权益	300 000	300 000	300 000
增发后珠江在S中的权益	290 000	300 000	310 000
珠江在S中权益的增加（或减少）	(10 000)	0	10 000

从上面的计算可以看出，当子公司对集团外的主体发行股票时，珠江公司在S公司的股权比例就会降低（不论按何种价格发行），同时，当S公司按股票的账面价值进行发行时，珠江公司在S公司的权益就不会产生变化，即珠江公司的长期股权投资余额不变；但当子公司不按股票的账面价值发行时，珠江公司在S公司的权益就会产生变化（增加或减少），即珠江公司的长期股权投资余额改变了。对母公司股权比例降低的处理根据资本交易的原则，是通过调整长期股权投资和资本公积来进行的，具体会计处理如下：

情形一：售价4元。

借：资本公积　　10 000

　贷：长期股权投资　　10 000

情形二：售价5元。

不做处理。

情形三：售价 6 元。

借：长期股权投资 10 000

  贷：资本公积 10 000

需要指出的是，上面的会计处理是母公司按权益法核算其长期股权投资时，在其个别报表中对长期股权投资进行的相应调整；如果母公司按成本法对长期股权投资进行核算，在其个别报表中不对长期股权投资进行调整，而在合并财务报表中对长期股权投资从成本法调整为权益法时，要进行如下补充调整：

情形一：售价 4 元。

借：资本公积 10 000

  贷：长期股权投资 10 000

情形二：售价 5 元。

不做处理。

情形三：售价 6 元。

借：长期股权投资 10 000

  贷：资本公积 10 000

此外，如果因子公司发行股份而导致母公司失去控制权但能实施共同控制或重大影响时，原母公司在其个别财务报表中将其长期股权投资由成本法转换为权益法进行核算（追溯调整），而在合并报表中，则按第 33 号准则的相关规定进行处理。

(3) 按现有比例向原股东发行。

如果子公司是按现有比例向原股东发行股票，则不论采用什么价格，都不需要调整资本公积，也不会产生购买商誉，因为增加的投资必然等于按比例购买增发股份所获得的账面价值增（减）额。

2. 子公司股份回购

当子公司回购自身的股票时，会使子公司的股东权益及流通在外的股数减少。这种回购，可以向多数股东进行，也可以向少数股东进行。向多数股东回购的会计处理类似于前面所讲的母公司出售股份的会计处理。向少数股东回购股份，会使母公司在子公司的股权比例增加，但不同的回购价格对母公司的长期股权投资的影响不同（即母公司在子公司股东权益中占有的份额）。当子公司按股票的账面价值回购时，母公司在子公司股东权益中的份额就不会发生变化；当子公司不按股票的账面价值回购时，母公司在子公司股东权益中的份额就会发生变化（增加或减少），相应地，一方面要调整长期股权投资账户，另一方面调整资本公积账户。

例 6—12 珠江公司拥有 S 公司 60%的股权，2015 年 1 月 1 日，S 公司流通在外的普通股为 100 000 股（每股面值 1 元），股东权益为 500 000 元，假定 S 公司于 2015 年 1 月 2 日分别以 5 元、6 元和 4 元向珠江公司以外的股东回购 10 000 股普通股，回购后珠江公司在 S 公司所占的股权比例、长期股权投资增加（或减少）额分别如表 6—11 所示。

表 6—11　　　　子公司回购股份母公司权益的确定　　　　单位：元

	回购价 4 元	回购价 5 元	回购价 6 元
S 公司股东权益	500 000	500 000	500 000
减：库存股（成本）	40 000	50 000	60 000
回购后的股东权益	460 000	450 000	440 000
珠江所占股权比例	6/9*	6/9	6/9
回购后珠江在 S 公司中的权益	306 667	300 000	293 333**

* 6/9＝60 000/（100 000－10 000）

** 293 333＝440 000×6/9

三种情况的会计处理如下：

情形一：售价 4 元。

借：长期股权投资　　6 667

　贷：资本公积　　6 667

情形二：售价 5 元。

不做处理。

情形三：售价 6 元。

借：资本公积　　6 667

　贷：长期股权投资　　6 667

同上说明，这里的会计处理是母公司按权益法核算其长期股权投资时，在其个别报表中对长期股权投资进行的相应调整；如果母公司按成本法对长期股权投资进行核算，在其个别报表中不对长期股权投资进行调整，而在合并财务报表中对长期股权投资从成本法调整为权益法时，要进行如下补充调整：

情形一：售价 4 元。

借：长期股权投资　　6 667

　贷：资本公积　　6 667

情形二：售价 5 元。

不做处理。

情形三：售价 6 元。

借：资本公积　　6 667

　贷：长期股权投资　　6 667

子公司净资产的账面价值会因其经营而变化，如果子公司对回购的股份重新出售，母公司应根据出售时子公司净资产的账面价值进行会计处理。对于小额库藏股的交易，常会有一买一卖相互抵销的情况，这种情况下不需进行调整。

3. 子公司发放股票股利和进行股票分割

子公司股票分割既不影响子公司的净资产，也不影响母公司和子公司少数股东的权益，因此，股票分割不进行任何会计处理。

股票股利也不会对母公司在子公司的权益产生任何影响，但在合并抵销中，子公司净资产的结构会发生改变。因而相应地，合并抵销分录中的股本、资本公积、盈余公积和未分配利润的金额会发生变化。

例 6—13　珠江公司拥有S公司60%的股权，2015年1月1日，珠江公司对S公司的长期股权投资为300 000元，当日S公司净资产构成如下：股本（每股面值1元）100 000元，资本公积200 000元，盈余公积100 000元，未分配利润100 000元。2015年度S公司盈利100 000元，支付现金股利50 000元。

根据上述资料，编制合并分录如下：

长期股权投资由成本法调整为权益法的调整分录略。

a. 借：投资收益　30 000
　　贷：股利　30 000

b. 借：股本　100 000
　　　资本公积　200 000
　　　盈余公积　100 000
　　　未分配利润　100 000
　　贷：长期股权投资　300 000
　　　　少数股东权益　200 000

c. 借：少数股东收益　40 000
　　贷：少数股东权益　20 000
　　　　股利　20 000

如果S公司再宣布10%的股票股利，当时每股市价10元，则S公司将登记：

借：普通股股利　100 000
　贷：股本　10 000
　　　资本公积　90 000

或

借：未分配利润　100 000
　贷：股本　10 000
　　　资本公积　90 000

如果考虑股票股利，则上述抵销分录应为（分录a、分录c同上）：

b. 借：股本　110 000
　　　资本公积　290 000
　　　盈余公积　100 000
　　　未分配利润　100 000
　贷：长期股权投资　300 000
　　　少数股东权益　200 000
　　　普通股股利　100 000

该分录中，普通股股利实际上抵销的是10 000元的股本和90 000元的资本公积，2015年后，未分配利润将减少100 000元，其他则不会发生变化。

思考题

1. 合并所得税会计产生的原因是什么，我国合并所得税调整的主要内容是什么？

2. 简述购并日和购并后合并所得税会计处理的主要差异。

3. 考虑所得税会计与不考虑所得税会计对合并报表有无实质的影响，为什么？

4. 概述复杂控股结构的主要类型。

5. 简述间接控股合并处理的要点和基本程序。

6. 指出相互持股库存法和推定赎回法的区别。

7. 为何获得控制权的股权进一步购买以及不丧失控制权的股权出售属于资本交易，不产生交易损益？

8. 合并后母公司股权变动在个别报表和合并报表中的主要区别以及产生这一区别的基本原因是什么？

9. 简要说明同一控制下的分步合并与非同一控制下的分步合并处理的不同之处。

10. 解释为何子公司股权变动会影响母公司的权益，归纳子公司股权变动的不同情形下，母公司相应的会计调整和处理。

练习题

（一）合并工作底稿（考虑所得税——合并后第二年）

珠江公司和S公司2014年的相关信息参见第5章练习题（六）的资料。

要求：

（1）编制合并后第二年的合并抵销分录（考虑所得税）。

（2）编制合并后第二年的合并工作底稿（考虑所得税）。

（二）间接持股的合并抵销

2015年1月1日，P公司用800 000元的现金购买S公司70%的有表决权的普通股，收购时，S公司净资产公允价值高于账面价值300 000元，全部分配给S公司一项固定资产，该资产剩余使用年限为10年（按直线法折旧，无残值）。

2015年1月5日，S公司用500 000元现金购买T公司60%的有表决权的普通股，收购时，T公司净资产公允价值高于账面价值100 000元。收购价高于账面价值是由于T公司一项专利权没有入账，其剩余法定期限为4年（每年摊销25 000元）。

其他相关信息如下：

（1）2015年三公司实现的净利润（不含投资收益）和分配的现金股利见表6—12。

表6—12　2015年三公司实现的净利润（不含投资收益）和分配的现金股利　单位：元

年份	P公司		S公司		T公司	
	净利润	股利	净利润	股利	净利润	股利
2015	600 000	200 000	300 000	150 000	100 000	50 000

(2) 2015 年三公司上述单独利润中包含的因关联商品交易产生的未实现利润 P、S 和 T 公司分别为 110 000 元、80 000 元和 20 000 元。

(3) P 和 S 公司分别采用成本法核算其长期股权投资。

要求：

(1) 计算权益法下 P 和 S 公司的净利润。

(2) 计算 2015 年底 P 和 S 公司的长期股权投资。

(3) 计算 2015 年 S 和 T 公司少数股东利润应享额和本期少数股东权益增加额。

（三）相互持股的合并抵销

南方公司于 2014 年 1 月 1 日以 1 080 000 元购买 S 公司 90%的股权，当时 S 公司股本为 800 000 元，未分配利润为 400 000 元；S 公司于 2014 年 1 月 5 日以 280 000 元购买南方公司 10%的股权，当时南方公司的股本为 2 000 000 元，未分配利润为 800 000 元。

其他相关信息如下：

(1) 2014—2015 年两公司实现净利润（不含投资收益）和分配的现金股利见表 6—13。

表 6—13　2013—2015 年两公司实现净利润（不含投资收益）和分配的现金股利　单位：元

年份	S公司			南方公司		
	净利润	股利收入	股利分配	净利润	股利收入	股利分配
2014	120 000			200 000		
2015	160 000	12 000	80 000	240 000	72 000	120 000

(2) 南方和 S 公司分别采用成本法核算其长期股权投资，其他相关信息见表 6—14。

表 6—14　南方和 S 公司个别报表（2015 年 12 月 31 日）　单位：元

	南方	S	调整和抵销		合并数
利润表					
营业收入	1 560 000	900 000			
减：主营业务成本	(800 000)	(500 000)			
管理费用	(520 000)	(240 000)			
加：股利收入	72 000	12 000			
净利润	312 000	172 000			
少数股东收益					
归属于母公司股东的净利润					
利润分配表					
期初未分配利润	1 000 000	520 000			
净利润	312 000	172 000			
股利	(120 000)	(80 000)			

续前表

	南方	S	调整和抵销		合并数
期末未分配利润	1192 000	612 000			
资产负债表					
货币资金	612 000	332 000			
存货	1 000 000	600 000			
长期股权投资——S	1080 000				
长期股权投资——南方		280 000			
固定资产	2 500 000	1 200 000			
合计	5 192 000	2 412 000			
长期借款	2 000 000	1 000 000			
股本——南方	2 000 000				
股本——S		800 000			
未分配利润	1 192 000	612 000			
少数股东权益					
库存股					
合计	5 192 000	2 412 000			

要求：

(1) 编制 2015 年南方和 S 公司合并抵销分录。

(2) 编制 2015 年南方和 S 公司合并工作底稿。

(四) 合并后母公司购买子公司股权

2015 年初南方公司净资产 1 亿元，其中股本 10 000 000 元，资本公积 40 000 000 元，未分配利润 50 000 000 元。2015 年 1 月 2 日，公司以现金 36 000 000 元购买 A 公司 60%有表决权股票，取得其控制权，购买日，A 公司净资产 50 000 000 元，其中股本 5 000 000 元（每股面值 1 元），资本公积 20 000 000 元，未分配利润 25 000 000 元。购买日，A 公司净资产的公允价值等于账面价值。

2015 年 7 月 1 日，南方公司以现金 6 500 000 元购买 A 公司 10%的有表决权的普通股，A 公司前半年实现净利润 5 000 000 元，其他净资产未发生变化。2015 年全年 A 公司实现净利润 10 000 000 元，其中 50%用于支付现金股利（已宣布尚未支付）。

要求：

(1) 登记 2015 年南方公司两次购买 A 公司的会计分录。

(2) 登记 2015 年末合并抵销分录。

(五) 分步合并

南方公司 2014 年 1 月 1 日购买 A 公司 30%的股权 6 000 000 股，发生交易费用 500 000 元，每股市价 3 元。年末 A 公司净资产增加 6 000 000 元，其中 5 000 000 元为当年实现的净利润，500 000 元为一项可供出售金融资产价格变动增加的其他综合收益，另外 500 000 元为公司采用设定受益福利计划资产增值导致的其他综合收益的增加。公司用净利润的30%用于支付现金股利。

2015年初，南方公司又购买A公司20%的股权4 000 000股，构成控制，发生交易费用250 000元，每股市价3.5元。购买当日，A公司净资产的公允价值为70 000 000元，账面价值60 000 000元（其中股本20 000 000元，资本公积20 000 000元，未分配利润20 000 000元），公允价值高于账面价值的部分全部为商誉。

2015年度，A公司实现净利润5 000 000元，其中40%用于分配现金股利。

要求：

（1）编制2014年和2015年南方公司对A公司长期股权投资的会计处理。

（2）编制2015年的合并抵销分录。

（3）编制2016年合并抵销中对长期股权投资的调整分录。

（六）不丧失控制权母公司出售子公司股权

南方公司2014年1月1日购买A公司70%的股权14 000 000股（构成控制），发生交易费用800 000元，每股市价3元。购买日A公司净资产为60 000 000元（A公司净资产账面价值与公允价值相等）。年末A公司净资产增加6 000 000元，其中5 000 000元为当年实现的净利润，500 000元为一项可供出售金融资产价格变动增加的其他综合收益，另外500 000元为A公司除净利润和其他综合收益以外的因素导致公司净资产变动的其他资产公积的增加。公司将净利润的50%用于支付现金股利。

2015年7月1日，南方公司出售10%的A公司股权，每股价格3.5元，前半年A公司实现利润2 000 000元，除净利润以外的其他净资产未发生变动。出售日A公司账面净资产为65 500 000元。

要求：

（1）编制南方公司个别报表中出售股权的会计分录。

（2）编制股权出售日的合并抵销分录。

（七）丧失控制权母公司出售子公司股权

南方公司2014年1月1日购买A公司70%的股权14 000 000股（构成控制），发生交易费用800 000元，每股市价3元。购买日A公司净资产公允价值为60 000 000元（A公司净资产账面价值与公允价值相等）。年末A公司净资产账面价值增加6 000 000元，其中5 000 000元为当年实现的净利润，500 000元为一项可供出售金融资产价格变动增加的其他综合收益，另外500 000元为A公司除净利润和其他综合收益以外的因素导致公司净资产变动的其他资本公积的增加。公司用净利润的50%用于支付现金股利。

2015年7月1日，南方公司出售30%的A公司股权（股权出售后不再控制，但产生重大影响），每股价格3.8元，前半年A公司实现利润2 000 000元，除净利润以外的其他净资产未发生变动。出售日A公司账面净资产为65 500 000元。

要求：

（1）编制南方公司个别报表中出售股权的会计分录。

（2）编制合并报表中对处置股权的会计处理。

（八）全部向母公司以外的其他主体发行

南方公司拥有S公司70%的股权，2015年1月1日，南方公司对S公司的长期股权投资为1 500 000元，其中100 000元为商誉，当日S公司净资产构成如下：

股本（每股面值1元）	200 000
资本公积	800 000
盈余公积	500 000
未分配利润	500 000
合计	2 000 000

S公司将50 000股普通股向南方公司集团外分别以每股10元（等于账面净资产）、12元和8元出售。

要求：

(1) 计算三种情形下南方公司在S公司中的权益及权益变动。

(2) 进行相关会计登记。

（九）子公司股份回购

南方公司拥有S公司70%的股权，2015年1月1日，S公司流通在外的普通股为200 000股（每股面值1元），股东权益为2 000 000元，假定S公司于2015年1月2日分别以10元（等于账面净资产）、12元和8元向南方公司以外的股东回购20 000股普通股.

要求：

(1) 计算三种情形下南方公司在S公司中的权益及权益变动。

(2) 进行相关会计登记。

第7章

分支机构会计

本章结构

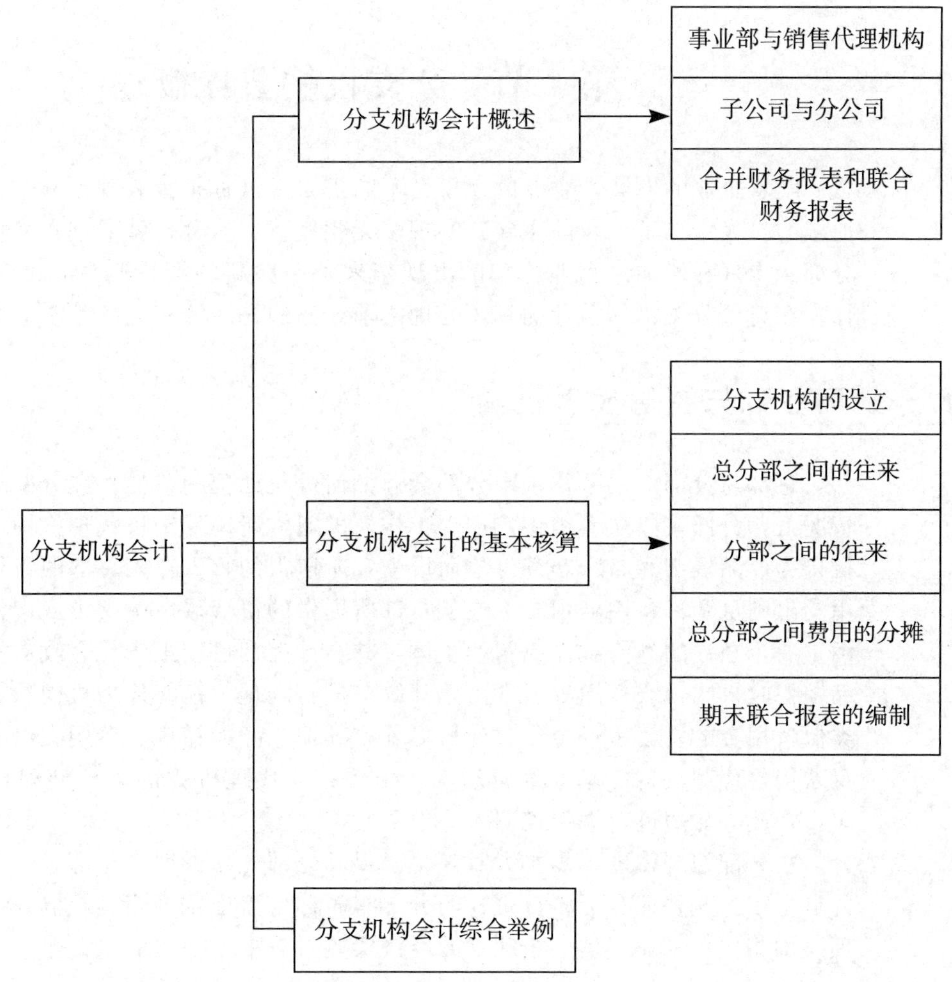

本章要点

- 分支机构会计的基本概念
- 总分部之间和分部之间商品往来及运费的核算
- 费用分摊的核算
- 总分部期末调整与结账处理
- 联合抵销会计处理
- 联合报表编制

前面三章讨论了母公司与子公司的报表合并问题。一般将母子公司合并报表的会计处理称为合并会计，合并的财务报表称为合并财务报表（consolidation statement)。本章所论述的分支机构会计与合并会计类似，总公司与分公司（即分支机构）合并的财务报表称为联合财务报表（combine statement)。本章前两节先阐述分支机构会计的一些基本概念和核算的主要内容，第三节通过一个实例讲解联合财务报表编制的全过程。

第1节　分支机构会计概述

随着企业的发展，企业的规模会不断扩张。这种扩张表现在两个方面，一是地域的扩大；二是行业的突破，实现多元化经营。这种扩张的基本表现就是企业分部的出现和增加。企业分部的出现带来了一些新的会计问题，即分支机构会计。在讨论分支机构会计的具体处理之前，我们先厘清有关的基本概念。

一、事业部与销售代理机构

总部与分部的关系是决定分部会计如何进行处理的前提。在分部规模不大的情况下，分部一般从事销售代理等工作，即通常所说的销售代理机构。销售代理机构为商品展销和与顾客签订单而设立，所取得的收入存入总部的银行账户，费用支出则从定额备用金中支取或从总部所提供的银行账户中支出。销售代理机构不是一个独立的经济主体或营业主体，其会计处理也仅限于现金收支活动，而商品销售收入、销售费用等通常由总部统一进行处理。销售代理机构除了设置一个类似备用金的“营运资金”会计科目外，其他业务如销售、费用支出通过明细来反映销售代理机构的基本经营活动。由于销售代理机构的会计处理相对比较简单，在此不专门进行举例说明。

在分部的规模进一步扩大时，为了提高分部的积极性，总部会赋予分部更多的自主权。这种拥有更多自主权的分部有时称为事业部或者分公司。① 与销售代理机构相比，事业部是一个独立的经济实体，有自己独立的银行账户和独立的会

① 本章中，对事业部、分公司、分部和分支机构这几个概念不加区分，指同一事物。

计核算系统。一般独立企业所具有的各种功能，事业部都具备。

二、子公司与分公司

从法律的角度而言，子公司是一个独立的法律实体①，虽然控制权由母公司掌握，但日常经营由子公司独立完成，能独立签订经济合同，有其独立的会计处理体系，并单独纳税。在子公司中，绝大多数情况下还存在少数股东。

分公司（或事业部）虽然是一个独立的经济主体，但不是一个独立的法律主体，所有的投资来源于总公司，纳税也由总公司统一进行。分公司（或事业部）在经营上拥有较大的自主权，但这种自主权的多少是直接由总公司决定的，一个分公司拥有多少自主权是千差万别的。

三、合并财务报表和联合财务报表

将母子公司的单独报表进行合并，就是合并财务报表。但作为两个独立的法人，母子公司必须分别向其股东或其他报表使用者提供其财务报表，而母公司除提供母公司的财务报表外，还要提供合并的财务报表。联合财务报表是总分公司的合并报表，对外只需提供这一报表。分公司单独的财务报表只供内部管理和考核使用。当然，在联合财务报表中，分公司的相关信息通过分部报告补充披露（分部报告将在第 16 章讲述）。

联合财务报表与合并财务报表在很多地方非常相似，如都对相对账户进行抵销，合并财务报表中对母公司的“长期股权投资”与子公司的“股东权益”进行抵销，而联合财务报表中则是对总公司的“投资分支机构”与子公司的“总部往来”进行抵销；对内部交易中所产生的未实现的损益进行抵销。当然，两者之间也存在很大的区别，如联合会计中的分公司没有设置权益类账户，总部将一些费用分摊给分公司等。最后，联合报表编制的复杂程度远低于合并报表的编制。

第 2 节　分支机构会计的基本核算

除了分支机构会计设置一般会计科目外，总分机构双方还需单独设立两个独立的账户：一是总部设置“投资分支机构”（也有的设置为“对分支机构往来”）；二是分支机构设置“总部往来”。“投资分支机构”是一个非流动资产项目，借方反映总部向分部提供的现金、资产、劳务和分部的净利润，贷方反映从分部收回的现金、资产及分部的亏损等。前面提到，分部是不单独设立权益类账户的，“总部往来”是一个准权益类账户，完成类似权益类核算的要求。其贷方登记由总部提供的现金、资产、劳务等，借方登记上交总部或向总部提供现金、资产等

① 在我国实务中，有一级法人、二级法人甚至三级法人的说法，这不符合法理。一个经济实体，要么是独立的法人，要么是一个分公司，而分公司是不具备法人地位的。

业务，期末结账，分部将利润（或亏损）转入该账户。

分支机构会计的日常业务如购进、生产和销售等与一般会计处理无异，在此不再单独进行讲解。本节主要讲述的内容有：分支机构设立、与总部往来、分部之间往来、费用分摊、期末联合报表编制（包括联合抵销和总部调整）等。下面分别举例对这些内容进行讲述。

一、分支机构的设立

当分支机构成立时，总部会将一定的现金和设备拨付给分支机构。这时总部和分支机构都要对此进行记录。

总部的分录为：

借：投资分支机构

　贷：现金

　　固定资产——设备

分支机构的分录为：

借：现金

　固定资产——设备

　贷：总部往来

二、总分部之间的往来

与子公司不同，分公司的大量经济业务是企业内部之间的往来，包括总分部之间的往来和分部之间的往来。这些往来既包括商品往来，也包括固定资产、劳务等，其核算原理大体相同。这里主要以商品往来为例，讲解商品往来中三种不同的转移价格的核算：按成本价、按成本加价、按零售价。

1. 按成本价转移商品的核算

按成本价转移商品的核算比较简单，当总部向分部发送商品后，双方的会计处理如下。

总部的分录为：

借：投资分支机构

　贷：库存商品——发送分支机构

分支机构的分录为：

借：库存商品——总部发送

　贷：总部往来

2. 按成本加价转移商品的核算

按成本加价转移商品的核算要复杂一些，一方面，在总部的账上要反映这一加价因素；另一方面，期末总部要对加价部分对分支机构利润的影响进行调整。

例7—1　2015 年度，珠江公司甲分部期初存货 5 500 元，全部来自总部。本期来自总部的商品金额为 33 000 元。期末存货为 6 000 元，其中 1 050 元由外界供应商处购入，总部对分支机构的销货均以成本加价10%计价。双方的会计处理如下。

(1) 向分部发送商品后，总部登记如下：

借：投资分支机构——甲　33000

　贷：库存商品——发送分支机构　30000

　　　存货加价　3000

(2) 期末，总部对加价部分对分支机构利润的影响进行调整。由于总部向分部发送商品后，并未登记销售，所有的销售利润是在分部销售后通过销售收入与销售成本的结转来计算的，而分部是按成本加价的基础来结转销售成本的，因此，需要通过一个调整分录将成本调整到总部发送前商品的成本基础上。

借：存货加价　3050

　贷：分支机构利润——甲　3050[①]

(3) 分支机构收到商品后，按加价后的价格登记“库存商品”和“总部往来”。

借：库存商品——总部发送　33000

　贷：总部往来　33000

3. 按零售价转移商品的核算

这种核算方法与第二种方法的区别在于，总部在平时发送后按零售价登记库存商品的减少，期末再调整“存货加价”。

仍以例7—1的资料为例，假设珠江公司按零售价格进行核算，分部的核算没有差别，总部的核算如下。

(1) 向分部发送商品后，总部登记如下：

借：投资分支机构——甲　33000

　贷：库存商品——发送分支机构　33000

(2) 期末，总部对存货加价和加价对分支机构利润的影响进行调整。

借：库存商品——发送分支机构　3000

　贷：存货加价　3000

借：存货加价　3050

　贷：分支机构利润——甲　3050

在上例中，我们没有考虑运费的问题，下面结合运费进行说明。总部运往分部的商品的运费构成分部商品成本的一部分，而总部与分部之间以及分部之间商品往来所发生的超额运费则不应该包括在商品成本中。

例7—2　接例7—1，假设总部向分部发送商品中产生600元的运费，由总部进行支付。期末，由于商品质量问题，分部将其中一半商品退回总部。分部支付运费300元，双方的核算如下。

(1) 向分部发送商品后，总部登记如下：

① 3050＝期初和本期购进存货中的未实现利润－期末存货中未实现利润＝500＋3000－450。

借：投资分支机构 33 600
　贷：库存商品——发送分支机构 30 000
　　存货加价 3 000
　　现金 600

（2）分支机构的会计分录为：

借：库存商品——总部发送 33 000
　库存商品——运费 600
　贷：总部往来 33 600

退回商品是因为质量问题，因此退回商品的往返运费计入管理费用，代表管理的失误，不能作为正常的营业费用。双方的会计处理如下。

（1）总部的分录为：

借：库存商品——发送分支机构 15 000
　存货加价 1 500
　管理费用——超额运费损失 600
　贷：投资分支机构 17 100

（2）分支机构的分录为：

借：总部往来 17 100
　贷：库存商品——总部发送 16 500
　　库存商品——运费 300
　　现金 300

三、分部之间的往来

各分部之间也可能发生往来，理论上，可以相互间设置往来账，年终编制联合财务报表时予以抵销。不过，为了便于总部的控制，此类往来通常由总部处理，分部之间不设往来账。

例 7—3 假设在例 7—1 中，珠江公司总部将 30 000 元的商品加价 10%运送给甲分部。由于乙分部急需销售此商品，甲分部将此批商品转发给乙分部。相关会计处理如下。

（1）总部的会计分录为：

借：投资分支机构——乙 33 000
　贷：库存商品——发送分支机构（乙） 30 000
　　存货加价 3 000

借：库存商品——发送分支机构（甲） 30 000
　存货加价 3 000
　贷：投资分支机构（甲） 33 000

上述两笔分录可以合二为一。

（2）甲分部的会计分录为：

借：总部往来 33 000
　贷：库存商品——总部发送 33 000

(3) 乙分部的会计分录为：

借：库存商品——总部发送 33 000

　贷：总部往来 33 000

四、总分部之间费用的分摊

为了更加真实地反映各个分部的业绩，需要对总部或分部的一些共同费用在总分部之间进行分摊。

例 7—4 2015 年珠江公司甲分部发生广告费 10 000 元，由总部和甲分部共同分摊；此外，总部退休保险费用和一般管理费用分别为 80 000 元和 100 000 元，这些费用已经支出，甲分部和乙分部分别承担其中的 40%。

1. 广告费的会计处理如下。

(1) 甲分部的会计分录为：

借：营业费用——广告费 5 000

　　总部往来 5 000

　贷：现金 10 000

(2) 总部的会计分录为：

借：营业费用——广告费 5 000

　贷：投资分支机构——甲 5 000

2. 退休保险费用和一般管理费用的会计处理如下。

(1) 总部的会计分录为：

借：投资分支机构——甲 72 000

　　　　　　　　——乙 72 000

　贷：管理费用——一般 80 000

　　　　　　——退休 64 000

(2) 甲分部的会计分录为：

借：管理费用——一般 40 000

　　　　　　——退休 32 000

　贷：总部往来 72 000

(3) 乙分部的会计分录为：

借：管理费用——一般 40 000

　　　　　　——退休 32 000

　贷：总部往来 72 000

其他费用的分摊方法与此类似，此处不再赘述。

五、期末联合报表的编制

期末，分部将所有收入、费用和成本类账户结转至“总部往来”账户；总部则编制相应的调整和结账分录。不过，在结账前，要核对“总部往来”与“投资分支机构”这两个对应的账户是否相等。如果不相等，则表示总部与分部的某一方未及时入账或者出现记账错误，要及时进行核查，其方法与银行存款余额调节表的编制类似。属于会计差错的，要及时纠正；属于未达账项的，可以在工作底稿上调整，或编制会计分录。

分部的结账分录一般为：

借：主营业务收入

　贷：主营业务成本

　　营业费用

　　总部往来

总部的调整分录分两方面：一是根据分支机构会计报表提供的净利润，登记“投资分支机构”和“分支机构利润”；二是调整“存货加价”和“分支机构利润”。具体会计处理为：

登记分支机构利润，并调整投资分支机构账户。

借：投资分支机构

　贷：分支机构利润

调整分支机构利润及存货加价账户。

借：存货加价

　贷：分支机构利润

联合报表的编制与合并报表的编制在原理上非常相似，都是要抵销相对的账户，以免合并时重复计算，非对应账户则直接相加；另外，还要消除内部交易中所产生的未实现的损益。由于总部与分部之间的往来都是通过“投资分支机构”和“总部往来”这两个科目来核算的，因此抵销相对应科目的会计分录十分简单。

抵销“总部往来”与“分支机构往来”的会计分录为：

借：总部往来①

　贷：投资分支机构

抵销内部交易中所产生的未实现的损益可分为三个方面，一是期初存货中所包含的未实现损益；二是本期购货中所包含的未实现损益；三是期末存货中所包含的未实现损益。

（1）抵销包括在销售成本中的期初存货加价。

借：存货加价

　贷：主营业务成本

（2）抵销本年度运送分支机构商品存货的加价。

借：存货加价

　贷：主营业务成本

（3）抵销分支机构期末存货的加价。

借：主营业务成本

　贷：存货

---

① 为了与前面合并报表抵销分录下划线一致，本章在联合报表的抵销分录下也进行划线。

前面两个分录是将子公司已经登记的商品销售成本调整到总部成本的基础上；第三个分录则是将未销售的存货成本调整到总部成本的基础上，同时，抵销期末存货中未实现的损益。

联合报表编制的完整实例在第3节中进行讲述。

第3节 分支机构会计综合举例

这一节通过一个实例来说明分支机构会计即联合财务报表编制的全过程。

例7—5 珠江公司2015年12月31日总部及分支机构的资产负债表如表7—1所示。

表7—1 珠江公司2015年12月31日总部及分支机构的资产负债表 单位：元

报表项目	总部	分支机构
现金	14 000	4 000
应收账款——净额	20 000	7 000
存货	30 000	11 000
固定资产——净额	90 000	40 000
投资分支机构	56 000	—
资产合计	210 000	62 000
应付账款	9 000	5 000
其他应付款	6 000	1 000
存货加价	1 000	—
总部往来	—	56 000
股本	160 000	—
未分配利润	34 000	—
负债及股东权益合计	210 000	62 000

以下是2016年公司总部及分支机构的营业情况汇总。

(1) 总部销售收入266 000元，其中包括对分部的销货66 000元。对分部的销货均以成本加价10%计价，分支机构对其顾客销货总计100 000元。

(2) 总部和分部向外界购货金额分别为200 000元和14 000元。

(3) 总部和分部销货收入回收现金为256 000元（包括分支机构支付现金60 000元）、102 000元。

(4) 总部和分部分别支付应付账款103 000元和8 000元。

(5) 总部和分部分别支付营业费用40 000元和12 000元。

(6) 固定资产折旧总部为8 000元，分部为2 000元。

(7) 总部营业费用分摊至分部4 000元。

(8) 2015年12月31日总部的存货为22 000元；分部的存货为12 000元，其中2 100元从外界购入。

下面分五步讲解联合财务报表编制的基本过程。

（1）编制 2016 年度珠江公司总部及分支机构相应的会计分录（见表 7—2）。

表 7—2　　2016 年度珠江公司总部及分支机构相应的会计分录

总部账	分支机构账
1. 记录赊销。 借：应收账款　200 000 　贷：主营业务收入　200 000 按成本加价 10%发货给分支机构。 借：投资分支机构　66 000 　贷：库存商品——发送分支机构　60 000 　　存货加价　6 000	记录赊销。 借：应收账款　100 000 　贷：主营业务收入　100 000 收到总部运来商品。 借：库存商品——总部发送　66 000 　贷：总部往来　66 000
2. 记录赊购。 借：库存商品　200 000 　贷：应付账款　200 000	记录赊购。 借：库存商品　14 000 　贷：应付账款　14 000
3. 记录收到账款。 借：现金　196 000 　贷：应收账款　196 000 记录收到分支机构的现金。 借：现金　60 000 　贷：投资分支机构　60 000	记录收到账款。 借：现金　102 000 　贷：应收账款　102 000 记录将现金汇给总部。 借：总部往来　60 000 　贷：现金　60 000
4. 记录归还欠款。 借：应付账款　103 000 　贷：现金　103 000	记录归还欠款。 借：应付账款　8 000 　贷：现金　8 000
5. 记录费用支出。 借：营业费用　40 000 　贷：现金　40 000	记录费用支出。 借：营业费用　12 000 　贷：现金　12 000
6. 记录折旧费用。 借：营业费用　8 000 　贷：累计折旧　8 000	记录折旧费用。 借：营业费用　2 000 　贷：累计折旧　2 000
7. 记录分摊给分支机构的费用。 借：投资分支机构　4 000 　贷：营业费用　4 000	记录从总部分摊来的费用。 借：营业费用　4 000 　贷：总部往来　4 000
8. 结转销售成本。 借：主营业务成本　148 000 　贷：库存商品　148 000	结转销售成本。 借：主营业务成本　79 000 　贷：库存商品　79 000

总部销售成本及分支机构的销售成本计算如表 7—3 所示。

表 7—3　　总部销售成本及分支机构的销售成本计算表　　单位：元

项目	总部	分支机构
期初存货（2016 年 1 月 1 日）	30 000	11 000
本期购入存货	200 000	14 000
发送分支机构商品	（60 000）	—
总部发送商品	—	66 000

续前表

项目	总部	分支机构
可供销售商品	170 000	91 000
期末存货（2016 年 12 月 31 日）	(22 000)	(12 000)
商品销售成本	148 000	79 000

（2）编制联合报表抵销分录。

总部与分支机构联合财务报表的抵销分录如下。

抵销包括在销售成本中的期初存货加价。

a. 借：存货加价　　1 000

　　贷：主营业务成本　　1 000

抵销本年度运交分支机构商品存货的加价。

b. 借：存货加价　　6 000

　　贷：主营业务成本（660 000－66 000÷110%）　　6 000

抵销分支机构期末存货的加价。

c. 借：主营业务成本（9 900－9 900÷110%）　　900

　　贷：存货　　900

抵销“总部往来”与“投资分支机构”两个相对账户。

d. 借：总部往来　　66 000

　　贷：投资分支机构　　66 000

（3）编制联合报表工作底稿（见表 7—4）。

联合报表工作底稿与合并报表的工作底稿不同，它是在总分部结账前的试算表的基础上进行的。

（4）编制总部和分支机构结账和调整分录。

1）分支机构结账分录如下。

借：主营业务收入　　100 000

　贷：主营业务成本　　79 000

　　营业费用　　18 000

　　总部往来　　3 000

表 7—4　2016 年 12 月 31 日珠江公司总部及分部联合报表工作底稿　单位：元

	总部	分支机构	调整与抵销		利润表	资产负债表
借方						
现金	127 000	26 000				153 000
应收账款（净额）	24 000	5 000				29 000
存货	22 000	12 000		c. 900		33 100
固定资产（净额）	82 000	38 000				120 000
投资分支机构	66 000			d. 66 000		
主营业务成本	148 000	79 000	c. 900	a. 1 000 b. 6 000	(220 900)	
营业费用	44 000	18 000			(62 000)	
合计	513 000	178 000				335 100

续前表

	总部	分支机构	调整与抵销		利润表	资产负债表
贷方						
应付账款	106 000	11 000				117 000
其他应付款	6 000	1 000				7 000
存货加价	7 000		a. 1 000 b. 6 000			
总部往来		66 000	d. 66 000			
股本	160 000					160 000
未分配利润（期初）	34 000					34 000
主营业务收入	200 000	100 000			300 000	
合计	513 000	178 000				
净利润					17 100	17 100
合计						335 100

2）总部调整和结账分录如下。

调整分录。

登记分支机构利润，并调整投资分支机构账户。

借：投资分支机构　　3 000

　贷：分支机构利润　　3 000

调整分支机构利润及存货加价账户。

借：存货加价　　6 100

　贷：分支机构利润　　6 100①

结账分录。

借：主营业务收入　　200 000

　　分支机构利润　　9 100

　贷：主营业务成本　　148 000

　　　营业费用　　44 000

　　　未分配利润　　17 100

（5）编制总部与分部单独财务报表和联合报表（见表 7—5）。

表 7—5　　总部与分部单独财务报表和联合报表　　单位：元

	总部	分支机构	联合报表
利润表			
主营业务收入	200 000	100 000	300 000
分支机构利润	9 100		
主营业务成本	148 000	79 000	220 900*
营业费用	44 000	18 000	62 000
净利润	17 100	3 000	17 100

① 6 100＝期初和本期购进存货中的未实现利润－期末存货中未实现利润＝1 000＋6 000－900。

续前表

	总部	分支机构	联合报表
利润分配表			
期初未分配利润	34 000		34 000
净利润	17 100		17 100
股利	0		
未分配利润（总部）	51 100		51 100
资产负债表			
现金	127 000	26 000	153 000
应收账款（净额）	24 000	5 000	29 000
存货	22 000	12 000	33 100*
固定资产（净额）	82 000	38 000	120 000
投资分支机构	69 000		
合计	324 000	81 000	335 100
应付账款	106 000	11 000	117 000
其他应付款	6 000	1 000	7 000
存货加价	900		
总部往来		69 000*	
股本	160 000		160 000
未分配利润	51 100		51 100
合计	324 000	81 000	335 100

* 主营业务成本 220 900 元为调整后的金额，参见表 7—4；合并存货 33 100 元为调整后的金额；总部往来69 000元为本账户当期 66 000 元的余额加上本期利润 3 000 元转入的金额。

思考题

1. 请区别以下几组概念：母子公司和总分部、合并财务报表和联合财务报表、分支机构和销售代理机构。

2. 请解释“对分支机构投资”和“总部往来”这两个账户的性质。

3. 合并抵销与联合抵销的相同点和区别点是什么？

4. 如果分部之间也设往来账户，其核算有什么不同？

5. 请评价总分部之间三种转移定价的优缺点。

6. 将总部的费用分摊给分部或者将分部的费用分配给总部，对企业的整个利润会产生影响吗？为什么要进行这种分摊？

7. 总部净利润与分部净利润之和等于联合报表的净利润吗？为什么？

8. 总部编制的调整分录包括哪些方面？其目的是什么？

练习题

（一）商品往来及运费核算

资料：2015 年南方公司向其分部发送商品，成本为 40 000 元。总部对分支机构的销货均以成本加价25%计价。

要求:

(1) 登记双方的会计分录。

(2) 如果考虑运费，本期由总部发送给分部的商品支出运费900元，由分部支付，请登记双方的会计分录。

(3) 如果上述运费由总部支付，请登记双方的会计分录。

(4) 假设本期购进的商品因质量问题，期末分部将一半未售出的商品退回总部，分部支付运费450元，请登记双方的会计分录（假定前期运费由总部支付）。

(二) 分部往来及运费核算

资料: 南方公司甲分部本期来自总部的商品金额为33000元（南方公司按成本加价10%计价）。由于乙分部急需此批商品，甲分部将此批商品运送乙分部，由甲分部支付运费。假设从总部运往甲分部的运费为1000元（运费由总部支付），从甲分部运往乙分部的运费为500元（运费由甲分部支付），直接从总部运往乙分部的运费是1200元，将多付的运费作为超额运费记录。

要求: 登记相关的会计分录。

(三) 费用分摊

资料: 2015南方公司甲分部发生广告费40000元，其中由总部与乙分部各分摊25%；此外，总部退休保险费用和一般管理费用分别为50000元和200000元，这些费用已经支出，甲分部和乙分部分别承担其中的30%。

要求: 进行相关的会计处理。

(四) 总分部调整、结账和联合抵销分录

资料: 2015年南方公司某分部期初存货20000元，其中6000元来自总部。本期来自总部的商品金额为48000元。期末存货为6000元，其中一半由外界供应商处购入，总部对分支机构的销货均以成本加价20%计价。年末，总分部的商品销售收入、商品销售成本和营业费用分别为120000元和50000元、80000元和30000元、20000元和15000元，结账前“投资分支机构”与“总部往来”两账户余额均为85000元。

要求:

(1) 登记分部结账分录。

(2) 登记总部调整和结账分录。

(3) 编制联合抵销分录。

(五) 联合报表编制

资料: 南方公司总部设立一分支机构已有数年之久。总部所有运到分支机构的商品均按正常售价计价，正常售价为总部成本的125%。分支机构也向外界购货，所有商品均按账面价格的25%加价出售。2015年12月31日，南方公司总部与其分支机构的资产负债表如表7—6所示。

表 7—6　2015 年 12 月 31 日南方总部及其分支机构资产负债表　单位：元

项目	总部	分支机构
资产		
现金	100 000	44 000
应收账款——净额	168 000	92 000
存货	80 000	64 000
固定资产——净额	280 000	—
投资分支机构	172 000	—
资产合计	800 000	200 000
负债及所有者权益		
应付账款	56 000	20 000
其他应付款	40 000	8 000
存货加价	6 400	—
总部往来	—	172 000
股本	600 000	—
未分配利润	97 600	—
负债及所有者权益合计	800 000	200 000

总分支机构固定资产的记录均由总部负责。2015 年 12 月 31 日，分支机构 64 000 元存货中有一半是从当地购入的，另一半则是从总部运来的。2016 年总部与分支机构发生的经济业务如下：

(1) 2016 年南方公司全部销售收入为 1 127 000 元，其中总部销售收入为 800 000 元（不含对分支机构销售），分支机构销售收入为 327 000 元，所有销货均为赊销。

(2) 2016 年总部与分支机构分别购货 820 000 元和 80 000 元，货款尚未支付。总部将成本为 160 000 元的商品按转移价格 200 000 元运给分支机构。

(3) 2016 年总部和分部分别收到账款 780 000 元和 319 000 元。

(4) 2016 年分支机构将 220 000 元现金支付给总部。

(5) 总部和分部分别归还 820 000 元和 80 000 元的货款。

(6) 2016 年总部支付营业费用 80 000 元，分支机构支付营业费用 8 000 元。总部支付的营业费用中，分支机构应分摊 4 000 元。

(7) 本年度折旧合计为 32 000 元，其中 6 000 元应由分支机构分摊。

(8) 总部年底的存货为 100 000 元，分部为 40 000 元，其中一半是从总部购入。

要求：

(1) 编制分录，在总部及分支机构账上反映上述经营情况。

(2) 将日记账分录过入分类账，编制总部及分支机构的试算表。

(3) 编制联合抵销分录。

(4) 编制联合工作底稿。

(5) 编制分支机构的结账分录以及总部的调整与结账分录。

(6) 编制总分部单独的财务报表和联合财务报表。

第8章

外币交易的会计处理

本章结构

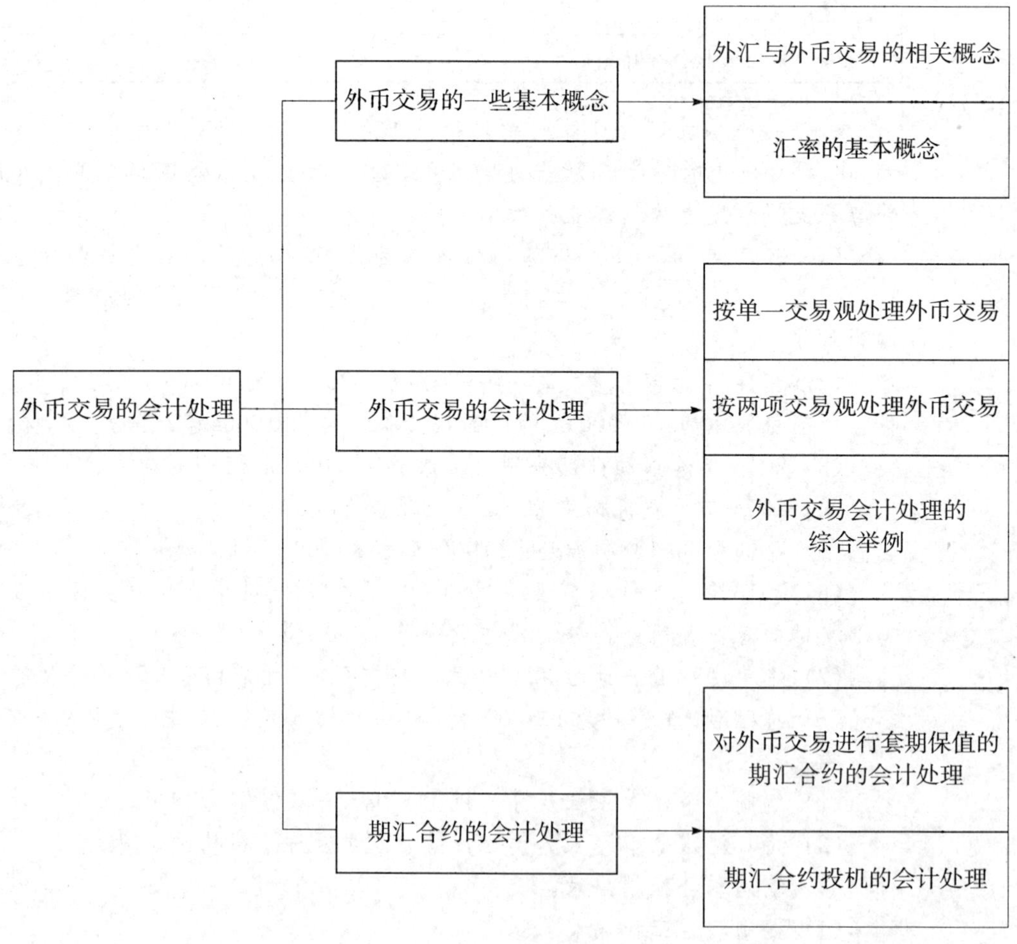

本章要点

- 外币交易的一些基本概念
- 外币交易处理的单一交易观和两项交易观
- 用于套期的期汇合约的会计处理
- 用于投机的期汇合约的会计处理

货币计量是财务会计的一个基本假设。当企业选择一种货币作为记账本位币后，记账本位币以外的计价和结算的交易（外币交易）就需要转换为记账本位币。我国加入WTO后，企业国际贸易日益增加，随着商品进出口、设备和技术的引进或出口、国际信贷和其他国际融资的开展，外币交易将越来越普遍。在对这些外币交易进行会计处理时，就要求把外币折算为记账本位币。同时，随着我国经济实力的增强，在海外投资办厂也日益增多，无论是以分支机构形式还是以控股或参股的子公司或合营公司的形式，由于在各自东道国从事经营活动，大量经济业务都是以当地货币进行结算和交易的，因此，当地货币就成为这些公司的记账本位币。根据我国会计准则的要求，在合并这些分支机构和子公司或合营公司的会计报表时，首先要将这些以外币编制的报表折算为人民币，然后再进行合并。本章主要讨论外币交易包括远期外汇交易的会计处理。在第一节，先介绍有关外币交易的一些基本概念；接下来讨论外币交易的基本会计处理；然后介绍期汇合约的会计处理。下一章，我们将论述与本章密切相关的外币报表折算。

第1节　外币交易的一些基本概念

一、外汇与外币交易的相关概念

1. 外汇

外汇（foreign exchange）原意就是指外国货币，但实际上，外汇具有比外币更广的含义。根据我国《外汇管理条例》的规定，外汇一般包括：

(1) 外币现钞，包括纸币、铸币等；

(2) 外汇收支凭证或者支付工具，包括票据、银行存款凭证、银行卡等；

(3) 外币有价证券，包括债券、股票等；

(4) 特别提款权；

(5) 其他外汇资产。

在会计上，第（1）项是现付手段；第（2）项是外币交易在结算过程中采用的支付工具或形成的短期外币债权债务；其他项则构成其他外币资产或负债。

2. 记账本位币

记账本位币，是指企业经营所处的主要经济环境中的货币。我国国内企业一般应选择人民币作为记账本位币。业务收支以人民币以外的货币为主的企业，可以根据相关规定，选择人民币以外的一种货币作为记账本位币。

3. 对外交易与外币交易

对外交易（foreign transactions），是指两个国家（或地区，下同）之间和不同国家企业之间的交易。

外币交易（foreign currency transactions）指以外币计量或者结算的交易。外币是企业记账本位币以外的货币。在下述情况下，会发生外币交易：

（1）买入或者卖出以外币计价的商品或劳务；

（2）借入或借出外币资金；

（3）其他以外币计价或者结算的交易。

绝大多数对外交易是商品或劳务的进口与出口，进出口是对外交易，但不一定是外币交易，除非这些交易是以外币标价的。

4. 外币兑换

外币兑换（conversion of foreign currency）是把外币换成本国货币，把本国货币换成外国货币，或者是把一种外币转换成另一种外币。两种不同货币之间的兑换比例就是汇率（exchange rate）。

5. 外汇市场

外汇市场（foreign exchange market）指经营不同种货币兑换的交易场所。经营不同货币兑换的主要是商业银行，参加兑换的则是一些进出口商、投机者和规避风险的套期保值者等。

在外汇市场进行外币兑换使用的汇率，有买入价（bid rate）和卖出价（offer rate）之分。企业（或其他组织和个人）出售外汇时，在外汇经纪银行为买入外汇，要按买入价（买入价又分现钞买入价和现汇买入价，现钞买入价低于现汇买入价）；如果企业购买外汇，在银行为卖出外汇，要按卖出价。卖出价当然高于买入价，其间的差额便是银行经营外汇兑换的赚头。比如，英镑对美元的汇率（以美元为本国货币），买入价为 USD1.558 0/STG1，卖出价为 USD1.559 0/STG1，其间的差额为每英镑 0.001 0 美元，通常称为卖出价高于买入价 10 点（points）。这里，一“点”为 1%的 1%。

外币折算与外币兑换虽然含义不同，但却是密切相关的。实际上，外币是按照其潜在兑换能力折算为与其等值的本国货币（功能货币）的。这样，在折算时究竟使用何种汇率，是买入价还是卖出价，就会存在两种选择。但普遍的惯例是采取折中的做法，即对外币收入和支出都按买入价和卖出价的平均值折算，称之为中间价（mid-rate）。

在我国，不同外币间的兑换，可以直接根据这两种货币间的汇率，也可以根据这两种外币对人民币的汇率进行套算。中国人民银行自 1995 年 4 月 1 日起只公布人民币对美元、日元和港元等三种货币的外汇牌价；由于欧元的影响越来越大，自 2002 年 10 月起，我国开始正式公布人民币对欧元的外汇牌价，以后又增加公布对英镑的外汇牌价；自 2011 年后，又增加澳（大利亚）币和加（拿大）币的外汇牌价。目前，又增加了新西兰元、新加坡元等国的外汇牌价，总计达 20 个国家（或地区）。企业发生的外币业务无法直接根据中国人民银行公布的外汇牌价进行折算时，可以根据美元对人民币的基准汇率和国家外汇管理局提供的纽约外汇市场美元对该货币的汇率进行套算。套算公式为：

$$某外币对人民币的汇率=\frac{美元对人民币的基准汇率}{美元对该外币的汇率}$$

另外，汇率的标价分直接标价和间接标价两种方法。直接标价（direct quote）是指每单位外币可兑换的本国货币金额，或者说，它是以一定单位的外国货币为标准，来计算应付若干单位的本国货币，因而又称应付标价法；间接标价（indirect quote）是指每单位本国货币可兑换的外币金额，或者说，它是以一定单位的本国货币为标准，来计算应收若干单位的外国货币，因而又称应收标价法。由此可以看出，直接标价和间接标价是互为倒数的。比如，以买入价为例，CNY8.37/USD1 为直接标价，USD0.119 5/CNY1 则为间接标价。在国际上，直接标价是通行的惯例，我国公布的外汇牌价采用的就是直接标价法。世界最大的两个外汇市场中，美国纽约外汇市场美元对西方主要货币的汇率报价中，对英镑（GBP）、澳元（AUD）等采用直接标价，对日元（JPCNY）、加拿大元（CAD）和欧元（EUR）等采用间接标价，伦敦金融市场则长期采用间接标价法。

二、汇率的基本概念

1. 汇率（exchange rates）

汇率是两个国家（或地区）的货币交换的比率。这一比率可能是固定的，由政府来确定；也可能是浮动的，由现行市场来决定。

2. 固定汇率、浮动汇率和多重汇率

在外汇市场上，汇率是外币兑换的依据。一般而言，外汇交易应以市场汇率（market rate）为准。由于市场汇率往往会随着市场供求关系而发生变化，所以市场汇率也称浮动汇率（floating rate）。

固定汇率（fixed rate）是政府为了稳定外汇市场而规定的外汇汇率，以便对外汇进行管制。固定汇率通常表现为国家制定公布外汇牌价，又称法定汇率或官方汇率（official rate）。

多重汇率（multiple rate）是政府根据不同的需要所制定的不同的固定汇率。例如，对某些进口商品采用较低的固定汇率，对另一些进口商品则采用较高的固定汇率。如阿根廷、乌拉圭等国采用的就是多重汇率。

从理论上讲，货币价值的变动应该是货币购买力的表现，一国通货膨胀的上升就是货币购买力的下降，相应地，该国货币对外币的汇率也会下降；一国巨额贸易顺差或逆差也会对该国货币购买力及对外币的汇率产生影响；此外，利率和投机的因素也会导致汇率的变动。

即使在通过外汇市场自由兑换的国家，政府也在一定的时期内保持相对稳定的固定汇率，当然，这种汇率会根据市场的变动程度不断调整，固定汇率和市场汇率不会存在太大差异。这样按固定汇率进行外币兑换和会计折算就会比较简单。而在对外汇实行管制的国家，政府所公布的法定汇率往往极大地背离市场汇率，即使在有限开放外汇市场的情况下，两者之间也会存在较大的差异。从会计计量的要求来看，市场汇率是能真实反映企业财务信息的一个选择，但政府为了保持固定汇率的“法定”形象，一般会要求以它发布的固定汇率为基准，由此引发许多争议。我国目前实施的是以市场供求为基础的、单一的、有管制的浮动汇率制，并允许人民币在经常项目下可兑换。随着我国加入 WTO，外汇市场还会进一步开放，从而逐步过渡到可自由兑换。

3. 现行汇率、历史汇率和平均汇率

现行汇率（current rate），是指交易发生日或会计报表日期所使用的汇率。一旦交易日过去，这一汇率就变成历史汇率，因而历史汇率（historical rate）指的是最初取得外币资产或承担外币负债时的汇率。因此，所谓现行汇率和历史汇率只是相对的术语，是相对于会计记录或会计报表而言的。

平均汇率（average rate）是将现行汇率或历史汇率简单或加权平均后的比率。这样平均是为了会计处理上的方便。

4. 即期汇率和远期汇率

外汇市场有现汇市场和期汇市场两种，相应地，这两种市场所运用的汇率也不同。前者所使用的叫即期汇率（spot rate），指现汇交易中即期交割的汇率，即期外汇交易通常隔两个营业日交割。后者所使用的是远期汇率（forward rate），是由外汇经纪人和客户事先约定的将在一定时日据以交割的外汇汇率。期汇交易的交割期限大多为 30 天、60 天、90 天或 180 天，也可约定其他到期日。

在即期汇率基础上确定远期汇率的依据是不同货币间的利率差别。比如，设人民币对美元的即期汇率为 CNY8.23/USD1，180 天的远期汇率可确定如下：设我国半年期的国库券的年利率为 2.5%，美国期限相同、风险程度相似的 180 天期国债的利率为 3%。以 CNY1 按即期汇率兑换美元可得：

CNY1÷CNY8.23/USD1＝USD 0.121 507

把 USD 0.121 507 投资于 180 天美元债券，到期可得本息：

USD 0.121 507×(1＋3%×180/360)＝USD 0.123 33

如果把这 CNY1 投资于 180 天的我国国库券，到期时可得本息：

CNY1 (1＋2.5%×180/360)＝CNY 1.012 5

现在约定的远期汇率应该是恰好能使人民币投资和美元投资获得同等利益（到期时本息和相等）的汇率，在例中是：

CNY 1.012 5÷USD 0.12 333＝CNY 8.209 7* /USD1

这样预期的远期汇率恰好体现了人民币和美元的利率差别的影响。以公式表示之，例中设：

$r_{USD}=3\%$，$r_{CNY}=2.5\%$，$n=180$ 天

S_0＝CNY8.23/USD1

* 结果含尾数调整。

$$r_{CNY}-r_{USD}=\frac{F_0-S_0}{S_0}\times\frac{360}{n}$$

$$\begin{aligned}F_0&=S_0(r_{CNY}-r_{USD})\times n/360+S_0\\&=\frac{CNY8.23}{USD1}\times(2.5\%-3\%)\times\frac{180}{360}+\frac{CNY8.23}{USD1}\\&=CNY8.2094/USD1\end{aligned}$$

式中，F_0 表示远期汇率；S_0 表示即期汇率。

5. 升水和贴水

远期汇率如高于即期汇率，其间的差额称为升水（premium），即溢价；反之，如远期汇率低于即期汇率，其间的差额称为贴水（discount），即折价。

上例中，由于人民币（本国货币）利率低于美元（外币）利率，因而其远期汇率低于即期汇率，表现为贴水，当日的即期汇率为 CNY8.23/USD1，180 天期的远期汇率则为 CNY8.2094/USD1，低于即期汇率 CNY0.0206/USD1 或 206 点。贴水也可以用百分比表示，即

$$\begin{aligned}P&=\frac{F_0-S_0}{S_0}\times\frac{360}{n}\\&=\frac{CNY8.2094/USD1-CNY8.23/USD1}{CNY8.23/USD1}\times\frac{360}{180}\times100\%\\&=-0.5\%\end{aligned}$$

式中，P 表示贴水。

这一比例正好表明我国国库券的利率低于美国国债利率 0.5 个百分点。如果外币的利率低于本国货币的利率，远期汇率将高于即期汇率，这就是所谓的利率损失汇率补的说法，这一说法可以通过购买力平价理论和套汇等有关原理进行解释，这里不再作进一步的说明。总之，影响远期汇率（包括即期汇率）的因素是非常复杂的。

美国《华尔街日报》仅发布美元与英镑、欧元、瑞士法郎、日元、加拿大元的远期汇率。期汇交易通常只在主要的西方通货之间进行，对其他通货的期汇交易，如果有，将由各国的中央银行标价，而不是由商业银行标价。

第 2 节　外币交易的会计处理

对外币交易的会计处理，有两种不同的观点：单一交易观（single transaction perspective）和两项交易观（two transactions perspective）。

一、按单一交易观处理外币交易

单一交易观点，亦称一笔业务交易观点，即将销售或购货及随后的账款结算视为一项单一的交易，而销售或购货及随后的账款结算则被认为是这一单一交易的两个阶段。在这种观点下，汇率变动的影响应处理为对原先入账的销售收入或

购货成本的调整，也就是说，对以外币标价的购销交易，必须在结算后才算完成，按功能性货币计量的销售收入和购货成本最终应取决于结算日的汇率。

例 8—1 珠江公司 2×16 年 12 月 1 日向美国一出口商购进商品一批，计 USD100 000，当天的汇率为 CNY7.746 9/USD1，结算日为 2×17 年 1 月 31 日（同时为商品到库日），其中，2×16 年 12 月 31 日的汇率为 CNY7.746 7/USD1，结算日的汇率为 CNY7.747 5/USD1。双方约定货款以美元进行结算，该公司选择的功能货币为人民币。按单一交易观对上述外币业务的会计处理如下。

（1）2×16 年 12 月 1 日，购进商品时，只按当日汇率 CNY7.746 9/USD1 折算其人民币金额，将库存商品暂记入账。

借：物资采购　　774 690

　贷：应付账款（USD100 000）　　774 690

（2）12 月 31 日按月末的汇率调整购货成本和应付美元货款等值，调整金额为－CNY20（USD100 000 × CNY7.746 7/USD1 － USD100 000 × CNY7.746 9/USD1）。

借：应付账款（USD）　　20

　贷：物资采购　　20

（3）2×17 年 1 月 31 日货款结算时，先按当日的汇率调整确定购货成本和应付美元货款等值。调整金额为 CNY80（USD100 000 × CNY7.747 5/USD1 － USD 100 000 × CNY7.746 7/USD1）。同时将物资采购转入库存商品，再结清应付账款。

借：物资采购　　80

　贷：应付账款（USD）　　80

借：库存商品　　774 750

　贷：物资采购　　774 750

借：应付账款（USD100 000）　　774 750

　贷：银行存款（USD100 000）　　774 750

可以看出，在此例中外币交易的损益被当作购货成本的调整数。

例 8—2 假设在上例中，把珠江公司购货改为向美国出口商品，则外币交易损益就会直接调整主营业务收入。具体会计处理如下。

（1）2×16 年 12 月 1 日，销售商品时，只按当日汇率 CNY7.746 9/USD1 折算其人民币金额，将主营业务收入暂记入账（例中均不考虑增值税，下同）。

借：应收账款（USD100 000）　　774 690

　贷：主营业务收入　　774 690

（2）12 月 31 日按月末的汇率调整主营业务收入和应收美元货款等值，调整金额为－CNY20（USD100 000 × CNY7.746 7/USD1 － USD100 000 × CNY7.746 9/USD1）。

借：主营业务收入　　20

　贷：应收账款（USD）　　20

（3）2×17 年 1 月 31 日货款结算时，先按当日的汇率调整确定主营业务收入和应收美元货款等值。调整金额为CNY80（USD100 000×CNY7.747 5/USD1－USD100 000×CNY7.746 7/USD1），再结清应收账款。

借：应收账款（USD） 80
　　贷：主营业务收入 80
借：银行存款（USD100 000） 774 750
　　贷：应收账款（USD100 000） 774 750

从会计计量的角度而言，外币折算只是原来的外币金额的重新表述，那么，以本国货币（记账本位币）计量的购货成本或销货收入也应在收入实现时确认，而按照单一交易观，只把它作为暂记数，这就不符合在购销交易成立时确认收入实现的公认会计原则，也与处理国内购销业务的会计惯例不一致。同时，把汇率变动影响反映为对购货成本和销售收入的调整，而不是外币交易中的汇率变动风险，也是不恰当的。此外，从实务上讲，单一交易观点也不可行。仍以上述资料为例，倘若上述所购商品在2×16年12月31日前入库，并且还未售出，则会计处理就十分简单；倘若上述所购商品在该日之前就已全部售出，那么12月31日的折算差额（CNY20）尚可调整该年的销售成本，但12月31日到结算日的差异（CNY80）该调整什么呢？在本期并没有销售商品的情况下调整销售收入或销售成本，是很难令人信服的。

二、按两项交易观处理外币交易

两项交易观认为，购销交易及账款的结算是两项独立的相关交易。在购货或销货交易中形成的应付或应收外币账款，将承受汇率变动的风险；所确认的购货成本或销货收入的功能货币等值则取决于购销成立时的汇率。这样，在账款结算时汇率如发生变动，应将其影响确认为汇率变动导致的财务风险，反映在“汇兑损益”科目中。至于在资产负债表编制日所产生的外币折算损益应归属于哪一个会计期间，则存在两种不同的处理方法：一是将资产负债表编制日的外汇折算损益递延至应收账款或应付账款结算日实现；二是在资产负债表编制日确认外汇折算损益。采用递延法会掩饰汇率变动的真相，给人以汇率变动相对平稳的错觉，因而美国第8号及后来的第52号准则公告都反对使用这种方法。英国与美国的做法相似。国际会计准则第21号公告也主张在绝大多数情况下应立即确认汇兑损益而不予递延，但对长期货币性项目（主要是长期货币性负债）产生的汇兑损益可以递延，并在这一项目的有效寿命期内系统摊销；另外，由于货币（本国货币或外币）严重贬值而产生的汇兑损益，影响到为购买资产而承担的外币债务的本国货币等值的，可用来调整有关资产的账面价值，只要调整的金额不超过其重置价值或可变现净值（视何者较低）。这种做法实际上又回到单一交易观，因而受到批评。

另外，根据我国《企业会计准则第19号——外币折算》的规定，对外币交易折算中所产生的汇兑损益分别下面不同的情况按不同的方法进行处理。

（1）对于所有货币性项目因结算或采用资产负债表日的即期汇率而产生的汇兑差额，计入当期损益。

（2）对于非货币性项目，以历史成本计量的，资产负债表日不改变原记账本位币金额，不产生汇兑差额；对于以公允价值计量的，如交易性金融资产，按公允价值确定日的即期汇率折算，折算差额作为公允价值变动（含汇率变动）处理，计入当期损益。

（3）投资者投入的外币资本应当采用交易发生日即期汇率折算，不得采用合同约定汇率和即期汇率的近似汇率折算，外币投入资本与相应的货币性项目的记账本位币金额之间不产生外币资本折算差额。

（4）企业编制合并财务报表涉及境外经营的，如有实质上构成境外经营净投资的外币货币性项目，因汇率变动产生的汇兑差额，应列入所有者权益“外币报表折算差额”，处置境外经营时，计入处置当期损益。

例 8—3 以例 8—1 所给出的资料，按两项交易观进行的会计处理如下。

（1）2×16 年 12 月 1 日，购进商品时，只按当日汇率 CNY7.7469/USD1 折算其人民币金额，将库存商品登记入账。

借：物资采购　774 690

　贷：应付账款（USD100 000）　774 690

（2）12 月 31 日按月末的汇率调整应付美元货款等值，调整金额为－CNY20（USD100 000×CNY7.7467/USD1－USD100 000×CNY7.7469/USD1），同时将该调整额确认为汇兑损益（未实现收益）。

借：应付账款（USD）　20

　贷：汇兑损益　20

（3）1 月 31 日货款结算时，先按当日的汇率调整应付美元货款等值，并将这一调整额确认为汇兑损益（已实现损失）。调整金额为 CNY80（USD100 000×CNY7.7475/USD1－USD100 000×CNY7.7467/USD1）。同时将物资采购转入库存商品，再结清应付账款。

借：汇兑损益　80

　贷：应付账款（USD）　80

借：库存商品　774 690

　贷：物资采购　774 690

借：应付账款（USD100 000）　774 750

　贷：银行存款（USD100 000）　774 750

例 8—4 接例 8—2，按两项交易观进行的会计处理如下。

（1）2×16 年 12 月 1 日，销售商品时，按当日汇率 CNY7.7469/USD1 折算其人民币金额，将主营业务收入登记入账。

借：应收账款（USD100 000）　774 690

　贷：主营业务收入　774 690

（2）12 月 31 日按月末的汇率调整应收美元货款等值，调整金额为－CNY20（USD100 000×CNY7.7467/USD1－USD100 000×CNY7.7469/USD1），并将这一调整金额确认为汇兑损益（未实现损失）。

借：汇兑损益　　20

　　贷：应收账款（USD）　　20

（3）2×17年1月31日货款结算时，先按当日的汇率调整应收美元货款等值。调整金额为CNY80（USD100 000×CNY7.747 5/USD1－USD100 000×CNY7.746 7/USD1），并将这一调整额确认为汇兑损益（已实现的汇兑收益），再结清应收账款。

借：应收账款（USD）　　80

　　贷：汇兑收益　　80

借：银行存款（USD100 000）　　774 750

　　贷：应收账款（USD100 000）　　774 750

在实务中，这两笔分录可合为一笔。

三、外币交易会计处理的综合举例

对日常外币业务的会计处理，按国际惯例，应以业务发生日的汇率进行折算，月末再按期末汇率进行调整，调整的差额作为汇兑损益计入当期损益。现在，我国大部分企业都使用这种方法，下面就按此方法进行举例。

例8—5　珠江公司采用当日的汇率作为其记账汇率，2×16年4月30日的汇率为CNY8.3/USD1。2×16年3月31日有关外币账户余额如下：

账户名称	外币金额	外汇汇率	人民币金额
银行存款——美元户	10 000	CNY8.271/USD1	82 710
应收账款——美元户（A企业）	5 000	CNY8.271/USD1	41 355
应收账款——美元户（B企业）	5 000	CNY8.271/USD1	41 355
短期借款——美元户	10 000	CNY8.271/USD1	82 710

2×16年4月珠江公司发生如下外币业务：

（1）4月5日，收回A企业上月欠款5 000美元，当日汇率为CNY8.283/USD1；

（2）4月7日，销售商品一批给A企业，价款10 000美元，款未收回，当日汇率为CNY8.285/USD1；

（3）4月9日，从C公司购进原材料一批，价款20 000美元，货已入库，款未付，当日汇率为CNY8.285/USD1；

（4）4月11日，归还短期借款10 000美元，当日汇率为CNY8.287/USD1；

（5）4月13日，由于需要购入进口设备，向中国银行买入50 000美元，银行当日卖出价为CNY8.286/USD1，当日汇率为CNY8.285/USD1；

（6）4月30日，销售商品一批给B企业，货款30 000美元未收到，当日汇率为CNY8.3/USD1。

珠江公司按当日的汇率作为其记账汇率，本月外币业务的会计处理如下。

（1）4月5日，按CNY8.283/USD1折算所收回的货款USD5 000。

借：银行存款——美元户　　41 415

　贷：应收账款——美元户（A 企业）　　41 415

（2）4 月 7 日，按 CNY8.285/USD1 折算应收销货款 USD10 000。

借：应收账款——美元户（A 企业）　　82 850

　贷：主营业务收入　　82 850

（3）4 月 9 日，按 CNY8.285/USD1 折算应付购货款 USD20 000。

借：原材料　　165 700

　贷：应付账款——美元户（C 公司）　　165 700

（4）4 月 11 日，按 CNY8.287/USD1 折算归还的美元借款 USD10 000。

借：短期借款——美元户　　82 870

　贷：银行存款——美元户　　82 870

（5）4 月 13 日，按 CNY8.286/USD1 折算购进的美元存款 USD50 000（也可按 CNY8.285/USD1 折算美元存款，同时登记汇兑损益，两种方法结果一样）。

借：银行存款——美元户　　414 300

　贷：银行存款——人民币户　　414 300

（6）4 月 30 日，按 CNY8.3/USD1 折算应收销货款 USD30 000。

借：应收账款——美元户（B 企业）　　249 000

　贷：主营业务收入　　249 000

接下来，根据上述会计分录登记各外币明细账（见表 8—1 至表 8—5）。

表 8—1　　银行存款——美元户

日期	摘要	借方			贷方			余额		
		原币	汇率	人民币	原币	汇率	人民币	原币	汇率	人民币
4/1	期初余额							10 000	8.271	82 710
4/5	收回货款	5 000	8.283	41 415				15 000		124 125
4/11	归还借款				10 000	8.287	82 870	5 000		41 255
4/13	购买美元	50 000	8.286	414 300				55 000		455 555
4/30	合计	55 000		455 715	10 000	8.287	82 870	55 000		455 555
4/30	月末调整			945				55 000	8.3	456 500

表 8—2　　应收账款——美元户（A 企业）

日期	摘要	借方			贷方			余额		
		原币	汇率	人民币	原币	汇率	人民币	原币	汇率	人民币
4/1	期初余额							5 000	8.271	41 355
4/5	收回货款				5 000	8.283	41 415			−60
4/7	赊销商品	10 000	8.285	82 850				10 000		82 790
4/30	合计	10 000	8.285	82 850	5 000	8.283	41 415	10 000		82 790
4/30	月末调整			210				10 000	8.3	83 000

表 8—3　　应收账款——美元户（B 企业）

日期	摘要	借方			贷方			余额		
		原币	汇率	人民币	原币	汇率	人民币	原币	汇率	人民币
4/1	期初余额							5 000	8.271	41 355
4/30	赊销商品	30 000	8.3	249 000				35 000		290 355
4/30	合 计	30 000	8.3	24 9000				35 000		290 355
4/30	月末调整			145				35 000	8.3	290 500

表 8—4　　短期借款——美元户

日期	摘要	借方			贷方			余额		
		原币	汇率	人民币	原币	汇率	人民币	原币	汇率	人民币
4/1	期初余额							10 000	8.271	82 710
4/11	归还借款	10 000	8.287	82 870						−160
4/30	合计	10 000	8.287	82 870						−160
4/30	月末调整						160			

表 8—5　　应付账款——美元户（C 公司）

日期	摘要	借方			贷方			余额		
		原币	汇率	人民币	原币	汇率	人民币	原币	汇率	人民币
4/9	购买材料				20 000	8.285	165 700	20 000	8.285	165 700
4/30	合计				20 000	8.285	165 700	20 000	8.285	165 700
4/30	月末调整						300	20 000	8.3	166 000

月末，根据 4 月 30 日的汇率 CNY8.3/USD1 调整各外币账户金额，差额计入汇兑损益，并过入各外币账户中。

借：银行存款——美元户　　945
　　应收账款——美元户（A 企业）　　210
　　　　　　——美元户（B 企业）　　145
　贷：短期借款——美元户　　160
　　　应付账款——美元户（C 公司）　　300
　　　汇兑损益　　840

另外，对于存在大量外币交易的企业，也可以先以外币记账。其中，涉及两种外币进行兑换时，使用“货币兑换”账户过渡，分别与原外币的有关账户进行对转。期末再将所有用外币登记的账户按期末汇率进行折算，确认汇兑损益。在我国，经办外币的金融企业一般采用这种方法，这里不再举例。

第 3 节　期汇合约的会计处理

期汇合约是一种远期合约，它是通过按预先确定好的汇率来购买或出售远期外汇。前面的例子中，出口商或进口商直到账款结算日，才按结算日的汇率进行折算，因而承担了因汇率变动的所有风险。如果进出口商想规避这种汇率变动风险，可通过签订期汇合约来进行套期保值（hedge）；同时，期汇合约也能进行投机套利。

一、对外币交易进行套期保值的期汇合约的会计处理

为外币交易形成的应收款或应付款进行套期保值而签订的期汇合约，企业一般将长期持有而且往往会持有至到期日，其相关的风险与报酬实质上也转移到签约企业。根据期汇合约确认一笔外币应付或应收款，即确认一项外币金融负债或资产，并按签约日的相关公允价值计量；同时确认与期汇合约相关的递延损益，将其摊配于期汇合约经历的会计期间。

例8—6 珠江公司2×16年12月1日向美国一出口商购进商品一批，计USD100 000，货物暂未收到，合同约定在2×17年1月31日付款，货款以美元结算。该公司为了避免2个月后美元升值给公司带来损失，同日，与银行签订了一份购买期为2个月的美元期汇合约。人民币兑换美元的有关汇率资料如下：

12月1日	即期汇率	CNY8.20/USD1
12月1日	2个月远期	CNY8.28/USD1
12月31日	即期汇率	CNY8.25/USD1
12月31日	1个月远期	CNY8.32USD1
1月31日	即期汇率	CNY8.35/USD1

我们先来考察公司不进行套期保值的会计处理，然后与进行套期保值的会计处理相比较。

1. 不进行套期保值的会计处理

(1) 2×16年12月1日，登记购买商品的会计分录。

借：物资采购	820 000	
贷：应付账款（USD100 000）		820 000

(2) 12月31日，按期末汇率调整应付账款。

借：汇兑损益	5 000	
贷：应付账款（USD）		5 000

(3) 2×17年1月31日，支付商品货款和登记入库商品。

借：库存商品	820 000	
贷：物资采购		820 000
借：应付账款（USD100 000）	825 000	
汇兑损益	10 000	
贷：银行存款（USD100 000）		835 000

由此，可以看出，由于汇率的变动（美元对人民币的升值），造成15 000元的汇兑损失。

2. 对远期合约进行套期保值的会计处理

(1) 2×16年12月1日，登记购买商品和期汇合约的会计分录。

借：物资采购　820 000
　贷：应付账款（USD100 000）　820 000
借：应收美元期汇合约（USD100 000）　820 000
　　递延折算损益　8 000
　贷：应付人民币期汇合约　828 000

在上述第二个分录中，应付人民币期汇合约是钉死的，按 2 个月远期汇率折算，这是该公司最终向银行支付的人民币数额；而应收美元期汇合约是按当日的即期汇率折算的，它随着汇率的变动而进行相应的调整；远期与即期汇率形成的折算损益则在期汇合约期内摊销。

(2) 12 月 31 日，按期末即期汇率调整应付账款和应收美元期汇合约款，并摊销递延折算损益的一半。

借：汇兑损益　5 000
　贷：应付账款（USD）　5 000
借：应收美元期汇合约（USD）　5 000
　贷：汇兑损益　5 000
借：折算损益　4 000
　贷：递延折算损益　4 000

(3) 2×17 年 1 月 31 日，兑现期汇合约和支付商品货款，并摊销递延折算损益的另一半。

借：应付人民币期汇合约　828 000
　贷：银行存款　828 000
借：银行存款（USD100 000）　835 000
　贷：应收美元期汇合约（USD100 000）　825 000
　　　汇兑损益　10 000
借：库存商品　820 000
　贷：物资采购　820 000
借：应付账款（USD100 000）　825 000
　　汇兑损益　10 000
　贷：银行存款（USD100 000）　835 000
借：折算损益　4 000
　贷：递延折算损益　4 000

上面第一笔分录反映的是支付远期合约的人民币，由于汇率是钉死的，按原来订好的 2 个月远期汇率折算支付；收到的美元期汇则按收到日的即期汇率折算，其间的差额反映为汇兑损益；第三笔分录是商品入库后，将物资采购转入库存商品；第四笔分录是支付货款；第五笔分录是摊销另一半折算损益。

本例中，珠江公司通过套期保值，避免了因汇率上升（人民币贬值）造成的 15 000 元［(CNY8.35/USD1－CNY8.20/USD1)×USD100 000］的损失，尽管公司在购买远期合约中发生了 8 000 元［(CNY8.28/USD1－CNY8.20/USD1)×USD 100 000］的折算损失（这实际上是套期保值所付出的成本或避险成本，这一成本表现为签约时远期汇率与即期汇率的差额），公司仍受益 7 000 元。这就是套期保值给该公司带来的正效应。但要注意的是，套期保值最终能否给企业带来好处，取决于两个方面：一是远期汇率与结算日的即期汇率之间的差额与变动方向；二是债权与债务决定了损益的方向。具体可分下面四种情况（见表8—6）。

表8—6 汇率变动与套期保值的结果

应收外币账款	远期汇率>即期汇率	溢价利得
	远期汇率<即期汇率	折价损失
应付外币账款	远期汇率>即期汇率	溢价损失
	远期汇率<即期汇率	折价利得

而根据IASB的IAS39和FASB的SFAS133的规定，对用以套期保值的期汇合约要在资产负债表中确认，同时，在初始计量按期汇合约订明的远期汇率作为钉死的兑换金额的公允价值，从而期汇合约导致的损益将按其每一会计期末的公允价值（即以远期合约在剩余期间的远期汇率作为其公允价值）重新计量来确定并计入当期损益，这一做法就是按期汇合约公允价值变动来确定损益的会计处理等程序，下面将用此方法对上例再进行一次会计处理。

3. 按公允价值对套期保值进行的会计处理

(1) 2×16年12月1日，登记购买商品和期汇合约的会计分录。

借：物资采购 820 000

　贷：应付账款（USD100 000） 820 000

借：应收美元期汇合约（USD100 000） 828 000

　贷：应付人民币期汇合约 828 000

在上述第二个分录中，应付人民币期汇合约是钉死的，按2个月远期汇率折算，这是该公司最终向银行支付的人民币数额；应收美元期汇合约也按2个月远期汇率折算。

(2) 12月31日，按期末即期汇率调整应付账款和按30天远期期汇汇率调整应收美元期汇合约款。

借：汇兑损益 5 000

　贷：应付账款（USD） 5 000

借：应收美元期汇合约（USD） 4 000

　贷：汇兑损益 4 000[①]

(3) 2×17年1月31日，兑现期汇合约和支付商品货款。

借：应付人民币期汇合约 828 000

　贷：银行存款 828 000

借：银行存款（USD100 000） 835 000

　贷：应收美元期汇合约（USD100 000） 832 000

　　汇兑损益 3 000

借：库存商品 820 000

　贷：物资采购 820 000

① 这里采用的是简化的算法，没有计算期汇合约获利的时间价值。

借：应付账款（USD100 000） 825 000
　　汇兑损益 10 000
　贷：银行存款（USD100 000） 835 000

上面第一笔分录反映的是支付远期合约的人民币，由于汇率是钉死的，按原来约定的2个月远期汇率折算支付；收到的美元期汇则按收到日的即期汇率折算，其间的差额反映为汇兑损益；第三笔分录是商品入库后，将物资采购转入库存商品；第四笔分录是支付货款。

在本例中，珠江公司最终的汇兑损失也为8 000元，与避免因汇率上升给公司带来的15 000元的收益相抵，仍获利7 000元。这说明两种不同的会计处理程序所得出的结果是一致的。按最新的会计处理要求，下面均按公允价值对远期合约进行计量。

二、期汇合约投机的会计处理

期汇合约除了上述用于套期保值外，也能用于投机。在对汇率的变动趋势进行准确的预测后，利用远期汇率和即期汇率之间的差额来谋求利益。例如，某公司预测美元对人民币将会升值，该公司就会先签订一份远期购买美元的合约，到交割日，再将美元出售，以赚取结算日即期汇率高于远期汇率之间的差价，这种先买后卖的行为在投机市场上称为多头或买空；反之，如果公司预测美元对人民币会贬值，该公司就会先签订一份远期出售美元的合约，到交割日，再将美元购进，以相同的人民币按结算日的较低的即期汇率多购买的美元就是该公司赚取的利益，这种先卖后买的行为在投机市场上称为空头或卖空。与套期保值会计处理不同的是，投机签订的远期合约按公允价值来确认，期末按剩余期间的远期汇率重新计量，其差额反映为当期的汇兑损益，这种做法实际上就是上面曾经介绍过的公允价值法。

例8—7 珠江公司预测未来2个月美元对人民币会升值，于是在2×16年12月1日与银行签订了一份购买期为2个月的USD100 000的期汇合约。人民币兑换美元的有关汇率资料如下：

12月1日	即期汇率	CNY8.20/USD1
12月1日	2个月远期	CNY8.28/USD1
12月31日	即期汇率	CNY8.25/USD1
12月31日	1个月远期	CNY8.32USD1
1月31日	即期汇率	CNY8.35/USD1

（1）2×16年12月1日，登记购买美元期汇合约的会计分录。

借：应收美元期汇合约（USD100 000） 828 000
　贷：应付人民币期汇合约 828 000

（2）12月31日，按30天远期期汇汇率调整应收美元期汇合约款。

借：应收美元期汇合约（USD） 4 000
　贷：汇兑损益 4 000

(3) 2×17 年 1 月 31 日，兑现期汇合约。

借：应付人民币期汇合约　　828 000

　贷：银行存款　　828 000

借：银行存款（USD100 000）　　835 000

　贷：应收美元期汇合约（USD100 000）　　832 000

　　汇兑损益　　3 000

由上可以看出，由于美元的走势与珠江公司的预测正好吻合，该公司最终赚取了 7 000 元的利润，但假若美元的走势与珠江公司的预测正好相反，珠江公司就要承担一笔损失。当这种投机金额巨大时，公司很可能会遭受重大损失甚至破产，因此企业从事投机活动需谨慎。

思考题

1. 比较下列几组概念：

外币折算与外币交易　　对外交易与外币交易

直接标价法与间接标价法（应付标价法与应收标价法）

即期汇率与远期汇率　　投机与套期保值

期货与远期合约　　固定汇率与浮动汇率

记账汇率、历史汇率与现行汇率　　两项交易观与单一交易观

2. 综述不同情况下我国对汇兑损益的处理规定。

3. 比较对外币交易进行套期保值的期汇合约按传统方法进行会计处理和按公允价值法进行会计处理的区别。

4. 简述汇率变动与套期保值的结果之间的关系。

5. 为什么企业要对外币应收与应付账款采取套期措施？不进行套期会有何影响？

6. 期汇合约是一项衍生工具吗？你对衍生工具的了解程度如何？

练习题

(一) 外币交易

资料： 南方公司采用当日的汇率作为其记账汇率，2×16 年 8 月 31 日的汇率为 CNY8.38/USD1。2×16 年 7 月 31 日有关外币账户余额如表 8—7 所示。

表 8—7

账户名称	外币金额	外汇汇率	人民币金额
银行存款——美元户	10 000	CNY8.4/USD1	84 000
应收账款——美元户（A 企业）	5 000	CNY8.4/USD1	42 000
应收账款——美元户（B 企业）	5 000	CNY8.4/USD1	42 000
短期借款——美元户	10 000	CNY8.4/USD1	84 000

2×16 年 8 月南方公司发生如下外币业务：

(1) 8 月 5 日，收回 A 企业上月欠款 5000 美元，随即出售给中国银行，银行当日卖出价为 CNY8.394/USD1，买入价为 CNY8.392/USD1；

(2) 8 月 7 日，销售商品一批给 A 企业，价款 20000 美元，款未收回，当日汇率为 CNY8.395/USD1；

(3) 8 月 9 日，从 C 公司购进原材料一批，价款 15000 美元，货已入库，款未付，当日汇率为 CNY8.392/USD1；

(4) 8 月 11 日，归还短期借款 10000 美元，当日汇率为 CNY8.39/USD1；

(5) 8 月 13 日，由于需要购入进口设备，向中国银行买入 40000 美元，银行当日卖出价为 CNY8.385/USD1，买入价为 CNY8.383/USD1；

(6) 8 月 30 日，销售商品一批给 B 企业，货款 30000 美元未收到，当日汇率为 CNY8.38/USD1。

要求：登记相关会计分录和各外币账户，月末按月末汇率调整各外币账户。

(二) 外币交易

资料：A 股份有限公司（以下简称 A 公司）对外币业务采用发生时的汇率折算，按月计算汇兑损益。2×16 年 6 月 30 日市场汇率为 CNY8.25/USD1。2×16 年 6 月 30 日有关外币账户期末余额如表 8—8 所示。

表 8—8

项目	外币金额（美元）	折算汇率	折合人民币金额
银行存款	100000	8.25	825000
应收账款	500000	8.25	4125000
应付账款	200000	8.25	1650000

A 公司 2×16 年 7 月发生以下外币业务（不考虑增值税等相关税费）：

(1) 7 月 15 日收到某外商投入的外币资本 500000 美元，当日的市场汇率为 CNY8.24/USD1。款项已由银行收存。

(2) 7 月 18 日，进口一台机器设备，设备价款 400000 美元尚未支付，当日的市场汇率为 CNY8.23/USD1。该机器设备正处于安装调试过程中，预计将于 2001 年 11 月完工交付使用。

(3) 7 月 20 日，对外销售产品一批，价款共计 200000 美元，当日的市场汇率为 CNY8.22/USD1，款项尚未收到。

(4) 7 月 28 日，以外币存款偿还 6 月发生的应付账款 200000 美元，当日的市场汇率为 CNY8.21/USD1。

(5) 7 月 31 日，收到 6 月发生的应收账款 300000 美元，当日的市场汇率为 CNY8.20/USD1。

要求：

(1) 编制 7 月发生的外币业务的会计分录。

(2) 分别计算 7 月发生的汇兑损益净额及其中计入当期损益的汇兑损益金额，并列出计算过程。

(3) 编制期末记录汇兑损益的会计分录（本题不要求写出明细科目）。

(三) 期汇合约

资料: 美国某公司 2×16 年 12 月 1 日向英国一出口商销售商品一批,计 £(GBP) 100000,货物按英镑结算,合同约定在 2×17 年 1 月 30 日付款。该公司为了避免 2 个月后英镑贬值给公司带来损失,同日与银行签订了一份期限为 2 个月的出售英镑期汇合约。英镑兑换美元的有关汇率资料如下:

12 月 1 日	即期汇率	USD1.6311/£1
12 月 1 日	2 个月远期	USD1.6336/£1
12 月 31 日	即期汇率	USD1.6409/£1
12 月 31 日	1 个月远期	USD1.6422/£1
1 月 31 日	即期汇率	USD1.6469/£1

要求:

(1) 登记上述经济业务的会计分录(同时按公允价值进行记录)。

(2) 假设美国公司出售英镑不是为了套期保值,请登记相关会计分录。

(3) 美国公司在上述套期保值中是获益了还是受损了?请说明。套期保值在什么情况下才能规避外汇风险?

第9章

外币报表折算

本章结构

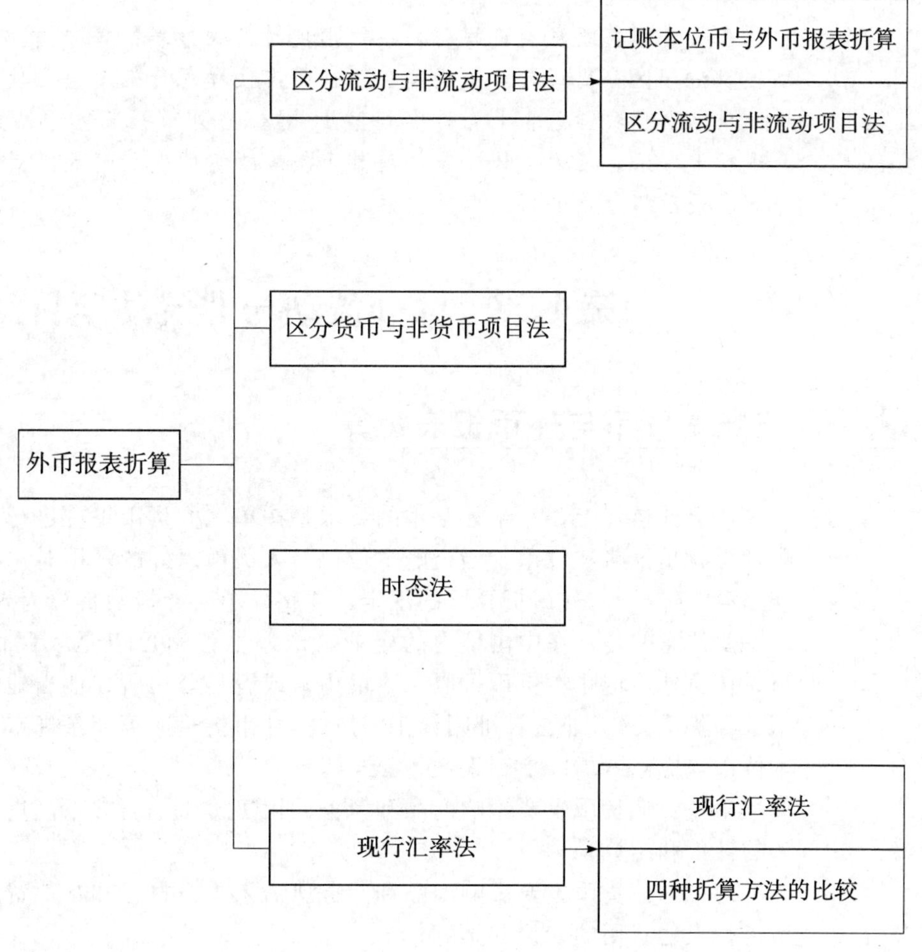

本章要点

- 记账本位币
- 区分流动与非流动项目法
- 区分货币与非货币项目法
- 时态法
- 现行汇率法
- 四种报表折算方法的比较

外币报表折算就是将以外币表示的会计报表折算为股东所在国的货币单位。外币报表折算是为了向居住于不同国家的股东提供财务报告，更主要是跨国公司为了合并其遍布世界各地的子公司的会计报表，将以各种外币编制的子公司的会计报表折算为以母公司报告货币表述的报表。外币报表折算的关键问题有两个：一是选用何种汇率作为折算汇率，对于资产负债表项目，哪些应该选用报表日的汇率，哪些应该选用历史汇率；二是折算中产生的折算损益如何处理，是将其作为当期损益，还是直接计入股东权益中。

从报表折算的发展进程看，一共出现过四种报表折算方法：区分流动与非流动项目法、区分货币与非货币项目法、时态法和现行汇率法。现在普遍使用的是后两种方法。我国《企业会计准则第 19 号——外币折算》中所规定的折算方法是现行汇率法。但为了让大家了解整个报表折算的发展情况，对四种方法都予以介绍，最后将重点分析后两种方法。

第 1 节　区分流动与非流动项目法

一、记账本位币与外币报表折算

在会计核算上，一个最基本的要求是按单一的货币单位进行计量。这时的记账货币就是记账本位币。当记账本位币是人民币以外的货币时，根据《企业会计准则第 19 号——外币折算》的规定，要将外币财务报表折算为人民币财务报表。

要注意的是，在中国境内的企业，记账本位币可以是人民币，也可以是外币；在海外，记账本位币可以是人民币，或者是公司所在地当地的货币，或者是第三种货币。《企业会计准则第 19 号——外币折算》第 5 条规定，企业选定记账本位币，应当考虑以下因素：

第一，该货币主要影响商品和劳务的销售价格，通常以该货币进行商品和劳务的计价和结算；

第二，该货币主要影响商品和劳务所需人工、材料和其他费用，通常以该货币进行上述费用的计价和结算；

第三，融资活动获得的货币以及保存从经营活动中收取款项所使用的货币。

第 6 条规定，企业选定境外经营的记账本位币，除上述因素外，还要考虑：

第一，境外经营对其所从事的活动是否拥有很强的自主性；

第二，境外经营活动中与企业的交易是否在境外经营活动中占有较大比重；

第三，境外经营活动产生的现金流量是否直接影响企业的现金流量，是否可以随时汇回；

第四，境外经营活动产生的现金流量是否足以偿还其现有债务和可预期的债务。

在国际会计准则和美国相应的准则中，与我国记账本位币对应的概念是功能货币。当功能性货币确定之后，功能性货币就成为计量企业现金流动进而计量企业经营成果的统一尺度。企业主体功能性货币以外的货币就变成了外币，作为非功能性货币的外币，将承受汇率变动的风险。当地货币是指海外子公司或分支机构所在国的货币，其记账与报表编制通常采用当地货币，这一报表就称为外币报表。报告货币是编制合并报表或汇总报表所使用的母公司所在国的货币。外币交易实质上是指非功能货币交易。外币报表折算则按照功能货币确定的不同选择不同的折算方法——时态法或现行汇率法。

二、区分流动与非流动项目法

区分流动与非流动项目，是把在财务分析中运用的资产负债表项目分类的传统概念应用于报表折算，即对流动资产和流动负债项目的外币金额都按报表日期（年终）的现行汇率折算，非流动资产和非流动负债项目都按原始交易入账日的历史汇率折算。具体而言：

（1）对国外子公司资产负债表中的流动资产和流动负债项目的外币余额，按报表日期（年末）的现行汇率折算。

（2）非流动资产和非流动负债项目则按取得各该资产或承担各该负债时的历史汇率折算。

（3）公司股本，按股份发行日的历史汇率折算，留存收益则为平衡轧算的数额。

（4）对利润表项目，除固定资产折旧费和无形资产摊销费应按取得有关资产时的历史汇率折算外，对其他所有费用项目和收入项目按整个报告期间（年度）的平均汇率（简单平均或加权平均）折算，销货成本则需根据“期初存货＋本期购货－期末存货”的关系式对存货和购货分别折算后确定，期初、期末存货按不同时日的历史汇率折算，本期购货则按报告期平均汇率折算。

（5）对于折算中形成的折算损益，计入利润表中。

例9—1 珠江公司100％控股的美国子公司新城公司使用的功能货币为人民币，2×16年要将其资产负债表和利润表折算为母公司记账本位币——人民币，相关资料如下：

2×16年12月31日汇率	CNY8.30/USD1
2×15年12月31日汇率	CNY8.20/USD1
2×16年平均汇率	CNY8.25/USD1
2×16年股利支付日汇率	CNY8.28/USD1

股票发行日汇率　　CNY8.50/USD1
固定资产取得日汇率　　CNY8.40/USD1
长期借款借入日汇率　　CNY8.35/USD1
期初留存收益　　CNY（24 375）/USD5 000
期初存货　　CNY61 500/USD7 500

以下按区分流动与非流动项目法对该子公司的资产负债表和利润表进行折算。按这一方法，先折算资产负债表（见表9—1），表中，流动项目均按期末汇率折算，固定资产、长期借款和股本则分别按其发生时的汇率折算，留存收益为平衡轧算的数额。折算利润表（见表9—2）中，销售收入、其他营业费用和所得税为年平均汇率；折旧费用为固定资产取得时的汇率；股利使用支付日的汇率。期初留存收益为上年末的数据，期末留存收益为本年资产负债表中的数据，销售成本按"期初存货折算额＋本期购货折算额－期末存货折算额"这一等式算出，折算损益为平衡轧算的数额。

表9—1　　新城公司已折算资产负债表（2×16年12月31日）

项目	当地货币 USD	折算汇率 CNY/USD	人民币 CNY
流动资产：			
现金	10 000	8.3	83 000
应收账款	7 500	8.3	62 250
存货	11 250	8.3	93 375
合计	28 750		238 625
固定资产（净值）	27 500	8.4	231 000
资产总计	56 250		469 625
负债：			
短期借款	13 750	8.3	114 125
长期借款	7 500	8.35	62 625
合计	21 250		176 750
股东权益：			
股本	25 000	8.5	212 500
留存收益	10 000		80 375①
合计	35 000		292 875
负债和股东权益合计	56 250		469 625

①80 375＝469 625－176 750－212 500。

另外，还可以通过编制折算工作底稿来编制折算报表，贷项与借项之间的差额为折算损益（见表9—3）。表中借项总额为799 911元，贷项总额为736 125元，两者之间的差额63 786元为当期折算损益（收益），直接计入利润表中。

区分流动与非流动资产和负债的定义不能说明为什么这种分类方案将决定在折算程序中应采用什么汇率。按期末的现时汇率折算流动资产，意味着现金、应收款和存货都同样承受汇率变动风险，这对按历史成本计价的存货来说是不恰当的。另一方面，按历史汇率折算属于非流动资产的长期应收款以及非流动负债的长期应付款、长期银行借款和应付公司债等项目，则由于它们按外币（当地货币）表述的金额是固定的，从而抹杀了它们承受的汇率变动影响。

表 9—2　　新城公司已折算利润表（2×16 年度）

项目	当地货币 USD	折算汇率 CNY/USD	人民币 CNY
销售收入	45 000	8.25	371 250
减：成本和费用			
产品销售成本	22 500		184 687.5①
折旧费用	7 500	8.4	63 000
其他营业费用	5 250	8.25	43 312.5
合计	35 250		291 000
折算损益			(63 786)②
税前收益	9 750		144 036.1③
所得税	1 462.5	8.25	12 065.6
净收益（2×16 年度）	8 287.5		131 970.5④
留存收益（2×15 年 12 月 31 日）	5 000		(24 375)
合计	13 287.5		107 595.5
支付股利	3 287.5	8.28	(27 220.5)
留存收益（2×16 年 12 月 31 日）	10 000		80 375

①销售成本计算如下：

存货（2×15 年 12 月 31 日）　61 500

购货 2×16 年度＝期末存货＋销货成本－期初存货
＝USD11 250＋22 500－7 500
＝USD26 250×8.25（年平均汇率）
＝216 562.5（元）　216 562.5

存货（2×16 年 12 月 31 日）　USD11 250×8.30（年末汇率）　93 375

销售成本　184 687.5

②折算损益（收益）＝销售收入－（销售成本＋折旧费＋营业费用）－税前收益
＝371 250－184 687.5－63 000－43 312.5－144 036
＝－63 786（元）

③税前收益＝税后收益＋所得税
＝131 970.5＋12 065.6
＝144 036.1（元）

④净收益＝年末留存收益＋支付股利－年初留存收益
＝80 375＋27 220.5－(－24 375)
＝131 970.5（元）

表 9—3　　珠江公司折算工作底稿

	试算表（美元）	折算汇率	试算表（人民币）
借项			
现金	10 000	CNY8.30（C）	83 000
应收账款	7 500	8.30（C）	62 250
存货	11 250	8.30（C）	93 375
固定资产	27 500	8.40（H）	231 000
销售成本	22 500		184 687.5

续前表

	试算表（美元）	折算汇率	试算表（人民币）
折旧费用	7 500	8.40（H）	63 000
其他费用	5 250	8.25（A）	43 312.5
所得税	1 462.5	8.25（A）	12 065.6
股利	3 287.5	8.28（R）	27 220.5
	96 250		799 911*
贷项			
短期借款	13 750	8.30（C）	114 125
长期借款	7 500	8.35（H）	62 625
股本	25 000	8.50（H）	212 500
留存利润	5 000	已计算	(24 375)
销售收入	45 000	8.25（A）	371 250
汇兑损益			63 786
	96 250		799 911

说明：C 为现时汇率；H 为历史汇率；A 为平均汇率。

*尾数调整。

第 2 节　区分货币与非货币项目法

区分货币与非货币项目法与前面外币交易的概念是一致的。货币性项目的特征是：它们的价值是按外币（子公司所在国的当地货币）的固定金额表述的，汇率一有变动，它们的本国货币（母公司报告货币）等值就会发生变动。除现金本身外，表示将在未来收到或付出一笔固定的外币金额的权利或责任（如应收款或应付款），不管其是流动还是非流动项目，都属于货币性项目。它们在子公司资产负债表上的外币（当地货币）余额，应该按期末的现时汇率折算为本国货币（母公司报告货币）等值。这样，属于流动资产的存货就被排除在货币性资产之外而属于非货币性资产。另一方面，属于非流动负债的长期货币性债务，由于它表述的是应在未来付出的一笔固定的外币（当地货币）金额，因而入账后将继续受汇率变动的影响，它在国外子公司报表中的当地货币余额也就要按期末的现时汇率而不是按负债承担日的历史汇率折算。

具体而言，区分货币与非货币项目法的折算要求为：

（1）对外币金额固定的货币性资产和负债项目，应按报表日期（年末）的现行汇率折算；非货币性项目则按取得各该资产或承担各该负债时的历史汇率折算。

（2）股本按股份发行日的历史汇率折算，留存收益则是平衡轧算的数额。

（3）对利润表项目，除折旧费和摊销费应按取得有关固定资产或无形资产时的历史汇率折算外，所有费用项目和收入项目都按报告期的平均汇率（加权平均或简单平均）折算。销货成本则需根据“期初存货＋本期购货－期末存货”的关系式对存货和购货分别折算后确定，期初、期末存货是按不同时日的历史汇率折算的，本期购货则是按报告期平均汇率折算的。

（4）在折算过程中形成的折算损益，都计入当期利润表中。

例 9—2 接上例，补充有关资料如下：

2×16 年第四季度汇率	CNY8.27/USD1
2×15 年第四季度汇率	CNY8.18/USD1
期初留存收益	CNY（22 650）/USD5 000
期初存货	CNY61 350/USD7 500

以下按区分货币与非货币项目法对该子公司的资产负债表和利润表进行折算。按这一方法，先折算资产负债表（见表 9—4）。表中，货币性项目均按期末汇率折算，存货、固定资产和股本则分别按其发生时的汇率折算，留存收益为平衡轧算的数额。要说明的是，存货按历史汇率进行计量时，由于其品种繁多，收发频繁，要确定其历史汇率是很难做到的。本例中，我们假定该公司采用先进先出法，期末存货为第四季度购进，因而期末存货按第四季度的汇率折算（时态法中，按历史汇率折算的存货也是如此）。折算利润表（见表 9—5）中，销售收入、其他营业费用和所得税为年平均汇率；折旧费用为固定资产取得时的汇率；股利使用支付日的汇率。期初留存收益为上年末的数据，期末留存收益为本年末资产负债表中的数据，销售成本按“期初存货折算额＋本期购货折算额－期末存货折算额”这一等式算出，折算损益为平衡轧算的数额。

表 9—4 **新城公司已折算资产负债表**（2×16 年 12 月 31 日）

项目	当地货币 USD	折算汇率 CNY/USD	人民币 CNY
流动资产：			
现金	10 000	8.3	83 000
应收账款	7 500	8.3	62 250
存货（按成本 6 250；			
按市价 5 000）	11 250	8.27	93 037.5
合计	28 750		238 287.5
固定资产（净值）	27 500	8.4	231 000
资产总计	56 250		469 287.5
负债：			
短期借款	13 750	8.3	114 125
长期借款	7 500	8.3	62 250
合计	21 250		176 375
股东权益：			
股本	25 000	8.5	212 500
留存收益	10 000		80 412.5①
合计	35 000		292 912.5
负债和股东权益合计	56 250		469 287.5

①80 412.5＝469 287.5－176 375－212 500

区分货币与非货币项目法虽然恰当地分析了汇率变动对资产和负债项目的影响，从而提出货币与非货币项目的分类，但是外币报表折算和外币交易折算涉及的是会计计量问题而不是分类问题，区分货币与非货币项目法未能触及外币折算问题的实质。

在“纯”的历史成本计量模式下，非货币性项目都是按历史成本计量的，根据区分货币与非货币项目来选择折算汇率（是现行汇率还是历史汇率）是可行的。但是，当今流行的会计计量模式是一种混合的计量模式。例如，按照成本与市价孰低原则，存货就不是都按历史成本计量的，市价低于成本的那部分存货，在期末就改按现时重置成本计价了。但区分货币与非货币项目法只是把存货归入非货币性项目一类，而无视其计量属性（会计基础）的差别。

表 9—5　　新城公司已折算利润表（2×16 年度）

项目	当地货币 USD	折算汇率 CNY/USD	人民币 CNY
销售收入	45 000	8.25	371 250
减：成本和费用			
产品销售成本	22 500		184 875①
折旧费用	7 500	8.4	63 000
其他营业费用	5 250	8.25	43 312.5
合计	35 250		291 187.5
折算损益			(62 286.1)②
税前收益	9 750		142 384.6③
所得税	1 462.5	8.25	12 065.6
净收益（2×16 年度）	8 287.5		130 283④
留存收益（2×15 年 12 月 31 日）	5 000		(22 650)
合计	13 287.5		107 633
支付股利	3 287.5	8.28	(27 220.5)
留存收益（2×16 年 12 月 31 日）	10 000		80 412.5

①销售成本计算如下：

存货（2×15 年 12 月 31 日）　　61 350

购货（2×16 年度）

（USD11 250＋22 500－7 500）＝ USD26 250×8.25（年平均汇率）

＝216 562.5（元）　　216 562.5

存货（2×16 年 12 月 31 日）　USD11 250×8.27（第四季度汇率）　　93 037.5

销售成本　　184 875

②折算损益＝销售收入－（销售成本＋折旧费＋营业费用）－税前收益

＝371 250－184 875－63 000－43 312.5－142 348.6

＝－62 286.1（元）

③税前收益＝税后收益＋所得税

＝130 283＋12 065.6＝142 348.6（元）

④净收益＝年末留存收益＋支付股利－年初留存收益

＝80 412.5＋27 220.5－(－22 650)＝130 283（元）

第3节 时态法

可以说，外币报表折算的时态法正是针对区分货币与非货币项目法的上述缺陷，从会计计量理论的角度进一步推导出外币报表折算的全面原则。基于外币折算只是一种计量变换程序，是对按外币计量的既定价值的重新表述，它不应改变计量项目的属性（会计基础），而只是改变计量的货币单位，即对外币改用本国货币计量。根据这一原则对资产和负债项目进行具体分析：无论在历史成本计量还是在现行成本计量模式下，现金等货币性项目都是按照资产负债表日的汇率折算，这是货币性资产和负债项目的属性。对于非货币性资产和负债项目，在历史成本计量属性下，要按其取得时的汇率进行折算；在现行成本计量模式下，则是按照它们在资产负债表日的汇率折算。

以下阐述在时态法下对外币报表的折算要求：

（1）现金和各项应收款、应付款等货币性项目，不论在历史成本计量模式还是在现行成本计量模式下，都要按现行汇率（期末汇率）折算。

（2）按历史成本表述的非货币性资产（和负债）项目的外币余额要按历史汇率折算，按现行成本表述的非货币性资产（和负债）项目的外币余额要按现行汇率折算。

（3）对于公司的股本按股份发行日的历史汇率折算，留存收益则为平衡轧算的数额。

（4）收入和费用项目按平均汇率（加权平均或简单平均）折算；对折旧费和摊销费则按取得有关固定资产或无形资产时的历史汇率折算。销货成本在年初存货、本年购货和年末存货按不同的适用汇率折算后算出。

（5）在折算过程中形成的折算损益，都计入当期利润表中。

例9—3 资料同例9—1和例9—2，另外：

期初留存收益	CNY（22 730）/USD5 000
期初存货	CNY61 430/USD7 500

以下按时态法对该子公司的资产负债表和利润表进行折算。按这一方法，先折算资产负债表（见表9—6）。表中，货币性项目均按期末汇率折算，按历史成本表述的非货币性资产（和负债）项目的外币余额按历史汇率折算，按现时成本表述的非货币性资产（和负债）项目的外币余额按现行汇率折算（表中按市价计量的期末存货就按现行汇率折算，按历史成本计量的则用第四季度的汇率折算），留存收益为平衡轧算的数额。折算利润表（见表9—7）中，销售收入、其他营业费用和所得税为年平均汇率；折旧费用为固定资产取得时的汇率；股利使用支付日的汇率。期初留存收益为上年末的数据，期末留存收益为本年资产负债表中的数据，销售成本按“期初存货折算额＋本期购货折算额－期末存货折算额”这一等式算出，折算损益为平衡轧算的数额。

表 9—6　　新城公司已折算资产负债表（2×16 年 12 月 31 日）

项目	当地货币：USD	折算汇率 CNY/USD	人民币 CNY
流动资产：			
现金	10 000	8.3	83 000
应收账款	7 500	8.3	62 250
存货：			
按成本	6 250	8.27	51 687.5
按市价	5 000	8.3	41 500
合计	28 750		238 437.5
固定资产（净值）	27 500	8.4	231 000
资产总计	56 250		469 437.5
负债：			
短期借款	13 750	8.3	114 125
长期借款	7 500	8.3	62 250
合计	21 250		176 375
股东权益：			
股本	25 000	8.5	212 500
留存收益	10 000		80 562.5①
合计	35 000		293 062.5
负债和股东权益合计	56 250		469 437.5

①80 562.5＝469 437.5－176 375－212 500

时态法与前面两种方法的共性是都没有超出把财务报表当作各项交易和会计事项的账面记录的总概括的想法，而是把这些交易和事项当作单一的外币交易来进行折算，这样，就选择交易时的汇率作为折算汇率，因此，在报表折算中会出现多种汇率。当存货和其他非货币性资产采用非历史成本计量属性时，时态法就与区分货币与非货币项目法不一致了，而在“纯”历史成本计量模式下，两者则完全相同。真正把报表折算当成一个整体来考虑的是现行汇率法，这是与前三种报表折算方法完全不同的报表折算方法。

表 9—7　　新城公司已折算利润表（2×16 年度）

项目	当地货币 USD	折算汇率 CNY/USD	人民币 CNY
销售收入	45 000	8.25	371 250
减：成本和费用			
产品销售成本	22 500		184 805①
折旧费用	7 500	8.4	63 000
其他营业费用	5 250	8.25	43 312.5
合计	35 250		291 117.5
折算损益			(62 446.1)②
税前收益	9 750		142 578.6③
所得税	1 462.5	8.25	12 065.6
净收益（2×16 年度）	8 287.5		130 513④

续前表

项目	当地货币 USD	折算汇率 CNY/USD	人民币 CNY
留存收益（2×15 年 12 月 31 日）	5 000		（22 730）
合计	13 287.5		107 783
支付股利	3 287.5	8.28	（27 220.5）
留存收益（2×16 年 12 月 31 日）	10 000		80 562.5

①销售成本计算如下：

存货（2×15 年 12 月 31 日）　61 430

购货（2×16 年度）

（USD11 250＋22 500－7 500）＝ USD26 250×8.25（年平均汇率）

＝216 562.5（元）　216 562.5

存货（2×16 年 12 月 31 日）　USD6 250×8.27＋5 000×8.3　93 187.5

销售成本　184 805

②折算损益＝销售收入－（销售成本＋折旧费＋营业费用）－税前收益

＝371 250－184 805－63 000－43 312.5－142 578.6

＝－62 446.1（元）

③税前收益＝税后收益＋所得税

＝130 513＋12 065.6＝142 578.6（元）

④净收益＝年末留存收益＋支付股利－年初留存收益

＝80 562.5＋27 220.5－（－22 730）＝130 513（元）

第 4 节　现行汇率法

一、现行汇率法

现行汇率法是用单一的报表日的现行汇率对报表中所有的资产和负债项目进行折算。它是着眼于对国外子公司或附属公司投资净额的折算，这种方法保持了被折算公司财务报表的财务结构，折算只是改变了货币计量单位。具体而言，这种方法的折算要求如下：

（1）在现行汇率法下，对外币报表中的所有资产和负债项目，都按期末的现行汇率进行折算；

（2）对于收入和费用，应按照确认这些项目时的现时汇率折算，但为了简化起见，也可以按照当期的平均汇率（加权平均或简单平均）折算；

（3）留存收益是在按现时汇率折算的基础上得出的；

（4）只有公司的股本仍按股份发行日的历史汇率折算；

（5）折算过程中形成的差额确认为包括在股东权益内的“折算调整额”。

例 9—4　资料同前，新城公司的功能货币为美元，另外：

期初留存收益　CNY42 000/USD 5 000

累计折算调整额　CNY（8 500）

以下按现行汇率法对该子公司的资产负债表和利润表进行折算。按这一方法，应先折算利润表（见表 9—8）。这是这一方法同前三种方法最大的区别之处，将期末留存收益计算出来后，转入资产负债表中（见表 9—9），然后对资产负债表进行折算，运用平衡轧算法算出当年末的累计折算调整额。折算利润表中，除股利使用支付日的汇率外，其他所有项目均使用年平均汇率，期初留存收益为上年末的数据。折算资产负债表中，除股本按股份发行日的汇率折算外，都使用现行汇率。

表 9—8　　新城公司已折算利润表（2×16 年度）

项目	当地货币 USD	折算汇率 CNY/USD	人民币 CNY
销售收入	45 000	8.25	371 250
减：成本和费用			
产品销售成本	22 500	8.25	185 625
折旧费用	7 500	8.25	61 875
其他营业费用	5 250	8.25	43 312.5
合计	35 250		290 812.5
税前收益	9 750		80 437.5
所得税	1 462.5	8.25	12 065.6
净收益（2×16 年度）	8 287.5		68 371.9
留存收益（2×15 年 12 月 31 日）	5 000		42 000
合计	13 287.5		110 371.9
支付股利	3 287.5	8.28	27 220.5
留存收益（2×16 年 12 月 31 日）	10 000		83 151.4

表 9—9　　新城公司已折算资产负债表（2×16 年 12 月 31 日）

项目	当地货币 USD	折算汇率 CNY/USD	人民币 CNY
流动资产：			
现金	10 000	8.3	83 000
应收账款	7 500	8.3	62 250
存货	11 250	8.3	93 375
合计	28 750		238 625
固定资产（净值）	27 500	8.3	228 250
资产总计	56 250		466 875
负债：			
短期借款	13 750	8.3	114 125
长期借款	7 500	8.3	62 250
合计	21 250		176 375
股东权益：			
股本	25 000	8.5	212 500
留存收益	10 000		83 151.4
累计折算调整额			(5 151.4)①
合计	35 000		290 500
负债和股东权益合计	56 250		466 875

① (5 151.4)＝466 875－176 375－212 500－83 151.4

当今，世界各国通行的会计计量模式是历史成本计量模式，如果按照与上述多种汇率法同样的思路，那么，现行汇率法无异于假设以子公司所在东道国的当地货币表述的资产和负债项目都将承受汇率变动的影响，这显然是不合理的，因为以现行汇率来折算一项历史成本金额，得出的结果既不像历史成本，也不像现行市价。从国外投资的历史发展进程看，在国外建立的子公司早期大多是把母公司本身的经营业务延伸至国外的东道国，那么时态法无疑是适合的。但当建立的国外子公司成为独立经营的实体时，母公司与子公司之间的纽带主要只是投资关系时，开始着眼于汇率变动对投资净值（即子公司的净资产）的影响，是完全可行的。这也是现行汇率法被广泛使用的原因。

二、四种折算方法的比较

通过对上面四种方法的归纳，我们来对四种方法的汇率选用和折算结果进行比较（见表9—10）。

表9—10　在不同的折算方法下为资产负债表项目所选用的汇率

项目	区分流动与非流动项目法	区分货币与非货币项目法	时态法	现行汇率法
现金	C	C	C	C
应收款	C	C	C	C
存货：				
按成本	C	H	H	C
按市价	C	H	C	C
投资：				
按成本	H	H	H	C
按市价	H	H	C	C
固定资产	H	H	H	C
无形资产	H	H	H	C
应付账款	C	C	C	C
长期负债	H	C	C	C
股本	H	H	H	H
留存收益	*	*	*	**

* 平衡轧算的数额。

** 收益和留存收益表折算结果，再通过平衡轧算法算出累计折算调整额。

将上述四种方法折算的结果放在一起比较，就会发现四种方法折算的结果存在较大的差异（见表9—11）。

表9—11　不同折算方法下的折算结果

项目	区分流动与非流动项目法	区分货币与非货币项目法	时态法	现行汇率法
折算损益（损失）	90 786.1	62 286.1	62 446.1	
折算调整额（损失）				5 151.4

续前表

项目	区分流动与非流动项目法	区分货币与非货币项目法	时态法	现行汇率法
已折算净收益	131 970.5	130 283	130 513	68 371.9
已折算净资产	292 875	292 912.9	293 062.5	290 500
已折算资产总额	469 625	469 287.5	469 437.5	466 875

折算结果的差别如此悬殊，究竟选用哪一种折算方法合适呢？鉴于区分流动与非流动项目法不能确切地反映汇率变动的会计影响已为人们所公认，可以把它撇开。而区分货币与非货币项目法基本上可归入时态法，因此，适用与否就在时态法和现行汇率法之间抉择。如何选择使用时态法和现行汇率法，美国和国际会计准则委员会分别是从功能货币和对国外主体分类的角度来确定两种折算方法的选择原则的，有兴趣的读者可以进一步阅读本章提供的阅读文献的相关论述，本书对此问题不进行深入的讨论。

思考题

1. 何为记账本位币？如何确定记账本位币？
2. 报表折算有哪四种方法？可分为几大类？这些大类的共性是什么？
3. 将报表折算损益分别列入利润表和资产负债表有什么实质性的差异？
4. 指出区分流动与非流动法和区分货币与非货币法及时态法三种方法的区别。
5. 报表折算的实质是什么？你认为历史上出现的四种方法中哪种方法最合理？请说明理由。
6. 指出报表折算与合并报表之间的关系。

练习题

外币报表折算——时态法与现行汇率法

资料：英国 ABC 公司 100%控股的美国子公司 MM 公司使用的功能货币为美元，2×16 年要将其资产负债表和利润表折算为母公司记账本位币——英镑，相关资料如下：

2×16 年 12 月 31 日汇率	USD1.640 9/£1
2×15 年 12 月 31 日汇率	USD1.640 1/£1
2×16 年平均汇率	USD1.640 5/£1
2×16 年股利支付日汇率	USD1.641 0/£1
股票发行日汇率	USD1.630 5/£1
固定资产取得日汇率	USD1.630 8/£1
长期借款借入日汇率	USD1.630 7/£1
2×16 年第四季度汇率	USD1.640 8/£1
2×15 年第四季度汇率	USD1.639 9/£1

期初留存收益（时态法）　　£3 258/USD5 000

期初存货（时态法）　　£4 573/USD7 500

期初留存收益（现行汇率法）　　£3 364/USD5 000

其中，存货计价采用先进先出法，期末存货假定为第四季度购进。

MM公司未折算资产负债表和利润表见表9—12和表9—13。

表9—12　　MM公司未折算资产负债表（2×16年12月31日）

项目	当地货币 USD	折算汇率 USD/GBP	英镑 GBP
流动资产			
现金	10 000		
应收账款	7 500		
存货	11 250		
按成本	6 250		
按市价	5 000		
合计	28 750		
固定资产（净值）	27 500		
资产总计	56 250		
负债			
短期借款	13 750		
长期借款	7 500		
合计	21 250		
股东权益			
股本	25 000		
留存收益	10 000		
合计	35 000		
负债和股东权益合计	56 250		

表9—13　　MM公司未折算利润表（2×16年度）

项目	当地货币 USD	折算汇率 USD/GBP	英镑 GBP
销售收入	45 000		
减：成本和费用			
产品销售成本	22 500		
折旧费用	7 500		
其他营业费用	5 250		
合计	35 250		
折算损益			
税前收益	9 750		
所得税	1 462.5		
净收益（2×16年度）	8 287.5		

续前表

项目	当地货币 USD	折算汇率 USD/GBP	英镑 GBP
留存收益（2×15 年 12 月 31 日）	5 000		
合计	13 287.5		
支付股利	3 287.5		
留存收益（2×16 年 12 月 31 日）	10 000		

要求：

1. 根据所给资料，用时态法和现行汇率法将 MM 公司会计报表折算为母公司的记账本位币。

2. 比较两种方法下会计处理的折算差异。

第10章

衍生工具与金融资产转移的会计处理

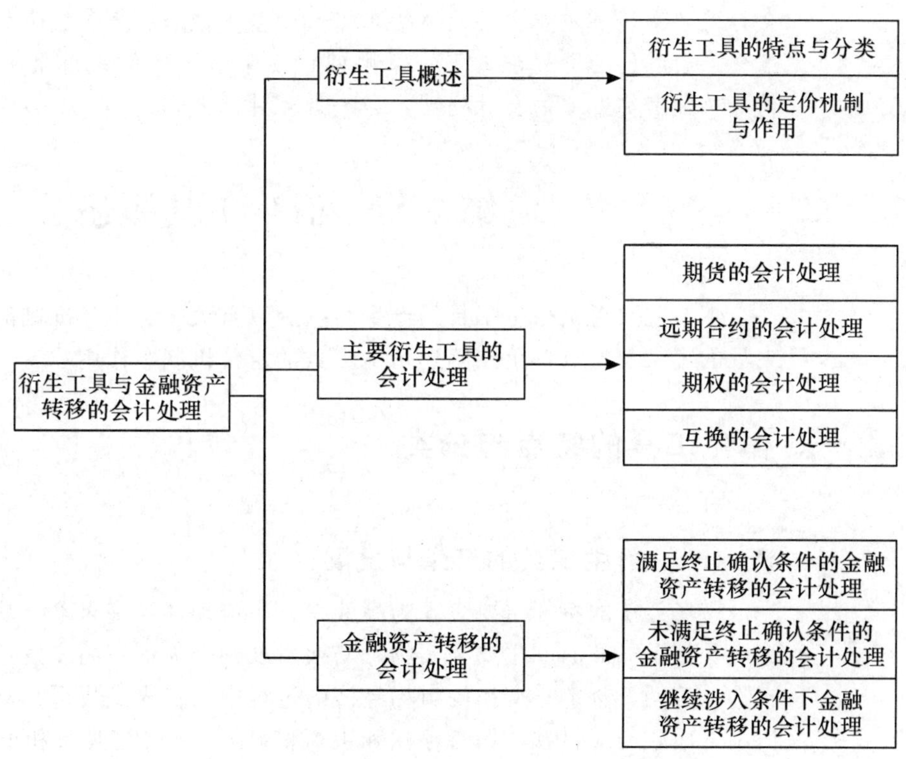

本章要点

- 衍生工具
- 远期、期货、期权和互换的基本特点
- 衍生工具的基本定价方法
- 衍生工具的主要作用
- 主要衍生工具的会计处理方法
- 金融资产转移的复杂性
- 三种情形金融资产转移的会计处理

衍生工具作为高级财务会计的一个新的难点问题，已经越来越引起人们的关注。衍生工具已经进入企业的日常事务和家庭的经济生活中，如一家以煤为主要原料的火力发电厂可以通过购买煤的期货来规避煤价波动的风险；一家投资基金公司可以从事国债期货交易来赚取更大的收益；普通家庭可以在股市中买卖权证获取价差，等等。上述这些期货、期权等衍生工具慢慢走进人们的视野，在我们的经济生活中发挥着越来越大的作用。从本章开始，我们分两章讨论衍生工具的会计处理问题。本章主要论述衍生工具的基本概念、用于投资的衍生工具以及金融资产转移的会计处理。下一章则阐述用于套期保值的衍生工具（或非衍生工具）及被套期业务的会计处理，即套期会计。

第1节　衍生工具概述

本节主要讨论衍生工具的产生与发展、有关衍生工具准则的制定情况、衍生工具的定义与特点，重点阐述衍生工具的定价机制和作用。

一、衍生工具的特点与分类

（一）衍生工具的产生与发展

市场经济的特征主要表现为高效率、高流动性和高风险。从人类初期的物物交换、简单的商品（主要为实物）交换发展到今天信用高度发达的商品（主要为实物、劳动、资本）交换的市场经济的过程中，首先是货币，其次是商业和银行信用（应收与应付款、银行存款和银行借款），再次是股票和债券，这些媒介或工具在促进商品交换中充当了十分重要的角色，这些担当交换中介的工具称为基本金融工具（primary financial instruments）或传统金融工具。20 世纪 80 年代开始，随着世界经济一体化进程的加快，竞争日趋激烈，新技术不断涌现，变化成为这个时代的主旋律：商品价格、外汇汇率、利率、股票价格、企业信用都处于不断波动的过程之中；同时，随着市场低管制和全球范围内金融自由化浪潮的掀起，资本市场出现了大量创新的金融工具，这些新的金融工具一方面提供和扩大了投资渠道，另一方面也成为人们规避各种价格变动风险的工具。这些以基本金融工具为基础创新的工具则称为衍生金融工具（derivative financial instruments）或衍生工具（derivatives）。这些工具所具有的低交易成本、高流动性、高杠杆性、高投机性（高收益与高风险性）和便于风险管理的特性，使其以一日千里的速度发展和被创造出来，尽管其中一些工具已经沿袭了几个世纪。据巴塞尔国际清算银行的估算，截至 1999 年底，世界范围内未平仓的衍生金融工具所涉及的基础性资产超过了 88 万亿美元，而同年世界经济总量居第一的美国的 GDP 仅为 9 万亿美元。[①] 而根据国际清算银行近期的报告，截至 2007 年底，这一金融资产已达 676 万亿美元，是 1999 年底的 7.7 倍。[②] 因此，衍生工具在今天的市场经济中占据着十分重要的地位。

衍生工具虽然给我们的经济生活提供了巨大的便利，但同时也隐含着极大的风险。从国外的巴林银行倒闭、安然事件，到我国的中航油事件，无一不与衍生工具隐含的风险有关。因此，为了加强对衍生工具的管理，特别是从会计上规范衍生工具的计量和风险披露，国际上一些准则制定机构对这一领域给予了极大的关注，投入巨大的精力制定相应的会计规范。

（二）衍生工具会计准则制定情况

衍生金融工具从 20 世纪 80 年代起方兴未艾，但由于其性质复杂、计价难度高，相应的会计规则制定一直到 20 世纪末才初具雏形。如 1998 年 FASB 颁布的 FAS133 和 IASC 分两阶段于 1995 年和 1998 年分别发布的 IAS32（列报和披露）和 IAS39（确认和计量）。之后，FASB 颁布了针对 FAS133 的修订准则 FAS138，IASB 针对 IAS32 的修订准则，将原 IAS32 一分为二：列报继续留在 IAS32，披露则形成一个新的准则 IFRS7（2005）。至此，金融工具准则的修订才刚刚开始，这其中实务界对 IAS39 的争议最大，问题集中体现为：分类太多、计量过于复杂和存在太多的备选方案。

2008 年全球金融危机过后，金融稳定论坛和 G20 峰会一再呼吁 IASB 改进金融工具会计准则。2009 年 4 月 IASB 决定全面修订 IAS39（并且与 FASB 联手），明确分三个阶段实施这一计划并最终取代 IAS39，三阶段的主题分别是：金融工具的分类和计量、减值测试模型和套期保值会计。2014 年 7 月全面修订工作完成（已正式发布）。纵观此次修订，最大的变化体现为："四分类"简化为"二分类"、金融资产减值由"已发生损失模型"改为"预期损失模型"、放宽套期保值会计应用条件和增加披露内容，虽然这次修订（IFRS9 取代 IAS39）暂告一段落，但关于金融工具会计准则的争议并未停息，随着环境变化导致新的问题出现，该准则的修订和完善预期还将继续。

2004 年之前，我国并没有系统的针对金融工具会计处理和披露的制度。关于金融工具的一些基本概念、会计处理方法和有关制度安排散见在《企业会计准则第 1 号——基本准则》、《企业会计准则第 2 号——长期股权投资》、《企业会计

---

① 钱斯：《衍生金融工具与风险管理》，第 5 版，2～3 页，北京，中信出版社，2004。

② 黄自凌：《难以驯服的外表风险业务》，载《财经（金融实务报）》，25 页，2010（7）。

准则第 7 号——非货币性交易》、《企业会计制度》、《金融企业会计制度》、《公开发行证券的公司信息披露编报规则第 18 号——商业银行信息披露特别规定》、《金融机构衍生产品管理暂行办法》中。2004 年，财政部会计司出台《金融机构衍生金融工具交易与套期业务会计处理暂行规定（征求意见稿）》，该征求意见稿主要对金融机构套期业务的会计处理进行了规范。但是该文件比较粗略，基本会计处理只是一些原则性的规定，可操作性不强。

2006 年 2 月新会计准则的颁布标志着我国金融工具会计有了系统全面的规范。由于金融工具会计处理的复杂性，这次针对金融工具会计处理的准则一分为四：《企业会计准则第 22 号——金融工具确认和计量》；《企业会计准则第 23 号——金融资产转移》；《企业会计准则第 24 号——套期保值》；《企业会计准则第 37 号——金融工具列报》。2006 年 11 月和 2007 年 4 月，《企业会计准则——应用指南》和《企业会计准则讲解》相继出台。随着 IASB 的 IFRS 9（2014）修订的完成，我国上述准则预计又将进行一次大的调整。[①]

（三）衍生工具的定义与分类

衍生金融工具之所以出现，就是因为价格变动的存在。价格的形式主要表现为商品价格、利率、股票价格和汇率等。衍生金融工具就是建立在这些基本价格基础之上的。表 10—1 是几种衍生工具及其价格基础之间的关系。

表 10—1　　几种衍生工具及其价格基础之间的关系

衍生金融工具	价格基础
利率互换与期权	利率
股票指数期货与期权	股票价格
商品期货与期权	商品价格
货币期货与期权	汇率

由于衍生工具是在传统金融工具的基础上发展起来的，因此，在讨论衍生工具的特点前，先对金融工具作一个简要的说明。

简单而言，金融工具就是一种书面凭证，在该凭证中规定资金供求双方的权利与义务等相关内容。这些凭证主要有支票、汇票、票据、债券、息票、股权证、交割单、信托书、信托收据等。

《企业会计准则第 22 号——金融工具确认和计量》第 2 条将金融工具定义为："形成一个企业的金融资产，并形成其他单位的金融负债或权益工具的合同。"这与 IASB 在 IAS32（2003 修订）中对金融工具定义完全相同。

IASB 在 IAS32（2003 修订）中用罗列的方法，又对金融资产、金融负债和权益工具所包括的内容作了进一步的解释。

金融资产是指下述资产：

（1）现金。

（2）另一实体的权益工具。

① 预计 2016 年年底，CAS22、23、24、37 将发布最新修订稿。

（3）合约权利。包括：1）从另一个实体收取现金或另一金融资产的合约权利；2）在潜在有利的条件下，与另一实体交换金融工具的合约权利。

（4）将以实体自身权益工具结算或可以实体自身权益工具结算的合约，且该合约是：1）一项非衍生工具，使实体获取或可能获取可变数量的自身权益工具；或2）一项衍生工具，该衍生工具将以固定数额的现金或其他金融资产换取固定数量的自身权益工具以外的其他方式结算。其中，发行者自身的权益工具不包括在未来获取或交付自身权益工具的合约。

金融负债是指下述负债：

（1）合约义务。包括：1）向另一个实体交付现金或另一金融资产的合约义务；2）在潜在不利的条件下，与另一实体交换金融资产或金融负债的合约义务。

（2）将以实体自身权益工具结算或可以实体自身权益工具结算的合约，且该合约是：1）一项非衍生工具，使实体承担或可能承担可变数量的自身权益工具；或2）一项衍生工具，该衍生工具将以固定数额的现金或其他金融资产换取固定数量的自身权益工具以外的其他方式结算。其中，发行者自身的权益工具不包括在未来获取或交付自身权益工具的合约。

权益工具，指能证明对于实体的资产所拥有的在扣除所有负债后的剩余权益的合约。

在IAS39中，IASB将所有金融工具分为四类。《企业会计准则第22号——金融工具确认和计量》在第56～58条中基本采用了IASB对金融工具及相关概念的定义与分类。①

IASB对金融工具的列举基本上采用的是一种资产负债表的分类方法。下面将运用另一种方法对金融工具进行分类。按此种方法，可将金融工具分为权益证券、债务证券、资产担保证券、衍生工具和混合工具等五类，每类中包括的具体类别如表10—2所示。

表10—2　　金融工具表

债务证券	可调利率证券、银行汇票、定期存单、商业票据、公司债券、双重货币债券、浮动利率票据、市政债券、国库券、零息债券
权益证券	可调股息率优先股、优先股
资产担保证券	抵押担保证券、抵押担保债务、不动产抵押投资管道、证券化应收账款、分解证券、回购协议
衍生工具	远期合约、期货合约、远期利率合约、看跌期权（卖权）、看涨期权（买权）、（利率）上限期权、（利率）下限期权、（利率）双限期权、利率互换、货币互换、抵押互换、互换期权、认股权证
混合工具	指数债券、可转换债券、可转换优先股、备兑期权债券

资料来源：Mark A. Trombley，2003，*Accounting for Derivatives and Hedging*，McGraw-Hill Company，Inc. p. 2.

IASB在IAS39（2003年修订）中对衍生工具的定义如下：衍生工具是满足

① 在2009年颁布的IFRS9（金融工具：分类与计量）中，IASB将金融工具的分类由四类改为两类：按摊余成本计量和按公允价值计量。该准则在2014年以金融工具之名完成三阶段的修订工作。

所有下述三个特征的本准则范围内的金融工具或其他合约：(1) 由于特定利率、金融工具价格、商品价格、外汇汇率、价格或利率指数、信用等级或信用指数，或其他变量（有时称为标的）的变动而发生价值变动；(2) 不要求初始净投资或要求的初始净投资小于预计对市场因素变化有类似反应的其他类型合约所要求的初始净投资；(3) 在未来某日进行结算。

《企业会计准则第 22 号——金融工具确认和计量》第 3 条中对衍生工具的定义与 IAS39 中对衍生工具的定义基本相同。

可以看出，衍生工具的实质就是一份根据某些标的物的价格和价值由一方向另一方进行支付（或多种支付）的双边协议。这种支付一般采取以下两种方式之一：

(1) 具体付款金额由某个特定事件确定，比如某个标的价格或价值超过某个最低限额；

(2) 付款额由某一特定数量的标的项目的价值变动决定。

第二种支付方式中，合约中的数量规定称为合约的面值或名义数额。

我们再小结一下，衍生工具是一项其价值以其他一项或多项标的物价值变动而变动、不要求或只投入少许初始投资、可以用现金在未来进行净额结算的合约。这三个特征是使衍生工具区别于传统金融工具的基本特点。

最基本的衍生工具主要有远期（包括期货）和期权。其他如期货期权、互换就是在这两类工具的基础上混合生成的，这些工具称为混合工具；在两种或以上工具上混合或变形产生的工具则称为异形。另一类混合则是由衍生工具和非衍生工具组合形成的，其中的衍生工具称为嵌入式衍生工具。因为衍生工具具有按需要进行生产的特点，虽然衍生工具的品种如今已经有成千上万种，未来仍将有更多的衍生工具被创造出来，但无论衍生工具有多少品种，实际上，基本的衍生工具就是两类：远期和期权，所有其他的衍生工具都可看成这两类的变形或组合。根据交易量的大小，当前市场上交易最活跃的衍生工具主要有期权、期货、远期合约、互换和期货期权。下面重点对这几种衍生工具进行介绍。

二、衍生工具的定价机制与作用

（一）主要衍生工具介绍

1. 远期和期货

远期合约（forward contract），是指交易双方同意按照当日确定的某一价格在将来某一日期买卖某种资产而达成的一种协议，因此，也被称为远期协议（forward commitment）。由于我们未来所面临的唯一确定的就是不确定性，因此，为了规避这种不确定性（如价格变动）的风险，远期就成为提前锁定未来交易（或价格）的一种最有效的工具。实际上，远期合约在我们的生活中非常普遍，如提前支付房租、保险费，订购机票、订餐等。在经济生活中，外汇的远期合约是一种最常见的远期协议。

在远期合约及其他衍生合约中，经常涉及以下基本术语：

(1) 签约日（write date）：签订合约的日期。

（2）到期日（expiration date or maturity date）：合约执行的最后日期。

（3）执行价（strike price or exercise price）：实施购买或销售的价格。

（4）买方（buyer）：合约的购买方，因其预计所交易的资产可能上涨，又称看涨（call）或多方、多头（long position）。

（5）卖方（seller）：合约的销售方，因其预计所交易的资产可能下跌，又称看跌（put）或空方、空头（short position）。

远期合约一般在场外市场中完成，它的参与者主要包括银行、企业和政府。远期市场也是一个巨大的市场。这一合约的优点是能根据交易双方的需要来拟定合约的条款，是一个私人化的市场，所受的监管相对少些。但同时，远期合约的风险要高得多。

期货合约（future contract）是一种标准化的远期合约。这种合约的签订在期货交易所内进行，服从逐日结算的程序，保证合约的损失方将款项及时支付给对方。

同远期合约相比，期货最有特色之处就是它的会员制度、保证金制度和清算制度。要在期货交易所进行交易，首先要取得会员资格，期货交易可以通过经纪人也可以自己进行。保证金分初始保证金（initial margin）和维持保证金（maintenance margin）。初始保证金按规定的比例于当天存入，之后，如果保证金账户余额高于初始保证金的金额，企业可提取多余的部分；如果低于维持保证金，企业则必须补足。交易所实行每日结算制度，每一个交易账户按结算价格进行市值调整，与前一日正的差价借记保证金账户；反之，则贷记保证金账户。如果交易一方无力支付，则由交易所垫付而自动实施清算。期货交易的所有条款如交易额度、交割日期和交割价等都是标准化的。相对远期而言，其风险要小得多。

2. 期权

期权（option）是一份双方协议合约，合约赋予购买方在某一特定期间以特定价格向另一方购买或出售资产的权利（而非义务）。在每一份期权合约中，拥有购买或销售选择权的一方称为买方（buyer）或期权持有方（holder）；相应地，另一方称作卖方（seller）或期权的签发方（writer），该方有义务按期权持有方的要求出售或购买资产。

期权分以下两类：看涨期权（call option）和看跌期权（put option）。前者是指期权买方拥有的在特定时间内以特定的价格向期权卖方购买某种资产的权利；后者是指期权买方拥有的在特定时间内以特定的价格向期权卖方出售某种资产的权利。在到期日前任一时点（包括到期日）都可执行的期权称为美式期权（American option），只能在到期日执行的期权称为欧式期权（European option）。

与远期和期货相比，期权的购买者在签约时必须支付一定的权利金（premium）或期权价格（option price）。这使购买方获得了一份只有权利而不承担义务的合约。对于期权购买方而言（以看涨期权为例），其最终回报取决于合约的执行价格与执行当日市场价格之间的差额。在期权到期日前，如果合约的执行价格低于市场价格，就称该期权为价内期权（in the money）；如果合约的执行价格高于市场价格，就称该期权为价外期权（out of the money）；如果合约的执行价格正好等于市场价格，就称该期权为平价期权（at the money）。如果到期日仍为价外，期权买方就会选择不实施该期权，该合约所有损失为所支付的权利金成本。与此相对应，期权卖方的风险是很大的。

3. 期货期权

期货期权（options on futures）是一种赋予期权买方签订一份期货合约的权利（而非义务）的衍生工具，它是一种合成产品，也称商品期权（commodity option）。这里的商品期权不是指商品本身的期权，而是期货合约的期权，所以又称期货的期权（future option）。例如，一个买入一份 5 月看涨黄金期货期权的交易者，有权在 7 月按每盎司 320 美元买进 100 盎司黄金。在期权到期日（通常接近期货合约的交割日期），只有当黄金价格高于每盎司 320 美元的情况下，该交易者才会选择实施该期权。该期权赋予了多头交易者黄金价格上升的潜在收益，同时避免了黄金价格下跌的风险。很多期货期权都是在交易所交易且交易量很大。交易量最大的期货期权主要是金融期货期权如国债期货期权。要说明的是，期货期权并非最近才出现的新产品，很多年前就存在了，只是因为一些丑闻才于 1936 年在美国被禁止，后于 1987 年开禁并成为一个比较活跃的交易种类。

4. 互换

互换（swap）是一种由双方（通常是在中介的帮助下）自行确定交换未来现金支付的协议。利率互换（interest swap）是一种最流行的互换类型，也是衍生工具中一种交易量最大的类型。在一份利率互换中，交易的任一方都必须在预先规定的日期内，按照不同的利率向另一方支付利息，其中至少有一个利率是浮动的。当然，双方都可按变动利率进行利息支付。在本书中，我们只关注一方按浮动利率支付，而另一方按固定利率支付的利率互换，这就是所谓的简单利率互换或淡香草互换（plain vanilla swap）。一个典型的简单互换结构如图 10—1 所示。互换相当于一组要求双方在未来每个利息支付日进行交易的远期合约。

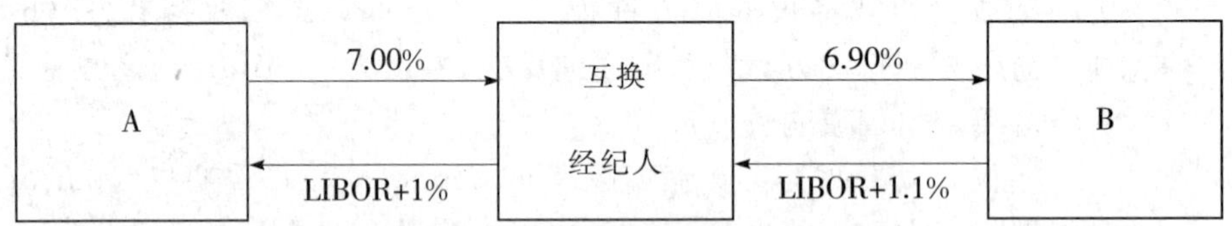

图 10—1 典型的利率互换结构图

图 10—1 中，A 方有一份以固定利率支付、以浮动利率收取利息的互换，B 方有一份以浮动利率支付、以固定利率收取利息的互换。LIBOR 指伦敦银行同业贷款利率，是一个利率指数。如果名义金额为 1 亿美元，LIBOR 为 5.5%，A 方就支付 7%的固定利率与 6.5%（即 LIBOR＋1%）之间的差价，即 500 000 美元；B 方收到 6.9%与 6.6%（即 LIBOR＋1.1%）之间的差价，即 300 000 美元。互换经销商则获取一定价差作为组织互换和消除双方的信用风险——经销商确保任何一方在到期不能支付时完成交易——的报酬。

5. 其他混合和异形衍生工具

实际上，在衍生工具中，除了远期与期货、期权外，期货期权、互换都属于一种混合产品（hybrid），都是在上述基本工具上混合或创新发展出来的，更复杂的则称为异形（exotic），它们应用于各种特定目的。这个创造新的金融工具的过程称为金融工程（financial engineering）。其中一些产品获得成功并广泛运用，而其他一些只得到有限的运用，因而在实务中很少见。然而，这些衍生工具都可以看成以期权或远期合约为基础的工具。除上面提到的期货期权和互换外，障碍期权、回顾型期权、互换期权等就是这些异形衍生工具的代表。

6. 嵌入式衍生工具

包含衍生金融工具又包含非衍生金融工具的合约称为混合工具。混合工具包括两部分：主合同或主工具（host instrument）和嵌入式衍生工具（embedded derivatives）。《企业会计准则第 22 号——金融工具确认和计量》第 20 条将此定义为："嵌入到非衍生工具（即主合同）中，使混合工具的全部或部分现金流量随特定利率、金融工具价格、商品价格、汇率、价格指数、费率指数、信用等级、信用指数或其他类似变量的变动而变动的衍生工具。"嵌入式衍生工具与主合同构成混合工具，如可转换债券。

（二）衍生工具的定价机制

无论是用于投资还是用于风险管理，按公允价值对衍生工具进行计量是其基本原则，因而衍生工具公允价值的确定是衍生工具会计处理的一个核心。衍生工具定价的基本方法主要有：市价、定制调整、定价模型和现金流量折现等，市价法直接采用公开的市场标价即可，其他几种方法分别阐述如下。

1. 定制调整

对于依据某种有市场价格的工具而定制的衍生工具，其公允价值可以根据它与相似金融工具不同的条款所带来的影响适当调整相似金融工具的市场报价而估算。当然，如何调整并不是一个简单的问题。

2. 定价模型

定价模型主要用于以期权为基础的衍生工具的公允价值估计。不同类型的期权有不同的定价模型，而大部分定价模型都是在 1973 年首次公布的著名的布莱克-斯科尔斯模型的基础上修订形成的。运用这些模型的实际问题是它们要求对许多参数作估计。例如，布莱克-斯科尔斯模型要求估计无风险利率和价格变量。因此，布莱克-斯科尔斯模型只适用于某些类型的期权。对于更复杂的期权或异形期权，必须运用其他估价方法。

3. 现金流量折现

现金流量折现法主要适用于以远期合约为基础的衍生工具。该方法包括两个步骤。第一，根据可以得到的信息、合理的具有支持力的假设和预测，估计所需要的未来现金流量。第二，运用适当的当期的折现率计算估计的现金流量的现值。该“适当的”折现率反映了所估计的现金流的风险。例如，对于一系列实质上是确定的现金流量，可以运用近似于无风险利率（如 30 天的国债利率）进行折现。现金流量的风险越高，所运用的折现率越高。

（三）衍生工具的作用

运用衍生工具有两种目的：投资和风险管理。一般而言，可以把用于投资的衍生工具看成投机，它是为了获取可能的可观收益而愿意承担高风险的投资者的一种进攻型的投资方式。把衍生工具用于实现该目的是一种高风险行为。另一方面，把衍生工具用于风险管理可以降低企业所暴露的经营风险。

1. 把衍生工具运用于投资

衍生工具的一个好处是当标的价格或比率（如利率和汇率）朝有利的方向变动时会给投资者带来收益。在很多情况下，投资于衍生工具并不比投资于标的本身存在更大的风险，因此，可以把投资于衍生工具看成一种替代。例如，假定某企业短期有一笔闲置的资金，用这笔钱直接购买某种股票，与用这笔钱购买该股票期权（看涨期权）的效果是一样的，只要这只股票价格上涨，都可能为企业赚取相同的差价，但最终的收益率是有差别的。这是因为当股票价格上涨时，购买股票看涨期权能使投资者获利，但前提是股票价格上涨的幅度必须能够补偿投资者所支付的期权费。股票期权通常有一个期限（一般较短），这时投资者就要承担当股票价格上涨时期权已经过期的风险。因此，投资者购买期权以替代购买股票，不仅要求股票价格是上升的，而且期权的执行期能使期权的执行获利，才能证明这种替代行为是正确的。

在其他一些情况下，投资于衍生工具比投资于标的本身存在更大的风险。比如，企业购买商品与购买商品期货的收益与风险就存在很大的区别。假定一个企业购买 100 万元的商品，价格在 10%上下波动，企业的盈利率（或亏损）就限制在±10%以内，即盈利或亏损就在 10 万元之内。由于期货是实行保证金制度的，如果按标的金额的 10%缴纳保证金，价格在 10%上下波动，这时企业盈利或亏损就在 100 万元之内，企业的盈利率（或亏损）就扩大到±100%以内，收益率提高了 10 倍，但同时风险也扩大了 10 倍。

2. 把衍生工具用于风险管理

衍生工具的一个主要应用是管理企业所面临的各种风险。这时，衍生工具不是用于通过承担风险而获利，而是用于减少不利事件发生时遭受损失的风险。使用衍生工具来预防未来损失的发生又称为套期。当被套期风险导致损失发生时，套期就会使衍生工具获益。套期的一个重要方面就是权衡潜在的利得和可能的损失。虽然套期的目的是防止不利事件导致的损失，但当有利的事件发生时，所放弃的利益就成为投资者所承担的一项套期成本。很多企业认为，套期能使股东在一些无法预期的不利事件中得到保护，因此他们有责任去从事套期和其他风险管理活动，而使管理者将主要精力用于企业主要经营活动。

套期可分为空头套期和多头套期。当企业拥有某项资产，或即将拥有某项资产并预期在未来出售时，企业要考虑资产出售前价格下跌的风险。这时，将运用空头套期。空头套期往往通过购买看跌期权、使用远期合约进行远期出售，或使企业在未来处于一个卖空的位置实现。当企业预计在未来某个时间购买某项资产，要考虑在购买前资产价格上升的风险时就使用多头套期。多头套期往往通过购买看涨期权、使用远期合约进行远期购买，或使企业在未来处于一个买空的位置实现。

第2节 主要衍生工具的会计处理

所有衍生工具的会计处理，归纳起来就是：第一，将衍生工具在资产负债表中确认为一项资产或负债；第二，按公允价值计量所有的衍生工具；第三，对所有用于投资的衍生工具，资产负债表日公允价值的变动额计入当期损益；第四，用于套期保值的衍生工具，依照套期的不同类型，资产负债表日公允价值的变动额或计入当期损益，或计入所有者权益。其中第四点将在下一章详细讨论。

一、期货的会计处理

我国衍生金融产品的种类还比较少，在国内市场开展的主要是商品期货交易和推行不久的金融产品交易中的股指期货交易，其他则主要借助国际金融市场进行一些少量的交易。商品期货交易中包括农产品、金属和能源等期货产品。我国农产品期货交易市场主要有郑州商品交易所和大连商品交易所；金属期货交易所主要是上海期货交易所；金融产品交易所主要是中国金融期货交易所（上海），交易品种主要是股指期货。

期货交易所是专门提供交易者进行期货交易的场所，通常实行会员制。此外，期货交易所还有一系列制度，如保证金制度、结算制度、价格限制制度等。为了取得会员资格，每个入会的企业必须缴纳会员资格费，由此，每个会员就相应获得一个基本的交易席位。如果需要更多的席位，就必须另外缴纳席位费，这笔费用在退席时可以退还。成为交易所的会员后，每年还要缴纳年费。正式交易开始前，一般要缴纳一定的保证金，金额由交易所确定，通常为交易总额的5%～10%。之后，在每个交易日结束时，结算部门要计算每个客户的保证金，不足的部分要追加，多余的可以划出。如果企业保证金不足，也可以提交质押品。期货交易的结算有实物交割、平仓和现金结算三种方式。

由于期货是一种标准化的交易，其价格每天由交易所公布，因而期货的公允价值的计算只需引用市场牌价即可。

下面通过一个实例对我国现行的期货会计处理进行介绍。

例10—1 珠江公司2×16年有关期货业务的经济事项如下：

（1）1月1日支付10万元取得某期货交易所的会员资格，另外支付3万元的本年年费。

（2）3月1日为进行期货交易存入保证金600 000元。

(3) 5 月 1 日买入 1 000 吨绿豆期货合约，每吨价格 2 500 元，交易佣金为 1‰（下同）。

(4) 5 月 10 日卖出标准铝 100 吨，每吨价格 15 000 元。

(5) 6 月 30 日，各期货合约市价为绿豆每吨 2 540 元、铝每吨 15 600 元。

(6) 8 月 4 日，按每吨 2 560 元的价格卖出绿豆期货，交易佣金为 1‰。

(7) 8 月 24 日对铝期货合约进行实物交割，交易日的结算价格为 15 800 元（不考虑增值税），交易佣金为 1.2‰，该批铝产品的实际成本为每吨 12 000 元。

相应的会计处理如表 10—3 所示。

表 10—3

日期	摘要	会计分录
2×16.1.1	登记支付会员费 登记支付年费	借：长期股权投资——期货会员资格投资 100 000 贷：银行存款 100 000 借：管理费用——期货年会费 30 000 贷：银行存款 30 000
2×16.3.1	登记存入保证金	借：期货投资——期货保证金 600 000 贷：银行存款 600 000
2×16.5.1	记录买入绿豆期货合约 记录所支付的交易佣金	借：期货投资——商品期货（绿豆） 2 500 000① 贷：期货交易清算——商品期货（绿豆） 2 500 000 借：期货投资——商品期货（绿豆）② 2 500 贷：期货投资——期货保证金 2 500
2×16.5.10	记录卖出标准铝期货 记录所支付的佣金	借：期货投资——商品期货（铝） 1 500 000 贷：期货交易清算——商品期货（铝） 1 500 000 借：期货投资——商品期货（铝） 1 500 贷：期货投资——期货保证金 1 500
2×16.6.30	记录绿豆、铝期货价值变动	借：期货投资——商品期货（绿豆） 40 000 贷：公允价值变动损益——商品期货（绿豆） 40 000 借：公允价值变动损益——商品期货（铝）60 000 贷：期货投资——商品期货（铝） 60 000
2×16.8.4	登记绿豆期货的平仓及支付的交易佣金	借：期货投资——商品期货（绿豆） 2 560 贷：期货投资——期货保证金 2 560 借：期货投资——期货保证金③ 60 000 期货交易清算——商品期货（绿豆） 2 500 000 公允价值变动损益——商品期货（绿豆） 40 000 贷：期货损益 54 940 期货投资——商品期货（绿豆） 2 545 060

续前表

日期	摘要	会计分录
2×16.8.24	登记交易佣金的支付和铝期货的平仓	借：期货投资——商品期货（铝） 1 896 贷：期货投资——期货保证金 1 896 借：期货损益 83 396 期货交易清算——商品期货（铝） 1 500 000 贷：期货投资——期货保证金 80 000 期货投资——商品期货（铝） 1 443 396 公允价值变动损益——商品期货（铝） 60 000
	记录铝期货合约的实物交割	借：期货投资——期货保证金 1 580 000 贷：主营业务收入 1 580 000
	结转铝产品的实际成本	借：主营业务成本 1 200 000 贷：库存商品——铝 1 200 000

①按结算日会计处理，此分录不用登记，下同。

②根据重要性原则，佣金也可以直接记入"期货损益——佣金"账户，下同。

③按结算日会计，此分录为：

借：期货投资——期货保证金 60 000

公允价值变动损益——商品期货（绿豆） 40 000

贷：期货损益 54 940

期货投资——商品期货（绿豆） 45 060

上述会计处理有几点需要说明：一是按 IAS39 的规定，企业可选择按交易日会计或结算日会计进行处理（本书后面将选择按结算日会计进行举例说明）；二是当期货公允价值的变动额超过或低于整体价值的百分比（比如 2%或 3%）时，交易所要求企业补充不足或可提取多余的金额；三是对于衍生金融工具所使用的会计科目，我国目前并没有硬性规定，相应的会计科目的使用由本书编者给出。

二、远期合约的会计处理

以远期外汇合约为例，远期外汇合约的公允价值在考虑时间价值的影响后，按各计量时点的远期外汇汇率进行折算。远期外汇合约公允价值的评估需要三方面信息：（1）合同约定利率，远期合约达成时的市场远期汇率；（2）现行远期汇率，某个时点市场的远期汇率；（3）折现率，一般为某个公司增量借款利率。

例 10—2 2×15 年 10 月 31 日，一美国公司签订一份 4 个月期的购买 10 000 000 欧元的远期合约。各时点有关远期合约的即期汇率和远期汇率资料如表 10—4 所示。

假定公司年增量贷款利率为 12%，各时点远期合约的公允价值的计算和会计处理如下。

（1）计算购买欧元远期各个时点的公允价值变动额，如表 10—5 所示。

表 10—4

日期	欧元兑换美元的即期汇率	至交货日 2016 年 2 月 28 日欧元兑换美元的远期汇率
2×15.10.31	$1.18	$1.20
2×15.12.31	1.14	1.15
2×16.2.28	1.25	1.25

表 10—5

日期	远期合约汇率	市场远期汇率	差异	估计交割的现金流量	折现因子	估计公允价值的变动额
2×15.12.31	1.20	1.15	(0.05)	(500 000)	1.01^2	(490 148)
2×16.2.28	1.20	1.25	0.05	500 000	1	500 000

（2）2×15 年 12 月 31 日，对合约估计交割的现金流量进行折现，考虑时间价值的影响。该合约的会计处理见表 10—6。

表 10—6

日期	摘要	结算日会计
2×15.10.31	签订远期合约	登记备忘录
2×15.12.31	登记远期合约价值变动	借：公允价值变动损益——远期欧元 490 148 贷：衍生工具——远期欧元 490 148
2×16.2.28	执行远期合约	借：衍生工具——远期欧元 990 148 贷：公允价值变动损益——远期欧元 490 148 投资收益——远期欧元 500 000 借：银行存款 500 000 贷：衍生工具——远期欧元 500 000

三、期权的会计处理

对于在交易所交易的期权，市场价格是期权公允价值计量的最好工具；而对于场外交易的期权，交易方的报价则是期权计量的较好选择；如果交易方的报价无法取得，则只能通过相关定价模型来确定期权的价值。

例 10—3 2×15 年 11 月 1 日，南方公司股票在市场上的价格为每股 50 元，珠江公司以 30 000 元的全额购入 20 000 份南方公司股票的看涨期权。该期权的到期日为 2×16 年 1 月 31 日。2×15 年 12 月 31 日，南方公司股票价格为每股 60 元，期权的时间价值为 10 000 元。2×16 年 1 月 1 日，珠江公司以 200 000 元出售手中的股票期权。

会计处理如表 10—7 所示。

表 10—7

日期	摘要	会计分录
2×15.11.1	购买股票期权	借：衍生工具——股票看涨期权　30 000 　贷：银行存款　30 000
2×15.12.31	登记股票期权的内在价值变动	借：衍生工具——股票看涨期权　200 000 　贷：公允价值变动损益——股票看涨期权　200 000
	登记股票期权的时间价值变动	借：公允价值变动损益——股票看涨期权　20 000 　贷：衍生工具——股票看涨期权　20 000
2×16.1.1	出售股票期权	借：银行存款　200 000 　　公允价值变动损益——股票看涨期权　180 000 　贷：衍生工具——股票看涨期权　210 000 　　　投资收益——股票期权　170 000

该例中有几点需要说明：一是期权的价值（option premium）是由两部分组成的：内在价值（intrinsic value）与时间价值（time value），前者表现为股票的市场价值与期权约定的执行价格之间的差额；后者表现为期权价值超过内在价值的溢价，这部分溢价与未到期时间、基础资产的波动性、内在价值的金额、利率水平有关。二是在期权购买日，期权价值等于时间价值（前提是执行价格等于当日基础资产的市场价格），内在价值为零；而在期权执行日，期权价值等于内在价值，时间价值为零。时间价值随着时间而下降。三是期权价值如果没有市场报价，可以通过相关计价模型如布莱克-斯克尔斯模型求得。对于用于投资的期权（衍生工具），将内在价值与时间价值分开，两者的变动都计入当期损益；如果用于套期保值，只就内在价值的变动将期权指定为套期工具。同样，对于远期合约，要将远期合约的远期合同利息与即期价格分开，只就即期价格变动将远期指定为套期工具。

四、互换的会计处理

下面以利率互换为例讲述互换的会计处理。

互换的公允价值等于合约未来每期的收益（或支付，下同）净额的折现值。在计算互换的公允价值之前，我们只能知道计算时点及以前的收益率和收益额，并不确定以后各期的收益率和收益额。如果假定收益率曲线是水平的，即预期未来每期的收益率等于现在的收益率，那么，在每一时点上，互换公允价值的计算则只需对预期收益净额按现行利率折现即可。这一方法就称为零息法。如果收益率曲线是向上或向下倾斜的，则需要明确估计未来期间的收益率。这一方法较复杂，本书不作深入介绍。

例 10—4　2×15 年 1 月 1 日，某公司作为支付浮动利息收取固定利息的一方，参与一项名义本金额为 50 000 000 美元的 2 年期的互换。在该互换下，每个季

末，公司可以收到固定的支付额 750 000 美元（年利率 6%），并以 LIBOR＋50 个基点支付浮动利息，以前一个利息支付日的 LIBOR 为准。2×15 年 1 月 1 日的 LIBOR 为 5.5%。表 10—8 所示为互换期间的利率。

表 10—8

日期	LIBOR（%）
2×15.1.1	5.50
2×15.3.31	5.65
2×15.6.30	5.75
2×15.9.30	6.00
2×15.12.31	5.90
2×16.3.31	6.10
2×16.6.30	6.15
2×16.9.30	6.25
2×16.12.31	6.35

首先运用零息法计算每期的互换公允价值，然后计算每个利息支付日互换的公允价值和互换的支付额，最后编制每个季度的会计分录。下面就运用该方法对互换的公允价值进行计算（见表 10—9）。

表 10—9

季末日期	浮动利率：LIBOR＋50 个基点	6%的固定利率与浮动利率之间的差额	浮动利率支付方下一季的支付额	剩下的付息期	以 LIBOR＋50 个基点折现的 NPV	NPV 的变动值
2×15.1.1	6.00%	0	0	8	0	0
2×15.3.31	6.15%	－0.15%	(18 750)	7	(123 537)*	(123 537)
2×15.6.30	6.25%	－0.25%	(31 250)	6	(177 659)	(54 122)
2×15.9.30	6.50%	－0.50%	(62 500)	5	(297 825)	(120 166)
2×15.12.31	6.40%	－0.40%	(50 000)	4	(192 249)	105 576
2×16.3.31	6.60%	－0.60%	(75 000)	3	(217 774)	(25 525)
2×16.6.30	6.65%	－0.65%	(81 250)	2	(158 536)	59 239
2×16.9.30	6.75%	－0.75%	(93 750)	1	(92 194)	66 341
2×16.12.31	6.85%	－0.85%		0	0	92 194

* 123 537＝18 750×($PVF\text{-}OA_{6.15\%/4,7}$)

（提示：运用 Excel 或同类的电子数据表软件可以大大提高计算速度。）

接下来计算互换中借款利息金额和互换的支付额。

（1）计算每个利息支付日的互换支付额（见表 10—10）。

表 10—10

季末日期	互换支付额
2×15.1.1	0
2×15.3.31	0
2×15.6.30	18 750
2×15.9.30	31 250
2×15.12.31	62 500
2×16.3.31	50 000
2×16.6.30	75 000
2×16.9.30	81 250
2×16.12.31	93 750

（2）登记各季末的会计分录（见表 10—11）。

表 10—11

季末日期	摘要	会计分录
2×15.1.1	登记备忘录	
2×15.3.31	登记互换的价值变动	借：公允价值变动损益——互换　123 537 　贷：衍生工具——互换　123 537
2×16.6.30	登记互换的价值变动 登记互换的净额结算	借：公允价值变动损益——互换　54 122 　贷：衍生工具——互换　54 122 借：财务费用　18 750 　贷：银行存款　18 750
2×15.9.30		（略）
2×15.12.31		（略）
2×16.3.31		（略）
2×16.6.30		（略）
2×16.9.30		（略）
2×16.12.31	登记互换的价值变动 登记互换的净额结算	借：衍生工具——互换　92 194 　贷：公允价值变动损益——互换　92 194 借：财务费用　93 750 　贷：银行存款　93 750

第 3 节　金融资产转移的会计处理

传统交易中，一方交货，一方付款，与资产所有权有关的风险和报酬的转移比较明晰。但在现代交易中，为了提高效率和满足特定需求，资产交易中所有权转让的认定（法律形式上）相对比较容易，但经济实质上的风险和报酬转移的认定则非常复杂。如应收账款融资、票据背书转让及贴现等，以及近年来国际上出现的金融创新如资产证券化、债券回购、附担保和期权合约的金融资产转让等，使得金融资产转移按传统会计规则进行处理变得越来越难以反映其交易的经济本质，为此，国际上一些准则制定机构专门制定了相应的会计处理规范。IASB的第39号国际会计准则《金融工具：确认与计量》[①]的第15～37段中专门针对常规方式以外的金融资产的买卖进行了规范。而FASB则专门制定125号准则《金融资产服务和转移以及负债清偿的会计处理》[②]来有针对性地对此类交易进行规范。我国在2006年颁布的具体准则中，也采用了类似美国的做法，专门针对此类业务颁布《企业会计准则第23号——金融资产转移》。

金融资产转移，从字面上理解就是指企业（转出方）将金融资产让与或交付给金融资产发行方以外的另一方（转入方）。但这种转移又分不同情况：一是整体转移；一是部分转移。部分转移又分：一是将金融资产所产生的现金流中的特定、可辨认的部分转移；二是将金融资产所产生的现金流中的特定、可辨认部分的一定比例进行转移；三是将金融资产所产生的全部现金流的一定比例进行转移。

无论是整体转移还是部分转移，只要金融资产的风险和报酬从一方转移到另一方，就符合终止确认的原则。但金融资产的转移中往往存在多种情形：一是企业已将金融资产所有权上几乎所有的风险和报酬转移给另一方；二是企业既没有转移也没有保留金融资产所有权上几乎所有的风险和报酬，但放弃了对该金融资产的控制；三是企业既没有转移也没有保留金融资产所有权上几乎所有的风险和报酬，但未放弃对该金融资产的控制；四是保留了金融资产所有权上几乎所有的风险和报酬。上述四种情形根据确认的基本原则，确认结果如表10—12所示。

表10—12　　金融资产转移的确认

<table>
<tr><th colspan="2">情形</th><th>确认结果</th></tr>
<tr><td colspan="2">已转移金融资产所有权上几乎所有的风险和报酬</td><td rowspan="2">终止确认该金融资产（确认新资产/负债）</td></tr>
<tr><td rowspan="2">既没有转移也没有保留金融资产所有权上几乎所有的风险和报酬</td><td>放弃对该金融资产的控制</td></tr>
<tr><td>未放弃对金融资产的控制</td><td>按照继续涉入所转移资产的程度确认有关资产和负债及任何保留权益</td></tr>
<tr><td colspan="2">保留金融资产所有权上几乎所有的风险和报酬</td><td>继续确认该金融资产，并将收益确认为负债</td></tr>
</table>

在一项金融资产的终止确认上，IASB提供了一个流程图（见图10—2），我们可以根据这一流程图来确定采用何种确认标准。

金融资产转移的会计处理按照表10—12提供的三种确认结果分别说明如下。

① 该准则1998年颁布，2000年、2003年、2007年修订，2009年新颁布IFRS9对该准则又进行了更新，2014年完成最终修订。

② 1996年颁布，后被2000年同名会计准则140号取代，2006年颁布的156号准则《金融资产服务的会计处理》和2009年颁布的166号同名准则对140号准则进行了修订。

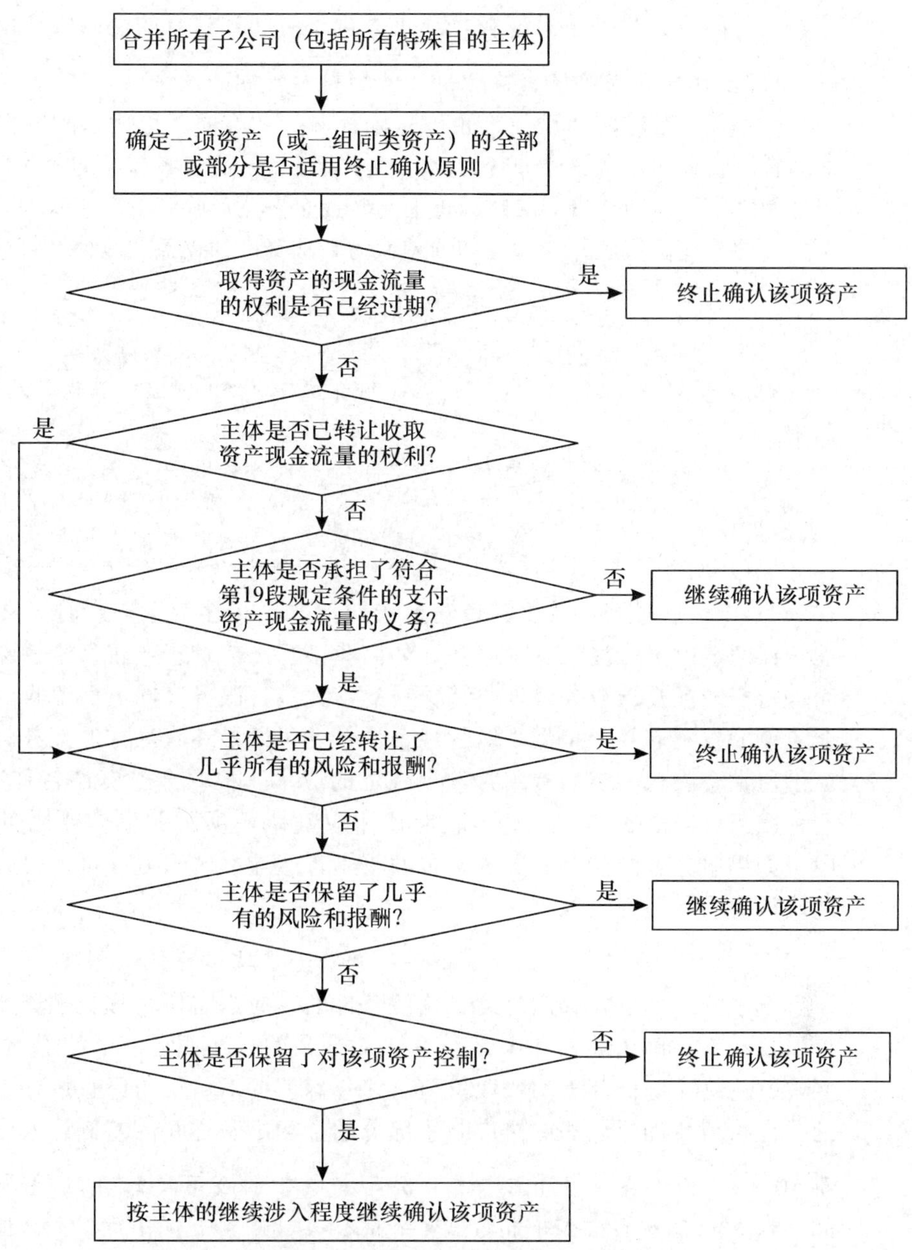

图 10—2　金融资产终止确认流程图

资料来源：IASB 2008：《IAS39——金融工具确认和计量》附录一，第 36 段，1771 页（中译本：《国际财务报告准则（2008）》，北京，中国财政经济出版社，2008）。

《企业会计准则讲解 2010》，404 页。

一、满足终止确认条件的金融资产转移的会计处理

满足终止确认条件的金融资产转移是指金融资产所有权上几乎所有的风险和报酬发生了转移。通常情况下，可以通过转让条款得出这一结论。如果合约中出现以下情形就表明金融资产所有权上的风险和报酬发生了转移：一是不附任何追索权方式的出售；二是附回购协议的金融资产出售，回购价为回购时的公允价

值；三是附重大价外看跌期权（或重大价外看涨期权）的金融资产出售。

1．整体转移满足终止确认条件的金融资产转移的会计处理

金融资产整体转移满足终止确认条件时，一方面登记所收到的对价，另一方面结转所转移的金融资产的账面价值和原直接计入所有者权益的公允价值变动损益累计额之和，所转移资产的账面价值与转让金融资产收到的对价及原直接计入所有者权益的公允价值累计变动之和的差额为转移资产的损益。具体计算公式如下：

$$\begin{aligned}\text{金融资产转移产生的损益} &= \text{因转移资产收到的对价} - \text{所转移金融资产的账面价值} \\ &\quad +(\text{或}-)\ \text{原直接计入所有者权益的公允价值变动累计利得(或损失)}\end{aligned} \tag{1}$$

其中

$$\begin{aligned}\text{因转移收到的对价} &= \text{因转移交易实际收到的价款} + \text{新获金融资产的公允价值} + \text{因转移获得服务资产的价值} \\ &\quad - \text{新承担金融负债的公允价值} - \text{因转移承担服务负债的公允价值}\end{aligned} \tag{2}$$

式（2）中，服务资产与服务负债是指转让方在转移金融资产时，常常被要求对被转让的金融资产提供管理服务，如商业银行将信贷资产转移给特殊目的的信托而进行资产证券化业务时，与特殊目的信托签订服务合同，保留收取金融资产现金流量的权利，并承担将收取的现金流量支付给最终收款方的义务。这种服务的提供通常会收取一定的费用并发生一定的成本。根据金融资产转移准则的规定，这种服务合同的签订与实行，就应该相应确认一项服务资产或服务负债。实务中，如果服务合同涉及的服务费金额较小，企业（转出方）可以在收取服务费当期确认为中间业务收入。

2．部分转移满足终止确认条件的金融资产转移的会计处理

金融资产部分转移满足终止确认条件的，应当将所转移金融资产整体的账面价值，在终止确认部分和未终止确认部分之间，按照各自相对公允价值进行分摊，并将终止确认部分的账面价值与终止确认的对价及与原直接计入所有者权益的公允价值变动累计额中对应终止部分的金额之和之间的差额计入当期损益。

例 10—5 2015 年 4 月 1 日，珠江公司将持有 A 公司发行的 10 年期公司债券的 60％以 334.5 万元在公开市场出售给甲公司。债券出售日的公允价值为 550 万元（不含利息）。该债券于 2011 年 1 月 1 日发行，面值 500 万元，每年末付息一次，年利率 6％（等于实际利率）。珠江公司将该笔债券分类为可供出售金融资产。2014 年 12 月 31 日，债券的账面价值为 515 万元。

第一步，交易分析，判断是否终止确认。由于珠江公司是在公开市场出售该债券，因此，债券有关的风险完全转移，账款已经收到，符合终止确认的标准。

第二步，计算终止确认部分与未终止确认部分各自的公允价值。终止确认部分与未终止确认部分各自的公允价值分别为 330 万元（550×60％）和 220 万元（550×40％）。

第三步，将债券整体账面价值在终止确认部分与未终止确认部分进行分摊。终止确认部分与未终止确认部分各自分摊的账面价值分别为 309 万元（515×

60%）和 206 万元（515×40%）。

第四步，计算终止确认损益。

珠江公司应确认的损益 = 3 345 000－3 090 000－45 000(3 个月利息)＋90 000（转出直接计入所有者权益的公允价值变动累计金额）
＝300 000(元)

第五步，登记会计分录。登记出售债券的会计分录。

借：银行存款 3 345 000
　贷：可供出售金融资产 3 090 000
　　投资收益 210 000
　　财务费用（或利息收入） 45 000

转出终止确认部分直接计入所有者权益的公允价值变动累计金额。

借：其他综合收益 90 000
　贷：投资收益 90 000

二、未满足终止确认条件的金融资产转移的会计处理

与第一种情形相反，如果合约中出现以下情形就表明金融资产所有权上的风险和报酬并未发生转移：一是采用附追索权方式出售金融资产；二是附回购协议的金融资产出售，回购价为固定或原售价加合理回报；三是将信贷资产或应收账款整体出售，同时保证对金融资产购买方可能发生的信用损失等进行全额补偿。

此时，企业应当继续确认所转让的金融资产的整体，因资产转移而收到的对价视同企业的融资借款，应当在收到时确认为一项金融负债。需要注意的是，该金融资产与确认的相关金融负债应分别计量，不得相互抵销。在随后的会计期间，企业应当继续确认该金融资产产生的收入和费用。

例 10—6 接例 10—5，假定珠江公司 2015 年 4 月 1 日以 550 万元将该债券整体出售给甲公司，利率为 6%，同时，珠江公司与甲公司签订一项回购协议，3 个月后由珠江公司将该笔债券购回，回购价为 5 582 500 元。2015 年 7 月 1 日，珠江公司将该笔债券购回。假定珠江公司与甲公司约定的合同利率与实际利率差异较小。

第一步，交易分析，判断是否终止确认。由于珠江公司与甲公司签订有回购协议，因此，债券有关的风险和报酬并未转移，珠江公司不能终止确认该笔债券。

第二步，登记出售日的会计分录。

借：银行存款 5 500 000
　贷：卖出回购可供出售金融资产款 5 500 000

第三步，资产负债表日确认利息费用。由于珠江公司与甲公司约定的合同利率与实际利率差异较小，珠江公司按合同利率确认利息费用。

卖出回购可供出售金融资产的利息费用＝5 500 000×6%×3/12
＝82 500（元）

借：财务费用 82 500
　贷：应付利息 82 500

第四步，2015 年珠江公司回购债券时。

借：卖出回购可供出售金融资产款　　5 500 000
　　应付利息　　82 500
　贷：银行存款　　5 582 500

三、继续涉入条件下金融资产转移的会计处理

企业既没有转移也没有保留金融资产所有权上几乎所有的风险和报酬，且未放弃对该金融资产控制的，应当按照其继续涉入的程度确认有关金融资产，并相应确认有关负债。继续涉入所转移金融资产的程度，是指该金融资产价值变动使企业面临的风险水平。继续涉入的方式有：享有继续服务权、签发或持有期权以及提供担保等。继续涉入可能是所转移的整体金融资产，也可能是部分金融资产。

企业应当对因继续涉入所转移金融资产形成的有关资产确认相关收入，对继续涉入形成的有关负债确认相关费用。继续涉入所形成的相关资产和负债不得相互抵销，其后续计量按《企业会计准则第 22 号——金融工具确认和计量》的相关规定处理。

通常，企业继续涉入的方式有：通过担保的方式、附期权合同并且所转移金融资产按摊余成本计量方式、持看涨期权所转移资产以公允价值计量方式、出售看跌期权且所转移资产以公允价值计量方式、附上下期权且所转移资产以公允价值计量等方式以及金融资产部分转移的继续涉入。

下面通过一个实例说明整体金融资产转移继续涉入的会计处理。

例 10—7　A 银行与 B 银行签订一笔贷款转让协议，由 A 银行将其本金为 2 000 万元、年利率为 8%、借款期限为 15 年（剩余期限为 5 年）的组合贷款出售给 B 银行，售价为 1 950 万元。协议约定，由 A 银行为该笔贷款提供担保，担保金额为 600 万元，实际损失超过担保金额的部分由 B 银行承担。转移日，该笔贷款（包括担保）的公允价值为 2 000 万元，其中担保的公允价值为 200 万元。A 银行没有保留对该笔借款的管理服务权。

第一步：交易分析，判断是否终止确认。由于 A 银行在本交易中对贷款提供了违约担保，因此既没有转移也没有保留对该笔组合贷款所有权上几乎所有的风险和报酬，而且因为贷款没有活跃的市场，B 银行不具备出售该笔贷款的“实际能力”，导致 A 银行也未放弃对该笔贷款的控制，因此应当按照继续涉入该笔贷款的程度确认有关资产和负债。

第二步：确定继续涉入资产和继续涉入负债的入账金额。企业通过对所转移金融资产提供财务担保方式继续涉入的，应当在转移日按照金融资产的账面价值和财务担保金额两者中较低者确认继续涉入形成的资产，同时按照财务担保金额和财务担保合同的公允价值之和确认继续涉入形成的负债。财务担保合同的公允价值通常是指提供担保而收取的费用。本例中，继续涉入资产为财务担保金额 600 万元，继续涉入负债为 800 万元（财务担保金额 600 万元＋财务担保合同公允价值 200 万元）。

第三步：登记转移日的会计分录。

借：存放中央银行款项　　19 500 000
　　继续涉入资产　　6 000 000
　　其他业务成本　　2 500 000
　贷：贷款　　20 000 000
　　　继续涉入负债　　8 000 000

第四步：继续涉入资产和继续涉入负债的后续计量。继续涉入资产应当在各资产负债表日进行减值测试，当可回报金额低于其账面价值时，应当按其差额计提减值准备，同时按减值金额一并转销继续涉入资产和继续涉入负债；继续涉入负债（公允价值部分）应当在担保合同期间内按时间比例摊销，确认为各期收入。假定一年后，继续涉入资产发生减值 100 万元。

借：资产减值损失　　1 000 000
　贷：贷款损失准备　　1 000 000
借：继续涉入负债　　1 000 000
　贷：继续涉入资产　　1 000 000
借：继续涉入负债（2 000 000÷5）　　400 000
　贷：其他业务收入　　400 000

如果贷款到期，B 银行全额收回，则将全部继续涉入资产和继续涉入负债相互转销。

本章主要讨论了衍生工具的产生与发展、衍生工具会计准则的制定情况、衍生工具的特点与分类、衍生工具的定价机制、几种主要的用于投资的衍生工具的会计处理和金融资产转移的会计处理。下一章则讨论用于风险管理的套期工具（主要为衍生工具）和被套期项目的会计处理。

思考题

1. 引发国际市场衍生工具迅速发展的原因是什么？我国衍生工具发展缓慢的原因是什么？今后发展的趋势如何？

2. 比较衍生工具与传统金融工具。衍生工具的主要特点是什么？为什么衍生工具隐含非常大的风险？

3. 简要说明金融工具的分类及每类的特点。

4. 为什么说基本的衍生工具就是远期和期权？这两种衍生工具的基本特征是什么？其他衍生工具是如何在这两类工具的基础上形成的？试举例说明。

5. 比较期货和远期，比较期权、期货与期货期权。

6. 什么是互换？什么是利率互换？简述利率互换的交易机制。

7. 简述衍生工具的定价机制。

8. 投资于衍生工具与投资于基本金融工具的区别是什么？

9. 套期是如何规避风险的？套期的成本是什么？如何进行套期？

10. 阐述我国金融工具会计准则的制定情况。为何对金融工具会计准则要一分为四？各准则的核心内容是什么？

11. 衍生工具会计处理的基本原则是什么？

12. 现代交易与传统交易的最大区别是什么？

13. 金融资产转移的确认原则是什么？如何判断一项金融资产交易是否符合终止确认条件？

练习题

（一）期货

资料：南方公司2×15年有关期货业务的经济事项如下：

(1) 1月1日支付8万元取得某期货交易所的会员资格，另外支付2万元的本年年费。

(2) 1月10日为进行期货交易存入保证金5 400 000元，交易所要求按交易额的10%交足保证金。

(3) 3月1日买入1 000吨大豆期货合约，每吨价格3 200元，交易佣金为1‰。

(4) 5月10日卖出标准铜800吨，每吨价格63 000元，交易佣金为1‰。

(5) 6月30日，各期货合约市价为大豆每吨3 150元，铜每吨63 990元，如果准备金账户余额不足，补足准备金。

(6) 7月4日按每吨3 250元的价格卖出大豆期货，交易佣金为1‰。

(7) 7月24日对铜期货合约进行实物交割，交易日的结算价格为64 580元（不考虑增值税），交易佣金为1.2‰，该批铜产品的实际成本为每吨55 000元。

要求：登记上述经济业务的会计分录，并计算期末准备金账户的余额。

（二）远期合约

资料：2×15年10月31日，一美国公司签订一份4个月期的购买8 000 000英镑的远期合约。各时点有关英镑兑换美元远期合约的即期汇率和远期汇率资料见表10—13。

表10—13

日期	英镑兑换美元的即期汇率	至交货日2×16年2月28日英镑兑换美元的远期汇率
2×15.10.31	$1.930 1	$1.930 5
2×15.12.31	1.920 8	1.921 4
2×16.2.28	1.950 0	1.950 0

假定公司年增量贷款利率为12%。

要求：登记各时点的会计分录（同时按交易日和结算日会计进行登记）。

（三）期权

资料：2×15年11月1日，海珠公司股票在市场上的价格为每股15.4元，南方公司以80 000元的金额购入200 000份海珠公司股票的看跌期权。该期权的到期日为2×16年2月28日。2×15年12月31日，海珠公司股票价格为每股12.4元，期权的时间价值为40 000元。2×16年1月1日，南方公司以620 000元出售手中的股票期权。

要求：登记各个时点的会计分录。

（四）互换

资料：2×15年1月1日，某公司作为支付浮动利息收取固定利息的一方参与一项名义本金额为 20 000 000 美元的 2 年期的互换。在该互换下，每个季末，公司可以收到年利率为 6.5%的固定利息收入，并以 LIBOR+25 个基点支付浮动利息，以前一个利息支付日的 LIBOR 为准。2×15 年 1 月 1 日的 LIBOR 为 6.25%。表 10—14 是互换期间的利率：

表 10—14

日期	LIBOR (%)
2×15.1.1	6.25
2×15.3.31	6.30
2×15.6.30	6.50
2×15.9.30	6.75
2×15.12.31	6.60
2×16.3.31	6.45
2×16.6.30	6.70
2×16.9.30	6.90
2×16.12.31	7.00

要求：运用零息法登记各季度的会计分录。

（提示：运用 Excel 或同类的电子数据表软件可以大大提高计算速度。）

（五）金融资产转移

资料：甲银行与乙银行签订一笔贷款转让协议，由甲银行将其本金为 1 000 万元、年利率为 6%、借款期限为 10 年（剩余期限为 4 年）的组合贷款出售给乙银行，售价为 980 万元。协议约定，由甲银行为该笔贷款提供担保，担保金额为 400 万元，实际损失超过担保金额的部分由乙银行承担。转移日，该笔贷款（包括担保）的公允价值为 1 000 万元，其中担保的公允价值为 120 万元。甲银行没有保留对该笔借款的管理服务权。

要求：

（1）登记贷款转让的会计处理（甲银行）。

（2）假定甲银行测试继续涉入资产每年发生 100 万元的减值损失，转让贷款担保到期共赔付 400 万元，登记相关会计分录。

（3）假定乙银行到期全额收回贷款，登记相应的会计分录。

第11章

套期会计

本章结构

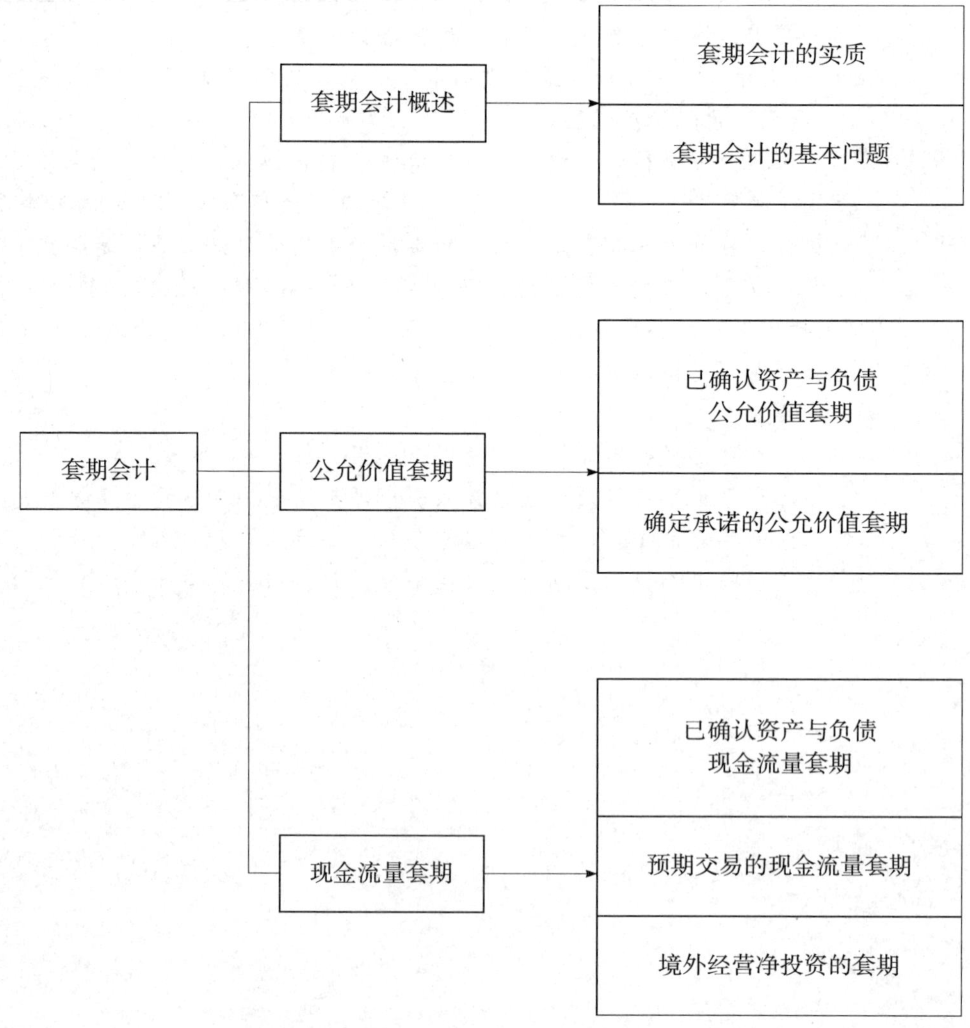

- 套期会计的实质
- 套期会计的基本问题
- 公允价值套期的含义和基本核算原则
- 现金流量套期的含义和基本核算原则
- 套期会计披露的基本内容

本章主要阐述套期会计。首先简要介绍套期会计的概念、实质和套期会计的一些基本问题，如套期关系的指定、实施套期会计的条件、套期有效性的评价、套期会计的分类与核算要求、套期会计的披露等。在了解套期会计的基本概念后，对两类基本的套期会计处理——公允价值套期和现金流量套期分别展开论述。

第1节 套期会计概述

套期会计对许多初学者而言，总感觉不得要领。要理解套期会计，必须理解套期和套期会计的实质。因此，本章一开始先解释套期会计设计的基本原理，然后介绍套期会计的主要内容。

一、套期会计的实质

要学习套期会计，首先要理解套期会计设计的基本原理，这样才能真正领会套期会计的实质，从而更好地掌握套期会计。

套期是企业规避风险的一种活动。企业所面临的风险主要有市场风险、竞争风险、生产风险等经营风险，也有价格风险（包括商品价格、股票价格、利率和汇率）和信用风险。经营风险的承担是企业获利的前提，企业家就是这种经营风险的承受者。也可以说，这种风险的承受是鉴别企业家能力的基本标识，也是企业家无法回避的一种风险。另一方面，企业所面临的价格和信用风险如果过大，就会严重侵蚀企业家因成功经营而获得的利润，所以，对这种风险的规避就成为确保企业盈利的关键。而套期就是规避这种风险的基本做法。套期有两种：一是所谓的“自然”套期，即将企业的资产与负债在数额、到期时间、利率等方面进行配合，使资产和负债的价值变动相互抵销；二是利用衍生工具（套期项目）与被套期项目方向相反的变动来抵销被套期项目的价值波动。被套期项目包括企业已确认的资产和负债、未确认的固定承诺、预期交易等。

显然，套期的目的就是通过衍生工具来消除（大部分而不是全部）由于价格和信用的变动而给企业资产或负债等造成的价值波动；而从会计的角度来看，套期活动在企业的账面上也要相应地体现出企业利润的相对稳定性。但问题是，如果仍按传统会计的做法，一方面，对衍生工具按公允价值进行计量，变动损益计入当期；另一方面，被套期项目按历史成本进行计量，就会在账面上产生利润的波动性。一是如果被套期项目是已确认的资产、负债或固定承诺的公允价值，就会出现衍生工具的价值变动计入当期损益与被套期项目的公允价值变动不确认和不反映在当期损益的不一致；二是如果被套期项目是预期交易或已确认资产和负债的未来现金流量，同样会出现衍生工具的价值变动计入当期损益与被套期项目未发生和不在当期损益反映的不一致。这样，虽然企业通过套期活动成功地规避了价格和信用风险，但企业利润表上的利润仍然反映出较大的波动。所以，套期会计就是要解决这一基本问题，以使套期活动的影响能体现在报表上，而使衍生工具的变动与被套期项目的变动配合起来，消除企业利润大的波动。

由此，套期会计的设计就将套期会计分为两类：公允价值套期和现金流量套期（对国外净投资套期也属该类）。由于在公允价值套期中，衍生工具与被套期项目是同期发生的，为了使两者的价值变动损益相互抵销，套期会计改变的是被套期项目计量方法，一律将被套期项目按公允价值计量，价值变动损益计入当期。如按成本计量的持有至到期投资被套期时，则改为按公允价值计量，价值变动计入当期损益；而按公允价值计量价值变动计入所有者权益的可供出售的证券被套期时，则将价值变动直接计入当期损益。而在现金流量套期中，由于两者不在同一期发生（或者衍生工具的价值变动与现金流量的变动不在同一时期），这时，改变的是衍生工具的会计处理。虽然衍生工具仍按公允价值计量，但价值变动损益却计入其他综合收益（也有计入递延项目的，由于在计量观下递延项目不符合资产或负债的定义，因此，IASB 和 FASB 改为计入其他综合收益）。当被套期项目的现金流动发生时，现金流动对价值变动的影响部分从其他综合收益转入当期损益。如此设计的基本目的是使套期对价值波动的消除同样在利润表中体现出来，减少利润表中的收益波动。以上就是套期会计设计的基本原理。

二、套期会计的基本问题

因为套期会计改变了传统会计的一些做法，企业进行套期活动后，能否按套期会计处理，还必须确认其是否符合套期会计的条件，这也增加了套期会计运用的复杂性。下面对套期会计的应用程序或基本问题进行说明。

（一）套期关系的指定

企业若采用套期会计，必须先对套期关系进行指定，即确定套期工具和被套期项目。《企业会计准则第 24 号——套期保值》第二章对此作了系统的规定。

套期关系中的套期工具是指被指定的衍生工具或非衍生工具，其公允价值或现金流量变动预期抵销被套期项目的公允价值或现金流量变动。把非衍生工具指定为套期工具是有一定条件的，只有对于外汇风险套期，非衍生金融资产或非衍生金融负债才有可能被指定为套期工具。[①] 企业自身的权益性证券，以及公允价

① 在新修订的 IFRS9（2014）中，按公允价值计量且其变动进入损益的非衍生金融资产或负债也可作为套期工具。

值不能可靠计量的金融资产或金融负债，都不能作为套期工具。

企业必须将套期工具的整体指定到套期关系中，但期权和远期例外：可以将期权合约的内在价值与时间价值分开，只将期权的内在价值的变动指定为套期工具；将远期合约的利息部分与现货价格分开，将远期合约利息变动剔除在外。当然，也可考虑将整体价值变动指定到套期关系中（在 FASB 的规定中，对外汇资产或负债的现金流量套期允许这样简化处理，而非外币资产或负债的现金流量套期则要将时间价值分离出去，时间价值的变动直接计入当期损益）。

衍生工具的全部或一部分均可被指定为套期工具。但衍生工具中被指定为套期工具的部分必须表示为整个衍生工具的百分比，如票面金额的 50%，以使衍生工具的套期部分的风险敞口和整个衍生工具的风险敞口特征相同。但是，不能将套期工具存续期的某一部分指定至某一套期关系。通俗地讲，就是不能把一个 5 年期的衍生工具中的 2 年用于套期。

套期关系中的被套期项目是指企业面临公允价值变动或未来现金流量变动风险影响的资产、负债、确定承诺、预期交易和国外净投资。被套期项目可以是：(1) 单独的资产、负债、确定承诺、预期交易；(2) 具有相似风险特征的资产、负债、确定承诺、预期交易或国外净投资。其中，资产、负债是已确认的项目，确定承诺和预期交易是未确认的项目。

有两类项目不能作为被套期项目：(1) 净头寸总额；(2) 合并集团内公司间的衍生工具交易和单一主体内经营分部间的衍生工具交易。

另外两类项目作为被套期项目时则要注意，一是持有至到期的投资，对于外汇汇率变动风险和信用风险，持有至到期的投资可作为被套期项目；对于利率风险或提前偿付风险，则不作为被套期项目。二是当被套期项目是非金融资产或非金融负债时，则只应被指定为：(1) 有外汇风险的被套期项目；(2) 对所有风险的整体被套期项目。这是因为非金融资产与非金融负债的价格变动不像市场利率或债券价格的变动可以预测和单独计量，因而只有整体作为被套期项目，而对外汇风险而言，非金融资产与非金融负债也比较容易进行分离和计量。与此相对应，如果被套期项目是金融工具和金融资产，则被套期风险可以是：(1) 所有被套期项目的总体公允价值变动风险；(2) 市场利率变动风险；(3) 外汇变动风险；(4) 信用变动风险。被套期风险还可以是除了第 (1) 种风险外的其他两种或两种以上风险的结合。

（二）实施套期会计的条件

套期会计不同于正常的会计处理，在套期会计核算过程中包含相当大的职业判断因素，管理者的操纵空间较大。为了保证会计信息的可比性和透明性，防止管理层进行盈余管理活动，必须对套期会计的使用范围作出规定，只有符合一定条件才允许使用套期会计。《企业会计准则第 24 号——套期保值》第三章对此作了系统的规定。

采用套期会计最重要的条件有三个：

(1) 被套期风险的性质。可以使用衍生工具、符合套期条件的被套期风险包括：利率风险、价格风险、汇率风险、信用风险。对每一类的风险暴露，关键是该风险暴露必须有可能对报告的利润产生影响。

(2) 套期有效性。因为套期会计是为了满足套期活动的目的而产生的，若套期活动不能达到预期的避险目的，就不应该采用套期会计。又因为要从套期的有效程度来判断运用套期会计是否合理，因此，套期有效性必须可以可靠地计量。公司必须选择一种方法，在套期开始和套期实施期间评估套期的有效性。

(3) 证明文件的提供。要求企业以证明文件的形式对即将实施的套期活动作详细记录，一是为了防止企业滥用套期会计；二是明确套期策略以备将来查证，看发生的套期活动是否符合战略并达到预期目的；三是可以为管理层和外部信息使用者提供系统的风险管理信息。证明文件的内容应包括套期工具和被套期风险的认定、风险管理目标和战略、支持管理者预期套期高度有效的证据以及衡量套期有效性的过程。

《企业会计准则第 24 号——套期保值》规定，当满足下述所有条件时，套期关系才能按照套期会计进行核算：

(1) 套期开始时，对套期关系、企业风险管理目标和套期策略有正式的指定和证明文件。套期必须与具体可辨认并被指定的风险有关，且最终影响企业的效益。

(2) 预计套期高度有效，并符合最初在证明文件中为套期关系指定的风险管理策略。

(3) 对于现金流量套期，套期中的预期交易必须是很可能会发生的，且必须存在会最终影响损益的现金流量变动的风险。

(4) 套期有效性可以可靠计量，即被套期风险引起的被套期项目的公允价值或现金流量变动以及套期工具的公允价值可以可靠计量。

(5) 以持续经营为基础评价套期，并且实际上套期在其所指定的整个财务报告期间内都高度有效。

(三) 套期有效性评价

套期有效性是指衍生工具产生利得和损失以抵销被套期项目的利得和损失的能力。运用套期会计的前提条件之一就是预期套期是高度有效的；要在后续期间持续使用套期会计，也要保证套期在整个报告期内是高度有效的。因此，如何衡量套期有效性以获得可靠的套期有效程度信息，是套期会计核算的重要内容之一。

预期套期有效性的评价方法包括关键条款分析法和统计分析法。关键条款分析法是指，比较套期工具和被套期项目的关键条款，如果两者的关键条款相匹配，则可判断其套期关系是有效的。关键条款包括标的的性质、衍生工具的名义金额、被套期项目的实际金额、交割日和结算日。

如果被套期项目与套期工具的关键条款不匹配而使关键条款分析法失效，可以采用统计分析法。统计分析法是指，运用某种统计方法，对被套期风险和套期衍生工具变动的时间序列数据进行统计分析，以评价套期有效性。它又有两种统计方法，一种是相关分析法，另一种是频率分析法。相关分析法是利用相关系数和回归等统计量和统计方法衡量套期有效性。频率分析法是通过计算和分析德尔塔比率来衡量套期有效性。德尔塔比率是指套期工具的价值变动与被套期项目的公允价值或现金流量变动的比率，也可以理解为价格变动的比率。判断套期有效的通常标准要求是套期工具的价值变动是被套期项目的公允价值或现金流量变动的80%～125%。[①] 企业可以把某类套期的德尔塔比率过去符合标准的频率制成表，如果该类套期的德尔塔比率过去极少出现不符合标准的情况，则可以合理预计该同类型的套期是有效的。

套期实施期间也要定期对套期有效性进行评价，只有当套期工具在实施中确实有效，能抵销被套期风险引起的损益或现金流量变化，才能继续使用套期会计。一种被视为标准实务处理的常用方法称为累计抵销法，即每个季度用衍生工具价值和被套期项目价值的累计变动计算德尔塔比率。如果德尔塔比率落在0.80～1.25的范围以外，就停止使用套期会计。

（四）套期的会计核算

《企业会计准则第24号——套期保值》第三条将套期分为三类：公允价值套期、现金流量套期和境外经营净投资套期，三类套期分别有不同的核算规则。IAS39和SFAS133也将套期分为三类，但是IAS39与SFAS133的分类并不完全相同。IAS39的分类与我国相同，而SFAS133的第三类套期为外币套期（包括对外币项目的公允价值套期、对外币项目的现金流量套期和对外投资净额的套期）。两者的套期会计核算规则没有太大的差异。下面阐述三类套期的核算原则。

1. 公允价值套期

公允价值套期是对已确认的资产、负债和未确认的确定承诺的公允价值变动风险的套期，其中公允价值的变动必须可以归因于某一特定的风险并会影响损益。公允价值套期下的套期工具以公允价值为计量基础，相关损益在当期损益中确认，被套期工具也要以公允价值调整其账面价值，相关的损益也在当期损益中确认。当未确认的确定承诺被指定为被套期项目时，由被套期风险引起的确定承诺公允价值的累计后续变动，作为一项资产或负债进行确认，相应的利得或损失计入损益。

2. 现金流量套期

现金流量套期是对现金流量变动性风险的套期，其中现金流量的变动必须可归属于与已确认的资产、负债或很可能发生的与预期交易有关的某一特定风险，并能够影响损益。现金流量套期下的套期工具以公允价值为计量基础，把衍生工具的无效账面价值调整为公允价值衍生工具中的时间价值变动（期权的时间价值和远期的升水或贴水）与过度套期部分登记在利润表中，有效套期部分的价值变

---

① 《企业会计准则第24号——套期保值》规定套期高度有效必须同时满足两个标准：除了“80/125”的标准外，另一个标准为“在套期开始及以后期间，该套期会高度有效地抵销套期指定期间被套期风险引起的公允价值或现金流量变动”。在IFRS9（2014）中，已经取消了这一量化标准。注：我国财政部2015年5月发布《商品期货套期会计处理暂行规定》征求意见稿，拟取消这一量化标准。

动计入权益（其他综合收益），在被套期项目影响损益的同一期间将其他综合收益转入当期损益。

3. 境外经营净投资套期

对境外经营净投资的套期，其会计处理与现金流量套期相类似：套期工具中被认定为有效套期部分的利得或损失直接计入权益，在境外业务处置时再计入损益；无效套期部分的利得或损失计入损益。

(五) 套期的披露

鉴于套期会计的复杂性，会计准则通常要求财务报告在附注中披露大量的说明信息。对于套期相关信息的披露，《企业会计准则第 37 号——金融工具列报》第 25 条规定需要披露的内容包括：

(1) 套期关系的描述；

(2) 套期工具的描述及其在资产负债表日的公允价值；

(3) 被套期风险的性质。

另外在第 26 条、第 27 条和第 28 条中分别对公允价值套期、现金流量套期和境外经营净投资套期应披露的内容进行了相应的规定。

这些披露都是一些定性的描述，其目的是让财务报表使用者知道公司是如何运用衍生金融工具进行风险管理的。

在明确了套期会计的实质、基本处理程序和内容后，下面分别对公允价值套期和现金流量套期（包括境外经营净投资套期）的会计处理举例说明。需要说明的是，由于目前我国现行套期会计准则缺乏可供操作的规定如准则讲解，本书下面的阐述中主要结合美国和国际会计准则的一些规定和一些经济业务，同时也包括作者自己的理解。

第 2 节 公允价值套期

《企业会计准则第 24 号——套期保值》第 3 条指出，公允价值套期，是指对已确认资产或负债、尚未确认的确定承诺，或该资产或负债、尚未确认的确定承诺中可辨认部分的公允价值变动风险进行的套期。对于尚未确认的确定承诺的外汇风险套期，可划为公允价值套期，也可划为现金流量套期。

公允价值套期的基本核算原则是：套期工具以公允价值为计量基础，相关损益在当期损益中确认；被套期工具也要以公允价值调整其账面价值，相关的损益也在当期损益中确认。当未确认的确定承诺被指定为被套期项目时，由被套期风险引起的确定承诺公允价值的累计后续变动，作为一项资产或负债进行确认，相应的利得或损失计入损益。这一原则可以归纳为图 11—1。

下面分别对已确认资产或负债、尚未确认的确定承诺公允价值套期进行举例说明。

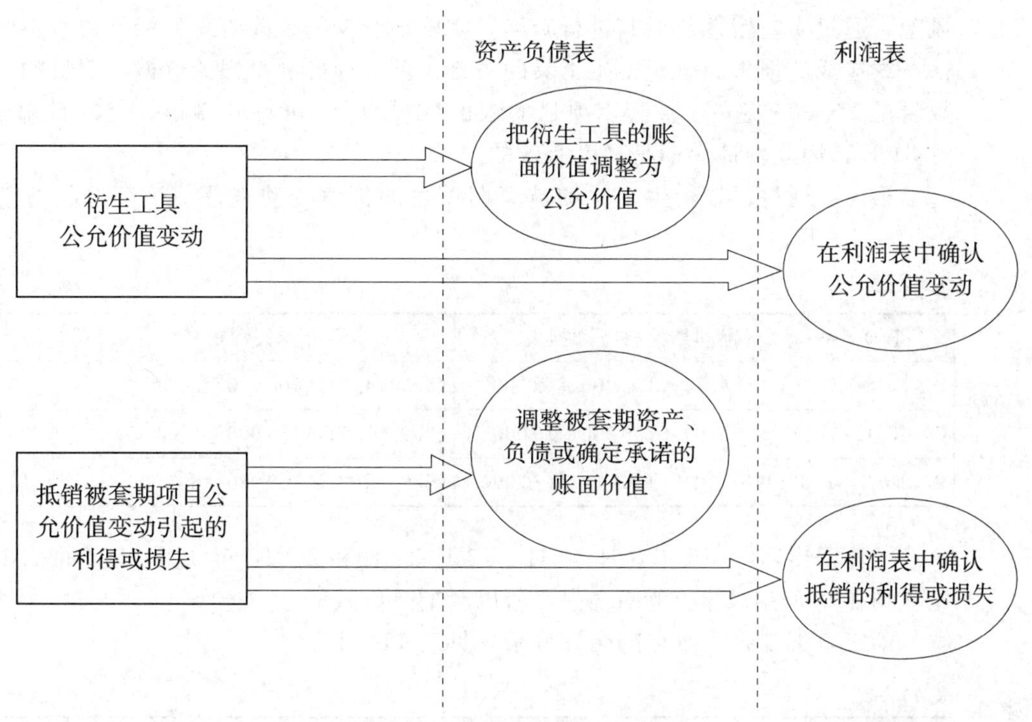

图 11—1 公允价值套期会计处理原则

资料来源：Mark A. Trombley，2003，*Accounting for Derivatives and Hedging*，McGraw-Hill Company，Inc.，p. 39.

一、已确认资产与负债公允价值套期

使用期货对已确认资产或负债的公允价值套期。

例 11—1 一家照相胶卷公司以每盎司 4.00 美元的价格购入 100 000 盎司的银。2×15 年 6 月 30 日，银的即期市场售价是 4.90 美元，公司决定通过在交易所做银期货的空头为其银存货套期。银期货的执行价格为 5.00 美元，2×16 年 3 月交割。交易所要求对每 5 000 盎司的期货合约提供 825.00 美元的期货保证金。2×15 年 9 月 30 日，银的即期价格是 4.70 美元，银的 3 月交割的期货价格为 4.80 美元。2×15 年 12 月 31 日，银的即期价格是 5.00 美元，银的 3 月交割的期货价格为 5.10 美元。到 2×16 年 3 月 31 日，银的即期价格跌至 4.20 美元。

要求：

（1）说明如果公司要对银期货做公允价值套期会计处理，公司如何准备相关的证明文件；

（2）评估 2×15 年 12 月 31 日和 2×16 年 3 月 31 日该套期的有效性；

（3）编制 2×15 年 6 月 30 日、2×15 年 9 月 30 日、2×15 年 12 月 31 日和 2×16 年 3 月 31 日的分录。

解答：

第一，我们来分析一下，在该公允价值套期中，被套期风险为银的价格下跌风险，通过卖空银期货对其进行套期，实施该套期的风险管理目标是防止银的价格下跌造成的损失。分析衍生工具的关键条款，标的都是银的价格，期货的名义数量是100 000盎司，被套期项目的银的数量也是100 000盎司，交割日都是3月31日，因此预计套期是高度有效的。

第二，通过比较衍生工具和被套期项目的价值变动来评估该套期的有效性（见表11—1）。

表11—1　　单位：美元

日期	银即期价格下跌损失	期货空头利得	德尔塔比率
2×15.9.30	(4.9−4.7)×100 000=(20 000)	(5.0−4.8)×100 000=20 000	1.00
2×15.12.31	(4.9−5.0)×100 000=10 000	(5.0−5.1)×100 000=(10 000)	1.00
2×16.3.31	(4.9−4.2)×100 000=(70 000)	(5.0−4.2)×100 000=80 000	1.14

计算得出，2×15年9月30日、12月31日和2×16年3月31日的德尔塔比率均在0.8～1.25的范围之内，所以套期是有效的。

第三，编制各个时点的会计分录（见表11—2）。

表11—2

日期	摘要	会计分录
2×15.6.30	存入期货保证金 (100 000÷5 000)×825=16 500	借：银期货投资①——存入保证金　16 500 贷：银行存款　16 500
2×15.9.30	登记期货合约收益 (5.0−4.8)×100 000=20 000 登记银存货跌价损失 (4.9−4.7)×100 000=20 000	借：银期货投资——转入保证金　20 000 贷：银期货投资收益　20 000 借：银存货跌价损失　20 000 贷：银存货　20 000
2×15.12.31	登记期货合约损失 (5.1−4.8)×100 000=(30 000) 登记银存货涨价收益 (5.0−4.7)×100 000=30 000	借：银期货投资损失　30 000 贷：银期货投资——转出保证金　30 000 借：银存货　30 000 贷：银存货涨价收益　30 000
2×16.3.31	登记期货合约收益 (5.1−4.2)×100 000=90 000 登记银存货跌价损失 (5.0−4.2)×100 000=80 000 结清期货合约，收回期货合约利得及初始保证金	借：银期货投资——转入保证金　90 000 贷：银期货投资收益　90 000 借：银存货跌价损失　80 000 贷：银存货　80 000 借：银行存款　96 500 贷：银期货投资——保证金余额　96 500

①按现行会计制度，此科目可写成“套期工具（衍生工具）”，下同。

二、确定承诺的公允价值套期

使用远期外汇合约对固定购买合约的公允价值套期。

例 11—2 2×15 年 10 月 31 日，一美国公司与一德国供应商签订一份向其订购一套专门设备的不可撤销合同，设备于 2×16 年 2 月 28 日交货，订货日预付 2 000 000 欧元，余额 10 000 000 欧元于设备交货时支付。美国公司担心付款前欧元升值，为了规避这一风险，公司决定签订一份购买 10 000 000 欧元的远期合约。各时点有关远期合约的即期汇率和远期汇率资料见表 11—3。假定公司年增量贷款利率为 12%。

表 11—3

日期	欧元兑换美元的即期汇率	至交货日 2×16 年 2 月 28 日欧元兑换美元的远期汇率
2×15.10.31	$1.18	$1.20
2×15.12.31	1.14	1.15
2×16.2.28	1.25	1.25

要求：

(1) 确定这个套期预期是否高度有效；

(2) 估计 2×15 年 12 月 31 日和 2×16 年 2 月 28 日远期合约的公允价值；

(3) 编制以下日期相关业务的会计分录：1) 2×15 年 10 月 31 日；2) 2×15 年12 月31 日；3) 2×16 年 2 月 28 日。

解答：

首先，因为远期合约的交割日期、外币类型和外币金额与购买订单相应的关键条款相匹配，所以预期套期是高度有效的。

接着估计 2×15 年 12 月 31 日和 2×16 年 2 月 28 日远期合约的公允价值（见表 11—4）。

表 11—4

日期	远期合约汇率	市场远期汇率	差异	估计交割的现金流量	折现因子	估计公允价值的变动额
2×15.12.31	1.20	1.15	(0.05)	(500 000)	1.01^2	(490 148)
2×16.2.29	1.20	1.25	0.05	500 000	1	500 000

实际套期有效性是通过按即期汇率折算的远期合约价格变动与固定承诺价值的变动之比来进行评估的。既然固定承诺也按即期汇率计算，德尔塔比率就为 1.00，套期被认为是高度有效的。以下就按套期会计进行处理（见表 11—5）。

《企业会计准则第 37 号——金融工具列报》中规定：对于公允价值套期，企业应当披露本期套期工具形成的利得或损失，以及被套期项目因被套期风险形成的利得或损失。

表 11—5

日期	摘要	会计分录
2×15.10.31	登记预付账款 2 000 000×1.18＝2 360 000	借：预付账款 2 360 000 贷：银行存款 2 360 000
2×15.12.31	登记固定承诺公允价值变动额 10 000 000×(1.18－1.14)÷1.01^2＝392 118 登记远期欧元合约的公允价值变动额（见表 11—4）	借：固定承诺 392 118 贷：固定承诺涨价收益 392 118 借：远期欧元合约损失 490 148 贷：远期欧元合约 490 148
2×16.2.29	登记固定承诺公允价值变动额 10 000 000×(1.18－1.25)－392 118＝－1 092 118 登记远期欧元合约的公允价值变动额 490 148＋500 000＝990 148 登记购买设备 10 000 000×1.25＝12 500 000 结清远期欧元合约	借：固定承诺跌价损失 1 092 118 贷：固定承诺 1 092 118 借：远期欧元合约 990 148 贷：远期欧元合约收益 990 148 借：固定资产——设备 14 160 000 固定承诺 700 000 贷：预付账款 2 360 000 银行存款 12 500 000 借：银行存款 500 000 贷：远期欧元合约 500 000

第 3 节　现金流量套期

《企业会计准则第 24 号——套期保值》第 3 条指出，现金流量套期，是指对现金流量变动风险进行的套期，该类现金流量变动源于与已确认资产或负债、很可能发生的预期交易有关的某类特定风险。对确定承诺的外汇风险进行的套期，企业可以将其作为公允价值套期，也可作为现金流量套期。[①]

现金流量套期的基本核算原则是：套期工具以公允价值为计量基础，把衍生工具的无效账面价值调整为公允价值衍生工具中的时间价值变动（期权的时间价值和远期的升水或贴水）与过度套期部分登记在利润表中，有效套期部分的价值变动计入权益（其他综合收益），在被套期项目影响损益的同一期间将其他综合收益转入当期损益。这一会计处理原则可归纳为图 11—2。

下面分别对已确认资产或负债、预期交易的现金流量套期进行举例说明。

① 这也是 GAAP 与 IASB（IAS39）存在差异之处，FASB 规定所有外币固定承诺均作为公允价值套期。

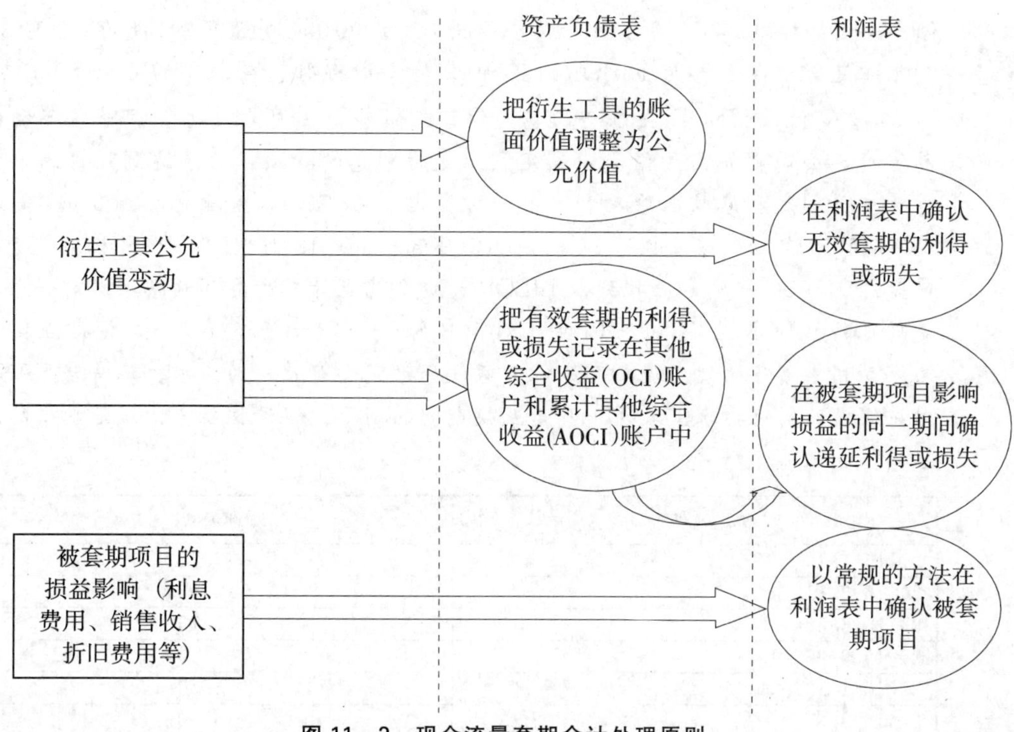

图 11—2　现金流量套期会计处理原则

资料来源：Mark A. Trombley，2003，*Accounting for Derivatives and Hedging*，McGraw-Hill Company，Inc.，p. 49.

一、已确认资产与负债现金流量套期

利率互换用于对浮动利率资产或债务的现金流量套期。利率互换可以指定为浮动利率债务的现金流量套期。套期公司作为支付固定利息收取浮动利息的一方参与互换，该互换可以将其浮动利率债务转化为固定利率债务。该类套期对那些发行了浮动利率债务，但没有浮动利率带息资产，又想防止因利率的不利变动而导致现金流量变动的公司尤其具有吸引力。同样，利率互换可以被指定为浮动利率投资的现金流量套期。在这种情况下，套期公司作为支付浮动利息收取固定利息的一方参与互换，该互换可以将其浮动利率投资转化为固定利率投资。该类互换的被套期项目是利息现金流因基准利率（国债利率或 LIBOR）变动而发生的变动。

与其他现金流量套期一样，衍生工具的估计价值的变动记录在累计其他综合收益（AOCI）账户。当被套期的现金流量对利润产生影响时，再从 AOCI 转入收益。如果套期是有效的，衍生工具的价值变动额与现金流量的变动额应该可以互相抵销。如果符合前述的所有条件，可以采用简易方法处理，即假定套期完全有效，被套期项目的价值变动等于互换的价值变动，结果是简易方法下的套期会计处理对利润不造成影响。

例 11—3 2×15 年 1 月 1 日，某公司借入 50 000 000 美元，2×16 年 12 月 31 日到期归还。以年利率为 LIBOR+50 个基点计算的利息在每年的 6 月 30 日和 12 月 31 日支付，LIBOR 在每个利息支付日重新确定。因为公司没有赚取浮动利息的资产，公司更倾向于借入以固定利率支付利息的款项。为了达到此目的，公司作为支付固定利息收取浮动利息的一方参与一项名义本金额为 50 000 000 美元的 2 年期的互换。在该互换下，每年的 6 月 30 日和 12 月 31 日，公司的固定支付额是 1 500 000 美元，并收到以 LIBOR+50 个基点计算的浮动利息，以前一个利息支付日的 LIBOR 为准。2×15 年 1 月 1 日的 LIBOR 为 5.5%。公司把该互换指定为浮动利率债务的现金流量套期，并假设套期完全有效，因为该套期符合 FAS 133 对该假设的所有要求。表 11—6 是互换期间的利率。假设收益率曲线是水平的。

表 11—6

日期	LIBOR (%)
2×15.1.1	5.50
2×15.3.31	5.65
2×15.6.30	5.75
2×15.9.30	6.00
2×15.12.31	5.90
2×16.3.31	6.10
2×16.6.30	6.15
2×16.9.30	6.25
2×16.12.31	6.35

要求：

(1) 运用零息法计算每期的互换公允价值（提示：运用 Excel 或同类的电子数据表软件可以大大提高计算速度）。

(2) 计算每个利息支付日：1) 对原来借款的利息支付额；2) 互换的支付额。

(3) 用简易的会计处理方法为利率互换编制每个季度的会计分录以记录借款和互换交易。

解答：

第一步，计算互换公允价值（见表 11—7）。

表 11—7

季末日期	浮动利率：LIBOR+50 个基点 (%)	6%的固定利率与浮动利率之间的差额 (%)	浮动利率支付方下一季的支付额 (美元)	剩下的付息期	以 LIBOR+50 个基点折现的 NPV (美元)	NPV 的变动值 (美元)
2×15.1.1	6.00	0	0	8	0	0
2×15.3.31	6.15	−0.15	18 750	7	123 537	123 537
2×15.6.30	6.25	−0.25	31 250	6	177 659	54 122
2×15.9.30	6.50	−0.50	62 500	5	297 825	120 166
2×15.12.31	6.40	−0.40	50 000	4	192 249	(105 576)
2×16.3.31	6.60	−0.60	75 000	3	217 774	25 525
2×16.6.30	6.65	−0.65	81 250	2	158 536	(59 239)
2×16.9.30	6.75	−0.75	93 750	1	92 194	(66 341)
2×16.12.31	6.85	−0.85		0	0	(92 194)

第二步，计算每个利息支付日对原来借款的利息支付额（见表 11—8）。

表 11—8

日期	浮动利率：LIBOR+50 个基点（%）	利息支付额（美元）
2×15.1.1	6.00	
2×15.3.31	6.15	
2×15.6.30	6.25	1 518 750*
2×15.9.30	6.50	
2×15.12.31	6.40	1 593 750
2×16.3.31	6.60	
2×16.6.30	6.65	1 625 000
2×16.9.30	6.75	
2×16.12.31	6.85	1 675 000

* 1 518 750=50 000 000×(6%×1/4+6.15%×1/4)

第三步，计算每个利息支付日的互换收取额（见表 11—9）。

表 11—9

季末日期	互换收取额（美元）
2×15.1.1	0
2×15.3.31	0
2×15.6.30	18 750
2×15.9.30	31 250
2×15.12.31	62 500
2×16.3.31	50 000
2×16.6.30	75 000
2×16.9.30	81 250
2×16.12.31	93 750

第四步，登记相应的会计分录（见表 11—10）。

表 11—10

季末日期	摘要	会计分录
2×15.1.1	登记债务发行的分录	借：银行存款 50 000 000 贷：长期借款 50 000 000
2×15.3.31	登记第一季度的应付利息 登记互换的公允价值，并将其价值变动计入其他综合收益	借：财务费用 750 000 贷：应付利息 750 000 借：互换 123 537 贷：其他综合收益 123 537
2×15.6.30	登记第二季度的应付利息并支付第一个半年的利息 登记互换的公允价值，并将其价值变动计入其他综合收益 登记互换收取额	借：财务费用 768 750 应付利息 750 000 贷：银行存款 1 518 750 借：互换 54 122 贷：其他综合收益 54 122 借：银行存款 18 750 贷：财务费用 18 750
2×15.9.30		（略）

续前表

季末日期	摘要	会计分录
2×15.12.31		（略）
2×16.3.31		（略）
2×16.6.30		（略）
2×16.9.30		（略）
2×16.12.31	登记最后一个季度的应付利息并支付最后半年的利息 登记互换的公允价值并将其价值变动计入其他综合收益 登记互换收取额 登记长期借款的偿还	借：财务费用 843 750 　应付利息 831 250 　贷：银行存款 1 675 000 借：其他综合收益 92 194 　贷：互换 92 194 借：银行存款 93 750 　贷：财务费用 93 750 借：长期借款 50 000 000 　贷：银行存款 50 000 000

对于企业拥有的固定利率债务或固定利率投资，利率互换可用于对其进行公允价值套期，因固定利率与浮动利率的差异导致的互换价值变动，一方面调整互换的公允价值，另一方面调整债务或投资的价值（而不是计入期间损益）。这一调整意味着债务或投资的公允价值发生变化，类似于一种溢价或折价。

二、预期交易的现金流量套期

使用期货对预期交易进行现金流量套期。

例 11—4 一家照相胶卷公司预期在 2×16 年 3 月将购买 100 000 盎司的银。2×15年 6 月 30 日，银的即期市场售价是 4.95 美元，公司决定通过在交易所做银期货的多头为该预期购买交易套期。银期货的执行价格为 5.10 美元，2×15 年3 月交割。交易所要求对每 5 000 盎司的期货合约提供 825.00 美元的期货保证金。2×15 年 9 月 30 日，银的即期价格是 4.70 美元，银的期货价格为 4.85 美元。2×15 年 12 月 31 日，银的即期价格是 5.0 美元，银的期货价格为 5.18 美元。到 2×16 年 3 月 31 日，银的即期价格跌至 4.20 美元。

要求：

（1）确定公司利用银期货做现金流量套期如何准备相关证明文件。

（2）评估 2×15 年 12 月 31 日和 2×16 年 3 月 31 日的套期有效性。

（3）编制 2×15 年 9 月 30 日、2×15 年 12 月 31 日和 2×16 年 3 月 31 日的分录。

解答：

如果公司要利用银期货做现金流量套期，应明确该现金流量套期中，被套期风险为银的价格上升风险，通过买空 3 月份的银期货对其进行套期，实施该套期的风险管理目标是防止银的价格上升造成的损失。分析衍生工具的关键条款，标的都是银的价格，期货的名义数量是 100 000 盎司，被套期项目的银的数量也是 100 000 盎司，交割日都是 3 月 31 日，因此预计套期是高度有效的。

接下来，对套期过程的有效性进行评估（见表11—11）。

表11—11

日期	银即期价格下跌利得（美元）	期货多头损失（美元）	德尔塔比率
2×15.9.30	(4.95－4.7)×100 000＝25 000	(5.1－4.85)×100 000＝(25 000)	1.00
2×15.12.31	(4.95－5.0)×100 000＝(5 000)	(5.1－5.18)×100 000＝8 000	0.625
2×16.3.31	(4.95－4.2)×100 000＝75 000	(5.1－4.2)×100 000＝(90 000)	0.83

虽然12月31日德尔塔比率为0.625，不在0.80～1.25之间，但整个期间的德尔塔比率在0.80～1.25之间，套期被认为是有效的。因而可以按套期会计进行登记，会计处理见表11—12。

表11—12

日期	摘要	会计分录
2×15.6.30	存入期货保证金 (100 000÷5 000)×825＝16 500	借：银期货投资——存入保证金　16 500 贷：银行存款　16 500
2×15.9.30	在其他综合收益中登记期货合约损失 (5.1－4.85)×100 000＝25 000	借：其他综合收益　25 000 贷：银期货投资——转出保证金　25 000
2×15.12.31	在其他综合收益中登记期货合约收益（金额为期货收益和现金流量变动较小者） (5.0－4.7)×100 000＝30 000 (为银存货变动额) (5.18－4.85)×100 000＝33 000 (为银期货变动额) 登记期货合约收益中不作为套期的部分金额 33 000－30 000＝3 000	借：银期货投资——转入保证金　30 000 贷：其他综合收益　30 000 借：银期货投资——转入保证金　3 000 贷：银期货投资收益　3 000
2×16.3.31	在其他综合收益中登记期货合约损失（金额为期货收益和现金流量变动较小者） (4.2－5.18)×100 000＝98 000 (为银期货变动额) (4.2－5.0)×100 000＝80 000 (为银存货变动额) 登记期货合约损失中不作为套期的部分金额 98 000－80 000＝18 000 登记银的购买 结转累计其他综合收益 结清银期货合约（含初始保证金16 500元）	借：其他综合收益　80 000 贷：银期货投资——转出保证金　80 000 借：银期货投资损失　18 000 贷：银期货投资——转出保证金　18 000 借：库存商品——银　420 000 贷：银行存款　420 000 借：银期货投资损失　75 000 贷：累计其他综合收益　75 000 借：银期货投资——保证金账户　73 500 贷：银行存款　73 500

三、境外经营净投资的套期

使用远期合约对境外经营净投资的套期。

例 11—5 2×16 年 1 月 1 日，一美国公司支付 USD7 500 000 购买一家净资产总额为 Sfr25 000 000 的瑞士公司 40%的股权，该日市场的即期汇率为 USD0.75/Sfr1。2×16 年 1 月 1 日，美国公司签订了一份 1 年期、按汇率为 USD0.77/Sfr1 销售 Sfr10 000 000 的远期合约。远期合约指定为对外币投资净额的套期。公司年增量贷款利率为 12%，有关远期合约的即期汇率和远期汇率资料如表 11—13 所示。

表 11—13

日期	瑞士法郎兑换美元的即期汇率	瑞士法郎兑换美元的远期汇率
2×16.1.1	$0.75	$0.77
2×16.12.31	0.78	0.78

投资按权益法进行会计处理，在该年度，瑞士公司盈利 Sfr2 500 000，年末净资产为 Sfr27 500 000。

在预期这个套期是高度有效后，再编制以下日期的会计分录：(1) 2×16 年 1 月 1 日；(2) 2×16 年 12 月 31 日。

因为海外子公司的净资产和远期合约的名义金额是同一种货币，并且等于或少于投资净额，因此，远期合约对瑞士投资净额的套期预期高度有效。

按年度调整的会计分录见表 11—14。

表 11—14

日期	摘要	会计分录
2×16.1.1	登记投资 Sfr25 000 000×40%×USD0.75/Sfr1	借：长期股权投资　7 500 000 　贷：银行存款　7 500 000
2×16.12.31	按当年平均汇率登记长期股权投资应享权益 平均汇率＝(0.75＋0.78)/2 ＝0.765	借：长期股权投资　765 000 　贷：投资收益　765 000
	按期末汇率登记长期股权投资折算调整额加上当年收益的变动额 (0.78－0.75)×10 000 000 ＋1 000 000×(0.78－0.765) ＝315 000	借：长期股权投资　315 000 　贷：累计折算调整　315 000
	调整远期合约的公允价值 (0.78－0.77) ×10 000 000 ＝100 000	借：累计折算调整　100 000 　贷：远期外汇合约　100 000
	结清远期外汇合约	借：远期外汇合约　100 000 　贷：银行存款　100 000

几点说明：

（1）一般现金流量套期时，当被套期项目影响该期间损益时，衍生工具价值变动计入权益的金额就要转入当期损益；而境外经营净投资的套期衍生工具价值变动计入累计折算调整中的金额，直到境外经营净投资被出售或清算时才转入当期损益。

（2）衍生工具的价值变动按即期汇率的变化而不是远期合约的价值变化来计量套期的影响。

（3）对境外经营净投资的套期也可以用非衍生工具进行套期。公司也可以发行瑞士法郎债务并将其指定为对外币投资净额的投资，债务由于汇率变化引起的公允价值变动登记在累计折算调整中。

最后，《企业会计准则第37号——金融工具列报》中规定：对于现金流量套期，企业应当披露与现金流量相关的下列信息：

（1）现金流量预期发生及其影响损益的期间；

（2）以前运用套期会计方法处理但预期不会发生的预期交易的描述；

（3）本期在所有者权益中确认的金额；

（4）本期从所有者权益中转出、直接计入预期交易形成的非金融资产或非金融负债初始确认金额的金额；

（5）本期无效套期形成的利得或损失。

对于境外经营净投资套期，企业应当披露本期无效套期形成的利得或损失。

思考题

1. 为什么要设计套期会计？简述套期会计的实质。
2. 套期指定中，套期项目与被套期项目的相关规定是什么？
3. 套期有效性的评价方法有哪些？每种方法是如何评价套期有效性的？
4. 套期会计是如何分类的？每类套期会计的核算原则是什么？
5. 简述各类套期会计披露的内容。

练习题

（一）已确认资产与负债的公允价值套期

资料：某首饰制造企业2×15年11月1日存有200000盎司黄金，成本为每盎司600美元，市价为每盎司650美元。该批黄金预计全部投入生产并于2×16年2月初对外出售。为了防止黄金价格下跌造成黄金存货价值的损失，企业于11月1日签订一份3个月、执行价为655美元、标的为200000盎司的黄金空头期货合约，并在签约日按标的金额的5%存入保证金。各时点每盎司黄金即期与期货价格见表11—15。

表11—15

日期	即期价格（美元）	2×16年1月31日到期的期货价格（美元）
2×15.11.1	650	655
2×15.11.30	645	650

续前表

日期	即期价格（美元）	2×16年1月31日到期的期货价格（美元）
2×15.12.31	670	675
2×16.1.31	680	680

要求：登记各个时点的会计分录。

（二）确定承诺的公允价值套期

资料：2×15年10月31日，一美国公司与一英国公司签订一份向其订购大型设备的不可撤销合同，设备于2×16年2月28日交货，设备价值8 000 000英镑，于设备交付时支付。为了规避英镑升值的风险，美国公司签订一份4个月期的购买8 000 000英镑的远期合约。各时点有关英镑兑换美元远期合约的即期汇率和远期汇率资料如表11—16所示。

表11—16

日期	英镑兑换美元的即期汇率（美元）	至交货日2×16年2月28日英镑兑换美元的远期汇率（美元）
2×15.10.31	1.930 1	1.930 5
2×15.12.31	1.920 8	1.921 4
2×16.2.28	1.950 0	1.950 0

假定公司年增量贷款利率为12%。

要求：登记各时点的会计分录。

（三）已确认资产与负债的现金流量套期

资料：2015年1月1日，某公司购买20 000 000美元、2016年12月31日到期的债券，年利率为LIBOR+25个基点的浮动利率，每季末付息（每季以上季末LIBOR为准，第一个季度以季度初为准），公司打算持有至到期。由于公司无相应匹配的浮动利率债务，因此，公司更愿意收取固定利息。为此，公司签订了一份作为支付浮动利息收取固定利息的一方参与一项名义本金额为20 000 000美元的2年期的互换合约。在该互换下，每个季末公司可以收到年利率为6.5%的固定利息收入，并以LIBOR+25个基点支付浮动利息，以前一个利息支付日的LIBOR为准（互换结算从第二季度开始）。2015年1月1日的LIBOR为6.25%。表11—17是互换期间的利率。

表11—17

日期	LIBOR（%）
2015.1.1	6.25
2015.3.31	6.30
2015.6.30	6.50
2015.9.30	6.75
2015.12.31	6.60

续前表

日期	LIBOR（%）
2016.3.31	6.45
2016.6.30	6.70
2016.9.30	6.90
2016.12.31	7.00

要求：登记各季度末的会计分录。

（四）预期交易的现金流量套期

资料：某首饰制造企业预计于2×16年1月购进200 000盎司黄金。为了规避黄金价格上升的风险，企业于2×15年11月1日签订一份3个月、执行价为655美元、标的为200 000盎司的黄金多头期货合约，并在签约日按标的金额的5%存入保证金。各时点每盎司黄金即期与期货价格见表11—18。

表11—18

日期	即期价格（美元）	2×16年1月31日到期的期货价格（美元）
2×15.11.1	650	655
2×15.11.30	645	650
2×15.12.31	670	675
2×16.1.31	680	680

要求：登记各个时点的会计分录。

第12章

合伙会计

本章结构

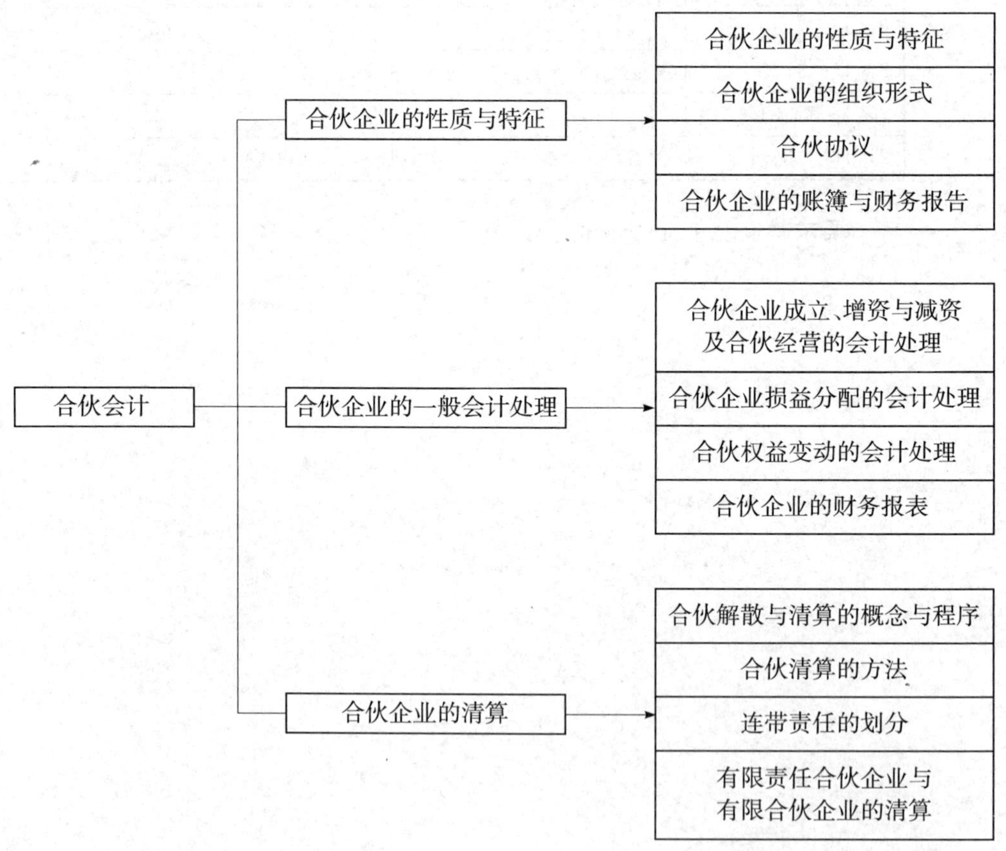

合伙会计
合伙企业的性质与特征
合伙企业的一般会计处理
合伙企业的清算
合伙企业的性质与特征
合伙企业的组织形式
合伙协议
合伙企业的账簿与财务报告
合伙企业成立、增资与减资及合伙经营的会计处理
合伙企业损益分配的会计处理
合伙权益变动的会计处理
合伙企业的财务报表
合伙解散与清算的概念与程序
合伙清算的方法
连带责任的划分
有限责任合伙企业与有限合伙企业的清算

本章要点

- 合伙企业的特征与合伙协议
- 合伙企业损益分配的会计处理
- 合伙权益变动的会计处理
- 合伙企业解散清算的程序
- 合伙企业分期分配清算的会计处理
- 合伙企业连带责任的划分

企业的组织形式一般分为独资、合伙和公司制三种。从规模上看，公司制企业一般要远大于前两种组织形式的企业，在一国经济中，公司制企业发挥着更大的作用。因此，在初级和中级财务会计中，会计的核算对象主要是公司制企业。但是，从数量上看，独资与合伙形式的企业还是占绝大多数。以美国为例，1980年1460万家营利性企业中，只有200多万家为公司制企业，其余的1200多万家为独资与合伙企业①，占企业总数的85%以上。并且，一些合伙企业也达到相当的规模，只是由于其行业的自身特点，即使达到相当规模，也只能适用合伙制的企业形式，比如，以提供咨询和服务的、主要由人力资本构成的会计师事务所②、律师事务所等。所以，对合伙与独资企业的会计处理，我们也不能忽略。三种组织形式企业的会计处理的差异主要体现在所有者权益和利润分配上。在所有者权益和利润分配的会计处理上，独资与合伙企业比较相似，只是合伙企业的会计处理稍复杂些，因此，本章主要介绍合伙企业相关的会计处理，包括合伙企业的性质与特征、合伙企业的一般会计处理及合伙企业的清算处理。

第1节 合伙企业的性质与特征

一、合伙企业的性质与特征

（一）合伙企业的定义

合伙企业是一种由多个自然人共同出资、共同所有、共同经营以及共同承担风险和分享收益的企业制度。美国《统一合伙法》第6节中对合伙企业是如此定义的，合伙是“两个或两个以上的个人作为企业的共同所有者为谋取利润而从事经营活动的一种联合体”。

由于合伙企业比较容易组成，开办费少，经营方式灵活，并且对外承担无限

---

① 保罗·R·格雷戈里：《比较经济体制学》，198页，北京，三联书店，1988。

② 以普华永道为例，2000年，年收入为215亿美元（这一数据2007年为262.6亿美元——作者注），专业人员近13万人，合伙人近1万人（英格兰与威尔士特许会计师协会主办的《会计月刊》，2001（8），转引自《中国注册会计师》，2001（12））。

责任，所以，这种组织形式特别适合提供职业性服务的企业，如咨询公司、会计与律师事务所、诊疗所等。

（二）合伙企业的特征

与股份制企业相比，合伙企业具有比较鲜明的特征：

第一，合伙企业不是独立的法律主体。企业的对外事务必须以合伙人个人的名义进行。但合伙企业是一个独立的经济和会计主体。

第二，合伙人之间互相代理。每一个合伙人都是合伙企业经营业务的代理人，代表合伙企业的行为，任一合伙人的行为对其他所有合伙人均有约束力，即某一合伙人执行的业务，其他合伙人都应负责。但超出业务范围的个人行为（如没有经过合伙企业授权的银行贷款），其他合伙人不承担责任。

第三，合伙企业并非纳税主体。合伙企业及独资企业均以个人名义纳税。

第四，合伙企业承担无限责任。普通合伙人必须对合伙企业的债务承担连带无限责任。当合伙企业的债权人向合伙企业追债困难时，可以要求任何一个合伙人给予支付，只要其个人的资产大于负债，就有偿还的义务。正是因为互为代理和承担无限责任这两个特点，在成立合伙企业时，必须慎选合伙人，一个新的合伙人的加入要经过全体合伙人的同意。

第五，合伙企业的资产和损益共享。

第六，有限的经营期限。合伙的法定经营期随着新的合伙人的入伙、原合伙人的退伙或死亡、合伙人同意解散、企业破产等非自愿解散而终止。但合伙组织作为一个独立的经济或会计主体，还会继续经营下去，会计记录还要延续下去，只是法律实质已经改变了。

二、合伙企业的组织形式

合伙企业一般可分为普通合伙企业、有限责任合伙企业（limited liability partnerships，LLP）和有限合伙企业（limited partnerships，LP）三类。

普通合伙企业就是通常所讲的合伙企业。普通合伙企业中的合伙人称为普通合伙人，普通合伙人均应对企业的债务承担无限连带责任。

LLP 具有普通合伙和有限责任公司双重特征。① LLP 的个人合伙人对他们的行为和他们所管辖的合伙企业的雇员负有个人责任，不对其他合伙人的行为承担责任。但 LLP 作为一个整体，必须对所有合伙人和雇员的行为负责。在法律上，合伙债务分为契约债务和侵权债务，前者是合伙人的共同债务（joint liability），后者是由于违背责任所产生的独立于合约之外的民事过错的损害。有限责任合伙解除的是侵权责任，对于契约债务，合伙人依然要承担责任。因为这种方式在很大程度上减轻了一般合伙人的责任，因而便于合伙企业规模的扩大，“四大”会计师事务所就是采用这种组织形式。我国《合伙企业法》（1997 年颁布、

① 1991 年，美国得克萨斯州颁布美国第一部《有限责任合伙法》；1996 年，美国统一州法委员会对 1994 年的《统一合伙法》进行了修改，增加了“有限责任合伙”和“非本州有限责任合伙”的条款。

2006 年修订）将 LLP 称为“特殊的普通合伙企业”，并限定为“以专业知识和专门技能为客户提供有偿服务的专业服务机构”（第 55 条）。同时规定“一个合伙人或数个合伙人在执业活动中因故意或者重大过失造成合伙企业债务的，应当承担无限责任或者无限连带责任，其他合伙人以其在合伙企业中的财产份额为限承担责任”（第 57 条）。

有限合伙是一种合伙企业与有限责任公司的结合形式。在美国《统一合伙法》中，为这种企业组织提供了法律指南：有限合伙中至少要有一名普通合伙人，并对合伙企业的债务承担无限责任；有限合伙人只是一名投资者，以其出资为限对企业的债务承担有限责任，不参与企业的管理；若有限合伙人参与企业的事务，则变为无限合伙人等。这种合伙企业一般较难形成，如果要成立这种合伙企业，还必须有书面的合伙协议并经合伙人签名，向政府部门报送备案，但如果执行不严格，则由有限合伙改为普通合伙企业。有限合伙企业比较适合于风险投资领域。

三、合伙协议

合伙协议是合伙企业的章程，是合伙企业运行的基本行为指南，也是其区别于独资企业最重要的一点。虽然合伙协议可以通过口头的方式订立，但从约束力和严格的角度而言，书面协议更值得提倡。合伙协议一般包括下面几项内容：

(1) 营业性质；

(2) 每一合伙人的权利和义务；

(3) 合伙人的出资方式、数额与缴付期限；

(4) 增资与减资的规定；

(5) 损益分配方法；

(6) 入伙与退伙的规定；

(7) 合伙解散程序；

(8) 合伙事务的执行；

(9) 争议的解决办法；

(10) 违约责任等。

我国《合伙企业法》第 18 条对此做出了明确的规定。另外，第 63 条还规定有限合伙企业的合伙协议中应包括：

(1) 执行事务合伙人应具备的条件和选择程序；

(2) 执行事务合伙人权限与违约处理办法；

(3) 执行事务合伙人的除名条件与更换程序；

(4) 有限合伙人入伙、退伙的条件、程序以及相关责任；

(5) 有限合伙人和普通合伙人相互转换程序等。

四、合伙企业的账簿与财务报告

合伙会计与公司会计的最大区别体现在所有者权益和损益的分配上。通常，合伙企业权益账户要设三种分类账：资本账户、提款或个人账户、合伙人借款或贷款账户。

合伙企业的财务报告主要是满足三类人的需要：合伙人、合伙债权人和税务部门。合伙人一般可随时查询企业的账簿和报表；合伙企业向银行或其他金融部门申请贷款时，需要提供相关财务报表；税务部门在检查每一个合伙人的个人所得时，也需要查阅合伙企业的财务资料。除这三类使用者外，合伙企业的财务信息无须对外公开，也不需要编制通用的财务报告。

第2节 合伙企业的一般会计处理

这里阐述的合伙企业的一般会计处理，主要是指合伙企业在资本（包括资本的形成、资本的增减和资本的变动）和损益分配上与公司制企业不同之处的会计处理。而合伙企业一般的经营业务的会计处理则与公司制企业无异。

一、合伙企业成立、增资与减资及合伙经营的会计处理

（一）合伙企业成立的会计处理

合伙企业成立时，各合伙人可以现金、非现金资产投资入伙。

例12—1 甲和乙两人合伙开业，成立一家名为福记的鞋厂。甲以现金10 000元投资入伙；乙以自己经营的一家小厂投资，其中现金2 000元，材料及半成品5 000元，设备5 000元，应付账款2 000元，存货和设备均为公允市价。开业的会计处理如下：

借：现金	10 000	
贷：资本——甲		10 000
借：现金	2 000	
存货	5 000	
设备	5 000	
贷：应付账款		2 000
资本——乙		10 000

合伙人也可以用技术、专利、专业特长和管理经验代替现金进行投资，这种情况下的会计处理就要运用红利法或商誉法，这两种方法在后面进行介绍。

（二）增资与减资的会计处理

1. 增资与减资

增资与减资的会计处理与开业时相似，但由于开业后增资与减资影响到分配比例与经营等问题，如何进行增资与减资的处理必须在合伙协议中有明确的规定。增资一般应按投资时净资产的公允价值计算投资额，超过账面资本的价值则反映为合伙企业的商誉或作为红利。正常的减资与增资作相反的处理。非正常的

减资则直接冲减合伙人的个人资本账户。即

借：资本——××

　贷：现金

2. 提款

合伙企业是以合伙利润的形式给予合伙人报酬的，因此合伙人与直接领取工资的合伙企业的职员并不一样。执行业务的合伙人通常可从预计可分得的合伙利润中提取适当的金额，这一提取数额一般会有一个额度（由合伙协议规定），合伙人的这种行为就称为提款。通常要专门设置“合伙人提款”账户，到月末转入资本账户。如甲合伙人本月共从合伙企业中提取两笔工资款计 1 000 元，每笔 500 元，则会计处理如下：

借：合伙人提款——甲　　500

　贷：现金　　500

借：合伙人提款——甲　　500

　贷：现金　　500

月末转入甲的资本账户。

借：资本——甲　　1 000

　贷：合伙人提款——甲　　1 000

3. 贷款与预付款

合伙人借给合伙企业的资金，一般不应作为出资，可以从出资日开始，计算和支付利息。而合伙企业借给合伙人的资金，应作为合伙企业的资产。这些事项均应在合伙协议中有明确的说明。

（三）合伙经营的会计处理

合伙经营的一般业务的会计处理与公司会计相同。但合伙企业的权益与公司会计有较大区别。合伙人分配的利润和工资直接转入其资本账户，而合伙人的私人费用必须与合伙企业的费用分开，合伙企业支付给合伙人的个人开支记入“合伙人提款”账户中，以后结转到合伙人“资本——××”账户，而不能结转到“本年利润”账户。

二、合伙企业损益分配的会计处理

合伙协议中，损益分配方法（分配比例）是一项重要的内容。在没有明文作出规定时，一般认为按出资比例分配。[①] 损益的分配比例有多种：一种是按投资额的比例进行分配；一种是先分配薪金报酬，余额按约定比例进行分配；也可以先分配薪金报酬和投资利息后，余额再按约定比例进行分配等。无论何种分配方案，都必须合理，经过全体合伙人讨论通过后，都是可行的。通常，收益的分配

① 根据我国《合伙企业法》第 33 条的规定：“合伙的利润分配、亏损分担按照合伙协议的约定办理；合伙协议未约定的或者约定不明确的，由合伙人协商决定；协商不成的，由合伙人按照实缴出资比例分配、分担；无法确定出资比例的，由合伙人平均分配、分担。”

比例与损失的分配比例是一样的，因此简称损益分配比例。

（一）按资本额的比例进行分配

假定合伙企业的经营成果在很大程度上是由资本额的多少决定的，与合伙人的服务因素关系不大，按资本额的多少进行分配是比较恰当的。简单的做法是按期初的资本比例进行分配。但由于合伙人的资本是经常变动的，为了准确地反映这种变化，按平均资本额的比例进行分配则更合理。下面举例说明。

例 12—2 接例 12—1，假设福记鞋厂开业第一年，甲和乙的资本均为10 000 元。7 月 1 日，甲又投入 10 000 元。本年度净利润为 30 000 元，按期初资本额的比例，双方分配额计算见表 12—1。

表 12—1　　　　单位：元

项目	期初资本额	分配比例（%）	利润分配额
甲	10 000	50	15 000
乙	10 000	50	15 000
合计	20 000	100	30 000

会计处理如下：

借：本年利润　　30 000

　贷：资本——甲　　15 000

　　　　——乙　　15 000

按平均资本额的比例，双方的平均资本额计算如下：

甲的平均资本额＝10 000＋10 000×6/12＝15 000（元）

乙的平均资本额＝10 000（元）

按平均资本额的比例，双方分配额的计算见表 12—2。

表 12—2　　　　单位：元

项目	平均资本额	分配比例（%）	利润分配额
甲	15 000	60	18 000
乙	10 000	40	12 000
合计	25 000	100	30 000

会计处理如下：

借：本年利润　　30 000

　贷：资本——甲　　18 000

　　　　——乙　　12 000

（二）先分配薪金报酬，余额按约定比例进行分配

由于合伙企业是属于两权合一的企业形式，合伙人的劳务投入对于合伙企业的经营是至关重要的，因此先分配薪金报酬，后按约定的比例进行分配是比较符合实际的。

例 12—3　接上例，假定福记鞋厂两合伙人商议，双方根据各自的特点，甲拥有制鞋技术，平时投入较多，每年的工资为 10 000 元，乙为 6 000 元；同时，乙的市场与管理经验较丰富，在损益分配比例上，高于甲，双方约定甲与乙的损益分配比例为 4∶6。其他资料同上，双方分配金额计算见表 12—3。

表 12—3　　　单位：元

项目	甲	乙	合计
可分配净利润			30 000
薪金报酬	10 000	6 000	16 000
余额			14 000
按约定比例（4∶6）	5 600	8 400	
合计	15 600	14 400	30 000

会计处理如下：

借：本年利润　　30 000

　贷：资本——甲　　15 600

　　　　——乙　　14 400

（三）先分配薪金报酬和投资利息，余额按约定比例进行分配

第二种分配方法忽略了资本要素，应该说，在很多行业，资本是相当重要的。如果考虑资本的因素，先分配薪金报酬和投资利息，余额按约定比例进行分配是最恰当的。

例 12—4　接上例，如果在分配薪金报酬后，再按资本额的 5%分配投资利息，最后按约定的 4∶6 进行损益分配，双方分配金额计算见表 12—4。

表 12—4　　　单位：元

项目	甲	乙	小计	合计
可分配净利润				30 000
薪金报酬	10 000	6 000	16 000	
投资利息（5%）	750	500	1 250	17 250
余额				12 750
按约定比例（4∶6）	5 100	7 650		
合计	15 850	14 150		30 000

会计处理如下：

借：本年利润　　30 000

　贷：资本——甲　　15 850

　　　　——乙　　14 150

这里需要指出的是，分配给合伙人的薪金报酬和投资利息都是合伙人损益分配的一部分，而不是合伙企业的薪金费用和利息费用。如果企业的净利润不够分配薪金报酬和投资利息，则由合伙人按损益分配比例负担，或另外在合伙协议中约定分担比例。

例 12—5 接例 12—4，假定其他条件相同，当年净利润为 10 000 元，则双方分配金额计算见表 12—5。

表 12—5 单位：元

项目	甲	乙	小计	合计
可分配净利润				10 000
薪金报酬	10 000	6 000	16 000	
投资利息（5%）	750	500	1 250	17 250
余额（不足）				(7 250)
按约定比例（4∶6）	(2 900)	(4 350)		
合计	7 850	2 150		10 000

会计处理如下：

借：本年利润 10 000
　贷：资本——甲 7 850
　　　　——乙 2 150

三、合伙权益变动的会计处理

合伙权益往往会因为某一新合伙人的加入[①]或现任合伙人的退伙或死亡而使现有的法律主体解散，但作为一个独立的经济与会计主体的合伙企业却并不一定终止。当某一新合伙人的加入或现任合伙人的退伙或死亡而使现有的法律关系解除时，企业的持续经营需要一个新的合伙协议。这时，就会产生一个新问题，即原合伙企业的资产是否需要重新评估。对资产进行重新评估的方法，称为商誉法（goodwill approach）；不对资产进行重新评估的方法，称为红利法（bonus approach）。

（一）新合伙人入伙的会计处理

新合伙人入伙首先需要征得原合伙人的同意。入伙的方法之一是向原合伙人购买部分合伙权益；方法之二是直接向合伙企业投资。

在征得全体合伙人同意后，一个人可以直接向现任合伙人购买其部分合伙权益而成为新的合伙人。由于这种转让主要是两个转让人之间的事，合伙企业的资本不会产生变化，因而在会计处理上，只需对资本账户进行过户登记即可。如上例中，甲将自己一半的合伙权益转让给丙（转让价格与合伙企业无关），这时，只需登记如下过户记录：

借：资本——甲 5 000
　贷：资本——丙 5 000

① 如果某一合伙人的资本全部转让给第三者，合伙企业则并未解散，因为这一转让并未改变合伙人之间的关系，但根据美国《统一合伙法》，这种转让中，被转让人只是获得对未来净收益的分配权及清算时剩余资产的分配权，而不能成为合伙人，无权管理该合伙企业。

如果是向现有的合伙企业投资入伙，则会计处理要复杂得多，一般有三种处理方法：账面价值法、商誉法和红利法。后两种方法又分为给原合伙人和新合伙人两种。

1. 账面价值法

如果新合伙人入伙时，企业资产在当时并无高估或低估的情况，新合伙人则按其实际投资额取得合伙的份额。投资入伙时，只需按实际投入借记“现金”，贷记“资本”。

例 12—6 接例 12—1，福记鞋厂重新吸收丁为合伙人，丁投资 10 000 元，取得 1/3 的合伙权益。应投资的金额为：

甲和乙原有资本总额＝10 000＋10 000＝20 000（元）

丁加入后，合伙企业总资本应为：

(10 000＋10 000)÷2/3＝30 000（元）

资本总额的 1/3 即丁的投资应为：

30 000×1/3＝10 000（元）

会计处理如下：

借：现金	10 000	
贷：资本——丁		10 000

2. 商誉法——给原合伙人

由于福记鞋厂开办一段时间后，产生了较好的声誉，虽然资本额仍为 20 000 元，但企业的声誉并未登记在企业账面上。如果丁仍然想取得 1/3 的合伙权益，出资 10 000 元则不能使甲和乙满意。

例 12—7 接例 12—6，三人共同协商后，认为企业的声誉价值 10 000 元，这时，丁取得 1/3 的合伙权益应投资的金额为：

福记鞋厂重估后的资本总额＝10 000＋10 000＋10 000（商誉）
＝30 000（元）

丁加入后，合伙企业总资本应为：

30 000÷2/3＝45 000（元）

资本总额的 1/3 即丁的投资应为：

45 000×1/3＝15 000（元）

会计处理如下：

借：商誉	10 000	
贷：资本——甲		5 000①
——乙		5 000
借：现金	15 000	
贷：资本——丁		15 000

丁投资后，福记鞋厂的资本总额为 45 000 元。

① 甲和乙按 1∶1 的损益分配比例转增资本。

3. 红利法——给原合伙人

例 12—8 如果不重新评估企业资产，则直接将新合伙人投资额与登记其资本账户的差额，按原合伙损益分配的比例分配给原合伙人，这样，账面将不反映商誉。这时，丁投资 15 000 元而登记其资本账户中的金额计算如下。

丁加入后，合伙企业总资本应为：

20 000＋15 000＝35 000（元）

资本总额的 1/3 即丁的投资应为：

35 000×1/3＝11 667（元）

分配给原合伙人甲和乙的红利为：

15 000－11 667＝3 333（元）

甲和乙分别分得 1 666.5 元的红利。会计处理如下：

借：现金	15 000	
贷：资本——甲		1 666.5
——乙		1 666.5
——丁		11 667

如果这时将合伙企业以 45 000 元对外出售，则每个合伙人可得 15 000 元，商誉法与红利法一样。

上面两种方法，商誉和红利都给了原合伙人，也可以给新合伙人，其方法一致。当将商誉和红利都给新合伙人时，说明新合伙人给企业带来了超额价值。下面分别举例说明。

4. 商誉法——给新合伙人

例 12—9 假定丁以 10 000 元入伙，取得福记鞋厂 40%的合伙权益，这一情况表明，丁可为企业带来超过其资本的价值。甲和乙愿意按高于其出资额登记其资本。具体计算如下：

甲和乙原有资本总额＝10 000＋10 000＝20 000（元）

假定 20 000 元的净资本为公允价值，丁加入后，合伙企业总资本应为：

(10 000＋10 000)÷60%＝33 333（元）

资本总额的 40%即丁的投资应登记为：

33 333×40%＝13 333（元）

会计分录为：

借：现金	10 000	
商誉	3 333	
贷：资本——丁		13 333

5. 红利法——给新合伙人

例 12—10 假定丁以 10 000 元入伙，取得福记鞋厂 40%的合伙权益，但不对企业的资产进行重估，为了满足协议中规定的 40%的条件，只有将甲和乙的资本减少。具体计算如下：

丁加入后，合伙企业总资本应为30 000元。资本总额的40%即丁的投资应登记为：

30 000×40%=12 000（元）

这样剩余的60%的份额由甲乙平均分配，各占30%为9 000元（30 000×30%），即甲和乙从其资本账户中各拿出1 000元给丁。

会计分录为：

借：现金　　10 000

　　合伙人资本——甲　　1 000

　　　　　　　——乙　　1 000

　贷：合伙人资本——丁　　12 000

新合伙人入伙，在很大程度上与企业合并中的购买法类似。合伙企业价格的确定，应首先评估其账面资产和商誉，然后调整原合伙人的资本，最后根据新合伙人入伙后所占的份额，来计算新合伙人入伙所需投入的资本。

例12—11 假定福记鞋厂原账面资产（没有负债）20 000元，评估后的公允价值为30 000元，商誉10 000元，新合伙人丁入伙的投入资本计算和入伙分录（商誉法）如下：

福记鞋厂重估后的资本总额=10 000+10 000+10 000（资产重估增值）+10 000（商誉）

=40 000（元）

丁加入后，合伙企业总资本应为：

40 000÷2/3=60 000（元）

资本总额的1/3即丁的投资应为：

60 000×1/3=20 000（元）

会计处理如下：

借：商誉　　10 000

　　资产　　10 000

　贷：资本——甲　　10 000①

　　　　　——乙　　10 000

借：现金　　20 000

　贷：资本——丁　　20 000

丁投资后，福记鞋厂的资本总额为60 000元。

（二）合伙人退伙的会计处理

合伙企业中，因合伙人死亡和其他原因要求退伙的，需要解决退伙合伙人或已故合伙人的财产问题。退伙人或已故合伙人可以拥有解散当天的权益值，在死亡日或退伙日与最后清偿日之间，退伙或已故合伙人的资本划为负债，该负债至清偿日为止的任何应计权益应视为后续合伙的费用。

---

① 甲和乙按1∶1的损益分配比例转增资本。

退伙的会计处理分三种情况：一是退伙金额正好等于其资本账户的最后余额；二是退伙金额高于其资本账户的最后余额；三是退伙金额低于其资本账户的最后余额。对于第一种情况，只需借记“资本”，贷记“现金”即可。后两种情况则需运用商誉法或红利法。

1. 超额支付退伙人资本

(1) 红利法。

例 12—12 假定经过一段时间的经营后，福记鞋厂的合伙资本及损益分配情况如表 12—6 所示。

表 12—6

项目	资本余额（元）	资本比例（%）	损益分配比例（%）
甲	30 000	30	30
乙	50 000	50	40
丁	20 000	20	30
资本总额	100 000	100	100

现合伙人乙决定退伙，经协商，支付给乙 60 000 元。在红利法下，乙合伙人退伙的会计处理为：

借：合伙人资本——乙　　50 000
　　　　　　——甲　　5 000
　　　　　　——丁　　5 000
　贷：现金　　60 000

上述分录表明，超额分配给乙的 10 000 元由甲和丁按 30%∶30%的相对损益分配比例借记其资本账户。

(2) 商誉法。

例 12—13 接上例，以超额付给乙的 10 000 元为基础重估整个合伙资本。在这种方法下，合伙总资本被重估的会计分录如下：

借：商誉　　25 000
　贷：合伙人资本——乙　　10 000
　　　　　　　——甲　　7 500
　　　　　　　——丁　　7 500

25 000 元的商誉是以乙合伙人多得 10 000 元除以其损益分配比例的 40%而得出的。这样，乙的退伙分录就为：

借：合伙人资本——乙　　60 000
　贷：现金　　60 000

也可以采用一种更简化的办法直接记录商誉，处理如下：

借：合伙人资本——乙　　50 000
　　商誉　　10 000
　贷：现金　　60 000

很显然，这种只对退伙人超额支付的部分登记为商誉是不符合逻辑的。

2. 以低于其资本额支付退伙人资本

(1) 冲销高估资产(商誉法)。

例 12—14 假定按 40 000 元支付给乙,则表明现存合伙资本高估了25 000 元[(50 000-40 000)÷40%]。

重估及支付会计分录为:

借:合伙人资本——乙　　10 000

　　　　　　　——甲　　7 500

　　　　　　　——丁　　7 500

　贷:净资产(或商誉)　　25 000

借:合伙人资本——乙　　40 000

　贷:现金　　40 000

(2) 红利法。

如果合伙企业的资产是按公允价值计价的,则红利法下,乙合伙人的退伙分录如下:

借:合伙人资本——乙　　50 000

　贷:合伙人资本——甲　　5 000

　　　　　　　　——丁　　5 000

　　　现金　　40 000

乙合伙人资本超过其所得款项的 10 000 元作为红利,由甲和丁按 30%:30%进行分配。

四、合伙企业的财务报表

合伙企业的报表与普通公司报表类似,包括资产负债表、利润表、现金流量表和合伙人权益变动表。资产负债表中,合伙人权益相对简单些,只有资本一项报表项目,企业净利润分配后直接转入各合伙人的资本账户;利润表中,无所得税项目,合伙人工资与投资报酬都不是费用项目①;现金流量表主要满足内部需要,编制上采用简化的方法——间接法;合伙人权益变动表是以每个合伙人为基础来编制的。下面通过一个完整的实例说明合伙企业报表的内容与编制情况。

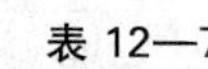

例 12—15 假定第一年初,福记鞋厂的资产负债表如表 12—7 所示。

表 12—7　　**福记鞋厂开业第 1 年初资产负债表**　　单位:元

资产		负债与合伙人资本	
现金	12 000	应付账款	2 000
存货	5 000	合伙人资本	

① 除了合伙人工资与投资报酬都不是费用项目外,合伙企业为合伙人提存的退休金准备也不能在税前扣除,应计入合伙人应税收入中。

续前表

资产		负债与合伙人资本	
设备	5 000	合伙人甲	10 000
		合伙人乙	10 000
资产总计	22 000	负债与资本总计	22 000

7月1日，甲合伙人以现金投资10 000元，本年度实现销售收入100 000元，其中收回现金80 000元，期末存货为35 000元，本期用现金购买设备为25 000元，本年折旧5 000元，销售成本50 000元，其他营业费用15 000元，应付账款为15 000元，借入3年期银行借款30 000元，分配方法采用例12—4中的分配方法，双方均将本年的工资提出，利息和红利则转增个人资本。该年度各报表编制如表12—8至表12—11所示。

1. 合伙企业利润及利润分配表

表12—8　福记鞋厂第1年利润及利润分配表　单位：元

项目	金额	金额
商品销售收入		100 000
商品销售成本		50 000
销售毛利		50 000
折旧费用	5 000	
其他营业费用	15 000	
合伙人工资费用*	16 000	36 000
净利润		14 000
净利润分配		
资本利息		
合伙人甲	750	
合伙人乙	500	
损益分配		
合伙人甲	5 100	
合伙人乙	7 650	
合计	14 000	

* 合伙人工资费用在合伙企业中不属于费用项目，但为了使合伙企业的净利润与其他企业的净利润有可比性，将其放入费用项目中。

2. 合伙人资本状况变动表

表12—9　福记鞋厂第1年12月31日合伙人合伙权益变动表　单位：元

	甲	乙	合计
合伙人原始投资（年初数）	10 000	10 000	20 000
增资（提款）	10 000	—	10 000
工资、资本利息和提款前余额	20 000	10 000	30 000
加：工资	10 000	6 000	16 000
资本利息	750	500	1 250
损益分配	5 100	7 650	12 750
小计	35 850	24 150	60 000
减：提款	10 000	6 000	16 000
合伙人资本（年末数）	25 850	18 150	44 000

3. 合伙企业资产负债表

表 12—10 福记鞋厂第 1 年 12 月 31 日资产负债表 单位：元

资产		负债与合伙人资本	
现金	9 000	应付账款	15 000
应收账款	20 000	长期借款	30 000
存货	35 000	合伙人资本	
设备	25 000	合伙人甲	25 850
		合伙人乙	18 150
资产总计	89 000	负债与资本总计	89 000

4. 合伙企业现金流量表

表 12—11 福记鞋厂第 1 年现金流量表（间接法） 单位：元

经营活动现金流量：		
净利润		14 000
合伙人工资费用*	16 000	
折旧费用	5 000	
应收账款增加	(20 000)	
存货增加	(30 000)	
应付账款增加	13 000	(16 000)
经营活动现金净流量		(2 000)
投资活动现金流量：		
购买设备		(25 000)
筹资活动现金流量：		
向银行取得借款	30 000	
合伙人投资	10 000	
合伙人退伙	0	
合伙人提款	(16 000)	
筹资活动现金净流量		24 000
现金净流量（年末）		(3 000)

* 合伙人工资项目在利润表中是作为费用项目扣除的，但在合伙企业中，它是不作为费用的，因而在此进行调整。

第 3 节 合伙企业的清算

一、合伙解散与清算的概念与程序

合伙清算（partnership liquidation）与合伙解散（dissolution of a partnership）是两个有区别的概念。后者仅指合伙人之间因新合伙人的加入、原合伙人退伙而改变原合伙关系，以使合伙企业的原法律主体终止。合伙解散后，可以订立新的合伙协议，使其继续经营下去。如果企业主体就此终止，就涉及结束合伙企业的事务，这种终止称为合伙清算。

一般来说，合伙清算首先应将非现金资产转换为现金；然后确认损益与清算期间的清算费用，并按约定的损益分配比例，将变卖财产的损益转入各合伙人资本账户，清偿所有债务；最后按各合伙人资本账户的余额进行分配。

我国《合伙企业法》第 4 章专门对合伙企业的解散与清算进行了规定。第 89 条规定，合伙企业在支付了清算费用后，企业财产按下列顺序清偿：

第一，合伙企业所欠招用的职工工资、社会保险费用和法定补偿金；

第二，合伙企业所欠的税款；

第三，合伙企业的债务；

第四，返还合伙人的出资。

美国《统一合伙法》第 40 节规定的清偿顺序为：

第一，对合伙人以外的债权人的债务；

第二，除资本和利润外，欠合伙人的债务；

第三，合伙人应得的资本；

第四，合伙人应得的利润。

由于合伙人应得的利润是按损益分配比例直接转入各合伙人的资本账户的，因而，第三步和第四步可以合二为一。因合伙企业所欠债务的对象不同，《统一合伙法》第 40b 节专门规定了优先清偿顺序：

第一，单独债权人的债务；

第二，合伙债权人的债务；

第三，因出资而欠合伙人的债务。

这一点是值得我国借鉴的。由于合伙人的企业债务与合伙人的个人债务是相互连带的，当同时出现这两种债务关系时：合伙企业的财产应优先清偿合伙企业的债务，合伙人从合伙企业清偿债务余额中分得的财产再用于清偿个人债务；合伙人个人的财产应优先用于清偿个人的债务，个人财产在清偿个人债务后的余额再用于清偿合伙企业的债务。

二、合伙清算的方法

假定合伙企业有足够的财产偿还债务，所有合伙人对合伙企业的净资产享有分配权，已经清偿所有合伙人的债务，并且在向代理合伙人分配前所有财产均已转换为现金，如果同时满足这些条件，清算就比较简单，采用一次分配清算就可以了。否则，清算就会变得比较复杂，通常这种情况下采用分期分配清算法。

（一）一次分配清算

例 12—16 接例 12—12，假定经过一段时间的经营后，乙决定退伙，甲和丁协商后，不准备再继续经营下去，直接进行清算，其他资料同前，损益分配比例稍作调整，甲、乙、丁分配比例变为 3：3：4，清算前福记鞋厂的资产负债表如表 12—12 所示。

表 12—12 福记鞋厂××年 12 月 31 日资产负债表 单位：元

资产		负债与合伙人资本	
现金	5 000	应付账款	30 000
应收账款	100 000	长期借款	70 000
存货	50 000	合伙人资本	
设备	45 000	合伙人甲	30 000
		合伙人乙	50 000
		合伙人丁	20 000
资产总计	200 000	负债与资本总计	200 000

一次分配清算又分三种情况，每种情况下的清算过程如下：

1. 第一种情况：变卖非现金资产获得收益

假设福记鞋厂全额收回应收款，同时，在出售存货中获得 10 000 元的收益，设备按原价出售，会计处理如下。

(1) 登记财产处理业务。

借：现金 205 000
　贷：应收账款 100 000
　　存货 50 000
　　设备 45 000
　　营业外收入——资产变卖损溢 10 000

(2) 将资产变卖收益按损益分配比例转入各合伙人资本账户。

借：营业外收入——资产变卖损溢 10 000
　贷：资本——合伙人甲 3 000
　　——合伙人乙 3 000
　　——合伙人丁 4 000

(3) 清偿债务。

借：应付账款 30 000
　长期借款 70 000
　贷：现金 100 000

(4) 按各合伙人资本账户余额进行分配。

借：资本——合伙人甲 33 000
　——合伙人乙 53 000
　——合伙人丁 24 000
　贷：现金 110 000

2. 第二种情况：变卖非现金资产发生损失，各合伙人资本账户能承担所分配的损失

假设福记鞋厂只收回应收款 80 000 元，同时，在出售设备中产生 20 000 元的损失，存货按原价出售，会计处理如下。

(1) 登记财产处理业务。

借：现金 155 000
　营业外支出——资产变卖损溢 40 000

贷：应收账款 100 000

存货 50 000

设备 45 000

（2）将资产变卖损失按损益分配比例转入各合伙人资本账户。

借：资本——合伙人甲 12 000

——合伙人乙 12 000

——合伙人丁 16 000

贷：营业外支出——资产变卖损溢 40 000

（3）清偿债务。

借：应付账款 30 000

长期借款 70 000

贷：现金 100 000

（4）按各合伙人资本账户余额进行分配。

借：资本——合伙人甲 18 000

——合伙人乙 38 000

——合伙人丁 4 000

贷：现金 60 000

3. 第三种情况：变卖非现金资产发生损失，部分合伙人资本账户不能承担所分配的损失

假设福记鞋厂只收回应收款的一半，同时，在出售设备中产生 20 000 元的损失，存货按原价出售，会计处理如下。

（1）登记财产处理业务。

借：现金 125 000

营业外支出——资产变卖损溢 70 000

贷：应收账款 100 000

存货 50 000

设备 45 000

（2）将资产变卖损失按损益分配比例转入各合伙人资本账户。

借：资本——合伙人甲 21 000

——合伙人乙 21 000

——合伙人丁 28 000

贷：营业外支出——资产变卖损溢 70 000

（3）清偿债务。

借：应付账款 30 000

长期借款 70 000

贷：现金 100 000

（4）将损失按损益分配比例转入各合伙人资本账户后，各合伙人资本账户的余额如下：

合伙人甲＝30 000－21 000＝9 000（元）

合伙人乙＝50 000－21 000＝29 000（元）

合伙人丁＝20 000－28 000＝－8 000（元）

（5）如果合伙人丁能从自己的财产中拿出 8 000 元，则清算工作至此结束。

借：现金　　8 000
　贷：资本——合伙人丁　　8 000
借：资本——合伙人甲　　9 000
　　　——合伙人乙　　29 000
　贷：现金　　38 000

（6）如果合伙人丁不能拿出 8 000 元，则由甲和乙按损益分担比例共同承担该损失。

借：资本——合伙人甲　　4 000
　　　——合伙人乙　　4 000
　贷：资本——合伙人丁　　8 000

（7）按甲和乙的资本账户余额进行分配。

借：资本——合伙人甲　　5 000
　　　——合伙人乙　　25 000
　贷：现金　　30 000

如果不能最后确定丁是否能偿还其资本账户亏损的 8 000 元，则三个合伙人的资本账户余额继续保留（甲和乙分别为贷方余额 4 000 元，丁为借方余额8 000 元），待以后处理。

（二）分期分配清算

上面所介绍的一次或简单合伙清算（simple partnership liquidation）是指在将所有的非现金资产全部变卖转换成现金后用于偿债和分配给合伙人，但现实中更多的情况是，非现金资产是逐步变卖的，变卖所实现的现金先用于偿债，以后分期分配给合伙人，这种清算程序就是所谓的分期清算（installment liquidation）。分期清算时，如果损益分配比例与资本比例是一致的，每期所实现的现金在偿还所有债务后，可直接按损益分配比例进行分配。但当两者不一致时，就会出现问题，即资本比例低而损益比例高的合伙人会在早期多分现金（收益），当资产不足分配出现亏损时又无力承担损失（资本余额出现负数）。如例 12—16 中，当合伙企业变卖的现金先按损益比例进行分配时，丁分得最多的现金，而当最后变卖的现金不足补偿合伙人资本余额时，甲和乙则完全承担了丁合伙人的资本亏空，显然，这种分配是不合理的。因此，为了避免这种情况的出现，在分期分配清算中，当损益分配比例与资本比例不一致时，需要编制一种安全清算的现金分配计划（cash distribution plans）。

现金分配计划编制的原理是，根据在资本账户余额中比例高而损益分配比例低的合伙人负担损失的潜力最大，而在资本账户余额中比例低而损益分配比例高的合伙人负担损失的潜力最小，因而在现金分配时，先分配给前者，当资本比例与损益比例取得一致时，再共同按资本比例进行分配，这样就防止了超额分配的现象。根据这一原理，下面先举例说明分期清算的分配顺序。

例 12—17 接例 12—16，如果福记鞋厂分期进行清算，清算程序如下：

第一步，根据各合伙人资本账户余额和损益分配比例，计算各合伙人负担资产损失的潜力（见表 12—13）。

表 12—13　　单位：元

合伙人	资本账户余额	损益分配比例（%）	可承担资产变卖损失的金额
甲	30 000	30	30 000÷30%=100 000
乙	50 000	30	50 000÷30%=166 667
丁	20 000	40	20 000÷40%= 50 000

上面的计算表明，合伙人丁承担损失的能力最低，当发生资产变卖损失 50 000 元时，其资本余额就为 0；超过 50 000 元时，就会出现资本账户的亏空，所以应最后分配现金。

第二步，计算抵销 50 000 元资产变卖损失后各合伙人的资本账户余额（见表 12—14）。

表 12—14　　单位：元

项目	甲	乙	丁
清算前资本余额	30 000	50 000	20 000
抵销资产变卖损失（50 000 元）	15 000	15 000	20 000
抵销损失后各资本账户余额	15 000	35 000	

第三步，按同样的原理进一步计算甲和乙负担资产损失的潜力（见表 12—15）。

表 12—15　　单元：元

合伙人	资本账户余额	损益分配比例（%）	可承担资产变卖损失的金额
甲	15 000	50	15 000÷50%=30 000
乙	35 000	50	35 000÷50%=70 000

上面的计算表明，合伙人甲承担损失的能力低于乙，当发生资产变卖损失 30 000 元时，其资本余额就为 0；超过 30 000 元时，就会出现资本账户的亏空。

第四步，再计算抵销 30 000 元资产变卖损失后甲和乙的资本账户余额（见表 12—16）。

表 12—16　　单位：元

项目	甲	乙	丁
清算前资本余额	30 000	50 000	20 000
抵销资产变卖损失（50 000 元）	15 000	15 000	20 000
抵销损失后各资本账户余额	15 000	35 000	0
抵销资产变卖损失（30 000 元）	15 000	15 000	
抵销损失后各资本账户余额	0	20 000	

第五步，根据上述计算结果，分期分配顺序确定如下：

（1）资产变卖的现金收入的第一个 100 000 元用于偿债。

(2) 其次，收入的20000元现金全部分配给合伙人乙。

(3) 再次，收入的30000元按1∶1的比例分配给甲和乙。至此，各合伙人的资本账户余额比例与损益分配比例取得一致。

(4) 以后的收入则按资本比例进行分配。

假定经过一段时间的经营后，乙决定退伙，甲和丁协商后，不准备再继续经营下去，直接进行清算，其他资料同前，损益分配比例稍作调整，甲、乙、丁分配比例变为3∶3∶4。清算前，福记鞋厂的资产负债表如表12—17所示。

表12—17　　福记鞋厂××年12月31日资产负债表　　单位：元

资产		负债与合伙人资本	
现金	5000	应付账款	30000
应收账款	100000	长期借款	70000
存货	50000	合伙人资本	
设备	45000	合伙人甲	30000
		合伙人乙	50000
		合伙人丁	20000
资产总计	200000	负债与资本总计	200000

下面结合福记鞋厂实际资产变卖情况，说明分期清算中现金分配计划的运用。

例12—18　假设福记鞋厂先收回应收款中的80000元，同时，在出售设备中产生20000元的损失，存货按原价出售，结合例12—17中的分配顺序，具体分配见表12—18。

表12—18　　单位：元

项目	现金	债权人	甲	乙	丁
第一次	100000	100000			
第二次	20000			20000	
第三次	30000		15000	15000	
第四次	10000		3000	3000	4000
合计	160000	100000	18000	38000	4000

在以上现金分配中，在第三次现金分配后，各合伙人资本账户余额的比例与损益分配比例已经取得一致，验证见表12—19。

表12—19　　单位：元

项目	甲	乙	丁
清算前资本账户余额	30000	50000	20000
本期变卖非现金资产损失	(6000)*	(6000)	(8000)
现金分配	(15000)	(35000)	
资本账户余额	9000	9000	12000
各合伙人资本账户余额比例(%)	30	30	40
各合伙人损益分配比例(%)	30	30	40

*这里假定只确认设备变卖损失，而应收账款回收情况未最后确定。

所以在第四次现金分配时，已经是按资本比例进行的，第四次分配后，各合伙人资本账户的余额见表12—20。

表12—20 单位：元

项目	甲	乙	丁
第三次分配后资本账户余额	9000	9000	12000
第四次现金分配	(3000)	(3000)	(4000)
第四次现金分配后资本账户余额	6000	6000	8000

如果应收账款余额20000元还能进一步回收，则继续按损益比例进行分配；如果能全部回收，则各合伙人资本账户余额将为0；如果已经确定完全不能回收，则按损益比例将各合伙人资本账户进行结转，使各合伙人资本账户结清，完成整个结算工作。

三、连带责任的划分

当合伙企业变卖所有的非现金资产所得的现金仍不能偿还合伙企业的债务时，按合伙企业的性质，各合伙人必须以自己的个人财产按各自资本账户的借方余额进行偿还；而当其中某些合伙人无力对自己应该清偿的部分进行支付时，则由有能力的合伙人代为偿付，当然，代为偿付的部分重新构成合伙人之间的债权与债务关系。由于存在双重债务关系（合伙企业的债务与合伙人个人的债务），在债务偿还上有一个优先次序：合伙企业的债权人对合伙企业的财产有第一优先求偿权，对合伙人个人的财产有第二优先求偿权；合伙人的个人债权人对合伙人个人的财产有第一优先求偿权。

例12—19 假定福记鞋厂清算时，尚有100000元的债务不能清偿，损益分配比例甲、乙和丁为3∶3∶4，合伙账上的账户余额如下：

负债　　100000（贷）
资本
　甲合伙人　　30000（借）
　乙合伙人　　30000（借）
　丁合伙人　　40000（借）

如果甲、乙和丁分别能从自己的个人财产中拿出30000元、30000元和40000元，则合伙企业的债务得以清偿。如果丁无力偿还自己的资本借方金额，则由甲和乙平均分担这一损失，各自从其个人财产中拿出50000元进行支付。这样，三人之间又形成一种新的债权和债务关系。如果乙只能从自己的个人财产中拿出30000元，乙资本账户中的20000元的借方金额，则作为甲的损失冲销。后两种情况都会在三人之间又形成一种新的债权和债务关系。由于合伙清算会引发非常复杂的法律问题，会计人员在进行相关处理时必须寻求法律帮助。

四、有限责任合伙企业与有限合伙企业的清算

清算一个有限责任合伙企业与清算一个普通合伙企业没有太大的区别。如果因为诉讼而使企业资不抵债，与这一诉讼有关的合伙人必须承担这一责任。有限合伙企业与普通合伙企业清算的方法基本相似，区别在于在有限合伙债权人获得清偿后，有限合伙人的权益必须优先于普通合伙人，这也是由有限合伙企业的性质决定的。

思考题

1. 何谓合伙？合伙与独资和公司制企业的区别有哪些？

2. 合伙企业一定是小规模的企业吗？为什么以提供职业服务为主的企业多采用合伙的企业组织形式？

3. 合伙有哪几种方式？为什么实务中有限合伙的企业组织形式非常少？

4. 合伙人提款、减资及借贷款之间有何区别？

5. 合伙人工资与一般员工的工资性质是一样的吗？为什么？

6. 合伙会计与股份公司会计的不同之处有哪些？请列举出几点。

7. 合伙企业的损益分配方式可采用哪些形式？你认为何种方式最合理？请说明理由。

8. 新合伙入伙时，有哪几种处理方法？请阐述每种方法的特点和优缺点。

9. 合伙人退伙时，有哪几种处理方法？请阐述每种方法的特点和优缺点。

10. 请简要指出合伙清算与合伙解散的区别。

11. 请论述合伙企业清偿的基本顺序。

12. 合伙清算的主要方法有几种？请说明每种方法的基本核算程序。

13. 如何划分合伙人与合伙企业之间的连带责任？

14. 在合伙清算时，当合伙资产分配完毕，有的合伙人的资本账户为借方余额，有的为贷方余额。资本为借方余额的合伙人具有偿债能力时，这些资本账户余额如何处理？资本为借方余额的合伙人不具有偿债能力时，这些资本账户余额又如何处理？

15. 在合伙经营中，合伙协议重要吗？一份完善的合伙协议应该包括哪些基本内容？

16. 我国《合伙企业法》的基本内容有哪些？与美国和其他国家的合伙相比，我国的《合伙企业法》还存在哪些不足之处？

练习题

(一) 损益分配

资料： 2015 年 12 月 31 日，合伙人甲和乙的资本账户所反映的内容见

表 12—21。

表 12—21　　单位：元

项目	甲	乙
余额（1月1日）	10 000	20 000
投资（7月1日）	5 000	
提款（10月1日）		(10 000)

2015 年 12 月 31 日，甲和乙合伙企业的净利润是 12 000 元。

要求：按照以下假设条件编制分配 12 000 元净利润的工作底稿：

(1) 合伙合同未对净利润和净损失的分配作出规定。

(2) 净利润和净损失根据平均资本账户余额来分配（不包括当年的净利润和净损失）。

(3) 净利润和净损失按资本账户的年初余额分配（不包括当年的净利润和净损失）。

(4) 净利润和净损失按资本账户的年末余额分配（不包括当年的净利润和净损失）。

（二）损益分配

资料：智达合伙企业（普通合伙企业）的合伙协议中规定，净利润和净损失按下列方式分配：

(1) 红利前净利润的 20%作为给甲的红利。

(2) 每一合伙人按各自资本平均余额的 15%获得资本利息。

(3) 余下的利润或损失在合伙人间平分。

2015 年该企业的净利润是 45 000 元，该年的资本账户平均余额分别为甲 50 000 元、乙 100 000 元、丙 150 000 元。

要求：编制工作底稿计算各合伙人 2015 年应得的净利润的份额。

（三）损益分配

资料：信诚普通合伙企业合伙协议中对合伙人工资和净利润或净损失的分配做了如下规定：

(1) 甲一年工资 10 000 元，乙一年工资 15 000 元。

(2) 按年初平均资本账户余额的 12%支付资本利息。

(3) 余下的净收入或净损失按甲与乙 70%∶30%的比例进行分配。

2015 年 12 月 31 日，合伙企业有工资前收入 50 000 元，2015 年 1 月 1 日的资本账户余额甲为 100 000 元，乙为 125 000 元，甲在 2015 年 9 月 30 日另外又投入了 25 000 元。根据合伙协议，两位合伙人在年度内以现金方式提取他们的工资。

要求：登记该企业 2015 年日记账分录：

(1) 记录合伙人的工资。

(2) 结束收入汇总账户（贷方余额为 25 000 元）和提款账户。对于结束收入汇总账户的日记账分录列出详细计算过程。

（四）入伙业务

资料： 甲和乙是普通合伙人，他们平均分摊净利润和净损失，其资本账户余额相同。合伙企业净资产的持有价值为160 000元。丙被该合伙企业接纳为新合伙人，享有净利润或净损失以及净资产的1/3权益。为获得此权益，丙在合伙企业中投入了68 000元现金。

要求： 用下列方法登记合伙人丙的入伙业务：

(1) 红利法。

(2) 重估净资产法，假设合伙企业的存货已被高估。

(3) 商誉法。

（五）分期分配清算

资料： 通达合伙企业合伙人甲和乙按60∶40的比例分配净利润和净损失，他们决定清算该普通合伙企业。已变卖部分非现金资产，尚有账面价值210 000元的资产没有变卖。债务均已偿付，有现金100 000元可供合伙人分配。甲和乙的资本账户余额分别为200 000元、10 000元。

要求： 编制合伙清算工作底稿。

（六）分期分配清算

资料： 2015年3月31日信达合伙企业（普通合伙）的资产负债表（每位合伙人的收入分配比例以百分比表示）见表12—22。

表12—22 **信达合伙企业资产负债表**

2015年3月31日 单位：元

资产		负债和合伙人资本	
现金	100 000	负债	208 000
其他资产	720 000	资本——甲（40%）	160 000
		资本——乙（40%）	260 000
		资本——丙（20%）	192 000
合计	820 000	合计	820 000

要求：

(1) 合伙企业以分期付款方式清算变卖其他资产。第一笔账面价值360 000元的非现金资产变卖得200 000元，偿付债权人之后的所有现金分配给合伙人。编制第一期付款中每位合伙人应得金额的工作底稿。

(2) 如果情况如上，只是扣除了12 000元以备现期清算成本，那么每位合伙人将得到多少现金？

(3) 另一情况下，假设变卖第二笔非现金资产后，合伙人按比例获得现金分配。变卖了第三笔非现金资产后，编制可供分配的现金达56 000元的清算工作底稿。

（七）合伙清算

资料： 和鑫合伙企业（普通合伙企业）已资不抵债，根据法律规定，非现金资产变现后，导致的损失根据合伙协议平等地在合伙人之间进行分配，其财务状况见表12—23。

表 12—23

单位：元

项目	合伙企业的权益	合伙企业外各合伙人的财务状况	
		资产	负债
甲	60 000	220 000	90 000
乙	(42 000)	40 000	80 000
丙	(110 000)	110 000	90 000

合伙企业几个债权人仍未得到偿付，但企业已无现金。

要求：

(1) 解释下列人员期望获得的偿付：

a. 合伙企业中的债权人；

b. 作为债权人的合伙人；

c. 甲期望从其他合伙人获得的。

(2) 计算甲在合伙企业清算中的全部损失。

(八) 合伙企业财务报表

资料：假定第一年初，广华咨询公司的资产负债表见表 12—24。

表 12—24

单位：元

资产		负债与合伙人资本	
银行存款	20 000	合伙人资本	
存货	10 000	合伙人甲	20 000
设备	10 000	合伙人乙	20 000
资产总计	40 000	负债与资本总计	40 000

7 月 1 日，合伙人丙以现金投资 30 000 元（其资本账户按 20 000 元登记），入伙按红利法核算，本年度实现劳务收入 100 000 元，其中收回现金 80 000 元，本期用现金购买设备 30 000 元，购买办公用品 18 000 元，款未付。营业费用 40 000 元，其中折旧费用 5 000 元，摊销费用 3 000 元（为办公用品的摊销，摊销时直接冲减存货），其余费用为当年现付费用，借入 3 年期银行借款 20000 元，分配方法采用甲、乙和丙先分 10 000 元、8 000 元和 6 000 元的工资，再按 5%的资本利息，最后按 30%：30%：40%的损益比例进行分配（注：丙只能分得本年利润应得的一半，工资按规定金额），三方均将本年的工资提出，利息和红利则转增个人资本。

要求：

(1) 编制第一年利润表。

(2) 编制合伙权益变动表。

(3) 编制该合伙企业年末资产负债表。

(4) 编制现金流量表（间接法）。

第13章

企业破产清算会计

- 企业破产清算会计
  - 破产清算概述
    - 企业破产概念、分类及其原因
    - 破产清算的特征
    - 破产相关法律法规及企业破产程序
  - 破产清算会计的基本理论
    - 破产清算会计及其会计目标
    - 破产清算会计的基本假设
    - 破产清算会计的会计原则
    - 破产清算会计的会计概念
    - 破产清算会计的内容与程序
  - 破产清算会计的确认与计量
    - 破产资产的确认与计量
    - 破产债务的确认与计量
    - 破产损益的确认与计量
  - 破产清算会计处理举例
    - 全面清查破产企业资产及债务
    - 变现破产资产，记录清算损益
    - 清偿破产债务，分配剩余财产
  - 破产清算会计报告
    - 破产清算资产负债表
    - 破产清算财产表
    - 破产清算损益表
    - 破产财产分配表

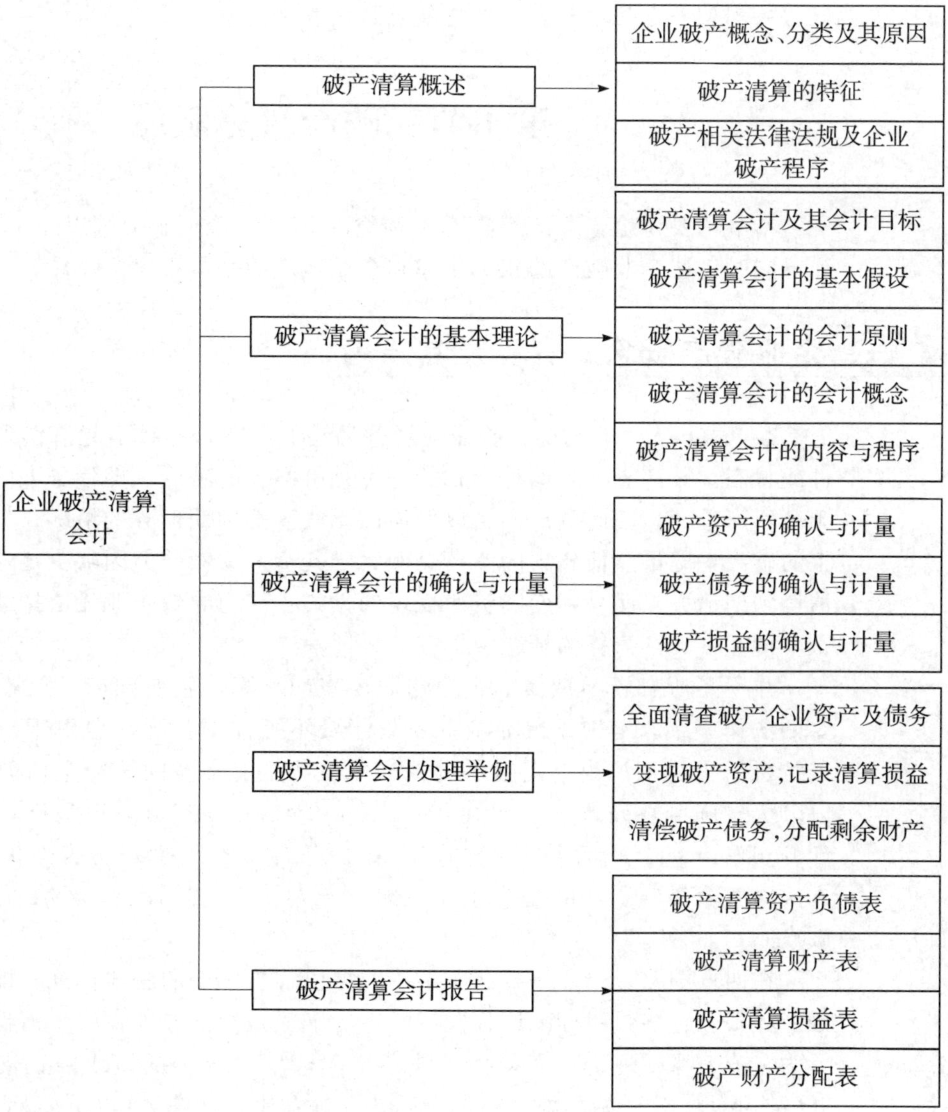

本章要点

- 企业破产的概念、分类、原因与特征
- 破产清算会计的基本概念
- 企业破产清算的基本程序
- 破产资产、破产债务、破产损益的确认与计量
- 破产清算的会计处理
- 破产清算会计报告的编制

优胜劣汰是保证市场经济运行效率的基本前提。从1986年我国颁布《破产法（试行）》起，企业破产已经在我国实施20余年。与一般会计核算不同，破产会计是建立在非持续经营前提下的一种特殊会计，这也是将其放入高级财务会计的原因。本章主要讨论企业破产的相关问题、破产会计的基本理论、破产清算会计的基本处理过程和破产会计清算会计报告等内容。

第1节　破产清算概述

本节主要讨论企业破产的基本概念、破产分类、破产原因、破产清算的特征，同时论述企业破产的相关法律和企业破产的基本程序。

一、企业破产概念、分类及其原因

破产（bankruptcy）是指企业经营活动的失败，导致不能清偿到期债务的事件或状态。破产表征为两种形式，一种是事实上的破产，即债务人的负债总额大于其资产总额，因此资产不足以偿债而无法清偿到期债务的情况；另一种是法律上的破产，即虽然债务人的资产总额大于其负债总额，但因缺少足够的现金流以清偿到期债务，而采用变卖资产变现的方式，从而导致企业无法持续经营，不得不申请宣告破产清算的情况。

并不是所有资不抵债的企业均需要破产清算，企业破产必须履行一系列必要的法律手续，有时即使企业并不处于资不抵债的状况，但由于出现严重的财务危机，也可依法由一定数量的债权人或者企业本身向法院申请破产。破产可以分为“强制性破产”（involuntary bankruptcy）和“自动申请破产”（voluntary bankruptcy），前者是由法律规定的一定数量的债权人向法院提出，经法院判决而宣告破产，后者是由企业（即债务人）向法院提出，经法院判决而宣告破产。

在西方国家，企业只要达到了法院据以宣告破产的法律标准，即认定其达到破产界限。这些法律标准或称破产条件，一般是指债务人丧失了清偿能力的具体行为，或者概括地讲，表现为对债务不能清偿、资不抵债或停止支付。我国自2007年6月1日开始实施《中华人民共和国企业破产法》（以下简称《破产法》），

以规范破产行为。《破产法》规定："企业法人不能清偿到期债务，并且资产不足以清偿全部债务或者明显缺乏清偿能力的，依照本法规定清理债务。企业法人有前款规定情形，或者有明显丧失清偿能力可能的，可以依照本法规定进行重整。"我国《破产法》与西方国家的规定基本相同，同时将适用范围由全民所有制企业扩大到所有法人型企业，包括国有企业与法人型私营企业、"三资"企业、上市公司与非上市公司、有限责任公司与股份有限公司，对于其他法律规定的企业法人以外的组织的破产清算，也可参照该法。《破产法》尤其增加了对金融机构破产的特别规定："商业银行、保险公司、证券公司等金融机构出现资不抵债等破产情形的，国务院金融监督管理机构可以向人民法院提出对该金融机构进行重整或者破产清算的申请。"

导致企业破产的一个重要原因是企业资不抵债，即企业所有资产的公平市价不足以偿还其所有的债务。导致资不抵债的原因一般有：

(1) 经营管理不善，导致企业严重亏损。当企业持续亏损的时候，将无法为企业带来持续的现金流，净资产将越来越少，最终无法偿还到期债务，从而出现了资不抵债的现象。

(2) 会计核算不恰当。由于会计核算未按公允价值，尽管企业的账面并未出现资不抵债的现象，但由于公允价值低于账面价值，因此按公允价值核算的话，企业实质上已存在资不抵债的状况。

(3) 物价变动的影响。企业在账面上虽然盈利，但是由于通货膨胀或物价大幅上涨，无论企业的财务资本还是实物资本都无法维持，企业实际上可能已出现资不抵债。

当然，企业的资不抵债仍不一定导致破产，企业破产必须履行一系列法律程序，最终由人民法院裁决。

二、破产清算的特征

破产清算是指由于企业经营不善等原因而导致其不能清偿到期债务，由法院依据破产法对其进行破产宣告，并对其财产进行处理的行为。这些行为主要包括：(1) 破产财产的清理、估价、变卖及其他处理；(2) 清偿破产企业的债务；(3) 分配剩余财产等。

破产清算的特征如下：

(1) 破产清算的目的是规范企业破产程序，公平清理债权债务，保护债权人和债务人的合法权益，维护社会主义市场经济秩序。

(2) 破产清算是由法律严格规范的经济状态，任何企业都不得自行宣布破产，应由人民法院依据当事人的申请或法定职权裁定宣布债务人破产以清偿债务。

(3) 破产清算是一种特定的法律程序，从破产申请到宣告破产清算，均须在法院主持下按照一定的法定程序进行。

(4) 破产清算是一种特殊的偿债手段。破产清算是以债务人法律上的民事主体资格的丧失以及相应的行为能力和权利能力的消亡为最终结果，是以全部资产作为偿债基础的一次性偿债。

三、破产相关法律法规及企业破产程序

（一）破产相关法律法规

我国最早有关破产的法律是清朝政府于1906年仿照日本破产法制定的《破产律》。之后，1915年北洋政府制定了《破产法》，1935年国民党政府制定了《破产法》。新中国在计划经济体制下没有制定破产法，直至20世纪80年代转型为市场经济体制，才着手制定破产法。我国于1986年颁布了《中华人民共和国企业破产法（试行）》，并于1988年11月1日开始在全民所有制企业中施行。1991年11月7日最高人民法院发布了《关于贯彻执行〈中华人民共和国企业破产法（试行）〉若干问题的意见》，2006年8月27日第十届全国人民代表大会常务委员会第二十三次会议通过《中华人民共和国企业破产法》，于2007年6月1日在所有法人型企业施行。此外，1991年4月颁布的《中华人民共和国民事诉讼法》中，规定了企业法人破产还债程序，适用于非全民所有制企业。2006年1月1日实施的《中华人民共和国公司法》中，对公司的破产、解散和清算作出了法律规定，为在公司制企业中实行企业破产制度提供了法律依据。至此，我国有关企业破产制度的法律法规及其配套政策体系基本建立。

（二）企业破产程序

根据我国2007年6月1日实施的《中华人民共和国破产法》的有关规定，企业破产处理的基本程序可分为三个阶段：破产申请、和解整顿和破产清算。

1. 提出破产申请

破产申请可以由债权人，或者由债务人向债务人住所地人民法院提出申请。

债权人或债务人向人民法院提出破产申请，应当提交破产申请书和有关证据。破产申请书应当载明下列事项：（1）申请人、被申请人的基本情况；（2）申请目的；（3）申请的事实和理由；（4）人民法院认为应当载明的其他事项。债务人提出申请的，还应当向人民法院提交财产状况说明、债务清册、债权清册、有关财务会计报告、职工安置预案以及职工工资的支付和社会保险费用的缴纳情况。

债权人提出破产申请的，人民法院应当自收到申请之日起5日内通知债务人，并在15日内裁定是否受理。人民法院在自裁定受理破产申请之日起25日内通知已知债权人，对下列信息给予公告，并通知债权人和债务人：申请人、被申请人的名称或者姓名；受理申请的时间；申报债权的期限、地点和注意事项；管理人的名称或者姓名及其处理事务的地址；债务人的债务人或者财产持有人应当向管理人清偿债务或者交付财产；第一次债权人会议召开的时间和地点等。债权人应当自人民法院发布受理破产申请公告之日起在1～3个月之间向管理人申报债权，债权人未在规定期限内申报债权的，可以在破产财产最后分配前补充申报，但此前已进行的分配，不再对其补充分配。破产案件受理后，人民法院实施

破产保全，债务人对个别债权人的债务清偿无效，债务人的债务人或者财产持有人应当向管理人清偿债务或者交付财产。自人民法院受理破产申请的裁定送达债务人之日起至破产程序终结之日，债务人应：(1) 妥善保管其占有和管理的财产、印章和账簿、文书等资料；(2) 根据人民法院、管理人的要求进行工作，并如实回答询问；(3) 列席债权人会议并如实回答债权人的询问；(4) 未经人民法院许可，不得离开住所地；(5) 不得新任其他企业的董事、监事、高级管理人员。

人民法院受理破产案件后，应召集第一次债权人会议，债权人会议由全体债权人组成，会议主席由人民法院从有表决权的债权人中指定。债权人会议成员享有表决权，但有财产担保的债权人未放弃优先受偿权利的除外。债权人会议的主要职权是：核查债权；申请人民法院更换管理人，审查管理人的费用和报酬；监督管理人；选任和更换债权人委员会成员；决定继续或者停止债务人的营业；通过重整计划；通过和解协议；通过债务人财产的管理方案；通过破产财产的变价方案；通过破产财产的分配方案等。债权人会议的决议由出席会议的有表决权的债权人过半数通过，并且其所代表的债权额占无财产担保债权总额的1/2以上。经债权人会议表决未通过的，由人民法院裁定。债权人会议可以决定设立债权人委员会，由债权人代表和一名债务人的职工代表或者工会代表组成，一般不得超过9人，其职权包括：监督债务人财产的管理和处分；监督破产财产分配；提议召开债权人会议等。

2. 重整与和解制度

我国《企业破产法》也规定了重整与和解制度。重整可由企业或其债权人直接申请，重整计划由企业或管理人向法院提交，由债权人分组表决，经法院批准后由管理人监督执行。此外，债务人也可直接向人民法院申请和解。债权人会议通过和解协议的，由人民法院裁定认可，并予以公告。和解协议草案经债权人会议表决未获得通过，或者已通过但未获得人民法院认可的，以及债务人不能执行或者不执行和解协议的，人民法院将宣告债务人破产，进入破产程序。

3. 破产清算

破产清算是企业破产程序中的核心内容，主要包括：

(1) 破产宣告。破产宣告是指人民法院依据当事人的申请裁定宣布债务人破产，决定对债务人开始破产清算以清偿债务并予以公告的法律行为。

(2) 采用破产管理人制度，指定破产管理人负责清算工作。人民法院裁定受理破产申请的，应当同时指定管理人，采用破产管理人制度。管理人可以由有关部门、机构的人员组成的清算组或者依法设立的律师事务所、会计师事务所、破产清算事务所等社会中介机构担任。管理人应向人民法院报告工作，并接受债权人会议和债权人委员会的监督，且应当列席债权人会议，向债权人会议报告职务执行情况，回答询问。管理人应当及时拟定破产财产变价方案，提交债权人会议讨论，适时变价出售破产财产。管理人需要履行下列重要职责：

1) 接管债务人的财产、印章和账簿、文书等资料；

2) 调查债务人财产状况，制作财产状况报告；

3）决定债务人的内部管理事务；

4）决定债务人的日常开支和其他必要开支；

5）在第一次债权人会议召开之前，决定继续或者停止债务人的营业；

6）管理和处分债务人的财产；

7）代表债务人参加诉讼、仲裁或者其他法律程序；

8）提议召开债权人会议等。

管理人在最后分配完结后，应当及时向人民法院提交破产财产分配报告，并提请人民法院裁定终结破产程序。管理人应持人民法院终结破产程序的裁定，向破产人的原登记机关办理注销登记，并于办理注销登记完毕的次日终止执行职务。

第2节　破产清算会计的基本理论

破产会计基本理论的内容包括破产清算会计目标、破产清算会计的基本假设、破产清算会计核算的基本原则、破产清算会计的基本概念（会计要素）和破产清算会计核算的内容及程序。

一、破产清算会计及其会计目标

破产清算会计是财务会计的一个分支。它是以现有的各种会计方法为基础，依据破产法律制度，对破产资产、破产债务、破产净资产、破产损益等进行确认、计量、记录和报告的一种程序和方法。

破产清算会计的会计目标与传统财务会计不尽相同。传统财务会计的目标主要在于向企业的投资者、债权人及相关利益集团提供企业财务状况、经营成果以及财务状况变动情况等会计信息，以利于会计信息使用者作出投资和信贷的决策；而破产清算会计则主要关注破产企业财产资源的处理状况和结果，其目标是及时客观地向债务人、普通债权人、劳动债权人、破产管理人、政府部门及其他利益相关者提供破产企业资产变现、破产债务偿付等破产会计信息，监督破产程序实施的合法性、有效性和公平性，维护债权人的合法权益。

二、破产清算会计的基本假设

破产清算会计的基本假设与传统会计有不同之处，体现在：

1. 会计主体假设

一旦企业被宣告破产，其对属于破产清算的财产便失去了保管和处分权，一切对破产资产的保管、清理、作价、处理和分配等事宜，以及在此过程中的民事活动和民事责任，均由破产管理人负责管理。因此，传统意义上的会计主体将发生移位，即转移为破产管理人。企业进入破产清算状态以后，会计核算特定的空间范围和对象仍然是原企业，但实质上原来的会计主体已消失，只在形式上保持相同，这是因为：(1) 原企业管理者已由破产管理人代替；(2) 原经营管理目标已发生了变化，从原来以盈利为目的转变为保护债权人利益最大化；(3) 会计核算将站在破产管理人的角度对企业清算业务进行计量、记录和报告。

2. 终止经营假设

企业破产清算将会终止经营，企业已停止正常生产经营，进入清算状态，因此其建立在持续经营前提基础上的财产、收益计量等会计方法，会计核算原则如历史成本计价原则、权责发生制原则等都发生变化，因此，终止经营即成为破产清算会计的特有假设。破产清算会计在这一假设基础上进行资产的估价、变现和债务的偿还，并采用一系列与持续经营假设下不同的会计处理程序和方法、不同的计量基础以及不同的报告形式。

3. 会计期间不确定假设

自企业被宣告破产之日至破产程序终结，此期间为破产会计期间，这一会计期间具有不确定性。在这个不确定的期间内，将以整个清算过程作为一个单一的计算清算结果的会计期间。

破产清算会计期间是从人民法院依法宣告企业破产之日起至人民法院裁定宣告企业清算程序终结之日止所经历的时间；在清算期内完成一个记账、算账、报账的循环周期后即告终止。清算会计以整个清算过程作为一个单一的计算清算结果的会计期间，其会计核算是一次性的，时间长短取决于破产宣告的时日、破产清算程序实施期间，以及整个破产清算的进度，因此清算会计各企业的会计期间长短不一，具有不确定性。

4. 多种币值假设

企业进入破产程序后，尽管其会计核算仍采用货币单位，但因为资产要在短时间内变现，因此将以币值变动（变现值或可变现值）计价，破产会计对财产、债权及债务的确认、计量、记录和报告等大多采用清算价值或变现价值等，这种币值多元化是为了适应清算不同财产时计量的需要。

三、破产清算会计的会计原则

破产会计的会计原则与传统会计有一定的差异。传统会计的会计原则包括客观性、实质重于形式、相关性、一贯性、及时性、明晰性、配比、谨慎性、可比性、重要性、权责发生制、历史成本、划分收益性和资本性支出等。破产清算会计遵循传统会计的一般原则，但也有其特殊性，表现在：

1. 合法性原则

合法性原则是指破产会计应依据《企业破产法》、《公司法》、《民法通则》、《民事诉讼法》等法律法规进行破产会计核算。整个破产清算过程要在人民法院的监督之下按照规范的程序进行，因此，合法性原则是破产清算会计最基本的原则。

2. 收付实现制原则

企业进入破产清算程序后已终止经营假设，因此不能采用可持续经营假设的权责发生制原则，而采用收付实现制，对收入和费用以实际收到现金或实际付出现金为标准加以确认。

3. 可变现净值原则

破产清算的资产要在短期内变现，其计价方法应采用可变现净值进行重新计价，而不采用破产清算前的账面价值计价。对不具备偿债条件的财产如待摊费用等应一次转化为费用，根据变现后破产财产的数额偿付债务。

4. 划分破产费用与非破产费用原则

企业在破产清算过程中会发生各种费用，包括破产财产管理、变卖费用，破产案件诉讼费用，债权人申报债权费用等，为此，应正确划分破产费用和非破产费用。凡是为破产债权人的共同利益而支付的费用，属于破产费用，由破产财产支付；凡是债权人为个人利益而支付的费用，属于非破产费用，不应由破产财产支付。

5. 依序偿债原则

在破产清算会计中，应依据《企业破产法》的有关规定，正确区分各种不同性质的债务，如担保债务、抵销债务、优先偿付债务、破产债务等，并分别按其债务与相应资产的对等关系，依据一定的顺序进行清偿。例如，以担保资产偿付担保债务，以抵销资产偿付抵销债务，以破产财产优先清偿优先偿付债务后，再偿付破产债务。

四、破产清算会计的会计概念

（一）资产

在破产清算会计下，资产按归属对象分为担保资产、抵销资产、受托资产、可追索资产、破产资产和其他资产。

1. 担保资产

担保资产是指根据法律或协议规定，对企业的债务提供担保，使债权人享有物资保证的资产。对于特定债权人而言具有排他性，债权人对担保资产拥有优先受偿权。如果企业不能履行偿债义务，债权人有权取得担保物用以抵偿债款。因此，担保资产实际上是在符合一定条件下，支配权和处分权属于债权人而不是债务人的资产。担保资产包括抵押担保资产、质押担保资产和留置担保资产。

（1）抵押担保资产是指为债务人的债务提供抵押的特定资产。这种资产不为债权人所占有，但当债务人不履行债务时，债权人有权依法将该资产折价或者以拍卖、变卖该资产的价款优先受偿。

（2）质押担保资产是指为债务人的债务提供质押的动产。该资产由债务人或第三人移交债权人占有，以担保债务的履行。当债务人不履行债务时，债权人有权将该动产折价或者以拍卖、变卖该动产的价款优先受偿。

（3）留置担保资产是指按合同规定由债权人行使留置权的动产。该资产由债权人占有，当债务人不按合同约定的期限履行债务时，债权人可以依法以该资产折价或者以拍卖、变卖该动产的价款优先受偿。

2. 抵销资产

抵销资产是指破产企业与债权人互为债权人、债务人时，以债权抵销债务的那部分资产。

3. 受托资产

受托资产是指破产企业在破产前接受其他企业委托，为其加工、代销，所有权属于其他企业的资产。

4. 可追索资产

可追索资产是指所有权属于破产企业，但由其他企业、个人非法占有或因破产企业发生《企业破产法》所特指的无效行为或欺诈行为而转移的资产，这部分资产应予追回，归入破产资产。

5. 破产资产

破产资产是指根据《企业破产法》规定可以用来偿付破产债务的资产。它是破产企业担保资产、抵销资产、受托资产以外的资产以及上述资产可变现净值高于相关债务的部分。

6. 其他资产

其他资产是指根据有关法律法规的规定，属于国家专有、个人或社团组织所有的资产以及为满足社会保障需要而限定的资产。

破产企业不再具有所有权、不能确定的财产，按照法律规定不能进行清算分配的财产，以及不具备清偿债务或变现能力的财产，如待摊费用、递延资产和递延所得税借项等，进入破产程序后不再列作资产加以确认。

(二) 负债

在破产清算会计下，负债按其对资产要求权的不同分为担保债务、抵销债务、受托债务、次优先清偿债务、破产债务和其他债务。

1. 担保债务

担保债务是指与担保资产相对应的债务，它也可以进一步分为抵押担保债务、质押担保债务和留置担保债务。

(1) 抵押担保债务是指企业（债务人）或第三人以财产抵押给债权人，以此为债务履行担保的债务。当债务人不履行偿债义务时，债权人可以依法将抵押物变卖或折价，使其债权优先得到偿付。

(2) 质押担保债务是指债务人或第三人将其动产移交债权人占有，以此为债务履行担保的债务。当债务人不履行偿债义务时，债权人有权依法将动产折价或变卖，使其债权优先得到偿付。

(3) 留置担保债务是指债权人按合同规定占有债务人的动产，以其为债务履行担保的债务。

2. 抵销债务

抵销债务是指与抵销资产相对应的债务。

3. 受托债务

受托债务是指与受托资产相对应的债务。

4. 次优先清偿债务

次优先清偿债务是指根据《企业破产法》规定在偿还担保债务之后次优先偿付的债务[①]，包括：破产费用和共益债务；破产企业所欠职工的工资和医疗、伤残补助、抚恤费用，所欠的应当划入职工个人账户的基本养老保险、基本医疗保险费用，以及法律、行政法规规定应当支付给职工的补偿金；破产人欠缴的除前项规定以外的社会保险费用和破产人所欠税款。

其中，破产费用包括破产案件的诉讼费用；管理、变价和分配债务人财产的费用；管理人执行职务的费用、报酬和聘用工作人员的费用。

共益债务是指破产管理人在清算过程中为了债权人的共同利益而新增的各项债务，包括：因管理人或者债务人请求对方当事人履行双方均未履行完毕的合同所产生的债务；债务人财产受无因管理所产生的债务；因债务人不当得利所产生的债务；为债务人继续营业而应支付的劳动报酬和社会保险费用以及由此产生的其他债务；管理人或者相关人员执行职务致人损害所产生的债务；债务人财产致人损害所产生的债务等。

5. 破产债务

破产债务是指按规定由破产企业以破产财产清偿的普通债务。它是破产企业担保债务、抵销债务、受托债务、次优先清偿债务以外的债务以及上述债务高于相对应资产的可变现价值的部分。

6. 其他债务

其他债务是指根据有关法律法规的规定，为满足社会保障等需要而发生的债务，如应支付的破产安置费用等。

破产企业不能确定为破产企业的债务以及不会导致企业现金流出或者其他经济利益减损的负债，如预提费用、递延所得税贷项等，进入破产程序后均不确认为负债。

（三）清算净资产

清算净资产是指破产企业所有者权益净额，它表现为资产可实现净值总额大于确定的债务总金额的差额。

（四）清算损益

清算损益是指破产企业破产清算过程中发生的净损益，包括清算收益、清算费用和清算损失。

---

① 根据《企业破产法》的规定，在《企业破产法》颁布之前形成的职工工资拖欠，必须优先清偿给职工，即使设定了担保权的财产也要随后清偿；而法律颁布后形成的拖欠，则是担保权优先清偿，职工工资只能通过无担保的财产清偿。

五、破产清算会计的内容与程序

（1）接管破产企业的会计资料和其他文书档案，设置新账，并对破产企业的资产、负债按破产清算会计的要求进行再分类，结束旧账；

（2）全面清查破产企业的财产、债务，确认计量破产资产和破产债务，编制清查后资产负债表；

（3）变现清算资产，记录变现价值和变现损益；

（4）核算破产损益，包括清算费用、清算收益、清算损失和共益债务等；

（5）按法定顺序清偿破产债务，并分配剩余资产；

（6）编制破产清算会计报表，结束清算工作。

第3节　破产清算会计的确认与计量

本节主要论述破产资产、破产债务和破产损益确认与计量的基本原则和标准。

一、破产资产的确认与计量

（一）破产资产的确认

破产资产是指企业被宣告破产后，用以支付破产费用、偿付破产债务的资产。破产资产的确认标准和破产资产内容如下：

1．破产资产的确认标准

（1）破产资产必须是具有一定货币价值的、能够为清偿债务带来一定现金流的资产或财产权利。递延资产、待摊费用以及商誉随着企业破产已没有价值，因此不确认为破产资产。

（2）破产资产必须是归属破产企业所有的资产，即破产企业可以独立地处置该类财产。以下资产其所有权不属于破产企业，不确认为破产资产：

1）破产企业受托加工、代销的存货，委托代为保管的资产；

2）破产宣告日一定时段以前归属权已经转移或尚未取得的资产；

3）抵押给债权人的抵押物、由债权人享有优先受偿权的资产，所有权属于国家的特种资产和冻结资产。

2．破产资产与非破产资产的内容

根据我国法律的规定，破产资产包括以下内容：

（1）企业宣告破产时所拥有的日常经营管理的全部资产。包括企业的各种固定资产、流动资产、长期和短期投资以及无形资产等。

（2）破产企业在破产宣告后至破产程序终结前取得的资产。包括破产企业收回的各种应收账款；人民法院受理破产案件前6个月至破产宣告之日，破产企业由于无效行为如为逃避债务而隐匿、转移财产，私分或无偿转让资产，非正常压价出售资产，对没有财产担保的债务提供担保，对未到期的债务提前清偿，放弃自己的债权等，依照法律规定追回的财产。破产程序终结后的一年内，如果发现破产企业有上述行为，其财产亦可追回，作为破产资产。

（3）破产企业未到期的、应在将来行使的财产请求权，如财产被损害产生的赔款请求权等。

（4）担保资产的数额大于担保债务数额的差额应作为破产资产。

（5）破产企业的抵销资产数额大于抵销债务数额的差额应作为破产资产。

（6）应当由破产企业行使的其他财产权利应属于破产资产。

（7）党、团、工会等组织占用破产企业的资产应属于破产资产。

破产企业的有些资产根据破产法以及有关法律法规的规定，不能用于偿付破产债务，属于非破产资产，主要包括以下内容：

（1）担保资产。在企业进入破产清算状态后，债权人对于作为担保物的资产享有排他性受偿权，可以不经破产程序而优先于其他任何破产债权人接受清偿。因此，这部分作为担保物的资产不应归属于破产资产，而应单独确认为担保资产。但担保资产大于担保债务的差额应属于破产资产。

（2）抵销资产。根据《企业破产法》的规定，债权人对破产企业负有债务的，可以在破产清算前抵销。从破产企业的角度来说，可以与债权人的债务相抵销的破产企业的债权，就应确认为抵销资产；抵销资产大于抵销债务的差额，应作为破产资产。需要注意的是，破产企业债权人行使抵销权中所涉及的债权债务必须是在破产宣告日之前成立的，且应由破产企业债权人一方在破产财产分配之前提出行使抵销权的申请。

（3）受托资产。破产企业受其他企业的委托，代为加工、代销、保管的资产，破产企业不享有处置权，而其财产所有人保留对该资产的所有权，可于破产程序开始前，行使取回权。其他企业行使取回权时仅限于取回原物，如果在破产案件受理前原物已被破产企业非法处置，则其他企业不能再向破产管理人要求取回价款，只能以物价作为破产债务要求清偿；如果原物是在破产宣告后被破产管理人出售，则权利人有权要求破产管理人归还所收全部价款。

（4）企业成员个人或社团组织的资产。根据有关法律规定，企业仅以其独立的财产为基础对外进行民事活动，国家、企业成员个人或社团组织对于破产企业所欠的债务不负代为清偿的义务。因此，企业在破产前为了维持生产经营而向职工个人筹借的款项，不应作为破产资产，而应作为破产企业所欠职工工资处理；破产企业内党、团、工会等社团组织的经费及所购置的资产，也不应属于破产资产。但是，破产企业职工在企业破产前作为资本金投资的款项，以及在个人租赁或承包经营中由承租者个人或第三人提供的作为担保的私人财产，应作为破产资产。

（5）国家专有资产。指根据法律规定，只有国家才享有所有权、处分权的资源和物品，如军事设施、装备，保卫部门的枪支、弹药，涉及国家机密的文件档案等。除了国家以外的任何其他民事主体都只能享有对这些资产的合法使用权，而不享有处分权，因此这类资产不属于破产资产。

(6) 为满足社会保障需要而专门限定的资产。有关法规对于破产企业用于清偿债务的资产做了必要的限定。例如，我国破产企业的职工住房、学校、幼儿园、医院等公益福利性设施，原则上不计入破产资产，而由破产企业所在地的市或者市辖区、县的人民政府接受处理。但不再续办并能整体出让的，也可以计入破产资产。另外，我国实行土地有偿使用制度后，企业按市场价或征用费标准有偿取得的土地使用权，属于企业资产的一部分，应当以拍卖或招标的方式依法转让。土地使用权的转让所得首先应用于对破产企业职工的安置，如有剩余，再列入破产资产，用于对破产债务的偿付。

(二) 破产资产的计量

破产资产有多种计量方法，常用的方法包括：

(1) 账面净值法。账面净值法是指以破产资产的账面净值进行计价，常用于破产资产中的现金、银行存款等货币资金的计价。

(2) 现行市价法。现行市价法是指以交易市场上同类资产的现行市价为依据确定破产资产价值的方法，这种方法主要适用于有价证券、存货等有公开交易市场的破产资产的计价。

(3) 重置成本法。重置成本法是指按破产资产的重置完全成本扣除磨损、贬值后的差额来确定破产资产价值的方法。固定资产计价通常采用这种方法。

(4) 清算价值法。清算价值法是指以资产拍卖的变现价格为依据来确定破产资产价值的一种方法。该法一般适用于专利权、土地使用权等无形资产的计价，以及对固定资产的计价。

(5) 协议定价法。协议定价法是指按照协商方式达成协议，以双方认可的价格对破产资产进行计价。这种方法主要适用于特定的资产，如担保资产、抵销资产、受托资产等。

(6) 调查分析法。调查分析法是指通过信函等方式，收集有关债务人的财务资料，依据破产企业的债权清册确定债权性质，分析债务人的偿债能力、信誉情况、账龄长短、可偿债金额等，从而确定破产企业债权性资产价值的方法。这种方法适用于应收账款、应收票据等资产的计价。

破产企业的资产负债表中不可变现资产，如“待摊费用”、“递延资产”、“待处理财产损溢”以及“固定资产清理”等，已无法变现，在计量时作为损失确认。

二、破产债务的确认与计量

(一) 破产债务的确认

破产债务是在破产宣告前成立的，依法申报确认，并应从破产财产中公平、强制清偿的债务。

1. 破产债务的确认标准

（1）破产债务首先应符合一般债务的确认标准，在破产宣告前已经存在，债权人有权对债务人执行财产的请求权，包括无财产担保债务和放弃优先受偿权利的有财产担保债务等。

（2）破产债务必须是按照法定程序申报，经人民法院和债权人会议确认、破产管理人核实的债务。破产债务最终通过破产清算程序强制执行。

（3）破产债务具有一定时效。我国《企业破产法》明确规定："人民法院受理破产申请后，应当确定债权人申报债权的期限。债权申报期限自人民法院发布受理破产申请公告之日起计算，最短不得少于30日，最长不得超过3个月。"

2. 破产债务和非破产债务的内容

破产债务一般包括如下内容：

（1）无财产担保债务。无财产担保债务是指破产宣告前成立的、没有提供财产担保、不具有优先受偿权利的债务。

（2）担保差额债务。担保差额债务是指有财产担保的债务额超过担保资产的价值而未受清偿的部分。担保差额债务应确认为破产债务，参加对破产资产的分配。

（3）保证债务。保证债务是指为破产企业的债务提供担保的保证人，在代破产企业清偿债务后形成的代为清偿债务。企业宣告破产前，如果债权人作为破产企业债权人参加破产程序，以其全部债权额作为破产企业的破产债务，参加对破产资产的分配，则破产企业债权人从破产企业未受清偿部分可再向保证人追偿；如果破产企业债权人不参加破产程序，则保证人的保证债务可以作为破产债务申报并参加对破产资产的分配。

（4）放弃优先受偿权利的债务。放弃优先受偿权利的债务是指原来具有财产担保，但因自愿或其他原因而放弃由担保所产生的优先受偿权利的债务。如果债权人在申报债权时未说明有财产担保，则应视为放弃优先受偿权利。

（5）抵销差额债务。抵销差额债务是指破产企业债权人的债权数额大于破产企业债务数额的差额。这部分差额应作为破产债务参加对破产资产的分配。

（6）赔偿债务。赔偿债务是指企业被宣告破产、破产管理人接管破产企业后，由于破产管理人解除破产企业未履行的合同而给另一方当事人造成损失而相应需要提供的赔偿金。

除上述以外，破产企业的有些债务根据破产法以及有关法律法规的规定，不属于破产债务的范围，应由特定的资产来清偿。主要包括担保债务、次优先清偿债务、受托债务和抵销债务等。如果抵销债务大于抵销资产，其差额应作为破产债务；反之，如果抵销债务小于抵销资产，其差额应作为破产资产。此外，债权人逾期未申报债权、债权人为个人利益参加破产程序的费用以及破产宣告前对债务人的刑事或行政处罚等也属于非破产债务。

（二）破产债务的计量

对货币性债务，如果发生时以人民币计价，破产债务应以发生时的金额进行计量；如果发生时以外币计价，破产债务应以破产宣告日汇率折合成人民币进行计量。

对非货币性债务，一般应以所特指的财产物资的账面价值或经核证的有关证明中记录的金额确认为破产债务；如果特指的财产物资因某种原因已毁损，应根据其当前的价格水平确定其价值。

对于因解除合同而需要赔偿的破产债务，一般以实际损害程度进行计量。

三、破产损益的确认与计量

破产损益是指破产企业自破产宣告日起至清算结束日止清算期间的清算成果。

1. 清算损益的确认标准

（1）清算损益是破产企业在清算期间所发生的收益与损失和费用相减后的结果。其中，破产费用是在破产清算中为了破产债权人的共同利益，非个人利益所发生的费用，其可优先于破产债务从破产资产中支付。

（2）作为清算损益构成内容的清算收益的发生必然导致破产企业资产的增加或负债的减少；作为清算损益构成内容的清算损失、费用的发生必然导致破产企业资产的减少或负债的增加。

2. 清算损益的内容

（1）清算收益。清算收益是指破产财产在按可变现净值计价和重新确认债务中以及由于其他原因发生的资产价值的增加或负债金额的减少。具体包括以下内容：

1）清算期间破产企业财产变现收益。破产管理人按照债权人会议通过的或者人民法院依法裁定的破产财产变价方案，变价出售财产的收入高于其账面价值的差额，即财产变现收益，如存货变现收益、固定资产变现收益、对外投资变现收益、应收款项变现收益（如应收票据）以及无形资产变现收益等。

2）清算期间的财产盘盈收入。

3）未履行完毕的合约产生的经济损益。人民法院受理破产申请后，管理人对破产申请受理前成立而债务人和对方当事人均未履行完毕的合同有权决定解除或者继续履行，由此产生的经营损益可归入清算收益中。

4）清算期间因破产企业债务豁免而获得的收益。如果破产清算期间由于债权人的原因导致破产企业的债务无法支付，或由于债权人在《企业破产法》规定的期限内未按期申报债权而依法消除的债务，以及破产企业在偿付债务过程中由于破产变现资产不足以清偿破产债务而依法形成的免责债务等将作为清算收益。

5）破产管理人追回的破产企业自人民法院受理破产案件前一年内至破产宣告之日，因隐匿私分或无偿转让财产、放弃自己的债权等而转移的财产的价值。

（2）清算损失。清算损失是指在按可变现净值计价和重新确认债务中发生的资产价值的减少或负债金额的增加。具体包括以下内容：

1）清算期间破产企业财产变现收入低于其账面价值的差额，也称为财产变现损失。包括存货变现损失、固定资产变现损失、对外投资变现损失、应收款项变现损失（如应收账款、应收票据等）以及无形资产变现损失等。

2）清算期间破产企业重新确认债务而产生的损失。破产企业依据有关法律法规的规定重新确认债务而产生的债务增加额，应作为清算损失处理。

（3）清算费用。清算费用亦称破产费用，是指在破产清算过程中合理预计的、为破产企业债权人的共用利益而由破产财产中支付的费用。根据我国《企业破产法》的规定，清算费用应包括清算管理费用、诉讼费用、共益费用、破产安置费用以及对预计数的调整等。

1）破产案件诉讼费用。破产案件诉讼费用是指破产管理人在破产案件审理过程中支付的费用，包括破产宣告公告费、破产案件受理费、破产债权调查费等。

2）管理、变价和分配债务人财产的费用。管理、变价和分配债务人财产的费用包括破产管理人及其他参与清算人员的办公费、破产财产保管费、水电费、公证费、变卖财产的广告宣传费、场地租赁费，以及破产管理人为收回破产企业的债权，追回不法转移、隐匿的财产而支付的费用；破产管理人为继续履行破产企业原来未履行或未履行完毕的合同而支付的费用等。

3）管理人执行职务的费用、报酬和聘用工作人员的费用。破产管理人的报酬，管理人聘请的会计师、审计师、律师和其他技术人员的聘用费、破产企业留守人员的工资和劳动保险费等。

清算损益一般按实际发生成本进行计量。其最终的清算净收益或清算净损失直接增加或抵减破产企业的清算净资产。

第4节　破产清算会计处理举例

本节以一个综合实例讨论破产清算会计处理的全过程。

一、全面清查破产企业资产及债务

破产管理人接管破产企业后，应以破产企业原资产负债表为基础，全面清查破产企业的资产、债务，并按破产清算会计的要求，确认与计量破产资产和破产债务，编制清查后资产负债表。

例 13—1　假设 A 公司因发生严重亏损，无法清偿到期债务而向法院申请破产，法院于 2015 年 1 月 1 日宣告 A 公司进入破产清算程序，并指定破产管理人接管企业。破产宣告日企业资产负债表如表 13—1 所示。

表 13—1 A公司资产负债表

2015 年 1 月 1 日 单位：元

资产	金额	负债及所有者权益	金额
流动资产		流动负债	
现金	3 000	短期借款	6 750 000
银行存款	300 000	应付票据	450 000
短期投资	750 000	应付账款	3 000 000
应收账款（净值）	750 000	应付工资	901 500
其他应收款	225 000	应交税费	316 500
存货		预提费用	300 000
原材料	1 500 000	流动负债合计	11 718 000
在产品	2 340 000	长期借款	7 800 000
产成品	1 500 000	负债合计	19 518 000
待摊费用	300 000		
流动资产合计	7 668 000	所有者权益	
固定资产		实收资本	6 000 000
固定资产原价	7 500 000	资本公积	0
减：累计折旧	4 650 000	盈余公积	750 000
固定资产净值	2 850 000	未分配利润	－10 500 000
在建工程	3 000 000	所有者权益合计	－3 750 000
无形资产	2 250 000		
资产总计	15 768 000	负债及所有者权益总计	15 768 000

其他资料如下：

(1) A公司担保资产情况为：短期借款以原材料和产成品担保，长期借款以固定资产担保。

(2) 在存货清查中，发现材料短缺 525 000 元。

(3) 破产清查中发现，固定资产中有一台设备已经报废，原价 300 000 元，已提累计折旧 240 000 元，无残值。

(4) 其他应收款系本公司职工出差借出，按规定可抵销应付工资。

(5) 无形资产中有 1 050 000 元为商标权，其余为土地使用权。

要求：根据以上资料，对接管 A 公司进行会计处理。

(1) 根据 A 公司破产日资产负债表数据及有关财产担保等资料，将 A 公司资产、负债进行再分类，编制破产管理人开业分录，并据以建立新账。

借：担保资产——原材料 1 500 000
　　　　　　——产成品 1 500 000
　　　　　　——固定资产（净值） 2 850 000
　　抵销资产——其他应收款 225 000
　　其他资产——破产安置资产 1 200 000
　　破产资产——现金 3 000
　　　　　　——银行存款 300 000
　　　　　　——短期投资 750 000

——应收账款 750 000

——在产品 2 340 000

——在建工程 3 000 000

待摊费用 300 000

无形资产——商标权 1 050 000

贷：担保债务——短期借款 6 750 000

——长期借款 7 800 000

抵销债务——应付工资 225 000

次优先清偿债务——应付工资 676 500

——应交税费 316 500

破产债务——应付账款 3 000 000

——应付票据 450 000

预提费用 300 000

清算净资产 —3 750 000

（2）根据财产清查情况，编制调整分录。

借：清算损益 585 000

贷：担保资产——原材料 525 000

——固定资产（净值） 60 000

（3）将抵销资产与抵销负债对冲，会计分录为：

借：抵销债务——应付工资 225 000

贷：抵销资产——其他应收款 225 000

（4）核销没有变现价值的账面资产，会计分录为：

借：清算损益 1 350 000

贷：待摊费用 300 000

无形资产——商标权 1 050 000

（5）注销预提费用。

借：预提费用 300 000

贷：清算损益 300 000

（6）在完成上述清查结果的账务处理之后，编制清查后 A 公司的资产负债表（见表 13—2）。

表 13—2 A 公司破产清算资产负债表

2015 年 1 月 1 日 单位：元

资产	账面金额	预计可变现金额	债务及清算净损益	账面金额	确认数
担保资产			担保债务		
原材料	975 000		短期借款	6 750 000	
产成品	1 500 000		长期借款	7 800 000	
固定资产（净值）	2 790 000		小计	14 550 000	
小计	5 265 000		次优先清偿债务		
其他资产			应付工资	676 500	

续前表

资产	账面金额	预计可变现金额	债务及清算净损益	账面金额	确认数
破产安置资产	1 200 000		应交税费	316 500	
破产资产			小计	993 000	
现金	3 000		破产债务		
银行存款	300 000		应付账款	3 000 000	
短期投资	750 000		应付票据	450 000	
应收账款	750 000		小计	3 450 000	
在产品	2 340 000		清算净资产	−3 750 000	
在建工程	3 000 000		清算损益	−1 635 000	
小计	7 143 000		小计	−5 385 000	
资产总计	13 608 000		债务及清算净损益总计	13 608 000	

二、变现破产资产，记录清算损益

破产资产变现是指破产管理人依据一定程序和方式变卖非货币性资产，并获取货币性资产的行为。它是破产清算会计中的重要工作。一般来说，对成套设备应整体变卖，以保持其整体效用。此外，对财产的变卖应在法律约束下和不破坏他人经营的前提下进行。破产资产的变现方式主要有拍卖和出售两类。拍卖是指破产管理人将变卖资产委托给专门拍卖机构或临时成立拍卖机构，按合法的拍卖程序变现的方式。出售是指破产管理人按照资产重新估价，与买主协商成交或委托其他企业代卖以变现的方式。对这些方式的选择，应与变卖对象、市场状况、债权人权益等相结合，灵活掌握。

假设前述A公司在被破产管理人接管以后，资产陆续变卖，以清偿债务，至6月30日资产变现及清算损益情况如下：

(1) 原材料、在产品、产成品分别以900 000元、2 025 000元、1 500 000元出售。另收取增值税752 250元，均存入银行。会计分录为：

借：担保资产——银行存款　2 400 000
　　破产资产——银行存款　2 777 250
　　清算损益　390 000
　贷：担保资产——原材料　975 000
　　　　　　　——产成品　1 500 000
　　　破产资产——在产品　2 340 000
　　　次优先清偿债务——应交税费　752 250

(2) 担保的固定资产整体作价3 000 000元出售，款项收存银行，应作如下会计分录：

借：担保资产——银行存款　　3 000 000
　贷：担保资产——固定资产　　2 790 000
　　　清算损益　　210 000

(3) 应收账款收回 600 000 元，其余确认无法收回，会计分录为：

借：破产资产——银行存款　　600 000
　　清算损益　　150 000
　贷：破产资产——应收账款　　750 000

(4) 折价出售短期投资，获价款 600 000 元，款项存入银行，会计分录为：

借：破产资产——银行存款　　600 000
　　清算损益　　150 000
　贷：破产资产——短期投资　　750 000

(5) 在清算过程中，发现 A 公司在破产宣告日之前 3 个月曾无偿转让一批设备，价值 300 000 元。此笔转让按《企业破产法》规定属于无效行为，应予追回，会计分录如下：

借：应追索资产——设备　　300 000
　贷：清算损益　　300 000

(6) 将土地使用权以 2 550 000 元转让，款项存入银行。会计分录为：

借：其他资产——银行存款　　2 550 000
　贷：其他资产——破产安置资产　　1 200 000
　　　清算损益　　1 350 000

(7) 通过银行转账，从土地使用权转让所得中向再就业中心划转职工安置费 1 500 000 元，会计分录为：

借：清算损益　　1 500 000
　贷：其他资产——银行存款　　1 500 000

(8) 从银行存款土地转让金中提取现金 750 000 元，支付未参加养老、医疗社会保险的离退休职工的离退休费和医疗保险费，土地转让金余款 300 000 元转作普通资产。会计分录为：

借：现金　　750 000
　　破产资产——银行存款　　300 000
　贷：其他资产——银行存款　　1 050 000

借：清算损益　　750 000
　贷：现金　　750 000

(9) 将在建工程整体转让，收入 2 700 000 元，存入银行。会计分录为：

借：破产资产——银行存款　　2 700 000
　　清算损益　　300 000
　贷：破产资产——在建工程　　3 000 000

(10) 应计处置固定资产、在建工程、无形资产等应缴纳的营业税、教育费附加等 435 000 元。会计分录为：

借：清算损益　　435 000
　贷：次优先清偿债务——应交税费　　435 000

（11）追回无效转让的设备价款 270 000 元，存入银行。会计分录为：

借：破产资产——银行存款　　270 000

　　清算损益　　30 000

　贷：应追索资产——设备　　300 000

（12）支付有关破产费用如下：清算期间职工生活费 150 000 元，破产企业水电费 15 000 元，破产财产拍卖广告费 187 500 元，诉讼费 240 000 元，审计评估费 52 500 元，财产保管费 22 500 元，债权人会议费 27 000 元，公证费 7 500 元，其他费用 30 000 元。会计分录为：

借：清算费用　　732 000

　贷：破产资产——银行存款　　732 000

三、清偿破产债务，分配剩余财产

破产债务的清偿可以有多种方法。一是中途清偿，指在破产清算的资产变现过程中，向已明确的债权人逐次地清偿分配已变现的破产财产，这有利于债权人及早受偿和破产财产效益的充分发挥，并可减轻破产管理人的负担和费用开支；二是终结清偿，指破产管理人将全部破产财产变现后，向所有债权人的债权额进行一次性完结分配与清偿，这种方式简洁明了，有利于债权人会议监督，但时间较长，债权人不能及早受偿；三是追加分配与清偿，指终结清偿后，由法院主持将追回财产进行分配与清偿。

《企业破产法》规定的清偿分配顺序如下：

（1）对破产人的特定财产享有担保权的权利人，对该特定财产享有优先受偿的权利，但债权人行使优先受偿权利未能完全受偿的，其未受偿的债权作为普通债权，而放弃优先受偿权利的，其债权作为普通债权。

（2）特定财产偿付担保债务后，优先清偿破产费用和共益债务。

（3）破产财产在优先清偿破产费用和共益债务后，依照下列顺序清偿：

1）破产人所欠职工的工资和医疗、伤残补助、抚恤费用，所欠的应当划入职工个人账户的基本养老保险、基本医疗保险费用，以及法律、行政法规规定应当支付给职工的补偿金；破产企业的董事、监事和高级管理人员的工资按照该企业职工的平均工资计算。

2）破产人欠缴的除前项规定以外的社会保险费用和破产人所欠税款。

3）普通破产债权。

清偿分配时不允许越序实施，且只有在清偿完前一顺序的债务后，方能清偿后一顺序的债务。当清偿进行至某一顺序时，如若全部财产已清偿完毕，则破产程序即告结束，剩余顺序不再执行。如果破产财产不足以清偿同一顺序的清偿要求，则按照比例分配。如果破产企业资产大于负债，清偿分配后仍有剩余财产的，这部分财产应归企业所有者（股东），由所有者按投资比例进行清偿。

假设至 6 月 30 日，A 公司在变卖了资产、支付了破产清算费用以后，债务清偿前资产负债表如表 13—3 所示。

表 13—3

A公司清算资产负债表

2015 年 6 月 30 日

单位：元

资产	金额	债务及清算净损益	金额
担保资产		担保债务	
银行存款	5 400 000	短期借款	6 750 000
破产资产		长期借款	7 800 000
现金	3 000	小计	14 550 000
银行存款	6 815 250	次优先清偿债务	
小计	6 818 250	应付工资	676 500
清算费用	732 000	应交税费	1 503 750
		小计	2 180 250
		破产债务	
		应付账款	3 000 000
		应付票据	450 000
		小计	3 450 000
		清算净资产	－3 750 000
		清算损益	－3 480 000
		小计	－7 230 000
资产总计	12 950 250	债务及清算净损益总计	12 950 250

其债务清偿情况如下：

（1）以担保资产（原材料及产成品）变现价值清偿担保债务（短期借款），不足清偿部分转入破产债务。会计分录为：

借：担保债务——短期借款　　6 750 000

　贷：担保资产——银行存款　　2 400 000

　　　破产债务——短期借款　　4 350 000

（2）以担保资产（固定资产）变现价值清偿担保债务（长期借款），不足清偿部分转入破产债务。会计分录为：

借：担保债务——长期借款　　7 800 000

　贷：担保资产——银行存款　　3 000 000

　　　破产债务——长期借款　　4 800 000

（3）以破产资产变现价值偿付所欠职工工资 676 500 元。

借：优先清偿债务——应付工资　　676 500

　贷：破产资产——银行存款　　676 500

（4）以破产资产变现价值缴纳所欠税金 1 503 750 元。

借：优先清偿债务——应交税费　　1 503 750

　贷：破产资产——银行存款　　1 503 750

（5）至10 月 1 日，破产资产剩余银行存款 4 635 000 元，现金 3 000 元，不足清偿企业破产债务，应依法按比例清偿。

$$\text{破产债务受偿比例}=\frac{\text{破产资产余额}}{\text{破产债务余额}}\times 100\%$$

$$=\frac{4\,635\,000+3\,000}{4\,800\,000+4\,350\,000+3\,000\,000+450\,000}\times 100\%$$

$$=36.81\%$$

据此计算 A 公司破产债务清偿金额如下：

长期借款清偿金额＝4 800 000×36.81％＝1 766 880（元）

短期借款清偿金额＝4 350 000×36.81％＝1 601 235（元）

应付账款清偿金额＝3 000 000×36.81％＝1 104 300（元）

应付票据清偿金额＝450 000×36.81％＝165 645（元）

注意：上述合计金额为 4 638 060 元，比 4 638 000 元多了 60 元，应进行尾数调整。

以破产资产清偿上述破产债务，不足清偿部分按规定不再清偿，转入清算损益。会计分录为：

借：破产债务——长期借款　　4 800 000
　　　　　　——短期借款　　4 350 000
　　　　　　——应付账款　　3 000 000
　　　　　　——应付票据　　450 000
　贷：破产资产——银行存款　　4 635 000
　　　　　　　——现金　　3 000
　　　清算损益　　7 962 000

(6) 将“清算费用”账户余额转入“清算损益”。

借：清算损益　　732 000
　贷：清算费用　　732 000

(7) 将“清算损益”及“清算净资产”账户结平，会计分录为：

借：清算损益　　3 750 000
　贷：清算净资产　　3 750 000

将上述破产清算会计分录全部过账后，将会结平所有的资产、负债及损益账户。A 公司破产清算记账工作到此结束。

第 5 节　破产清算会计报告

破产清算会计报告是综合反映被清算企业的清算过程和结果的一系列财务报表，破产管理人在清算期间应向人民法院、主管部门、债权人及投资者报送下列会计报告：破产清算资产负债表、破产清算财产表、破产清算损益表和破产财产分配表。

一、破产清算资产负债表

破产清算资产负债表是全面反映破产企业的资产、负债、清算净资产和清算损益的报表。破产管理人应在破产清算开始日编制。

××公司在清算开始日的破产清算资产负债表如表 13—4 所示。

表中的“账面金额”栏反映破产企业破产清算日的资产、负债、破产清算净资产以及清算净损益的账面金额。该栏应根据破产管理人接管日企业编制的资产负债表中的有关资料，并在全面清理的基础上按照破产资产、非破产资产、破产债务、非破产债务和清算净资产的确认标准进行确认后予以填列。

表中的“预计可变现金额”栏反映在破产清算日破产企业的各种资产的可出售价格或该项资产可以抵偿债务的金额。该栏应在由专门的资产评估机构运用专门的计量方法,对每种资产进行充分分析的基础上予以填列。

“确认数”栏反映在债务清理过程中重新确认债务的金额。该栏应在各种债务的账面金额的基础上,扣除因债权人原因而无须偿付的债务额,加上依据有关法律规定而增加的债务额后计算而得,它可以根据破产债务、非破产债务和清算净资产得到确认后的各账户的余额直接填列。

表 13—4　××公司破产清算资产负债表

2015 年×月×日　单位:元

资产	账面金额	预计可变现金额	债务及清算净损益	账面金额	确认数
担保资产			担保债务		
原材料			短期借款		
产成品			长期借款		
固定资产(净值)			小计		
小计			优先清偿债务		
其他资产			应付工资		
破产安置资产			应交税费		
破产资产			小计		
现金			破产债务		
银行存款			应付账款		
短期投资			应付票据		
应收账款			小计		
在产品			清算净资产		
低值易耗品			清算损益		
在建工程			小计		
小计					
资产总计			债务及清算净损益总计		

另外,在破产清算资产负债表附注中应进一步说明资产可实现金额及债务金额的确定方法和依据、有争议资产和债务的具体情况以及未列作资产和债务的具体情况等。

二、破产清算财产表

破产清算财产表是反映破产清算企业财产的期初账面金额、预计可变现金额、实际已变现金额以及实际变现损益的报表,它是破产清算资产负债表的附表。其基本格式如表 13—5 所示。

表 13—5 ××公司破产清算财产表

2015 年×月×日

项目	期初账面金额	预计可变现金额	实际变现金额	实际变现损益
担保资产				
有价证券				
房屋				
设备				
原材料				
在产品				
产成品				
⋮				
破产资产				
现金				
银行存款				
有价证券				
应收账款				
应收票据				
其他应收款				
房屋				
设备				
原材料				
在产品				
产成品				
场地使用权				
专利权				
⋮				

表中的“期初账面金额”栏反映破产企业破产清算开始日各种资产的账面价值。该栏应根据破产清算开始日确认的各种破产资产和非破产资产的账面价值填列。

“预计可变现金额”栏反映破产企业各种资产预计可实现的价值。该栏应根据有关评估机构及破产管理人的评估结果填列。

“实际变现金额”栏反映破产企业各种资产实际已变现金额。该栏应根据各种资产账簿中所记录的实际变现结果填列。

“实际变现损益”栏反映破产企业各种资产账面价值与实际变现价值的差额。

三、破产清算损益表

破产清算损益表是反映破产清算企业在清算期间所发生的清算收益、清算损失、清算费用以及最终结果的报表。一般在破产清算结束时编制。

前述 A 公司破产清算损益表如表 13—6 所示。

表 13—6　　　　A 公司破产清算损益表

2015 年×月×日　　　　单位：元

项目	金额
清算收益	
预提费用核销	
固定资产溢价	
追回设备	
土地使用权溢价	
小计	
清算损失	
财产盘亏与报废	
无价值资产核销	
存货折价	
应收账款损失	
短期投资折价损失	
在建工程折价	
营业税等	
追回设备折价	
职工安置支出	
小计	
清算费用	
职工生活费	
诉讼费	
审计评估费	
财产保管费	
拍卖广告费	
水电费	
债权人会议费	
公证费	
其他	
小计	
清算损益	

表中的“清算收益”项目反映破产清算企业在处置破产资产过程中取得的资产的变卖收入超过资产的账面价值所发生的收益、重新确认债务中发生的负债的减少金额以及由于其他原因而增加的收益。该项目可根据“清算损益”账户的贷方发生额分析填列。

“清算损失”项目反映破产清算企业在处置破产资产过程中取得的资产的变卖收入小于资产的账面价值所发生的损失、不能收回的应收款项、重新确认债务中发生的负债增加额以及由于其他原因而发生的损失。该项目可根据“清算损益”账户的借方发生额分析填列。

“清算费用”项目反映破产清算企业在破产清算过程中发生的破产清算费用。

该项目应根据“清算费用”账户的借方发生额分析填列。

“清算损益”项目反映破产清算企业在破产清算期间的清算结果，它等于破产清算收益减去破产清算损失和破产清算费用的余额。

四、破产财产分配表

破产财产分配表又称债务清偿表，是反映破产清算企业分配破产财产以及清偿债务的报表。它是破产清算会计所特有的报表。

以A公司为例，其破产财产分配表如表13—7所示。

表13—7 A公司破产财产分配表

2015年×月×日

单位：元

债务项目	账面数	确认数	偿还比例	实际需偿还数	累计偿还数	尚未偿还数
担保债务						
短期借款						
其中：××银行						
长期借款						
其中：××银行						
优先清偿债务						
应付清算费用						
应付工资						
应交税费						
小计						
破产债务						
应付账款						
其中：Y企业						
应付票据						
其中：Y企业						
合计						

表中的“账面数”栏，根据破产企业破产清算开始日的账面数填列；“确认数”栏，根据破产企业依据破产债务的确认标准对破产债务和非破产债务进行确认后的数额填列；“偿还比例”栏，根据破产企业不同的债务偿还情况分别填列，其中担保债务的偿还比例应同时考虑以担保资产偿还数额以及以破产资产偿还数额两部分；“实际需偿还数”栏，分别以各种债务的确认数乘以其偿还比例计算填列；“累计偿还数”栏，根据各种债务的累计实际偿还数额填列；“尚未偿还数”栏，分别以各种债务的实际需偿还数栏减去其累计偿还数额栏的差额填列。

破产清算会计报告编好以后，破产管理人应将其连同接收的会计账册、在清算期间形成的会计档案等一并移交破产企业的业务主管部门或者人民法院，由业务主管部门或者人民法院指定有关单位保存。会计档案保管要求和保管期限应当符合《会计档案管理办法》的规定。

最后，破产管理人应向破产企业原登记机关办理注销登记并解散破产管理人和债权人会议及其债权人委员会，破产企业的破产清算工作宣告结束。

思考题

1. 企业破产的类型有哪两种？各有什么特点？
2. 企业破产的原因是什么？其特征如何？
3. 简述企业破产清算的基本程序。
4. 如何确认与计量破产企业的破产资产与非破产资产？
5. 如何确认与计量破产企业的破产债务与非破产债务？
6. 如何确认与计量破产企业的清算损益？破产企业债务的清偿顺序如何？
7. 说明破产清算的会计处理程序。
8. 如何编制破产清算会计的会计报告？

练习题

（一）破产程序，破产资产确认与计量

资料：A 公司 2015 年 3 月 18 日由于经营管理不善，不能清偿到期债务，被债权人申请破产。3 月 24 日人民法院受理了此案，并通知了 A 公司。2015 年 5 月 14 日，A 公司向人民法院申请对公司进行整顿。7 月 2 日，A 公司与债权人达成和解协议。7 月 10 日发布公告，中止破产程序。整顿期间，债权人发现 A 公司经营状况没有好转，于是向人民法院申请 A 公司破产。法院于 2015 年 10 月 20 日裁定宣告 A 公司破产。2015 年 11 月 30 日，破产程序终结。但在 2015 年 8 月，人民法院在审理其他案件时发现，2013 年 11 月，A 公司曾放弃对 X 公司的 1000 万元债权，于是人民法院追回了这 1000 万元财产。

要求：

(1) 该破产案件的审理是否符合企业破产的基本程序？

(2) A 公司 1000 万元的债权应如何处理？

（二）破产清算会计处理

资料：B 公司 2015 年 2 月 1 日破产清算前的资产负债表见表 13—8。

表 13—8　　B 公司破产清算资产负债表

2015 年 2 月 1 日　　单位：元

资产	账面金额	债务及所有者权益	账面金额
货币资金	150 000	应付票据	1 000 000
应收票据	700 000	应付工资	2 100 000
存货	1 000 000	其他应付款	1 300 000
固定资产净值	3 000 000	长期借款（抵押）	1 500 000
其他资产	100 000	实收资本	3 000 000
		留存收益	−3 950 000
合计	4 950 000	合计	4 950 000

破产财产变卖出售后，已变现资产价值 4 500 000 元，用以支付清算费用 30 000元、归还有担保及无担保有优先权的债权后，公司负债的账面价值为：应

付票据300 000元，其他应付款1 300 000元。

要求：

(1) 计算破产清算净损失。

(2) 计算归还有担保及无担保有优先权的债权后的货币资金结余数。

(3) 计算无担保无优先权债权人的清偿率，并做其清偿和结平账户的会计分录。

(三) 破产清算会计处理

资料： B公司2015年3月1日破产清算时处置资产后的资产负债表见表13—9。

表13—9　　B公司破产清算后资产负债表

2015年3月1日　　单位：元

资产		负债及权益	
破产资产		破产债务	
现金	30 000	借款	600 000
银行存款	800 000	应付票据	400 000
清算费用	900 000	应付利润	100 000
		应付债券	900 000
		债务合计	2 000 000
		清算净资产	−270 000
资产总计	1 730 000	债务及清算净损益	1 730 000

要求：

(1) 根据以上资料，依法按比例清偿债务。

(2) 结转清算费用。

(3) 结清有关账户。

第14章

政府会计

本章结构

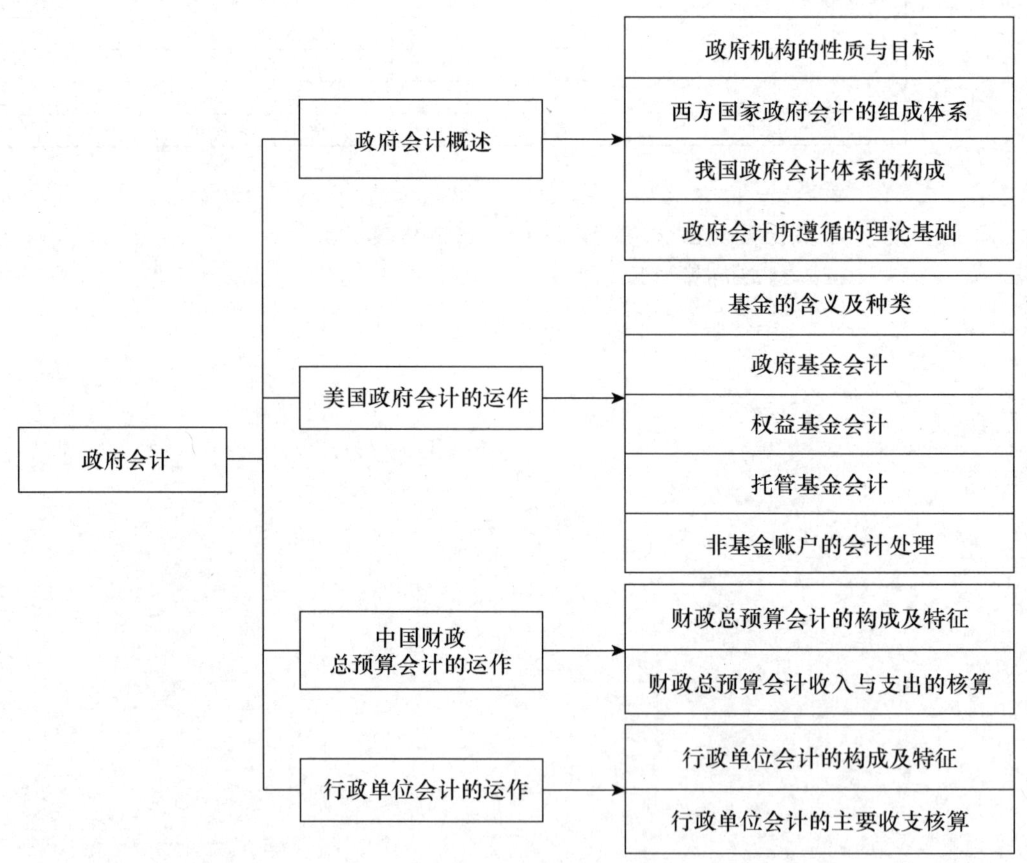

政府会计
政府会计概述
政府机构的性质与目标
西方国家政府会计的组成体系
我国政府会计体系的构成
政府会计所遵循的理论基础
美国政府会计的运作
基金的含义及种类
政府基金会计
权益基金会计
托管基金会计
非基金账户的会计处理
中国财政总预算会计的运作
财政总预算会计的构成及特征
财政总预算会计收入与支出的核算
行政单位会计的运作
行政单位会计的构成及特征
行政单位会计的主要收支核算

本章要点

- 认识政府及其机构在经济社会中的重要作用
- 认识美国政府会计准则委员会的作用
- 理解政府（预算）会计的构成体系及理论基础
- 掌握美国政府会计中基金的类型及核算
- 掌握中国政府会计的主要收支核算

政府会计是核算政府及其机构在资金运作方面的专业会计，并成为会计体系的一个重要分支。政府会计的基本理论和核算内容是高级财务会计的一个重要组成部分。本章先介绍政府会计的一些基本概念和基本理论，在此基础上，再分别介绍美国政府会计的会计处理和中国财政总预算会计及行政单位会计的核算内容。

第1节 政府会计概述

政府会计的设置和执行必须和一个国家的政府管理层次和机构性质结合起来。要进行政府会计的核算，首先要了解政府的管理层次和政府机构的设立，从而了解政府会计的组成；然后要掌握政府会计需遵循的会计原则，为学习政府会计的处理打下基础。

一、政府机构的性质与目标

一个国家必须建立治理国家的机构，这就是政府机构。每个国家都会根据本国的政治体制建立政府机构，才能充分发挥各类政府机构管理国家的职能。

从中国来说，已建立起中央、省、市、县、乡（镇）五级政府机构，设立了履行国家管理职能的各种行政机构，并在“一级政府建立一级财政”的财政管理体制下，相应建立了五级政府预算体制。其中，中央预算的目标是集中国家安全、外交和中央机关运转所需的经费，调整国民经济结构、协调地区发展、实现宏观调控的支出以及由中央直接管理的事业发展支出。地方预算的职能则是先集中各项财政收入，在适用的财政体制下，通过分成、上解的方式实现事权和财权的统一。

以美国为代表的西方国家，大都建立了联邦、州、市、镇、县、村的政府机构。其中，联邦政府主要有三个组成部分：立法机构、行政机构和司法机构，并以行政机构的财政部负责预算、税收（主要是所得税）、发行债券、拨付资金以及核算联邦政府的基金，主要负责州与州之间的商务、国防、社会保障和其他一些活动。州政府主要负责环保、道路养护和建设、大专院校管理以及其他责任。州以下的政府机构则负责与公民最接近的事务，如大部分的公众教育、地方交通、公共安全、消防及大部分娱乐场所的管理等。

尽管不同国家的政府机构设置有不同的层次，但其目标是基本相同的，就是在财政和资源允许的范围内，向社会公众提供尽可能多的产品和服务。政府机构的建立和运作目的不在于营利。随着社会经济的发展，政府及其机构的作用越来越重要。

二、西方国家政府会计的组成体系

西方国家的政府会计是建立在政府机构层次上和会计准则基础上的主体。以美国为例，政府会计的组成体系主要由联邦、州以及地方各级政府会计构成。

联邦政府会计是在中央和机构层面上作为基金和拨款控制的重要工具。整个会计和财务报告的参与者表现为三个层次，并承担相应的经管责任。第一个层次表明，财政部是联邦政府的主会计师，肩负着重要的职能，管理和预算办公室作为总统行政办公室内的一个机构也拥有广泛的财务管理权，会计总署的主要责任是协助国会对行政部门进行总体监督，并作为联邦政府的独立的法定审计师。第二个层次表明，联邦会计准则咨询委员会（Federal Accounting Standard Advisory Board，FASAB）是由前面三者签订联合协议构成，它专门颁布联邦机构需要遵守的会计原则和准则。第三个层次表明，联邦机构是具体执行联邦会计准则的子系统。其结构如图 14—1 所示。

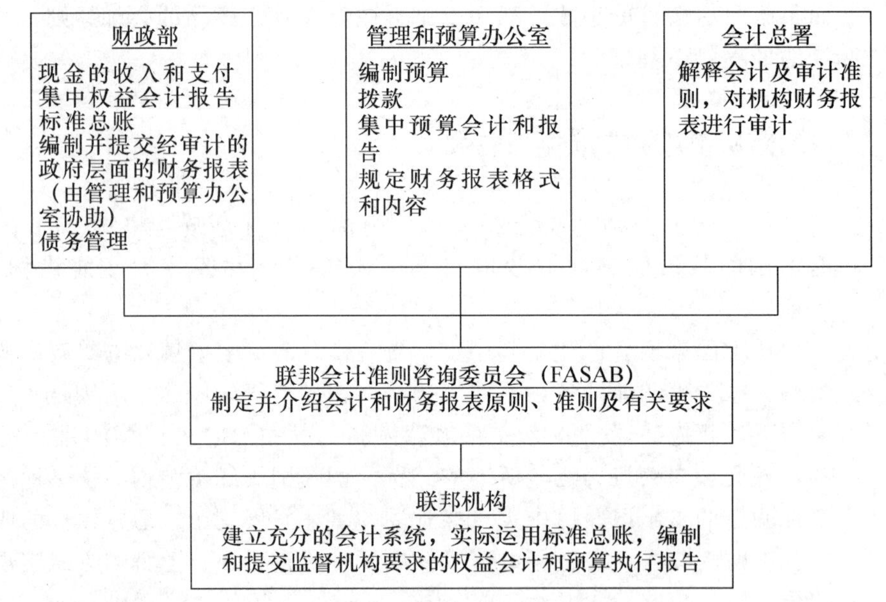

图 14—1 联邦会计和财务报告参与者的职能及层次

州和地方政府会计担负着大量核算业务，有效地指导和控制有限资源的使用，承担相应的经营管理责任，并向社会公众提供信息。1984 年成立的政府会计准则委员会（Governmental Accounting Standard Board，GASB）取代了原政府会计全国理事会，成为州和地方政府会计准则制定的权威机构。政府会计准则委员会负责为州和地方政府的业务及交易制定会计准则。政府会计准则委员会和财务会计准则委员会（Financial Accounting Standard Board，FASB）一样，由财务会计基金会提供资金并进行监督。其结构如图 14—2所示。

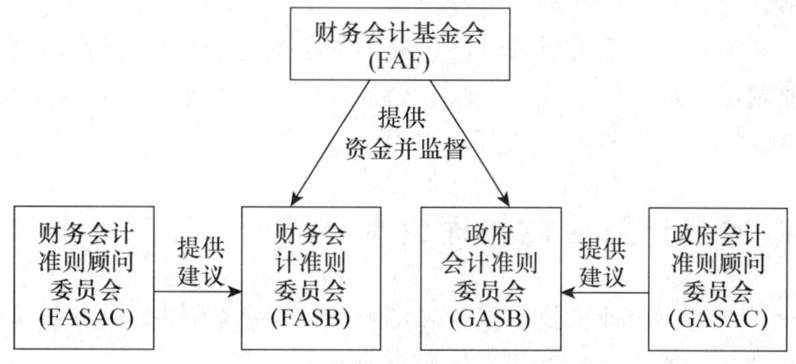

图 14—2 美国财务报告准则制定机构

三、我国政府会计体系的构成

2014 年，我国《政府会计准则——基本准则》（征求意见稿）规定，我国对财政资金的管理，实行政府会计制度体系，政府会计由财务会计和预算会计构成。

我国预算管理体制决定了政府会计体系的群体构成。我国政府预算体系是根据国家政权结构、行政区域划分和财政管理体制而确定的预算级次和预算单位按一定的方式组合成的统一整体。为实现事权与财政的统一，我国各预算级次的设置与政权体系的层次基本对应，具体分为中央预算和地方预算，共有五级预算构成我国的政府预算体系，相适应地也建立五级财政总预算会计。

政府预算按照预算收支管理范围，又可分为总预算和部门预算。其中，总预算分为中央总预算和地方各级总预算。中央政府预算即为中央总预算，地方各级总预算由本级政府预算和下一级政府总预算组成。我国各级政府的财政总预算分为公共财政预算、政府性基金预算、国有资本经营预算和社会保险基金预算等四个种类。在我国现行政府复式预算的种类中，公共财政预算是最基本的一种预算，它涉及政府活动的各个领域，并且在政府财政资金总额中占据最大的份额；部门预算是指纳入总预算的国家行政机关和事业单位的收支预算。

我国政府会计与西方国家的政府会计一样，不以营利为目的，执行法定预算居首要位置，并向社会提供政府预算的信息。1998 年，我国财政部颁发并实施财政总预算会计制度、行政单位会计制度，并在执行中不断进行完善。2014 年，我国开始实施新的行政单位会计制度。

根据我国预算管理体制的要求，由财政总预算会计反映和监督中央总预算和地方总预算的执行情况；由行政单位会计反映和监督部门预算的执行情况。在组织各级总预算和部门预算的执行中，除了政府会计外，还需其他一些部门参与。其中，财政资金的收入、拨出和分成、上解，是由中国人民银行代理的国库经办的，由此形成国库会计；税务机关、海关等机关负责征收预算收入，由此形成收入征解会计；国家基建拨款由专门银行负责，由此形成基建拨款会计。这一政府会计体系，是我国在市场经济发展过程中，总结并继承多年来政府会计的管理经验而形成的政府预算会计模式和运行机制，它对于保护国家公共财产的安全完整，强化预算管理具有重要作用。

随着社会主义市场经济体制的不断深化改革和完善，现行的预算会计体系已显现出不足之处。随着《政府会计准则——基本准则》征求意见稿不断完善，我国政府会计体系将呈现崭新面貌。

四、政府会计所遵循的理论基础

要进行会计核算必须先确定会计前提和会计核算原则，以下是美国政府会计准则体现的会计前提和会计核算原则。

（一）美国政府会计准则委员会颁布的会计原则

与财务会计相适应，美国政府会计也是以会计准则的形式来规范政府会计应遵循的理论原则及规定。政府会计准则委员会在 1984—2004 年之间，共发布了 45 份准则公告，对政府会计有关业务的处理，提供了专门规定和方法。由于政府会计的大部分业务都表现为州和地方政府的核算，政府会计准则委员会对此专门颁布了 13 条会计原则，归纳起来，共有七组内容。

1. 公认会计原则和合规性

这一原则要求政府会计系统必须能够：（1）按照公认会计原则（GAAP）的要求，公允表达并充分披露政府单位的基金和业务；（2）确定并证明政府对财务相关的法律与合同条款的遵守情况。也就是说，政府会计制度必须同时提供公认会计原则报告所要求的数据和控制，并报告财务相关法律合规性的事项。

2. 基金会计

这一内容共包括三个原则，主要规定了基金、基金种类和基金类型，并提出以下要求：（1）政府会计系统应该以基金为基础进行组织和运作；（2）基金是一个财务和会计主体，它拥有一套自我平衡的账户，记录现金和其他财务资源，并记录所有的相关负债、剩余权益或余额及其变动，并且按照法规、限定或限制条件的要求，对特定业务或实现特定目标的活动分别建账；（3）基金财务报表应该用来报告主体政府，包括其混合列示的组成单位的详尽信息；（4）政府基金和权益基金财务报告的焦点应该是主要基金。

3. 固定资产和长期负债

这一内容包括四个原则，对固定资产的类型、计价和折旧及长期负债的核算等进行了规定：（1）应严格区分权益基金的固定资产、信托代理基金的固定资产和普通固定资产；（2）固定资产应采用历史成本入账，如成本不能实际确定，应以估计成本入账。接受捐赠的固定资产应以取得时的估计公允价值加上相关费用入账；（3）固定资产应该在它们可使用年限内折旧，但土地和土地改良不需要折旧；（4）应严格区分基金长期负债和普通长期负债。

4. 计量焦点与会计基础

这一原则主要是对政府会计的计量焦点和会计基础进行规定，主要包括以下内容：(1) 对于政府的净资产报表和业务表，应该采用经济资源计量焦点和权责发生制编制；(2) 对于基金财务报表，应该使用本期财务资源的计量焦点和修正的权责发生制编制①。

5. 预算、预算控制和预算报告

这一原则主要是强调预算、预算控制和预算受托责任的重要性。主要内容有：(1) 每个政府单位都应该采用年度预算；(2) 会计系统应该提供适当的预算控制基础；(3) 采用收付实现制编制的政府预算与采用权责发生制的政府会计发生较大差异时，必须给予调整。

6. 分类和术语

这一内容包括两个原则，主要是对各类账户进行分类的规定。主要内容有：(1) 各类会计数据应以不同方式分类，以满足不同的信息需求；(2) 把内部的资源转移和长期借款同收入、支出和费用区别开来；(3) 提供一致的分类和术语。

7. 年度财务报告

这一原则强调了年度对外财务报告的重要性。主要内容有：(1) 应该提交适当的有关财务状况、运营成果以及其他有关信息的中期财务报表和报告，以便于财务管理和立法监督，在必要时或需要时可以对外报告。(2) 编制并公布综合年度财务报告。该报告应该涵盖主体政府的一切活动，同时应提供报告主体所有分开列示的组成单位的总体情况信息；(3) 财务报告主体的核心通常是主体政府，还应包括有关的政府组织。

(二) 中国政府会计前提

我国的财政总预算会计制度、行政单位会计制度从性质来看与西方国家的政府会计相类似，但从核算内容上又有明显的差异。根据《政府会计准则——基本准则》征求意稿的规定，我们可从以下内容展开进一步的学习和比较。

会计前提又称会计假设，是指组织会计核算工作必须具备的前提条件。政府会计前提包括会计主体、持续经营、会计分期和货币计量，这四个前提与财务会计的前提是相同的，但在具体内容上有差异。

1. 会计主体假设

政府应当对其自身发生的经济业务或者事项进行会计核算。政府会计主体包括国家各级政府以及各类行政单位。在我国，财政总预算会计的主体是各级政府，因为财政总预算各项收支的安排、使用，是国家各级政府的职权范围。行政单位也是会计主体，并且在经济上是独立的或相对独立的，不能把单位会计主体视作财政总预算会计的附属，忽视其独立的主体地位。

---

① 修正的权责发生制是指，以权责发生制为主，在某些特定项目中采用收付实现制。

2. 持续运营假设

政府会计核算应当以政府各项经济业务活动持续正常地进行为前提。只有在这一前提下，会计处理才能按照账面价值合理地进行计算，单位的债权债务才能得到合理的清偿。

3. 会计分期假设

政府会计核算应当划分会计期间，分期结算账目和编制财务报告。我国政府预算年度采用历年制预算年度，相应的财政年度、会计年度也采用历年制。采用这一制度的国家比较多。但是也有一些国家和地区根据具体情况采用跨年制，如英国和美国等国家以及我国的香港特别行政区。会计期间至少分为年度和月度。会计年度、月度等会计期间的起讫日期采用公历日期。

4. 货币计量假设

政府会计核算应当以人民币作为记账本位币。发生外币业务时，应当将有关外币金额折算为人民币金额计量，同时登记外币金额。货币计量是会计的基本特征。同样，政府会计也需要以货币计量为前提，以便综合反映和监督政府预算收支执行情况。同时，还要假设币值是相对稳定的，以保证会计记录保持相对稳定，而不是经常调整。

（三）中国政府会计一般原则

会计的一般原则是对会计核算提供信息的基本要求，是处理具体会计业务的基本依据。会计原则既是会计理论的概括，又是会计实践经验的总结。它在会计准则中居于主导地位，指导着会计要素准则的制定和会计方法的选择，因此也就成为衡量会计信息质量的重要标准。总体来说，政府会计核算原则可划分为两大类：一类是会计信息质量要求；一类是会计确认计量要求。

1. 会计信息质量要求的原则

会计信息质量要求是衡量信息质量的标准或控制信息质量的要求。这是对会计信息的最基本要求。这对于预算会计和企业会计都是适用的。属于会计信息质量要求的核算原则有：

（1）可靠性原则。政府应当以实际发生的经济业务或者事项为依据进行会计核算，如实反映各项会计要素的情况和结果，保证会计信息真实可靠。

（2）全面性原则。政府应当将发生的各项经济业务或者事项统一纳入会计核算，确保会计信息能够全面反映政府的财务状况、运行情况、现金流量和预算执行等情况。

（3）及时性原则。政府对已经发生的经济业务或者事项，应当及时进行会计核算，不得提前或者延后。

（4）可比性原则。政府提供的会计信息应当具有可比性。

同一政府不同时期发生的相同或者相似的经济业务或者事项，应当采用一致的会计政策，不得随意变更。确需变更的，应当将变更的内容、理由和对政府财务状况及运行情况的影响在附注中予以说明。

不同政府发生的相同或者相似的经济业务或者事项，应当采用一致的会计政策，确保政府会计信息口径一致，相互可比。

（5）相关性原则。政府提供的会计信息应当与反映政府偿债能力、受托责任履行情况、财务报告使用者管理、决策的需要相关，有助于财务报告使用者对政府过去、现在或者未来的情况作出评价或者预测。

（6）实质重于形式原则。政府应当按照经济业务或者事项的经济实质进行会计核算，不应仅以经济业务或者事项的法律形式为依据。

（7）可理解性原则。政府提供的会计信息应当清晰明了，便于财务报告使用者理解和使用。

2. 会计确认计量要求的原则

会计确认计量要求是对会计信息处理方法和程序的要求，它规定对会计要素确认计量的基本原则，实际上也规范着会计报表列示的原则。在会计要素确认计量要求下，各级政府和各预算单位的经济业务和会计要素的具体内容不仅有着密切的联系，还存在着较大的区别。

（1）收付实现制和权责发生制原则。政府财务会计应当采用权责发生制。政府预算会计一般采用收付实现制，实行权责发生制的特定事项应当符合国务院的规定。

（2）专款专用原则。这一原则是指对政府预算拨款和其他指定用途的资金，应当按规定的用途使用，不能擅自改变用途，挪作他用。这是政府会计核算原则方面的重要特点。

（3）历史成本原则。这一原则是指各项财产物资应当按取得或购进时的实际成本计价，当市场价格发生变化时，除国家另有规定外，不得自行调整账面价值。

第2节 美国政府会计的运作

从美国来说，由于其政治体制分为两个重要层次：联邦政府和州及地方政府，政府会计也相应地分为联邦政府会计和州及地方政府会计。联邦政府会计主要是围绕国防、社会保障等大的方面进行汇总核算，并编制有关的合并资产负债表，而大量的政务活动和商务活动构成了州和地方政府的核算内容。因此，我们主要从州及地方政府会计的核算进行介绍。

一、基金的含义及种类

（一）基金的含义

作为政府以及政府的各个部门，在一般政务活动和商务活动中要根据不同用途来分配资源，因此，需要一个系统来进行会计处理，这一系统要满足一个政府单位中多个会计主体的要求。这些会计主体称为基金，并且满足商务活动的基金和一般政务活动的基金的会计模式也不同。政府会计所用的基金可分为两大类型，一是可支用（政府）基金：核算非商业活动（例如，消防、公安）中可支用的流动资产、相关负债、净资产的变动及余额。二是不可支用（权益）基金：核算商业活动（例如，公用事业、自助食堂或公交系统）中的收入、费用、资产、负债和权益。

政府会计准则委员会将基金定义为：……所谓基金是指一财务及会计主体，有一套自我平衡的会计账户来记录现金和其他财务资源（如果是权益基金或信托基金，还包括非财务资源），和所有相关的负债、剩余权益或余额及其间的变动。基金是为完成特定的活动或为符合特殊的规定、范围或限制目的而分开设立的。[①]

政府会计所运用的基金是一种复合会计主体（见图 14—3）。每项基金都拥有：自己的会计等式；自己的日记账、分类账和用以处理交易对基金中核算的净资产或活动影响的其他会计记录；报告基金自身的财务报表。

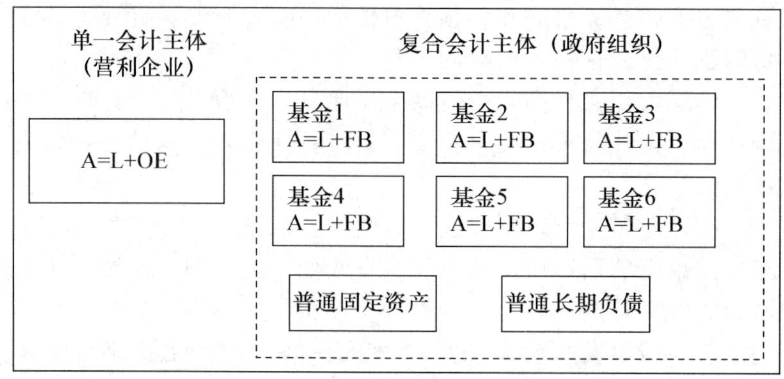

图 14—3 单一会计主体和复合会计主体

说明：

A：资产，对大多数可支用（政府）基金仅指流动资产；对不可支用（权益）基金指流动和非流动资产。

L：负债，对大多数可支用（政府）基金仅指流动负债；对不可支用（权益）基金指流动和非流动负债。

OE：所有者权益（企业）。

FB：基金余额（可支用或政府基金），或者净资产或基金权益（不可支用或权益基金）。

虚线部分：政府整体。

（二）基金的种类

由于政府会计要根据不同的财务资源进行核算，因此，需要设立三种类型的基金：政府基金、权益基金及信托和代理基金。三种基金具有不同的核算内容，但在会计处理上基本相同，并且还要相互联系（见图 14—4）。为了全面核算州和地方政府的业务，要设立非基金账户。

1. 政府基金

政府基金（governmental funds）是指用于核算普通政府财务资源的来源、使用和余额的基金。处理一般政务活动[②]需要不同的政府基金，每类政府基金均

---

① 美国政府会计准则委员会准则汇编（GASB cod. sec.）1100.102 节

② 一般政务活动是指政府以税收来源免费提供的服务，包括日常行政管理、公共安全、教育、司法系统等。

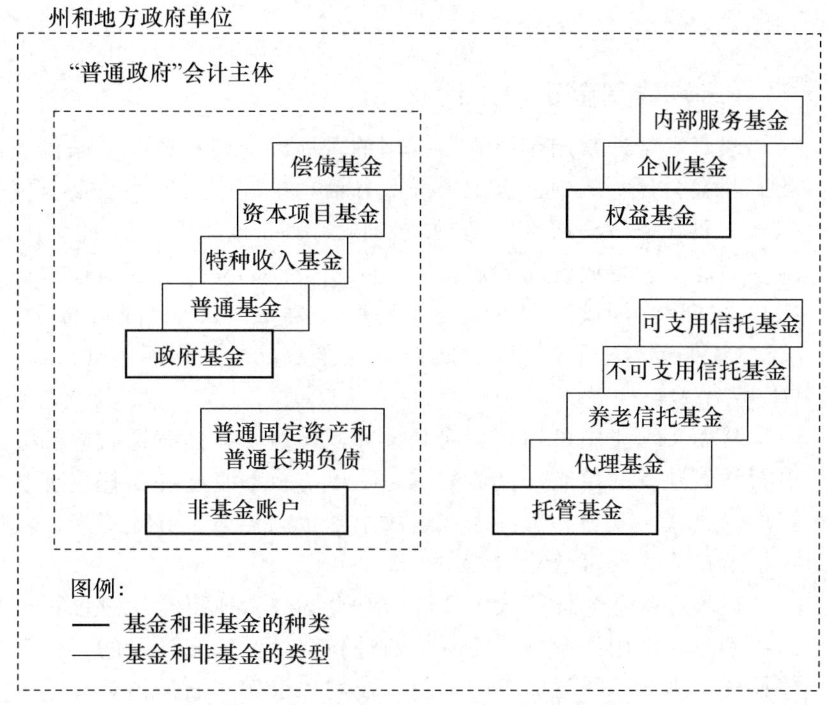

图 14—4 州和地方政府会计主体的种类

说明：1. 每一基金会计主体都是单独拥有一套自我平衡账户的独立会计主体（不存在州或地方政府的统一集中核算的主体）。

2. 财务报表要分层次编制：为每一个基金编制个别基金报表，为每一种类的所有非主要基金或某一类型的所有基金编制联合报表；为政府报告主体编制主要基金财务报表和政府层面的财务报表。

为一营运资金主体。具体来说有四种政府基金：普通基金（general fund）、特种收入基金（special revenue funds）、资本项目基金（capital projects funds）和偿债基金（debt service funds）。其中，普通基金是用来核算不归属其他基金处理的所有财务资源；特种收入基金是用来核算法定限制于某特定目的的一般政府财务来源（不包括可支用信托或主要资本项目）；资本项目基金是核算用以处理购置或建造主要的一般政府固定资产的资源和相关流动负债（不包括那些由权益基金及信托基金所取得的财务资源）；偿债基金是核算用以支付普通长期负债本息和相关费用的资源。

2. 权益基金

权益基金（proprietary funds）是指用于核算政府商务活动的基金，这种商务活动类似私营企业的经营。政府及其单位对商务活动是以企业基金（enterprise funds）和内部服务基金（internal service funds）进行会计处理的。其中，企业基金是核算政府单位服务于以公众为代表的外部客户的经营活动，如有关的收入和费用；内部服务基金是核算以成本补偿为基础，向内部客户即政府其他部门或政府代理机构，提供商品或劳务的经营活动和筹资活动。

3. 托管基金

托管基金（fiduciary funds）是指核算政府以受托人或代理人的身份拥有的基金。这些基金包括可支用信托基金、不可支用信托基金、养老信托基金和代理基金。

（三）非基金账户的设立

政府基金通常用于核算可支用的普通政府财务资源的来源、使用和余额。但政府基金会计等式中没有把一般政务活动中固定资产和长期负债包括在内。实际上，一般政务活动通常要使用数额巨大的固定资产，并且会产生数额巨大的负债。因此，对普通政府固定资产和长期负债的受托责任应通过设立单独的非基金账户来实现，即设立普通固定资产账户群（general fixed assets account group，GFAAG）和普通长期负债账户群（general long-term debt account group，GLTDAG）。

从图 14—4 中可知，政府基金和非基金账户是普通政府的会计主体，这是政府会计最独特的性质。具体来说，除了与权益基金和信托代理基金有明确关系的资产、负债、交易和事项才在这两个基金内记录，其他资产、负债、交易和事项都记录在普通政府会计主体中。

在政府基金会计等式中，政府基金的经营成果是通过核算可支用的净财务资源的来源、使用和余额，而不是通过核算净利润来计量的。由于非基金账户并不核算可支用的净财务资源的来源、使用和余额，而是核算普通政府固定资产和未到期的长期负债，因此，非基金账户的变动并不会直接影响政府基金的经营成果。

二、政府基金会计

从以上政府基金类型可知，四种基金都分别核算不同的内容，形成相应的账户，组成总分类账和明细分类账户进行核算，并按照规定的会计基础、会计等式和会计报告的内容提供有用的信息。

（一）基本问题的规定

进行政府基金会计的核算，首先要明确有关会计基础、会计等式等基本问题。我们将这些基本问题列示在表 14—1 中。

表 14—1　　政府基金的会计等式和报表

项目	基本规定
1. 会计基础	修正的权责发生制或权责发生制
2. 会计等式	资产＝负债＋基金余额 或　流动资产－流动负债＝基金余额
3. 财务报表	一是按修正的权责发生制编制的资产负债表；二是收入、支出和基金余额变动表；三是收入、支出和基金余额变动表——预算和实际（按收付实现制编制）

政府基金会计的核算首先要确定会计基础。政府会计准则委员会指出了该类基金应使用的会计基础：修正的权责发生制或权责发生制被认为适用于计量财务

状况和经营成果。政府基金收入和支出应按修正的权责发生制确认。收入应在可获得和可计量的会计期间内确认。除了普通长期债务未到期利息应在到期时予以确认外，支出应在发生基金负债，并且支出可计量的会计期间予以确认。①

修正的权责发生制主要强调收入是可计量并可获得的，并且费用一词往往为支出所代替。支出不仅包括已经发生的某种类型的费用，而且包括债务偿还和资本支出。

政府基金会计也像企业会计那样，需要确定会计等式。以上表格中的“流动”通常是指在当前的财政年度可以转换成现金的财务资源或应在当期偿还的负债。

理解前两张表的基本性质和内容最简单的方法是把它们同会计等式联系起来。资产负债表本质上是对会计等式的详细描述；收入、支出和基金余额变动表中基金余额增加数划分为收入、其他财务来源和剩余权益转入，减少数则划分为支出、其他财务运用和剩余权益转出。

（二）政府基金具体业务的分析

以下列示政府基金一组业务的分析，见表 14—2。这一组业务涉及政府基金的四个基金类型的内容：

（1）发行普通债券，面值 5 000 美元，并按价格 101 发行，融资建造一座政府办公大楼；

（2）将债券溢价转账给处理债券本金和利息支付的基金；

（3）发生并支付大楼建造成本 5 300 美元；

（4）额定征收用途限制于经济发展的销售税金 750 美元；

（5）支付一般政府雇员工资 480 美元，另外应计工资 30 美元尚未支付。

（6）以票据借入 6 个月期借款 600 美元，用以支付政府一般营运成本。

表 14—2 **运用具体基金进行一般政府业务分析** 单位：美元

政府基金					GFAAG		GLTDAG		
序号	基金	会计等式			会计等式		会计等式		
		CA	CL	FB	FA	普通固定资产投资	提供的金额	可用金额	长期负债
1	CPF	＋5 050		＋5 050			＋5 000		＋5 000
2a	CPF	－50		－50					
2b	DSF	＋50		＋50			－50	＋50	
3	CPF	－5 300		－5 300	＋5 300	＋5 300			
4	SRF	＋750		＋750					
5	GF	－480	＋30	－510					
6	GF	＋600		＋600					

说明：CA——流动资产；CL——流动负债；CPF——资本项目基金；DSF——偿债基金；FA——固定资产；FB——基金余额；GF——普通基金；SRF——特种收入基金；GFAAG——普通固定资产账户群；GLTDAG——普通长期负债账户群。

① 美国政府会计准则委员会准则汇编 1100．108 节。

从以上业务可知，政府基金的核算不仅涉及四种基金的会计等式发生变化，还会涉及普通固定资产账户群和普通长期负债账户群的会计等式发生变化。

（三）政府基金的会计处理

政府基金包括普通基金、特种收入基金、资本项目基金和偿债基金。具体来讲，普通基金是核算政府一般运营的主体，包括收取收入以及向市民提供公共商品和服务发生的支出。如果一个普通政府单位只有一个基金主体，这就是普通基金。但一个政府单位可以有多项特种收入基金或者没有，因为特种收入基金是用来处理特定来源收入的，如特定来源指定用于教育，则应使用一项特种收入教育基金来处理指定用途的资源。同样，如果一个城市接受州或联邦基金，指定用于高速公路的建设或保养，则应设置一项特种收入基金来处理此类基金资源。因此，普通基金和特种收入基金的会计处理要求是相同的，使用正式的预算会计实务。

资本项目基金则不采用正式预算会计，它是在合法授权时产生，并存在于项目建设期内，也就是一项资本项目基金用于核算一个主要资本项目。偿债基金应和普通长期负债账户群的核算相协调，当长期负债到期，在偿债基金中记录支出，而在普通长期负债账户群中记录负债的减少。

例 14—1 下面我们来看一组业务的会计处理。

（1）B 镇 2×15 年 7 月 1 日至 2×16 年 6 月 30 日年度核准的预算收入合计是 500 000 美元，核定的经费支出合计是 495 000 美元，预算基金余额增加数是 5 000 美元。

借：预计收入	\$ 500 000	
贷：核定经费		\$ 495 000
未保留基金余额		5 000

（2）B 镇的财务员开具缴付 300 000 美元财产税的税单，并预计有 1% 的财产税不能收回，剩余税款将在本年度或年后不超过 60 天内收到。

借：应收税款——本年度	\$ 300 000	
贷：备抵应收税款——本年度		\$ 3 000
收入		297 000

（3）当垃圾收集费 70 200 美元由收费单据开具并送出时，确认收入。设 200 美元预计不可收回，其余部分预期在年底前（或年后 60 天内）收回。

借：应收账款	\$ 70 200	
贷：坏账准备		\$ 200
收入		70 000

（4）收到企业执照等收入共 30 000 美元。

借：现金	\$ 30 000	
贷：收入		\$ 30 000

（5）当开具薪金 40 000 美元的支付凭据时，形成了支出。

借：支出	\$ 40 000	
贷：应付账款		\$ 40 000

(6) 由普通基金转账 150 000 美元给资本项目基金，这需要在两种基金中分别编制分录。

普通基金：

借：其他财务运用——对市政厅资本项目基金的运营转账 $150 000

贷：现金 $150 000

资本项目基金：

借：现金 $150 000

贷：其他财务来源——来自普通基金的运营转账 $150 000

(7) 支付规划费和建筑师薪金 60 000 美元。

资本项目基金：

借：支出 $60 000

贷：现金 $60 000

(8) 发行债券收入 602 000 美元，溢价 2 000 美元，用于资本项目。

资本项目基金：

借：现金 $602 000

贷：其他财务来源——发行债券收入 $602 000

借：其他财务运用——对偿债基金的运营转账 $2 000

贷：现金 $2 000

注：债券收入只作为其他财务来源，而非收入；债券负债将由偿债基金清偿，因此，溢价应转账给偿债基金。

(9) 偿债基金收到市政厅资本项目基金的溢价 2 500 美元。

偿债基金：

借：现金 $2 500

贷：其他财务来源——市政厅资本项目基金的运营转账 $2 500

(10) 按规定，每年偿还 60 000 美元及每半年偿还利息，并由普通基金提供现金转账来偿还债务。设偿债资金收到第一次的本金和利息。

偿债基金：

借：现金 $79 500

贷：其他财务来源——普通基金的运营转账 $79 500

其中，$600 000×0.065×0.5 年＝$19 500

借：支出 $79 500

贷：现金 $79 500

三、权益基金会计

政府及其单位对其商务活动是以两类权益基金——企业基金和内部服务基金分别进行会计处理的。这两类权益基金最主要的区别是：企业基金是用来处理政府单位服务于以公众为代表的外部客户的经营活动，其核算活动通常包括公用（政府拥有）煤气和电力事业单位、供水和排水部门、政府垃圾废物处理、停车场、市中心、收费公路、公共交通系统和高尔夫球场等；内部服务基金则是用来处理向内部客户提供商品或劳务的经营活动和筹资活动，其核算活动通常包括中心数据处理服务、中心车队与车库、集中风险融资活动和中央仓储等。

（一）基本问题的规定

不同的基金会计，其基本问题的规定是有差异的，我们可通过表 14—3 进行对比。

表 14—3　　权益基金的会计等式和报表

项目	基本规定
会计基础	权益基金收入和费用应按权责发生制确认，收入应在获得并可计量的会计期间内确认，费用应在发生并可计量的期间内确认
会计等式	流动资产＋固定资产＋非流动资产＝流动负债＋长期负债＋净资产 或 流动资产＋非流动资产—流动负债—长期负债＝投入资本＋留存利润
财务报表	一是资产负债表或者净资产报表；二是收入、费用及留存利润变动（或基金权益变动）表；三是现金流量表

从表 14—3 可知，权益基金和政府基金使用不同的会计基础和会计等式。

权益基金的固定资产是基金固定资产而非普通固定资产。由权益基金产生并由其收入清偿的长期负债是基金负债而非普通长期负债。它们都是和权益性活动相关的，以权益基金来核算，同时还要核算折旧和摊销。

权益基金尤其是企业基金所采用的会计原则和准则通常就是相似类型和规模的私营企业所采用的会计原则和准则，尽管许多交易和事项存在差异，如将坏账作为收入的减项、债务再筹资等的会计处理上。最主要的差异是在权益基金财务报表所体现的不同实质，如净资产和现金流量有不同的分类要求。

（二）企业基金及其会计处理

企业基金（EF）是用于核算类似私营企业的筹资活动和经营活动。企业基金的目的是资本保全或盈利，并适用权责发生制，因此，企业基金的商品和劳务将持续地提供给一般大众，其成本主要通过向使用者收费来补偿。

企业基金取得的固定资产及发生的长期负债是基金固定资产及基金长期负债。因此，它们记录于企业基金账户中，而不是普通固定资产账户群及长期负债账户群中。通常长期债务是以企业基金经营担保的收益债券，此类债券又由政府单位的“完全保证及信用”作担保，则负债仍记录于基金中，如有或有负债，应在普通长期负债账户群相关的附注中进行披露。

例 14—2　以下列示一组企业基金的业务及会计处理。

（1）政府于 2×15 年末买进一家私人电力发电站和配电厂的净资产。政府除了用有关应收账款、债券、债务等抵付后仍要支付 295 000 美元，这一金额等于取得资产的公允价值减去承担的负债的公允价值。应作如下会计分录：

借：土地 $60 000
　建筑物 95 000
　建筑物以外改良 480 000
　机器和设备 110 000
　应收账款 62 000
　材料物资 10 000
　贷：坏账准备 $12 000
　　应付债券 400 000
　　带薪休假长期负债 100 000
　　应付账款 10 000
　　应付 ABC 电力公司款 295 000

(2) 支付应付 ABC 电力公司款时，应作如下分录：

借：应付 ABC 公司电力公司款 $295 000
　贷：现金 $295 000

(3) 收到成本为 76 000 美元的原材料，应作如下分录：

借：材料物资 $76 000
　贷：应付账款 $76 000

(4) 年度内总额为 630 000 美元的开单收入，应作如下分录：

借：应收账款 $630 000
　贷：营业收入 $630 000

(5) 由于设备租给州公共事务部而得到的 8 000 美元租金，应作如下分录：

借：应收州公共事务部款 $8 000
　贷：非营业收入 $8 000

(6) 接受服务而收到内部服务基金的账单，金额为 15 800 美元，应作如下分录：

借：营业费用 $15 800
　贷：应付内部服务基金款 $15 800

(7) 支付债券本金 55 000 美元和利息 20 000 美元，应作如下分录：

借：应付债券 $55 000
　非营业费用——利息 20 000
　贷：现金 $75 000

(三) 内部服务基金及会计处理

内部服务基金 (ISF) 是用于核算政府单位一个部门或代理机构依成本补偿基础向其他部门、代理机构或其他政府单位提供商品和劳务的融资。与企业基金的主要区别在于商品和劳务的使用群体不同。企业基金提供商品和劳务的对象是一般公众，而内部服务基金提供商品和劳务的对象则是同一政府单位的其他部门或代理机构，也可少量提供给其他政府单位。尽管如此，两者的会计处理仍然相同，有关财务报表的要求也是相同的。

内部服务基金通常要经过取得初始资源，进行设备、设施方面的建设，然后再通过提供商品和劳务不断取得收入。初始资源的渠道有几方面：普通基金及其他基金的转入、政府单位的捐赠、发行普通义务债券、政府单位的贷款等。政府集中采购、车队、印刷厂和自我保险是内部服务基金运作的典型例子，每一项活动都可通过规模经济、改善服务和更好的控制提供潜在的效率。

例 14—3 我们列示一组内部服务基金的业务及会计处理。

(1) 假设C市设置中心车队基金，由普通基金拨款资助现金350 000美元，并捐入公允价值为160 000美元的机动车。现金投入按规定应作为普通基金初始基金余额的一项直接减项。捐入的设备则从普通固定资产账户群按初始成本转出。应作如下会计分录：

借：现金	$ 350 000	
机动车	160 000	
贷：普通基金剩余权益转入		$ 350 000
市政府投入资本		160 000

(2) 在市政府拥有的土地上以成本145 000美元建造一栋建筑物，购买设备的费用为58 000美元，经营用品的费用为25 000美元。应作如下分录：

借：建筑物	$ 145 000	
设备	58 000	
库存用品	25 000	
贷：现金		$ 228 000

(3) 中心车队提供交通车给市政府部门，并按预定的分摊比率，向这些部门开单收费。所设定的比率应能补偿经营中心车队的所有成本。记录收入时应作如下分录：

借：应收普通基金款	$ 60 000	
应收特种收入基金款	50 000	
应收企业基金款	40 000	
贷：服务收入		$ 150 000

在企业基金的会计记录里，应记为：

借：营业费用	$ 40 000	
贷：应付内部服务基金款		$ 40 000

如收回有关款项时，应作如下分录：

借：现金	$ 100 000	
贷：应收普通基金款		$ 60 000
应收企业基金款		40 000

(4) 中心车队支付薪酬和工资19 800美元，并分配如下：

技工工资	$ 9 200
间接人工	3 600
管理者薪金	3 500
办公室职员薪金	3 500
	$ 19 800

借：费用——技工工资 $9 200
——间接人工 3 600
——管理者薪金 3 500
——办公室职员薪金 3 500
贷：现金 $19 800

对于明细分类核算、期末调整、结账分录以及财务报表的编制，内部服务基金和企业基金的核算过程相似，与一般会计也都相似，这里就不再介绍了。

四、托管基金会计

托管基金是指用于核算政府为他人利益而以受托人或代理人身份收到或持有的资源的基金，包括可支用信托基金（expendable trust funds）、不可支用信托基金（nonexpendable trust funds）、养老信托基金（pension trust funds）和代理基金（agency funds）。这些资源往往金额巨大，需设立专门基金进行核算。托管基金的会计等式和报表如表 14—4 所示。

表 14—4 托管基金的会计等式和报表

项目	基本规定
会计基础	可支用信托基金：修正的权责发生制 不可支用信托基金：权责发生制 养老信托基金：权责发生制
会计等式	代理基金：资产＝负债 可支用信托基金：资产＝负债＋基金余额 不可支用信托基金：流动资产＋固定资产＋非流动资产＝流动负债＋长期负债＋净资产
财务报表	代理基金：资产负债变动表 可支用信托基金：资产负债表，收入、支出及基金变动表，预算比较报表 不可支用信托基金：资产负债表，收入、费用及基金权益变动表，现金流量表 养老信托基金：养老计划净资产表，基金资产变动表

托管基金的会计基础仍遵循基金的性质和计量目标。其中，代理基金没有收入、支出或费用，因为它们的运营具有保管性质，并且代理基金也不存在基金余额或权益。代理基金的资产负债表通过披露资产、负债的期初、期末余额，本期增加和减少数额，对每项基金资产和负债的变动进行简单的报告，而不是报告运营成果；可支用信托基金的会计基础及核算与政府基金相同；不可支用信托基金具有资本保全或营利目标，其会计基础及核算则与权益基金相同；养老信托基金适用的指南则有特殊之处。

从本质上来说，用托管基金核算的资产并不是政府的资产，而是政府为其他各方利益所持有的资产。因此，托管基金核算以及财务报告的会计责任焦点在于政府在某个特定期间对信托代理责任的履行情况，以及在期末还未完成的信托代理责任上。政府只要在信托代理基金财务报表中报告其信托代理责任，就满足了这方面的会计责任，而不用在政府层面财务报表中报告。

（一）信托基金及会计处理

信托基金（TF）分为可支用信托基金和不可支用信托基金。其中，可支用信托基金是信托基金资产必要时可支用，以达到信托目的的基金，此类信托基金会计处理的重点是揭示在履行政府单位作为受托人的托管责任中收受资源的来源和运用。政府会计准则委员会规定，如果政府单位对某计划有托管责任，则将此计划作为一项可支用信托基金来核算，并在财务报表中报告此类递延酬劳计划。

不可支用信托基金是指本金必须保持的信托基金。收益可能可支用，也可能是不可支用的。本金不可支用，但收益可支用于信托契约中规定用途的信托基金称为留本信托基金，如对出售墓地的部分收入进行托管的公墓基金，以提供对公墓的永久看护，信托本金要求保持不变，但收益可支用于公墓的维护。另外，许多贷款基金无论是收益还是本金都是不可支用的。在此类信托基金中，所有贷款的金额都要偿还，包括利息，并且所有信托基金资产都是不可支用的。当然，坏账损失会减少信托基金资产。

例 14—4 下面我们举例说明不可支用信托基金的会计处理。

2×15 年 1 月 2 日，市民 A. C. Olds 逝世，Plenty 市成为其公寓的托管人。信托契约上规定 260 000 美元的信托基金本金要保持不动，收益转账到普通基金中，以支付市公园、游戏场及休闲娱乐中心的娱乐设施和用品费用。2×15 年 Olds 信托基金的交易和事项如下：

（1）信托基金本金包括公允价值为 290 000 美元的公寓和公允价值为 70 000 美元的土地，减去应付抵押款 100 000 美元，此应付抵押款将由信托资产清偿。本金应作如下分录：

借：土地	$ 70 000	
建筑物——公寓	290 000	
贷：应付抵押款		$ 100 000
信托基金本金		260 000

（2）2×15 年来自公寓的租金收入，包括收到的现金 48 000 美元及 2×15 年 12 月 31 日到期的应收租金 6 000 美元。

借：现金	$ 48 000	
应收租金	6 000	
贷：租金收入		$ 50 000

（3）建筑物一年的维护成本为 16 500 美元，其中 2 000 美元年末尚未支付。

借：维护费用	$ 16 500	
贷：应付账款		$ 2 000
现金		14 500

（4）2×15 年间，支付 3 500 美元抵押款利息，且年末应计 3 500 美元。

借：利息费用	$ 7 000	
贷：应付利息		$ 3 500
现金		3 500

(5) 2×15 年，公寓折旧费用为 18 125 美元（290 000/16 年）。

借：折旧费用	$ 18 125	
贷：累计折旧		$ 18 125

(6) 本年信托收益共 9 500 美元，转账给普通基金，用于购买娱乐设施。

借：其他财务运用——普通基金的运营转账	$ 9 500	
贷：现金		$ 9 500

(7) 本年度结账分录。

借：租金收入	$ 51 125	
贷：维护费用		$ 16 500
折旧费用		18 125
利息费用		7 000
其他财务运用——普通基金的运营转账		9 500

(二) 养老信托基金及会计处理

养老信托基金（PTF）是许多州和地方政府的最大的信托基金。州和地方政府都可以有自己的多种退休制度，其中，通过养老信托基金进行核算与管理的是公务员退休制度（public employee retirement systems，PERS）。公务员退休制度不受《联邦政府雇员退休收入保障法》（ERISA）的约束。养老信托基金的会计处理和财务报告要求体现在政府会计准则委员会第 25 号公告的规定中，并且在政府会计准则委员会第 27 号公告中以“州和地方政府雇主养老金会计”为题，提供了州和地方政府雇主养老金费用、支出、资产和负债的会计处理和财务报告指南。政府单位不采用财务会计准则委员会的养老金会计指南。

例 14—5 下面，我们看一组养老信托基金业务的会计处理。

(1) 普通基金应计雇主缴款额 50 000 美元，雇员缴款额 125 000 美元。

借：应收普通基金款	$ 175 000	
贷：增加——雇员缴款		$ 125 000
——雇主缴款		50 000

(2) 从普通基金收到一张 175 000 美元支票。

借：现金	$ 175 000	
贷：应收普通基金款		$ 175 000

(3) 有三个员工辞职，一个员工在退休前死亡。他们的累计缴款额分别为三人合计 16 000 美元及 9 000 美元。

借：减少——支付给已故员工家属	$ 9 000	
——支付给辞职员工	16 000	
贷：应付已故员工家属款		$ 9 000
应付辞职员工款		16 000

(4) 计提应付养老金款 24 000 美元。

借：减少——支付养老金	$ 24 000	
贷：应付养老金		$ 24 000

（5）将支票寄给其中两个已辞职员工 13 000 美元和已故员工家属 9 000 美元。

借：应付已故员工家属款 $ 9 000

　　应付辞职员工款 13 000

　贷：现金 $ 22 000

以上处理在期末进行结账分录以后，按规定编制有关财务报表，并在报表附注中披露有关信息。

（三）代理基金及会计处理

代理基金（AF）用于核算政府单位作为保管人或代理人身份持有的资源。代理基金只是一种主要的结算手段，即为其他各方代收现金，短期持有后再支付给授权的收款人。

在政府的一般政务活动和商务活动中，有很多的代理关系产生，但多数的代理关系允许在政府基金或权益基金中进行核算，如地方政府从雇员工资中扣缴所得税及社会安全税时，它就充当了联邦政府的代理人。《政府会计准则委员会准则汇编》对有限的几种情况要求使用代理基金会计。例如，当一县政府充当县内所有城镇和城市的税款代理机构时，应设置税收代理基金进行核算，以表明该县对其他政府单位的征收税款责任以及该责任的履行。

例 14—6 下面我们举例说明代理基金的会计处理。设 W 县为本县和 A 市、B 市及 C 市征收财产税，2×15 年所有财产税征收如表 14—5 所示。

表 14—5 税款征收表

单位	2×15 年	
	征收金额	占总额的百分比（%）
W 县	$ 100 000	50
A 市	50 000	25
B 市	20 000	10
C 市	30 000	15
合计	$ 200 000	100

（1）W 县根据以上数据记录应征收税款时。

借：应收地方政府单位税款 $ 200 000

　贷：对 W 县负债 $ 100 000

　　　对 A 市负债 50 000

　　　对 B 市负债 20 000

　　　对 C 市负债 30 000

（2）当 W 县收到 180 000 美元税款时。

借：现金 $ 180 000

　贷：应收地方政府单位税款 $ 180 000

（3）W 县向以上三市就其所收到的税款收取 1% 的手续费 900 美元（180 000×50%×1%）时。

借：对 A 市负债（180 000×25%×1%） $450
　　对 B 市负债（180 000×10%×1%） 180
　　对 C 市负债（180 000×15%×1%） 270
　贷：应付普通基金（W 县）款 $900

（4）将 160 000 美元移交给 W 县和三个城市的政府单位，并按征收比例 1% 收取手续费时。

借：应付普通基金（W 县）款 $800
　　对 W 县负债（160 000×50%） 80 000
　　对 A 市负债（160 000×25%－400） 39 600
　　对 B 市负债（160 000×10%－160） 15 840
　　对 C 市负债（160 000×15%－240） 23 760
　贷：现金 $160 000

以上各类基金账户在作了会计处理后，需要记入账簿。在期末，首先编制财务报表，然后编制联合财务报表，用于综合反映各类基金账户的信息。

五、非基金账户的会计处理

以上我们学习和讨论了政府基金、权益基金和托管基金的会计处理，实际上，在政府会计日常业务中，不仅有三大类基金的核算，还有非基金即普通固定资产账户群和普通长期负债账户群的核算，并且基金和非基金之间也有业务联系。非基金账户的会计等式和报表如表 14—6 所示。

表 14—6 非基金账户的会计等式和报表

项目	基本规定
会计基础	普通固定资产账户群：权责发生制 普通长期负债账户群：权责发生制
会计等式	普通固定资产账户群：固定资产＝普通固定资产投资 普通长期负债账户群：未来年度提供用于清偿普通长期债务的金额＋偿债基金中可用于清偿普通长期债务的金额＝应付普通长期债务
财务报表	普通固定资产表、普通长期债务表

下面，我们介绍这方面的业务处理。

（一）普通固定资产的会计处理

政府单位的普通固定资产是指由普通基金、特种收入基金或资本项目基金购置的固定资产，以及通过捐赠、资本租赁等取得的固定资产，这些固定资产不列入权益基金或信托基金。经购置取得的固定资产应按成本入账，对于捐赠取得的固定资产在收到时应按公允价值入账。普通固定资产折旧不记入政府基金账户中，因为它不是一种财务资源或运营资金的变动。普通固定资产可分五类：土地、建筑物、非建筑物改良工程、机器和设备、在建工程；当普通固定资产出售、报废时，收到的款项不应在普通固定资产账上记录，而要记在普通基金中；对普通固定资产计提折旧是可以选择的，并且在会计处理中不作为折旧费用反

映；期末编制的财务报表包括普通固定资产变动表和普通固定资产表，前者反映固定资产变动情况，后者为政府编制联合资产负债表提供更为详细的内容。

例 14—7 我们用一组业务说明普通固定资产的会计处理。

(1) 用 30 000 美元的资本支出购置一辆公务车，应分别在普通基金和普通固定资产账户记录。

普通基金：

借：支出——资本支出	$ 30 000	
贷：应付账款		$ 30 000

普通固定资产账户群：

借：机器和设备	$ 30 000	
贷：普通固定资产投资——普通收入		$ 30 000

(2) 用联邦政府补助款 500 000 美元购置一建筑物。

资本项目基金：

借：支出——资本支出	$ 500 000	
贷：应付账款		$ 500 000

普通固定资产账户群：

借：建筑物	$ 500 000	
贷：普通固定资产投资		$ 500 000

(3) 接受捐赠而取得一块土地，接受时估计的公允价值为 5 000 美元。

借：土地	$ 5 000	
贷：普通固定资产投资		$ 5 000

由于政府接受捐赠而取得的普通固定资产没有耗费政府基金的任何资产，该笔分录可直接在普通固定资产账户中记录。

(4) 出售一台账面价值为 100 000 美元（成本 800 000 美元，累计折旧 700 000 美元）的消防车，并以 20 000 美元的价格成交。出售后产生的 80 000 美元损失应在政府层面的业务报表中报告。

普通基金：

借：现金	$ 20 000	
贷：其他财务来源		$ 20 000

普通固定资产账户群：

借：普通固定资产投资	$ 100 000	
累计折旧	700 000	
贷：机器和设备		$ 800 000

（二）普通长期负债的会计处理

普通长期负债是指除权益基金和信托基金的负债以外的，政府所有未到期的长期负债，包括债券、认股权证、票据及其他政府承担的负债。当政府发生长期负债时，并不在政府基金账户中记录，而是在普通长期负债账户群内记录。当发行普通长期负债中的分期还本债券时，所收到的款项记录于政府基金。最常见的是，通过发行普通政府债券来对固定资产的建造或购置融资，往往会与资本项目基金、偿债基金有业务上的联系。

例 14—8 我们用一组业务说明普通长期负债的会计处理。

(1) 2×15 年 7 月 1 日，为建造市政厅而发行了分期还本债券，面值 50 000 美元，溢价 2 000 美元，年利率 6.5%。这一笔分录应涉及三部分的记录。

资本项目基金：

借：现金 $502 000

　贷：其他财务来源 $502 000

借：其他财务运用——对偿债基金的运营转账 $2 000

　贷：现金 $2 000

注：债券收入只作为其他财务来源，而非收入；债券负债将由偿债基金清偿，因此，溢价应转账给偿债基金。

偿债基金：

借：现金 $2 000

　贷：其他财务来源——市政厅资本项目基金的运营转账 $2 000

普通长期负债账户群：

借：需用于偿还分期还本债券数 $500 000

　贷：应付分期还本债券 $500 000

(2) 按规定，分期偿还还本债券应由偿债基金清偿。设每年偿还本金 50 000 美元，每半年付息一次，并由普通基金提供现金转账偿还债务。

偿债基金：

2×15 年 12 月，收到普通基金转来的应还利息。

借：现金 $14 250

　贷：其他财务来源——普通基金的运营转账 $14 250*

* ($500 000×0.065×0.5 年)－$2 000＝$14 250

2×16 年 1 月 1 日，支付半年利息。

借：支出 $16 250

　贷：现金 $16 250

收到普通基金转来的应还本金，并在 2×16 年 7 月 1 日付出。

借：现金 $66 250

　贷：其他财务来源——普通基金的运营转账 $66 250

借：支出 $66 250

　贷：现金 $66 250

普通长期负债账户群：

借：分期还本债券 $50 000

　贷：用于偿还分期还本债券数 $50 000

普通基金：

借：其他财务运用——对偿债基金的运营转账 $14 250

　贷：现金 $14 250

借：其他财务运用——对偿债基金的运营转账　　　$ 66 250
　贷：现金　　　$ 66 250

第3节　中国财政总预算会计的运作

我国政府会计由财政总预算会计和行政单位会计构成。本节阐述财政总预算会计，下一节讨论行政单位会计。

一、财政总预算会计的构成及特征

（一）财政总预算会计的构成

财政总预算会计简称总预算会计，是各级政府财政部门核算、反映和监督政府预算执行等各项财政性资金活动的专业会计。总预算会计由中央和地方各级政府的财政机关具体实施。

我国的政府预算是按照统一领导、分级管理原则进行的，每一级政府设立一级总预算，每一级总预算都设置相应的总预算会计。由此，我国的五级预算都设立总预算会计，即国家财政部设立中央财政总预算会计；省级（包括自治区、直辖市）的财政厅（局）设立省级财政总预算会计；市（地、州）财政局设立市级财政总预算会计；县（市）财政局设立县级财政总预算会计；乡（镇）财政所设立乡级财政总预算会计。

财政机关是组织国家财政收支，办理政府预算、决算的专职管理机关，其主要任务是将物质生产部门等创造的一部分国民收入以税收、上缴利润和其他缴款方式集中起来，形成政府的财政资金，再根据国家的社会发展规划和国民经济发展计划，通过预算的形式有计划地进行分配，为国家的行政管理、国民经济建设、国防建设以及教科文卫体等各方面事业的发展服务。

财政机关集中各项财政资金形成财政收入，是一级财政的资金来源；以拨款和支出的形式分配使用财政资金形成财政支出，是财政资金的运用；在执行财政收支后，尚未使用的资金形成各项资金结余，是一级政府财政预算执行的结果。这种财政资金的收支、结存活动就是预算会计反映、监督的基本内容。因此，总预算会计的对象就是财政机关在执行预算过程中，各项财政资金的集中、分配及其执行结果。

（二）财政总预算会计的特征

各级政府的经济活动与企业、一般行政单位和事业单位的经济活动有着明显的差异。财政机关是组织国家财政收支，办理政府预算、决算的管理机关，其主要职责是如何组织财政资金的收入和使用。而企业则是以营利为主要目标的经济组织，独立地从事商品生产经营活动，要独立核算，自负盈亏。行政、事业单位的主要任务是进行政府行政管理，组织经济、文化建设，发展社会各项事业，其所需资金大部分由财政资金分配拨付。这些经济活动的差异，决定了总预算会计具有如下几个特征。

(1) 具有公共性和财政性。政府及其单位属于公共部门，并以实现公共职能为目的，以公共（财政）资金为核算对象，以公共义务为核算依据，以公共业务成果为主要考核指标。总预算会计作为反映和监督政府预算执行情况的专业会计，与企事业单位会计相比，更具有宏观意义和财政的公共性。

(2) 具有非营利性。总预算会计的对象和职能决定了它主要反映财政资金的收入、支出情况，合理调度财政资金，提高资金使用效益，不必像企业会计和某些事业单位会计那样，进行成本核算和损益核算。

(3) 总预算会计所提供的信息不仅要符合一般的会计原则，还要符合《预算法》的要求，以满足社会公众及纳税人、上级财政部门及本级政府对预算管理和财政决策方面的需要。总预算会计的信息能体现各级政府受托责任的履行情况，而企业会计的信息是反映管理者受托责任的履行情况，两者的信息内容是不相同的。

(4) 现行总预算会计包括了预算会计和财务会计两部分，其中，预算会计主要以收付实现制作为会计基础，而财务会计则要以权责发生制为会计基础。

(5) 现行总预算会计的预算会计部分的会计要素包括预算收入、预算支出与预算结转结余。其中，预算收入是指政府在预算年度内依法取得的并纳入预算管理的现金流入；预算支出是指政府在预算年度内依法发生并纳入预算管理的现金流出；预算结转结余是指政府预算年度内预算收入扣除预算支出后的余额，以及历年滚存的余额。

(6) 现行总预算会计的财务会计部分的会计要素包括资产、负债、净资产、收入和费用。

(7) 现行总预算会计的会计等式表现为两方面：

1) 预算会计部分：预算收入－预算支出＝预算结转结余。

2) 财务会计部分：资产＋支出＝负债＋净资产＋收入。

(8) 总预算会计需要编制政府财务报告和决算报告。其中，财务报告包括的主要会计报表有资产负债表、收入费用表、现金流量表等报表；决算报告应当包括决算报表和其他应当在决算报告中反映的相关信息和资料。政府财务报告的编制以权责发生制为基础，以财务会计核算生成的数据为准。政府决算报告的编制以收付实现制为基础，以预算会计核算生成的数据为准。

21世纪以来，中国在公共财政框架下，进行了部门预算、政府采购、国库集中收付制度和深化收支两条线等方面的改革。其中，政府采购和国库集中收付制度对财政总预算会计的核算产生了重大影响。国库集中收付制度的本质在于实现两个“直达”，即“收入直缴，支出直拨”。通过两个“直达”，对财政收入直接缴入国库，对财政支出以预算分配、资金拨付、资金使用、银行清算以及财政资金到达商品和劳务提供者的整个过程实施有效的监控。国库集中收付制度的全面实施，极大地影响现行预算会计体系和分级，传统的预算领拨款关系发生了很大的变化，对会计核算影响重大。

二、财政总预算会计收入与支出的核算

财政总预算会计是以预算收支作为主要核算内容，并且核算由预算收支而引

起的有关资产、负债和净资产的事项。

预算收入是指政府在预算年度内依法取得的并纳入预算管理的现金流入，是进行社会主义现代化建设的财力保证。预算收入具体包括一般公共预算收入、政府性基金预算收入、国有资本经营预算收入和社会保险基金预算收入。其中，一般公共预算收入包括各项税收收入、行政事业性收费收入、国有资源（资产）有偿使用收入、转移性收入和其他收入。政府预算会计以此而设立"一般预算收入"和"基金预算收入"等会计科目进行会计核算。

政府预算经过法定程序批准后，必须正确组织实施，保证预算收入任务的完成，这就进入了预算执行阶段。其中，一般公共预算收入在中央财政和地方财政之间可划分为中央固定收入、地方固定收入和中央与地方分成收入。基金预算收入也按预算级次划分为中央基金预算收入、地方基金预算收入和中央地方共享基金收入。按会计制度规定，预算收入应以本年度缴入基层国库（支库）的数额作为收入实现的确认。

预算支出是指政府在预算年度内依法发生并纳入预算管理的现金流出。通过预算支出，国家可对部分社会资源进行再分配，以求达到社会资源配置的平衡结构。通过预算支出，可以在各级政府之间划分支出责任，以形成最优分权模式，确保作为一个整体的政府得以有效履行国家所赋予的职责。预算支出具体包括一般公共预算支出、政府性基金预算支出、国有资本经营预算支出和社会保险基金预算支出。

一般公共预算支出按照其功能分类，包括一般公共服务支出，外交、公共安全、国防支出，农业、环境保护支出，教育、科技、文化、卫生、体育支出，社会保障及就业支出和其他支出。一般公共预算支出按照其经济性质分类，包括工资福利支出、商品和服务支出、资本性支出和其他支出。政府预算会计以此而设立"一般预算支出"和"基金预算支出"等会计科目进行会计核算。

例 14—9 下面，我们看一组预算收入和预算支出的会计处理。

（1）某市财政局收到国库报来本市市级预算收入日报表，列示一般预算收入 800 000 元，基金预算收入 300 000 元。

	借方	贷方
借：国库存款	1 100 000	
贷：一般预算收入		800 000
基金预算收入		300 000

（2）某市财政局收到收入退还书一联，计应退 A 单位一般预算收入 80 000 元，经批准同意退还。

	借方	贷方
借：国库存款	－80 000	
贷：一般预算收入		－80 000

（3）某县财政局收到县支库报来的"分成收入计算日报表"，列报总收入额为 500 万元。其中，县财政分成 40%，收入额 200 万元，市财政分成 60%，收入额 300 万元。

县财政总预算会计分录如下：

	借方	贷方
借：国库存款	5 000 000	
贷：一般预算收入		5 000 000

借：上解支出 3 000 000

贷：国库存款 3 000 000

设市财政局当天收到收入450万元，其中300万元是下级上缴。会计分录为：

借：国库存款 4 500 000

贷：一般预算收入 1 500 000

上解收入 3 000 000

(4) 某市财政局将应属于分成的预算收入700 000元，误作为中央预算收入未入账。现根据“预算收入日报表”和“分成收入计算日报表”及“更正通知书”予以更正（上缴40%）。

借：国库存款 700 000

贷：一般预算收入 700 000

借：上解支出 280 000

贷：国库存款 280 000

(5) 某市财政局直接拨给煤建公司煤价补贴款800 000元。

借：一般预算支出 800 000

贷：国库存款 800 000

(6) 某市财政局拨给A行政事业单位基本建设款2 000 000元，根据建行报来的“银行支出数汇总表”转列支出。

借：一般预算支出 2 000 000

贷：基建拨款 2 000 000

(7) 某市财政局将预拨给各主管行政事业单位作为行政事业经费的3 500 000元转列支出。

借：一般预算支出 3 500 000

贷：预拨经费 3 500 000

(8) 某市财政局按照合同将预算资金划入政府采购资金专户，款项为1 500 000元。有关行政单位的配套资金500 000元也划入采购资金专户。

借：暂付款——政府采购款 1 500 000

贷：国库存款 1 500 000

借：其他财政存款 2 000 000

贷：暂存款——政府采购款 1 500 000

——政府采购配套资金 500 000

(9) 接上例，市财政国库支付中心根据合同和有关支付文件资料，向供应商付款，并将财政安排的政府采购资金列报支出。

借：暂存款——政府采购款 1 500 000

——政府采购配套资金 500 000

贷：其他财政存款 2 000 000

借：一般预算支出 1 500 000

贷：暂付款 1 500 000

(10) 某市财政机关直接拨付给某建设单位不实行限额管理的基本建设资金

600 000 元。

借：一般预算支出　　600 000

　贷：国库存款　　600 000

第4节　行政单位会计的运作

行政单位是指行使国家权力、管理国家事务、维护社会公共秩序、进行各项行政管理工作的政府机构，其人员列入政府行政编制，所需经费全部由政府预算拨款。行政单位会计就是核算、反映和监督本单位经济业务活动的专业会计。2014 年我国行政单位实施新的会计制度。

一、行政单位会计的构成及特征

1. 行政单位的构成及特点

根据我国的行政机构建制，行政单位可由以下部门构成：

(1) 国家各级权力机关，指各级人民代表大会及其所属机构。

(2) 各级行政机关，指国务院及其所属各部委和各省、市、县、乡的各级人民政府及其所属机构。

(3) 司法和检察机关，指各级司法部门、法院和检察院。

(4) 政党组织，指中国共产党、各民主党派以及共青团、妇联、工会等组织。

军队虽然也通过预算拨款解决经费，但因人员不属于行政编制，不划为行政单位，而作为独立的系统。

行政单位的职责是完成国家所赋予的各项行政管理任务，即维护社会公共秩序、保证国家机器的正常运转。行政单位虽不直接参与物质生产，但它们为社会再生产创造良好的环境，提供有效的服务和安全保障。因此，行政单位具有如下特征：

(1) 行政单位的存在是以满足社会公共需要为前提，属于公共部门。行政单位为社会公民提供的服务，属于公共物品。公民在消费行政单位提供的服务时，不具有排他性。

(2) 行政单位的运作不是以营利为目的。行政单位为公民提供的服务一般不收取费用或只收取少量的费用，不与企业一样，以营利为目的提供商品和劳务。

(3) 行政单位的资金来源是单一的和无偿的。行政单位的资金来源主要是政府预算拨款，并按规定的项目、计划开支和使用，无须偿还。

2. 行政单位会计的构成及特征

行政单位会计是指各级行政单位以货币为主要计量单位，对行政单位预算资金和其他资金的运动进行反映和监督的专业会计。它是预算会计体系中的重要组成部分。行政单位会计对本单位各项经济业务引起的资金活动的过程和结果——

预算的执行情况，进行连续、系统、全面的反映和监督，向本单位的领导、上级主管部门和财政机关提供财务信息，以加强预算管理，提高资金的使用效益。行政单位部门预算是行政单位根据其职责和工作任务编制的年度财务收支计划，由收入预算和支出预算组成，是行政单位取得政府财政拨款，使用政府财政拨款的依据。行政单位部门预算是政府预算的重要组成部分，行政单位的预算执行情况，直接影响政府预算的执行情况。行政单位会计通过反映职能，如实将行政单位的预算执行情况通过会计核算程序表现出来；通过监督职能，督促单位加强财务管理，提高资金的使用效益。

行政单位会计是核算政府预算拨款、使用和结余的会计，与财政总预算会计有着直接的联系，也体现如下特征：

(1) 会计核算对象是纯预算收支运动，体现了与财政总预算会计的拨款联系。

(2) 支出列报的依据是以经费的实际支出数为基础，表示财政资金的使用和结果。

(3) 以收付实现制为会计基础，不核算成本，但可以对固定资产计提折旧。

(4) 会计主体是具体执行预算收支的行政单位，并按我国的行政建制划分为三级单位：上级会计单位、二级会计单位和基层会计单位。

(5) 行政单位会计等式与财政总预算会计的财务会计部分相同，表现为：

资产＋支出＝负债＋净资产＋收入

(6) 行政单位会计需要编制的主要财务报表有：资产负债表、收入支出表、财政拨款收入支出表等。

二、行政单位会计的主要收支核算

行政单位主要依靠政府预算拨款履行其立法、行政和司法等管理职能，因此，行政单位向同级政府取得财政拨款收入和其他收入，并为行使管理职能而发生的经费支出以及经费结余就是行政单位会计核算的主要内容。在行政单位会计的核算中，主要通过收入和支出来反映行政单位的资金获得与使用，并按照部门预算要求进行相应的基本支出和项目支出明细核算。

按照国库集中收付制度的要求，在“收入直缴”的基础上，先在工资性支出、政府采购支出、基本建设项目支出和专项支出等项目实施财政直接支付方式；对零星支出实施财政授权方式，最终将所有政府性基金、行政性收费、罚没收入和预算外资金全部纳入国库集中收付制度管理，全面实施“收入直缴，支出直拨”。国库集中收付制度的实施，引起行政单位拨入经费方式发生新的变化。

例 14—10 下面，我们通过一组业务说明行政单位的收支会计处理。

(1) 某行政单位本月收到同级财政局委托代理银行转来的财政直接支付入账通知书，是支付一笔日常行政活动经费 80 000 元。应作如下会计分录：

借：经费支出　　80 000

　　贷：财政拨款收入——基本支出拨款　　80 000

（2）某行政单位收到代理银行转来的财政直接支付入账通知书，财政部门为该单位支付开展某项专业业务活动的费用65 000元。应作如下会计分录：

借：经费支出　　65 000
　贷：财政拨款收入——项目支出拨款　　65 000

（3）某行政单位收到代理银行转来的财政授权支付额度到账通知书，列明当月授权支付额度为500 000元，其中基本支出400 000元、项目支出100 000元。应作如下会计分录：

借：零余额账户用款额度　　500 000
　贷：财政拨款收入——基本支出拨款　　400 000
　　　　　　　　　——项目支出拨款　　100 000

（4）年末，某行政单位汇总当年财政直接支付的实际支出数（基本支出）为3 000 000元，本年度财政直接支付的预算指标数（基本支出拨款）为3 200 000元，故确定应收财政返还的资金额度为200 000元。应作如下会计分录：

借：财政应返还额度——财政直接支付　　200 000
　贷：财政拨款收入——基本支出拨款　　200 000

（5）年末，某行政单位汇总当年财政授权支付额度下达数1 500 000元，其中，基本支出拨款1 000 000元，项目支出拨款500 000元。本年度财政授权支付的预算指标数为1 800 000元，其中，基本支出拨款1 200 000元，项目支出600 000元，故确定应收财政返还的资金额度为300 000元。应作如下会计分录：

借：财政应返还额度——财政授权支付　　300 000
　贷：财政拨款收入——基本支出拨款　　200 000
　　　　　　　　　——项目支出拨款　　100 000

（6）年末，某行政单位将“财政拨款收入”账户余额进行年终结转，其中，基本支出拨款5 550 000元，项目支出拨款3 230 000元。应作如下会计分录：

借：财政拨款收入——基本支出　　5 550 000
　　　　　　　　——项目支出　　3 230 000
　贷：财政拨款结转　　8 780 000

（7）A行政单位收到代理银行转来的财政直接支付入账通知书，通过招投标购入办公设备计450 000元。设备已验收。应作如下会计分录：

借：经费支出——财政拨款支出（基本支出）　　450 000
　贷：财政拨款收入——基本支出拨款　　450 000
借：固定资产　　450 000
　贷：资产基金——固定资产　　450 000

（8）A行政单位1月份的工资总额为850 000元，其中，基本工资400 000元，津贴补贴100 000元，年终一次性奖金300 000元，社会保障缴费50 000元。由财政统发。应作如下会计分录：

借：经费支出——财政拨款支出（基本支出）　　850 000
　贷：应付职工薪酬　　850 000
借：应付职工薪酬　　850 000
　贷：财政拨款收入——基本支出拨款　　850 000

(9) A行政单位通过招投标购买属于基本支出预算的日常乙型材料一批，收到代理银行转来的财政直接支付入账通知书，金额为150 000元，材料已验收入库。应作如下会计分录：

借：经费支出——财政拨款支出（基本支出） 150 000
  贷：财政拨款收入——基本支出拨款 150 000
借：存货——乙型材料 150 000
  贷：资产基金——存货 150 000

(10) A行政单位通过单位零余额账户购买日常办公用品一批，计4 500元，直接交给有关业务部门使用，属于基本支出预算。应作如下会计分录：

借：经费支出——财政拨款支出（基本支出） 4 500
  贷：零余额账户用款额度 4 500

思考题

1. 什么是政府会计？它包括哪些核算对象？
2. 美国政府会计有哪些基金主体？
3. 请解释固定资产为什么不记录在普通基金账户内。
4. 什么是修正的权责发生制？它适用于哪些基金账户？
5. 中国财政总预算会计的核算内容有哪些？与美国政府会计有什么差异？
6. 中国行政单位会计的核算与财政总预算会计有什么联系？
7. 政府会计与企业会计有何不同？

练习题

（一）政府基金

资料： B镇发生以下交易：

(1) 订购设备，应支付33 000美元。

(2) 将普通基金资源200 000美元转账到偿债基金。

(3) 1月1日该镇征收财产税1 000 000美元，并预期在会计年度终了前或年后不超过60天内收到100 000美元外的所有税款。余下的100 000美元有一半预期不可收回。

(4) 该镇从其他政府单位收到限定用于某图书馆项目的补助100 000美元，在普通基金中进行会计处理。

(5) 该镇发生项目支出75 000美元，由图书馆补助支付。

(6) 该镇本月应收取的财产税为200 000美元，已开出账单，并预计有3 000美元不可收回。

要求： 编制普通基金分录，并揭示受交易影响的其他基金或非基金账户。

（二）政府基金

资料： H市于2×15年9月核准扩建市政府大楼，扩建部分造价600 000美元。其将由普通基金融资200 000美元，发行分期还本债券融资400 000美元。

(1) 2×15 年 10 月 1 日普通基金向资本项目基金转账 200 000 美元。

(2) 2×15 年 11 月 1 日同 S 建筑公司签订扩建合同，价值 580 000 美元。

(3) 2×16 年 4 月 15 日溢价发行面值 400 000 美元、利率为 7%的债券，溢价 1 000 美元转账给偿债基金。

(4) 2×16 年 5 月 2 日，建造工程完工。S 建筑公司提交账单 580 000 美元。

(5) 2×16 年 5 月 12 日，全额支付 S 建筑公司的账单。结清资本项目基金，剩余现金转账给普通基金。

要求：编制相关会计分录。

（三）托管基金

资料：2×15 年 1 月 1 日，J 先生设立了一学生资助信托基金，他捐赠了一价值 40 000 美元的建筑物（其成本为 25 000 美元）、市价 50 000 美元的债券以及现金 10 000 美元。信托协议规定本金不能动用，而以基金盈利资助贫困学生。投资利得和折旧作为盈利而不是信托基金本金的调整。请根据 2×15 年的活动编制有关分录。

(1) 本年度内收到建筑物净租金额 4 000 美元（净租金等于总租金减付现成本 12 000 美元）。

(2) 2×15 年 6 月 30 日上述债券出售得 55 000 美元，其中 3 000 美元为 1 月 1 日至 6 月 30 日的应计利息。

(3) 以现金 60 000 美元购买股票。

(4) 当年建筑物折旧计算为 2 000 美元。

(5) 2×15 年 12 月 31 日记录应收股利 6 000 美元。

（四）总预算会计

资料：以下是 G 市财政局发生的部分收支业务。

(1) 收到国库报来本市市级“预算收入日报表”及“缴款书”等原始凭证，列示当日市级预算收入为 150 万元。

(2) 收到国库报来“预算收入日报表”所列数字如下：

明细科目名称	本月收入
企业所得税	1 000 000
文教卫生所得税	100 000
煤炭企业亏损补贴	−200 000
粮食企业亏损补贴	−150 000
本月合计	750 000

根据上述资料（各种收补相抵）编制会计分录。

(3) 按规定通过财政安排，取得由财政管理并指定有专门用途的政府性基金 500 000 元。

(4) 从上级财政部门取得专用基金收入 300 000 元，从当月预算支出中安排取得专用基金收入 100 000 元。

(5) 收到上级财政拨来的预算补助款 250 000 元。

(6) 接到上级财政部门的通知，将原所欠往来款 1 500 000 元转作预算补助

1 000 000 元，专项补助 500 000 元。

(7) 收到下级财政单位上缴的预算上缴款 700 000 元。

(8) 年终根据上级批文，从基金预算结余调出资金 950 000 元，以弥补预算收支不足。

(9) 直接拨付煤价补贴给 A 煤建公司 860 000 元。

(10) 拨给某行政事业单位基本建设款 1 000 000 元，根据建行报来的“银行支出数汇总表”编制有关会计分录。

(11) 将拨给 W 行政单位预算拨款 1 000 000 元、M 事业单位主管部门预算拨款 1 500 000 元转列支出。

(12) 用基金预算收入安排支出 250 000 元。

(13) 用专用基金收入安排一项专项支农支出 80 000 元。

(14) 开出“拨款通知”对其下级财政拨出预算补助款 1 200 000 元。

要求：请编制相关会计分录。

(五) 行政单位会计

资料：以下是 B 行政单位发生的部分收支业务。

(1) 收到代理银行转来的财政直接支付入账通知书，财政部门为该单位支付开展某项专业业务活动的费用 43 000 元。

(2) 收到代理银行转来的财政授权支付额度到账通知书，列明当月授权支付额度 30 000 元，其中基本支出 20 000 元、项目支出 10 000 元。

(3) 通过招投标购买属于基本支出预算的电脑耗材一批，收到代理银行转来的财政直接支付入账通知书，金额为 280 000 元，材料已验收入库。

(4) 5 月份的工资总额为 1 050 000 元，其中，基本工资 550 000 元，津贴补贴 150 000 元，年终一次性奖金 300 000 元，社会保障缴费 50 000 元。由财政统发。

(5) 收到代理银行转来的财政直接支付入账通知书，通过招投标购入办公设备计 780 000 元。设备已验收。

(6) 通过单位零余额账户购买日常办公用品一批，计 3 900 元，直接交给有关业务部门使用，属于基本支出预算。

(7) 年末，某行政单位将“财政拨款收入”账户余额进行年终结转，其中，基本支出拨款 6 450 000 元，项目支出拨款 4 130 000 元。

要求：请编制相关会计分录。

第15章

非营利组织会计

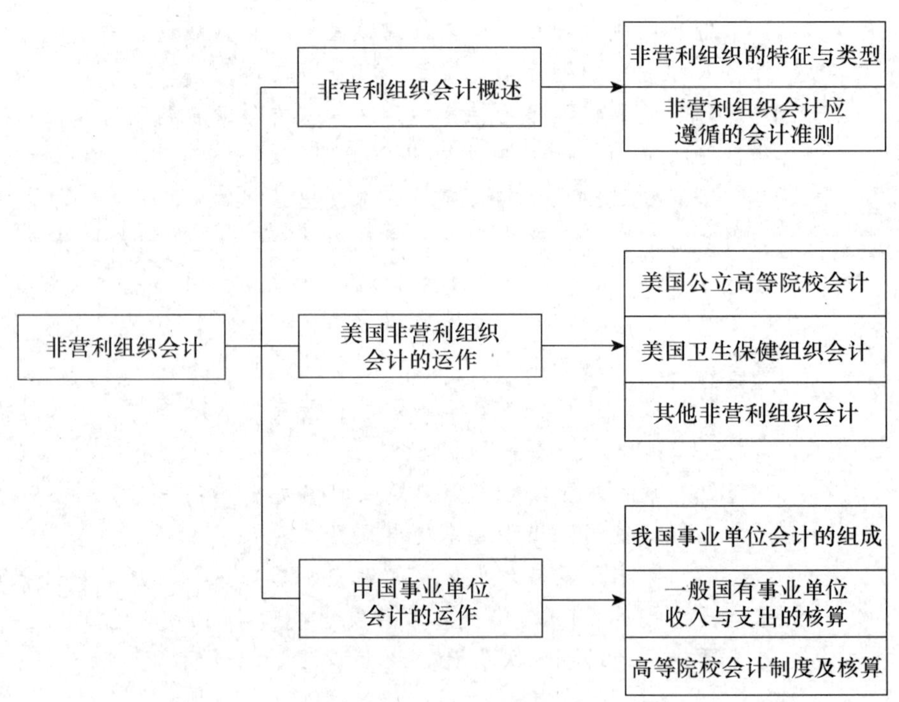

本章要点

- 认识非营利组织的特征与类型
- 了解非营利组织会计应遵循的会计准则及会计制度
- 掌握美国非营利组织会计的核算
- 掌握中国非营利组织会计的核算

近年来，世界上的非营利组织有了很大的发展，无论从个体还是整体而言，都已经成为当今社会经济、政治和社会生活中的一支重要力量。非营利组织会计也成为会计体系中的重要组成部分。本章第1节先介绍非营利组织的特征和基本会计准则，第2～3节分别介绍美国和中国的非营利组织会计的处理。

第1节 非营利组织会计概述

非营利组织会计是核算、反映和监督非营利组织经济活动的专业会计，它体现了正确的会计核算和有意义的财务报告，并根据非营利组织的特征与类型设置了相应的基本准则和核算规定。

一、非营利组织的特征与类型

非营利组织之所以存在，是因为社会需要它们向广大公众提供特定的产品和服务，而这些产品和服务是不考虑成本是否能得到补偿的。非营利组织提供的这些产品和服务，许多是不能在企业中有利可图地生产的，而社会又认为该产品或服务对公共福利至关重要，由此形成了非营利组织与一般企业的不同特征和类型。

(一) 非营利组织的特征

非营利组织的特征可表现在以下几方面：

(1) 非营利组织的建立和运作是以社会效益为目的，而不是以盈利为目的。非营利组织提供有偿服务，但不影响其非营利性。

(2) 非营利组织主要以生产精神产品和提供劳务为主，一般不生产物质产品。因为非营利组织绝大部分都是从事教育、卫生、文化、宗教、慈善和福利事业的部门，它们主要向社会生产和人民生活提供服务。

(3) 非营利组织的财务来源有多种渠道，而出资者不要求投入资产的回报，也不准备收回投入的资产。

(4) 非营利组织通常要接受政府部门的领导，并接受有关监管部门的监督。如卫生、教育等。

(5) 大多数非营利组织不需要缴纳所得税。

（二）非营利组织的主要类型

由于各国的情况不一样，非营利组织的形式有所不同，但只是大同小异。总体来看，非营利组织的类型主要有以下几种：

（1）教育、文化、科学研究机构。包括幼儿园、小学、中学、职业技术学校和高等学校、科学研究部门、博物馆、图书馆、艺术表演机构等。

（2）健康和福利组织。包括医院、疗养院、福利院、儿童保护组织、红十字会、社会救济机构等。

（3）慈善机构。包括社区筹资机构、基金会等。

在中国，非营利组织分为公立（国有）和民间两大类，尤其是改革开放后，不断出现多种形式的民间非营利组织。公立的非营利组织一般称为事业单位，除了以上机构外，还包括有关气象、体育等单位。

二、非营利组织会计应遵循的会计准则

在美国，非营利组织会计应遵循的会计准则有两种选择：公立的卫生保健组织会计和公立高等院校会计应按照政府会计准则委员会规定的会计原则；私立非营利组织会计则由财务会计准则委员会为其制定准则。[①] 近年来，这两家权威机构进行了多方协调，使公立和私立的非营利组织的会计处理趋向一致。

（一）适用于大多数私立非营利组织的会计原则

美国财务会计准则委员会发布的 FAS93 号公告、FAS116 号公告和 FAS117 号公告的条款，是统一私立的非营利组织的会计处理和财务报表编制的会计原则。

1. 权责发生制

非营利组织应采用权责发生制处理收入和费用，并确认长期资产的折旧费用。即使是捐赠的资产也应当计提折旧，而符合“收藏品”定义的特定艺术及历史珍品则不必予以资本化或计提折旧。

在权责发生制的基础上，收入是指非营利组织主要日常活动的资产流入。利得是指边缘性或偶发性交易形成的净资产增加。费用是指该组织主要日常活动形成的资产流出或发生的负债。损失是指不受非营利组织控制的边缘性或偶发性交易或事项形成的净资产的减少。收入和费用以总额报告。大多数利得和损失以净额报告，投资收益则以扣除相关费用后的净额报告。

2. 净资产的分类

FAS117 号公告要求对非营利组织的净资产按是否存在捐赠限制分成三类，而 FAS116 号公告则规定了这三类净资产的定义：

（1）永久限制净资产。这些净资产的捐赠限制规定不会因非营利组织的行为而终止或废除。

① 在国际会计准则委员会已颁布的 41 项准则中，还没有专门制定针对非营利组织的会计准则。

(2) 暂时限制净资产。这些净资产的捐赠限制会终止(时间限制)或在组织履行它们时废除(用途限制)。

(3) 非限制性净资产。这些净资产没有捐赠限制的规定。

在会计处理上,要按照以上三类来报告净资产的变动,并在财务报表中进行披露。每类净资产均可报告收入、利得和损失,但只有非限制性净资产才可报告费用。这一会计等式表现为:

资产=负债+净资产

3. 计量原则

接受捐赠和捐赠均以公允价值计量,如果不能合理估计公允价值,则不应确认该捐赠。对于无条件的赠予承诺,捐赠收入及相关的应收款以所收到资产或所清偿债务的公允价值计量。如果公允价值增加,不确认额外收入。如果公允价值减少,则在发生减少的期间确认减少额,并报告为最初在其中报告收入的净资产项目的变动,或者报告为该净资产所代表项目的变动。对于有条件的赠予承诺,应在收到时以资产公允价值计量。

4. 财务报表

FAS117 号公告要求非营利组织提供一系列财务报表,包括财务状况表(资产负债表)、业务表、现金流量表及附注。公益性卫生和福利组织还必须提供职能费用表。其中,业务表是主要的运营报表,应按三类净资产提供其金额变动及性质,以及向不同项目或服务提供资源的信息。

除以上四点外,还对有关捐赠、资助、投资、收藏品等事项进行了规定。

(二) 适用于公立非营利组织的会计原则

1. 公立医院会计原则的构成

公立的卫生保健组织会计将遵循美国注册会计师协会审计指南《卫生保健组织审计》(Audits of Health Care Organizations) 所规定的会计原则。公立的卫生组织如医院采用的会计原则与其他政府单位的商业活动采用的会计原则是相同的,并且有着相同的会计等式:

流动资产+非流动资产-流动负债-长期负债=净资产

政府会计准则和《卫生保健组织审计》规定了公立医院的收入、费用、利得和损失的定义:收入和费用产生于提供商品或劳务,以及其他主要的或核心的持续性业务;利得和损失相对主体的持续运营活动来说是偶然的或突发的;要求公立医院对外编制的财务报表包括净资产报表(资产负债表)、收入、费用和净资产变动表、现金流量表。

2. 公立高等院校会计原则的构成

确立公立高等院校会计原则的主要权威机构是政府会计准则委员会。政府会计准则委员会允许公立高等院校的会计采用美国注册会计师协会学院指南模式或政府模式。采用美国注册会计师协会学院指南模式的高等院校占大多数。

美国注册会计师协会学院指南模式是指应遵循美国注册会计师协会审计指南——《高等院校审计》所颁布的原则与规定。该指南已根据所有适用的政府会计准则委员会公告作了进一步修改。也就是说，公立高等院校选择该模式，也必须应用相关的政府会计准则委员会公告。采用美国注册会计师协会学院指南模式具体要求如下：

（1）分为6项基金组：流动基金、贷款基金、留本及类似基金、年金及终生收益基金、固定资产基金和代理基金。这些基金组又可进一步根据需要划分为副组，以满足计划、控制、决策及报告的目的。每项基金都有自己的属性和核算范围，表15—1总结了这一基金组的会计结构。

表15—1 高等院校的基金会计结构

1. 流动基金：可分为非限制性流动基金和限制性流动基金。 非限制性流动基金：核算高等院校在实施运营目标（包括教学、研究、扩展及公共服务）时可用的财务资源。此类基金还包括附属企业（诸如学生宿舍、餐厅、校际竞赛、校内商店及学生会等）以及每一企业可能单独使用的子基金。 限制性流动基金：核算可用于运营的但受捐赠者* 或其他外部代理人限制用于特定用途的财务资源。
2. 贷款基金：是核算高等院校根据协议向教职员工和学生提供贷款而持有的财务资源。这些资源的使用可能受外部捐赠者或内部董事会的限制，需要在会计记录上分清资源的来源以及各自的使用限制。
3. 留本及类似基金：包括留本基金、定期留本基金和准留本基金等。 留本基金：核算自捐赠者和外部代理人处接受的，并附条件规定本金必须永久留存而收益可用于一般或特定目的或增加本金的资源。 定期留本基金：核算自捐赠者外的外部代理人处接受的，并附条件规定本金可以在一段时间以后或某事项发生时予以支用的资源。 准留本基金：核算由董事会指定（内部指定）用于无限期投资，并且投资收益按指定用途支用的资源。
4. 年金及终生收益基金。 年金基金：核算在高等院校根据捐赠者捐赠协议规定而对个人作定期给付这一条件下取得的资源。 终生收益基金：核算捐赠给高等院校但规定须将收益支付给指定受益人（通常直至其死亡）的基金。
5. 固定资产基金：共包括四个副组：未支用固定资产基金、更新及重置基金、偿债基金及固定资产投资基金。前三类基金用来核算高等院校的财务资源，最后一类基金则核算有形固定资产及相关长期负债。 未支用固定资产基金：核算用于购置有形财产而尚未支用的资源。 更新及重置基金：核算用于更新或重置现有财产的资源。 偿债基金：核算因有关机构财产的债务业务及债务清偿而保留的资源。 固定资产投资基金：核算包括土地、建筑物、建筑物及设备以外的改良物（包括书本）的固定资产投资，以及与固定资产相关的负债。
6. 代理基金：用来核算高等院校为学生 、教师个人及团体所保管或代理而持有的资源。

* 捐赠者包括赠予人和捐款人。

（2）采用权责发生制。收入应于获取时确认，支出应于收到有关物资或服务时确认。公立高等院校可以不报告费用或净利润。对于固定资产一般可不计提折旧，固定资产的重置和更新支出若直接从流动基金中支用，则报告为流动基金支出。

（3）财务报表。要求编制包括所有基金组的联合资产负债表（见表15—2）、所有基金组的基金余额变动表，以及流动基金组的收入、支出及其他变动表。

表15—2 公立高等院校联合资产负债表

<table>
<tr><th colspan="8">资产负债表
2×15年6月30日</th></tr>
<tr><th rowspan="2"></th><th colspan="2">流动基金</th><th rowspan="2">贷款基金</th><th rowspan="2">留本基金及类似基金</th><th rowspan="2">年金及终生收益基金</th><th rowspan="2">固定资产投资基金</th><th rowspan="2">代理基金</th></tr>
<tr><th>非限制性</th><th>限制性</th></tr>
<tr><td>资产
…</td><td></td><td></td><td></td><td></td><td></td><td></td><td></td></tr>
<tr><td>负债
…</td><td></td><td></td><td></td><td></td><td></td><td></td><td></td></tr>
<tr><td>基金余额
…</td><td></td><td></td><td></td><td></td><td></td><td></td><td></td></tr>
<tr><td>收入
…</td><td></td><td></td><td></td><td></td><td></td><td></td><td></td></tr>
<tr><td>支出
…</td><td></td><td></td><td></td><td></td><td></td><td></td><td></td></tr>
</table>

采用政府模式的学院不多，它们应使用政府基金和权益基金的形式报告其运营情况。

（三）我国事业单位会计准则及会计制度

我国的事业单位是指主要通过生产精神产品和提供各种劳务的形式直接或间接地为上层建筑、生产建设和人民生活服务的非营利组织。随着经济体制的进一步改革，民间的非营利组织也不断设立，以满足整个社会发展的需要。我国于2013年1月1日开始实施新的事业单位会计准则和会计制度主要适用于各级各类国有事业单位。主要内容如下：

（1）事业单位会计核算的目标是向会计信息使用者提供与事业单位财务状况、事业成果、预算执行等有关的会计信息，反映事业单位受托责任的履行情况，有助于会计信息使用者进行社会管理，作出经济决策。

（2）规定了会计假设和会计信息质量要求。这方面的规定在总体上和行政单位是相同的，但强调事业单位可以走向市场，其经营活动应采用权责发生制，并核算成本，做到经营收入与支出相配比。

（3）规定了事业单位的会计要素包括资产、负债、净资产、收入、支出或者费用。会计要素的内容主要围绕各类收入与支出的核算而确定。会计等式为：

资产＋支出或费用＝负债＋净资产＋收入

（4）规定了事业单位的会计报表应包括资产负债表、收入支出表、财政补助收入支出表和会计报表附注。对于主管部门来说，还要编制汇总报表。

为了适应各类不同性质的事业单位业务的会计核算，我国还制定了《高等学校会计制度》、《医院会计制度》等，除了不同内容的会计处理，编制的附表不同之外，其会计假设、会计信息质量要求及会计等式基本相同。

(四) 我国民间非营利组织会计制度

我国的《民间非营利组织会计制度》作为国家有关法律、行政法规的配套制度，实现了与《基金会管理条例》、《社会团体登记管理条例》和《民办非企业单位登记管理暂行条例》等法规的协调，解决了民间非营利组织适用会计规范问题。改革开放之后，随着我国市场经济的发展，尤其是财政职能的转换和公共财政的建设，一些过去由财政（包括国有企业）大包大揽的社会福利和公益事业等被剥离出来，推向社会，为民间非营利组织的设立准备了条件。大力发展民间非营利组织，引导民间资金投入社会公益事业，既可以解决公共财政资金在提供公共产品上的不足，又可以合理优化资源配置，维护社会的安全与稳定。因此，民间非营利组织在发达市场经济国家通常被称为除政府和企业之外的"第三部门"，在国民经济体系中有十分重要的作用，它可以做一些为财政分忧的事，帮助国家解决社会救济、扶贫、教育、养老保健、医疗服务等社会问题。由于民间非营利组织的资金来源主要来自捐赠人的捐赠、会员缴纳的会费、向服务对象收取的服务费等，对象较广，涉及公众较多，影响较大，因此，作为民间非营利组织与捐赠人、会员、服务对象等的沟通渠道的会计信息质量就显得尤为重要。制度包括以下主要内容：

(1) 会计目标的确定。民间非营利组织的资金来源主要来自社会各界的捐赠、会员缴纳的会费、接受服务对象缴纳的服务费等，应将满足捐赠人、会员、服务对象、债权人、监管部门等会计信息使用者的决策需要作为民间非营利组织的会计目标，设计其会计报表体系和财务会计报告应予披露的信息。

(2) 会计基础的规定。民间非营利组织应实行权责发生制原则，从而要求民间非营利组织计提固定资产折旧，进行成本核算等，这有助于民间非营利组织加强资产负债管理和成本管理，提高运营绩效。

(3) 会计要素的规定。该制度设置了资产、负债、净资产、收入和费用五个会计要素。考虑到民间非营利组织资源提供者既不享有组织的所有权，也不从组织中取得回报，所以民间非营利组织不存在核算"所有者权益"和"利润"问题。由此形成的会计等式为：

资产＋费用＝负债＋净资产＋收入

(4) 会计计量基础的确定。在坚持以历史成本为计量基础的同时，对一些特殊的交易事项，引入公允价值等其他计量基础。由于民间非营利组织许多资产的取得并没有实际成本，比如捐赠资产、政府补助资产等都是无偿取得的，应采用公允价值进行计价。

(5) 净资产的核算和列报的规定。民间非营利组织的净资产应分为限定性净资产和非限定性净资产两类进行核算和列报，其中，限定性净资产是指其使用存在时间或（和）用途限制的净资产，除此之外的其他净资产即为非限定性净资产，从而可以更加如实地反映民间非营利组织净资产的构成和性质等情况。

(6) 收入的确认。由于民间非营利收入来源的特殊性，可将收入区分为交换交易形成的收入和非交换交易形成的收入，分别界定其确认标准。对于按照等价交换原则所进行的交易，按照交换交易收入的确认原则进行确认和计量，对于按照非等价交换原则进行的交易，如政府补助、捐赠等，按照非交换交易收入的确认原则进行确认和计量。

(7) 费用的分类。在权责发生制下，对费用的会计核算应当严格区分业务活动成本和期间费用，其中，期间费用包括管理费用、筹资费用和其他费用。

(8) 财务会计报告的内容及其组成。民间非营利组织的财务会计报告应当包括资产负债表、业务活动表、现金流量表三张基本报表以及会计报表附表和附注等内容。其中，业务活动表的主要功能是用以评价民间非营利组织的经营绩效。

第2节 美国非营利组织会计的运作

非营利组织的会计处理应按照以上叙述的会计原则规定进行。根据前面的分类，我们主要讨论三种非营利组织会计：采用美国注册会计师协会学院指南模式的公立高等院校会计、公立医院会计和互助基金会计。应说明，这三类会计的处理和我国事业单位会计的处理基本相同。

一、美国公立高等院校会计

高等院校的一般目的是向公民提供教育，因此，高等院校通常依据社会需要来提供服务，筹资时并不考虑能否盈利。高等院校会计的目标是反映收取资源以及如何利用这些资源来实现教育目标。公立高等院校的流动基金是运营的最基本的财务资源，是一个极其重要的会计领域。它分为非限制性流动基金和限制性流动基金。其中，非限制性流动基金核算实施运营目标如教学、研究、扩展及公共服务时可用的财务资源；限制性流动基金核算可用于运营目标但受捐赠者或其他代理人限制用于特定用途的财务资源。

例 15—1 下面我们用一组业务看公立大学的会计处理。

(1) H学院收取的学杂费总额为300 000美元。法定限制此金额的10%用于偿还教育设施的负债。学杂费也包含了将提供用于研究基金项目而减免的部分为5 000美元。预计学杂费总收入的3%为坏账，即9 000美元。据此在非限制性流动基金中将编制如下分录：

1) 记录学杂费。

借：应收账款 $300 000

　贷：收入——教育性和一般性 $300 000

2) 记录学杂费的减免。

借：支出——教育性和一般性 $5 000

　贷：应收账款 $5 000

3) 记录坏账准备。

借：支出——教育性和一般性 $9 000

　贷：坏账准备 $9 000

4）由于收费中有一部分受限制，学杂费全额记录为非限制性流动基金的收入，然后，将限制性金额部分作为对固定资产基金的一项强制性转账进行处理。

借：强制性转账——本金和利息　　$ 30 000

　贷：应付固定资产基金偿债款　　$ 30 000

（2）H 学院收到州政府拨款 700 000 美元，用于本期运营，将记录在非限制性流动基金上。

借：现金　　$ 700 000

　贷：收入——教育性和一般性　　$ 700 000

（3）H 学院从非限制性流动基金中支付 200 000 美元的工资。

借：支出——教育性和一般性　　$ 200 000

　贷：现金（应付工资）　　$ 200 000

（4）H 学院直接通过非限制性流动基金采购教学设备 35 000 美元，作记录的同时还在固定资产投资账户中编制单独分录。

1）借：支出——教育性和一般性　　$ 35 000

　　贷：应付账款　　$ 35 000

2）借：设备　　$ 35 000

　　贷：固定资产净投资　　$ 35 000

（5）H 学院购买了一块土地，作为新实验室的建筑工地。土地成本为 200 000 美元，并可从非限制性流动基金财务资源中支用。但是，这属于重大资产的采购，须将财务资源从流动基金转账至采购的未支用固定资产基金组。

1）在非限制性流动基金中。

借：对未支用固定资产基金的非强制性转账　　$ 200 000

　贷：现金　　$ 200 000

2）在固定资产基金中。

借：现金　　$ 200 000

　贷：基金余额——非限制性　　$ 200 000

3）支付土地费用时。

借：基金余额——非限制性　　$ 200 000

　贷：现金　　$ 200 000

4）记录固定资产投资时。

借：土地　　$ 200 000

　贷：固定资产净投资　　$ 200 000

（6）H 学院收到限制用于特定目的现金 500 000 美元，应按照不同的来源进行记录。当发生了该特定用途支出从而满足限制条件时，确认收入，使收支相等。

1）收到现金时。

借：现金　　$ 500 000

　贷：基金余额——捐赠　　$ 200 000

　　　　　　——补助　　250 000

　　　　　　——留本基金收益　　50 000

2）支用于特定用途时。

借：支出——教育性和一般性 $400 000
——附属企业 50 000
贷：现金 $450 00

3）期末，确认与支出相等金额的收入，并调整基金余额时。

借：基金余额——捐赠 $200 000
——补助 200 000
——留本基金收益 50 000
贷：收入——教育性和一般性 $400 000
——附属企业 50 000

二、美国卫生保健组织会计

公立医院和私立医院在日常业务的会计处理和报告上并没有太大的差异，主要的区别在于：一是财务报表按非限制性和限制性基金划分，而不是按净资产划分；二是限制性捐赠在满足其限制条件时确认，而不是在收到无条件承诺或捐赠时确认；三是基金余额变动表取代了净资产变动表；四是使用政府现金流量表，以代替财务会计准则规定的现金流量表；五是所有的投资收益包括非交易证券公允价值的变动，均纳入在运营报表呈报的业绩计量中。

例 15—2 下面我们用一组公立医院的业务说明会计处理。

（1）N医院按规定价格向病人提供服务收取的总费用达1 300 000美元。该医院对保险公司和医疗保险的合约调整数为300 000美元；医院职工及其家属收到的优惠折扣为9 000美元。这些收入均在非限制性基金中记录。

1）借：应收账款 $1 300 000
贷：病人服务收入 $1 300 000

2）借：优惠折扣 $9 000
合约调整数 300 000
贷：应收账款 $309 000

（2）N医院支付的工资和薪金共计272 000美元，并进行工资费用的分配。这些支出也应在非限制性基金中记录。

借：护理服务费 $55 000
其他专业服务费 15 000
一般服务费 170 000
财务服务费用 12 000
行政服务费用 20 000
贷：应付工资和薪金 $272 000

（3）N医院收到捐赠的非限制性现金250 000美元。

借：现金 $250 000
贷：非限制性资助——营业外利得 $250 000

（4）N医院收到捐赠的有价权益证券，价值500 000美元，捐赠人限制其用于购置诊断设备（证券收益也受此限制）。该捐赠应记录于限制性基金中，直至使用该基金购置设备时再转账。

1）收到受赠的证券时。

借：有价权益证券 $500 000

贷：基金余额 $500 000

2）收到股利收入 12 500 美元时。

借：现金 $12 500

贷：基金余额 $12 500

3）将证券以 550 000 美元出售时。

借：现金 $550 000

贷：有价权益证券 $500 000

基金余额——投资收益 50 000

（5）购置价值为 520 000 美元的诊断设备，并在账上记录脱离限制，然后，在非限制性基金中分别记录设备的增加和用于购置设备的现金。

借：基金余额——脱离限制的金额 $520 000

贷：现金 $520 000

借：设备 $520 000

贷：应付账款（现金） $520 000

借：现金 $520 000

贷：脱离用于设备用途限制的金额 $520 000

三、其他非营利组织会计

除了以上公立和私立的非营利组织外，在美国还有相当数量的其他非营利组织，它们主要是联谊组织、私人或社区基金会、动植物保护协会、图书馆等。这部分非营利组织会计所采用的会计基础仍然是权责发生制；捐赠是其主要的资金来源，其中，无捐赠限制的收入增加非限制性净资产，附捐赠限制的收入增加暂时限制或永久限制净资产；费用则分为项目业务费用和辅助性业务费用两种；需编制的财务报表与其他非营利组织相同，再增加一张职能费用表的附表，用于反映费用的具体项目。

例 15—3 下面我们用一组业务说明邻里互助基金的会计处理。

（1）2×14 年一个新成立的邻里互助基金收到了非限制性现金捐赠 4 000 美元和无条件的赠予承诺 6 000 美元。在这 6 000 美元的应收捐赠款中，有 2 000 美元直到 2×15 年才能收到。在筹款中共花费了 145 美元。假设 2×15 年收到的 2 000 美元限制用于 2×15 年。邻里互助基金估计有 10%的承诺不可收回。

1）2×14 年筹资时。

借：筹资费用 $145

贷：现金 $145

借：现金 $4 000

贷：非限制性资助——捐赠 $4 000

借：应收捐赠款　　$ 6 000
　贷：备抵应收捐赠款　　$ 600
　　非限制性资助——捐赠　　3 600
　　暂时限制资助——捐赠　　1 800

2）邻里互助基金 2×14 年收到承诺到期的应收捐赠款 3 600 美元，并将剩余 400 美元作为坏账注销。

借：现金　　$ 3 600
　备抵应收捐赠款　　400
　贷：应收捐赠款　　$ 4 000

3）2×15 年收到承诺到期的 2 000 美元。预计不可收回金额与实际金额的差异作为净资产的利得。时间限制已结束，应将暂时限制净资产转为非限制性净资产。

借：现金　　$ 2 000
　备抵应收捐赠款　　200
　贷：应收捐赠款　　$ 2 000
　　非限制性资助　　200
借：暂时限制净资产——重分类转出　　$ 1 800
　贷：非限制性净资产——重分类转入　　$ 1 800

(2) 邻里互助基金将收到的二手家用器皿和家具进行义卖。捐赠物品的公允价值不能合理确定，但物品储存并搬运到义卖场所的成本为 550 美元。变卖所得 6 595 美元。按照前述的会计原则规定，由于捐赠品不能确定公允价值，这些收入不能记录为捐赠。

借：商品销售成本　　$ 550
　贷：现金　　$ 550
借：现金　　$ 6 595
　贷：非限制性收入——出售　　$ 6 595

假设该批捐赠品能合理确定其公允价值为 5 500 美元，则可记录为：

借：材料物资　　$ 5 500
　贷：非限制性资助——捐赠用品　　$ 5 500

(3) 邻里互助基金收到公允价值为 5 000 美元的证券，并规定它们用于长期资助一个特别教育计划。证券获得的收益限制用于此特别教育计划。股利收益是 475 美元。

借：证券　　$ 5 000
　贷：暂时限制资助——捐赠　　$ 5 000
借：现金　　$ 475
　贷：暂时限制收入——投资收益　　$ 475

第 3 节　中国事业单位会计的运作

中国的国有事业单位会计核算既有与行政单位会计相同的地方，即核算财政拨款，又有与行政单位会计不同的地方，需要核算经营收支。因此，其会计核算内容实际上包含以上两方面的内容。

一、我国事业单位会计的组成

（一）事业单位的特征

事业单位是指主要提供精神产品和提供各种劳务的，为上层建筑、生产建设和人民生活服务的单位。事业单位包括工业、交通、商业事业单位；农业事业单位；文化、科学、卫生等事业单位；社会福利、救济事业单位；其他事业单位。

它可体现以下的特征：

（1）事业单位以生产精神产品和提供劳务为主，一般不生产物质产品。经济管理体制改革和事业单位业务活动多元化之后，有的单位虽然在其基本专业业务之外，也生产某些物质产品，但主要是高科技产品，它通常是作为知识、信息和技术的载体来提供的。

（2）事业单位的主要业务（即其专业业务）不以营利为目的，而是以社会效益为目的。事业单位在其专业业务之外所开展的经营活动，虽然也实行有偿服务或盈利管理，但它必须以不影响其非营利性的专业业务活动为前提。

（3）出资者不具有明确的经济权益，不要求投入资产的回报，也不准备收回投入资产。

（4）事业单位没有国家赋予的管理社会公务活动的权力，不具有国家管理职能。

（5）国有事业单位通常要接受国家行政机关的领导。相当一部分事业单位都是由国家出资建立起来的，定期或不定期地接受国家的无偿拨款，并通常为行政单位的下属机构，因此应接受所属行政单位的领导。

（6）民间非营利组织主要分布在教育、卫生和社会救济方面，其资金来源主要是捐赠和收取服务费。

（二）事业单位会计的构成

事业单位会计是指核算和监督事业单位资金的增减变化及其结果的专业会计。

事业单位业务活动的特点和管理要求，决定了事业单位会计核算与财政总预算会计、行政单位会计和企业会计的核算相比具有如下特点：

（1）不同类型的业务活动采取不同的核算基础。根据《事业单位会计准则》第九条的规定，事业单位会计核算一般采用收付实现制，部分经营业务或事项采用权责发生制核算的，由财政部在会计制度中具体规定。事业单位可以根据开展业务活动及其他活动的实际需要，实行内部成本核算办法，对经营性业务活动采用权责发生制原则。在开展非独立核算经营活动中，应当正确归集实际发生的各项费用；不能直接归集的，应当采用一定的方法进行合理分配，正确划分各会计期间的成本费用界限。经营支出应当与经营收入配比。

因此，事业单位对其专业业务活动的会计核算实行收付实现制，不实行权责发生制。但是，对其经营业务核算可以实行权责发生制，并实行经营支出与相关收入的配比原则。

（2）可以按规定从非财政拨款结余中提取职工福利基金，并将剩余部分作为事业基金留存单位。根据《事业单位财务规则》的规定，国家对事业单位实行核定收支、定额或者定项补助、超支不补、结转和结余按规定使用的预算管理办法。非财政拨款结转按照规定结转下一年度继续使用。非财政拨款结余可以按照国家有关规定提取职工福利基金，剩余部分作为事业基金用于弥补以后年度单位收支差额；国家另有规定的，从其规定。

（3）对专业业务活动通常实行收支结余核算，不进行成本核算。但是，对其经营活动也可以实行成本核算。

（4）事业单位可依法利用货币资金、实物、无形资产等方式向其他单位投资。事业单位应当严格控制对外投资。在保证单位正常运转和事业发展的前提下，按照国家有关规定可以对外投资的，应当履行相关审批程序。事业单位不得使用财政拨款及其结余进行对外投资，不得从事股票、期货、基金、企业债券等投资，国家另有规定的除外。

二、一般国有事业单位收入与支出的核算

事业单位的收入是为开展业务活动和其他活动而取得的。事业单位的主要活动不是直接从事物质资料的生产、交通运输和商品流通，而是围绕中央和各级政府确定的事业发展方针，在教育、文化、体育、卫生等领域组织和开展各项业务活动和其他活动。由于这些活动具有非营利性的特点，因此事业单位开展业务活动的资金耗费一般不能从事业收入中得到完全的补偿，还需要从财政部门获得财政补助收入，作为经常性资金来源，从主管部门或上级单位获得上级补助收入，来解决其开展正常业务所需资金。同时，事业单位还可以通过开展有偿服务活动和生产经营活动获得事业收入和经营收入，以补偿业务活动的资金耗费。因此，事业单位的收入具有如下特征：

（1）事业单位的收入是开展业务及其他活动依法取得的。事业单位取得的任何收入，都必须符合国家的有关法律、法规和规章制度的规定。事业单位开展业务活动的各项收费（事业收入）项目、收费范围和收费标准必须按照国家的有关规定，经过法定程序报经批准后方可取得。

（2）事业单位的收入是通过多种形式、多种渠道取得的。在我国现行财政管理体制下，事业单位的收入来源形式和渠道，呈多元化趋势。既有财政或上级单位拨入或下级单位上缴的，又有本单位自己组织的；在财政或上级单位的拨款中，既有财政性资金又有非财政性资金，既有经常性补助又有专项拨款；在本单位自己组织的收入中，既有单位开展正常业务活动取得的事业收入和经营收入，又有对外投资取得的收益、存款的利息收入等其他收入。这是一个大收入概念，是事业单位在某一时期所取得的所有收入。

（3）事业单位的收入是非偿还性的。事业单位取得的各项收入，是不需要偿还的，可以用于业务活动和其他活动。事业单位取得的需要偿还的资金，应当作为

负债处理，不能作为单位的收入处理。

(4) 事业单位的经营收入，不是专业业务活动及其辅助活动所取得的收入，而是非独立核算的经营活动取得的收入。

事业单位在允许的情况下，可将某些业务面向市场而收取经营收入。在进行核算时，必须区分经营收入和事业收入。例如，科研事业单位的社会咨询服务活动所取得的收入，属于经营收入；而科研单位为政府等有关单位提供科研服务取得的规费收入，属于事业收入。又如，教育事业单位（学校）对社会开展服务活动，或利用闲置固定资产开展有偿服务取得的收入，属于经营收入；而向学生收取的学杂费，属于专业业务及其辅助活动取得的收入，应作为事业收入处理。

事业单位的支出是指事业单位开展业务及其他活动发生的资金耗费和损失。其中，事业支出是事业单位支出的主要内容，是考核事业成果和资金使用效益的重要依据，因此，事业支出可再细分目级科目进行核算；经营支出则是事业单位在专业业务活动及辅助活动之外开展非独立核算经营活动发生的支出，它需要进行成本核算；其他的支出都有特定的内容。

在实行国库集中收付制度的情况下，事业单位财政资金的支付方式同样有财政直接支付和财政授权支付两种。

例 15—4 下面我们用一组业务说明事业单位收支的会计处理。

(1) 2×15 年 10 月 9 日，某事业单位根据经过批准的部门预算和用款计划，向主管财政申请支付第三季度水费 110 000 元。10 月 18 日，财政部门经审核后，采用财政直接支付方式为其向自来水公司支付了 105 000 元。10 月 23 日，该事业单位收到了财政零余额账户代理银行转来的财政直接支付到账通知书，应作如下账务处理：

借：事业支出　　105 000
　贷：财政补助收入　　105 000

(2) 2×15 年 3 月 7 日，某科研所根据经过批准的部门预算和用款计划，为开展某项科学研究项目，向主管财政申请财政授权支付用款额度 180 000 元。4 月 6 日，财政部门经审核后，采用财政授权支付方式下达了 170 000 元用款额度。4 月 8 日，该科研所收到了财政零余额账户代理银行转来的财政授权支付到账通知书，应作如下账务处理：

借：零余额账户用款额度　　170 000
　贷：财政补助收入　　170 000

(3) 收到银行通知，上级单位拨入的非财政性补助资金 300 000 元，已收妥入账。

借：银行存款　　300 000
　贷：上级补助收入　　300 000

(4) 某医院门诊部上交财务部门当天门诊收入 25 000 元，其中医疗收入 20 000 元，药品收入 5 000 元。医院财务部门已开出送款单，并将款项全部送存银行。

借：银行存款　　25 000
　贷：医疗收入　　25 000

(5) A市勘测设计院完成一项移动电话宽带网的建设项目设计任务，取得收入88 000元，已存入银行。按规定，该项收入应缴入财政专户。

借：银行存款　88 000
　贷：应缴财政专户款　88 000

(6) A市邮电科学研究院销售新开发的电子产品一批，不含增值税的销售收入80 000元，增值税税率为17%。款项已全部收到，并存入银行。该邮电科学研究院为一般纳税人。

借：银行存款　93 600
　贷：事业收入——产品销售收入　80 000
　　　应缴税费——应交增值税（销项税额）　13 600

(7) 乙事业单位（小规模纳税人）取得辅助业务活动收入50 000元，该收入为应纳增值税，其适用税率为3%。款项已收到并存入银行。

借：银行存款　51 500
　贷：事业收入——×项辅助活动　50 000
　　　应缴税费——应交增值税　1 500

(8) 甲事业单位按100 000元的价格购入3年期的政府债券，相关税费为3 500元，应作如下分录。

1) 购入时。

借：长期投资——长期债券投资　103 500
　贷：银行存款　103 500

同时：

借：事业基金　103 500
　贷：非流动资产基金——长期投资——债券投资　103 500

2) 长期债券投资持有期间收到利息5 000元时。

借：银行存款　5 000
　贷：其他收入——投资收益——债券投资　5 000

3) 1年后对外转让该长期债券，收到金额105 000元时。

借：银行存款　105 000
　贷：长期投资——长期债券投资　103 500
　　　其他收入——投资收益　1 500

同时：

借：非流动资产基金——长期投资——债券投资　103 500
　贷：事业基金　103 500

(9) 甲事业单位采用财政直接支付方式支付办公楼维修费4 800元。

借：事业支出　4 800
　贷：财政补助收入　4 800

(10) B事业单位开展非独立核算经营活动中发生有关支出5 000元，开出转账支票支付。

借：经营支出　5 000
　贷：银行存款　5 000

三、高等院校会计制度及核算

我国于2014年1月1日开始实施新的《高等学校会计制度》，并按照《事业单位会计准则》和《高等学校财务制度》的规定，为高等教育机构的会计核算提供了在国库集中收付制度下的具体操作。该制度主要内容如下：

（1）会计基础的确定。高等学校会计核算一般采用收付实现制，但部分经济业务或者事项的核算应当按照《高等学校会计制度》的规定采用权责发生制。因此，其会计等式也与一般事业单位会计相同：

资产＋支出＝负债＋净资产＋收入

（2）财务报表的规定。高等学校应编制的主要会计报表有资产负债表、收入支出表和财政补助支出收入表。

（3）对收入的确认。高等学校与其他事业单位一样，既有国家财政拨款和上级部门的补助收入，又有开展教育、科研等专业业务时收取的收入，还可以开展经营活动取得经营收入。因此，对收入的确认遵循会计核算原则的规定。

（4）对支出的确认。高等学校的支出与收入相适应，既有教育、科研等专业业务的支出，也有经营业务方面的支出。

高等学校的收支同样有财政直接支付和授权支付的不同核算方式。

例15—5 下面我们用一组业务说明高校的收支会计处理。

（1）华南大学本学期收取函授新生的学费共500 000元，该款按规定应缴入财政专户。在规定日期上缴。

借：银行存款　　500 000
　贷：应缴财政专户款　　500 000

上缴时：

借：应缴财政专户　　500 000
　贷：银行存款　　500 000

（2）收到通知，从财政专户返还的教育事业资金为500 000元，已存入银行。

借：银行存款　　500 000
　贷：教育事业收入　　500 000

（3）华南大学非独立核算的车队向外单位提供服务，取得运输服务收入16 000元，款项已存入银行。

借：银行存款　　16 000
　贷：经营收入　　16 000

（4）华南大学按照预算采用财政直接支付方式购入一批教学设备，计123万元。该设备已经交付使用。

借：固定资产　　1 230 000
　贷：非流动资产基金　　1 230 000

借：教育事业支出　　1 230 000
　贷：财政补助收入　　1 230 000

(5) 华南大学接到通知，本期承接科研项目取得的收入为300万元，已存入银行。

借：银行存款 3 000 000

贷：科研事业收入 3 000 000

(6) 华南大学电教中心购买办公用品一批，金额为580元，并持有关发票到财务处报销。财务处按报销数补足电教中心定额备用金。

借：教育事业支出 580

贷：库存现金 580

(7) 华南大学管理学院持有关票据报销某科目项目经费5 800元，财务处审核后给予报销并支付现金。

借：科研事业支出 5 800

贷：库存现金 5 800

(8) 华南大学本月工资总额为500万元，其中教学单位300万元，科研单位100万元，行政单位50万元，后勤单位100万元。已转入员工银行账户。

1）计算工资时。

借：教育事业支出 3 000 000

科研事业支出 1 000 000

行政管理支出 500 000

后勤保障支出 500 000

贷：应付职工薪酬 5 000 000

2）发放工资时。

借：应付职工薪酬 5 000 000

贷：财政补助收入 5 000 000

我国医院会计的处理基本与高校会计处理相同，只是业务不同而设置的科目不同，这里不一一介绍。民间非营利组织会计制度的实施，解决了我国非公立事业单位，包括福利、慈善事业单位会计处理无章可循的问题。民间非营利组织会计处理和美国的非营利组织会计比较接近，恕不专门举例说明。

思考题

1. 什么是非营利组织？它们由哪些行业组成？
2. 非营利组织会计应遵循哪些会计原则？
3. 中国非营利组织的现状如何？事业单位与非营利组织有何区别？
4. 用你所掌握的资料说明中国的事业单位会计与西方国家非营利组织会计有何区别。

练习题

（一）公立高校基金会计

资料：某公立大学发生以下业务：

（1）估计的应征收学杂费总额为6 000 000美元，80%于年底前收到；资助200 000美元作为奖学金，预期100 000美元不可收回。

（2）某书店为大学附属企业，其销售和服务收入为800 000美元。

（3）支付工资和薪金2 600 000美元，其中170 000美元为大学书店员工的工资。

（4）向大学建筑物长期抵押服务基金支付非限制性资源1 000 000美元。

（5）支付抵押款总额为960 000美元，其中600 000美元为利息。

（6）收到专门用于学术性项目的限制性捐赠440 000美元。

（7）发生并支付该限制性项目的支出为237 000美元。

（8）用以前留存的专用资源购置设备，计44 000美元。

要求：编制相关会计分录。

（二）其他非营利组织会计

资料：G食品福利协会是一家向市区贫民提供免费餐的私立非营利组织，2015年发生以下业务：

（1）去年收到一笔非限制现金捐赠，总额20 000美元，指定在本年使用。

（2）收到非限制性捐赠承诺65 000美元，其中5%证明不可收回。本年度其他现金捐赠总计35 000美元。

（3）食品捐赠总计150 000美元。食品库存年内减少了1 200美元。

（4）发生的费用如下：会长薪金10 000美元，设备租金8 000美元，食物采购70 000美元，用品27 000美元，年内用品库存增加了5 000美元。

（5）年内收到一笔限制性承诺捐赠300 000美元。该承诺捐赠款项被限制用于建造新厨房和餐厅。

要求：编制相关会计分录。

（三）事业单位会计

资料：某科研单位属于小规模纳税人，2015年发生了以下部分收支业务：

（1）根据经过批准的部门预算和用款计划，为开展某项科学研究项目，向主管财政申请财政授权支付用款额度200 000元。财政部门经审核后，采用财政授权支付方式下达了190 000元用款额度。2天后，收到了财政零余额账户代理银行转来的财政授权支付到账通知书。

（2）取得辅助业务活动收入68 000元，该收入为应纳增值税，其适用税率为3%。款项已收到并存入银行。

（3）完成一项科研建设项目设计任务，取得收入53 000元，已存入银行。按规定，该项收入应缴入财政专户。

（4）采用财政直接支付方式支付办公楼维修费7 600元。

（5）用现金购买办公用品600元。

（6）开展非独立核算经营活动中发生有关支出8 400元，开出转账支票支付。

（7）按250 000元的价格购入3年期的政府债券，相关税费为4 500元。

（8）收到银行通知，上级单位拨入的非财政性补助资金280 000元，已收妥入账。

要求：编制相关会计分录。

第16章

上市公司信息披露

上市公司信息披露
- 上市公司信息披露
  - 我国上市公司信息披露管制体系
  - 我国上市公司信息披露的主要内容
- 分部报告
  - 分部报告的演进
  - 报告分部的确定
  - 分部报告的披露
- 中期财务报告
  - 中期财务报告制度的演进
  - 中期财务报告的理论基础
  - 中期财务报告的基本内容
  - 中期财务报告编制的其他注意事项

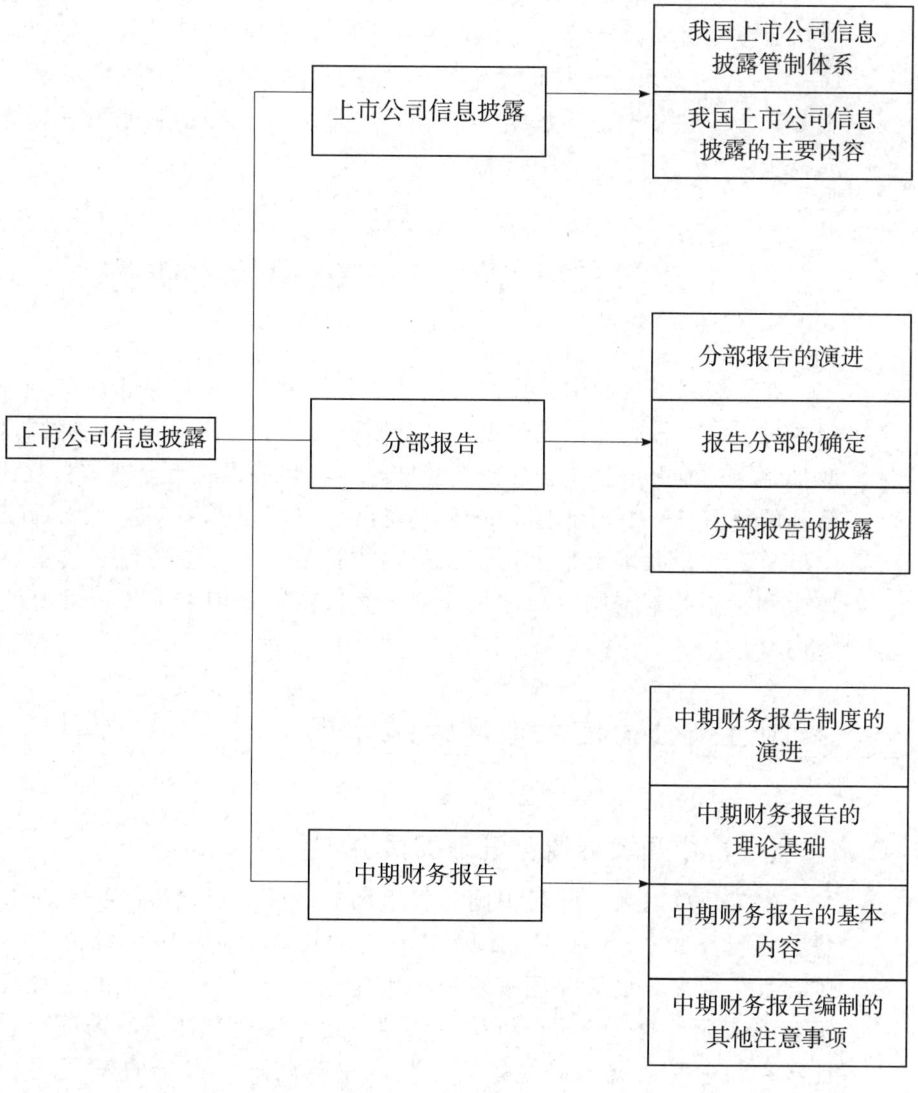

本章要点

- 中国证券监督管理委员会
- 我国上市公司的信息披露体系
- 分部的划分和报告分部的确定
- 分部披露的基本内容
- 独立观和一体观
- 中期财务报告披露的主要内容

要保证证券市场健康有序地运转，完善的信息披露机制的建立是必不可少的。在这一市场中，上市公司是主角。上市公司是现代公司发展的最高级形式，两权分离是上市公司的一个主要特征。为了解决因信息不对称而导致公司代理成本过高的问题，必须加强对上市公司的信息披露，包括对整个证券市场的监管，这是证券市场有效运行的关键。本章第1节主要讨论上市公司的管制体系和信息披露的主要内容；为了让投资者更及时全面地了解上市公司经营状况，除了定期（每年一次）要求上市公司进行信息披露外，还要求上市公司每季（中期）报告企业全面的经营状况（分部），因此，本章后两节将分别讲述分部报告和中期财务报告。

第1节　上市公司信息披露

在中级财务会计中，我们已经了解财务报告是由财务报表和表外的信息披露组成的。财务报表编制主要由会计准则和会计制度来规范，在我国这些制度由财政部制定；而上市公司会计信息的披露内容和格式的规定则是由对证券市场进行管理的部门——中国证券监督管理委员会（以下简称证监会）制定的。所以，本节首先讨论我国上市公司信息披露的管制体系，包括管制的主要机构——证监会和管制的基本制度规定的介绍，然后阐述我国上市公司目前信息披露的主要内容。

一、我国上市公司信息披露管制体系

（一）中国证券监督管理委员会

改革开放以来，随着中国证券市场的发展，建立集中统一的市场监管体制势在必行。1992年10月，国务院证券委员会（简称国务院证券委）和中国证监会宣告成立。前者是国家对证券市场进行统一宏观管理的主管机构；后者是国务院证券委的监管执行机构，依照法律、法规对证券市场进行监管。国务院证券委和中国证监会成立以后，其职权范围随着市场的发展逐步扩展。1993

年11月，国务院决定将期货市场的试点工作交由国务院证券委负责，中国证监会具体执行。1995年3月，国务院正式批准《中国证券监督管理委员会机构编制方案》，确定中国证监会为国务院直属事业单位，是国务院证券委的监管执行机构，依照法律、法规的规定，对证券期货市场进行监管。1997年8月，国务院决定，将上海证券交易所、深圳证券交易所统一划归中国证监会监管；同时，在上海和深圳两市设立中国证监会证券监管专员办公室；11月，中央召开全国金融工作会议，决定对全国证券管理体制进行改革，理顺证券监管体制，对地方证券监管部门实行垂直领导，并将原由中国人民银行监管的证券经营机构划归中国证监会统一监管。1998年4月，根据国务院机构改革方案，决定将国务院证券委与中国证监会合并。1998年9月，国务院批准了《中国证券监督管理委员会职能配置、内设机构和人员编制规定》，进一步明确中国证监会为国务院直属事业单位，是全国证券期货市场的主管部门。目前，证监会共设办公室、发行监管部、市场监管部、机构监管部、上市公司监管部、基金监管部、期货监管部、稽查一局、稽查二局、法律部、会计部、国际合作部和信息中心等部门。

证监会的主要职能包括：

（1）建立统一的证券期货监管体系，按规定对证券期货监管机构实行垂直管理。

（2）加强对证券期货业的监管，强化对证券期货交易所、上市公司、证券期货经营机构、证券投资基金管理公司、证券期货投资咨询机构和从事证券期货中介业务的其他机构的监管，提高信息披露质量。

（3）加强对证券期货市场金融风险的防范和化解工作。

（4）负责组织拟定有关证券市场的法律、法规草案，研究制定有关证券市场的方针、政策和规章；制定证券市场发展规划和年度计划；指导、协调、监督和检查各地区、各有关部门与证券市场有关的事项；对期货市场试点工作进行指导、规划和协调。

（5）统一监管证券业。

（二）我国上市公司信息披露规范体系

1990年、1991年上海和深圳两地建立证券交易所以来，我国先后颁布了一系列关于会计信息披露的法规，形成了我国证券市场上市公司会计信息披露的基本框架。这些法规包括《证券法》、《公司法》、《股票发行与交易管理暂行条例》、《上市公司信息披露管理办法（2006）》、《公开发行证券的公司信息披露的内容与格式准则》等。对于公开发行股票的上市公司，从其股票进入一级市场（发行市场），再到二级市场（流通市场），进而在上市以后的运作过程中，都必须按照上述有关规定的要求，披露有关的会计信息，这一基本的披露体系可归纳为图16—1。

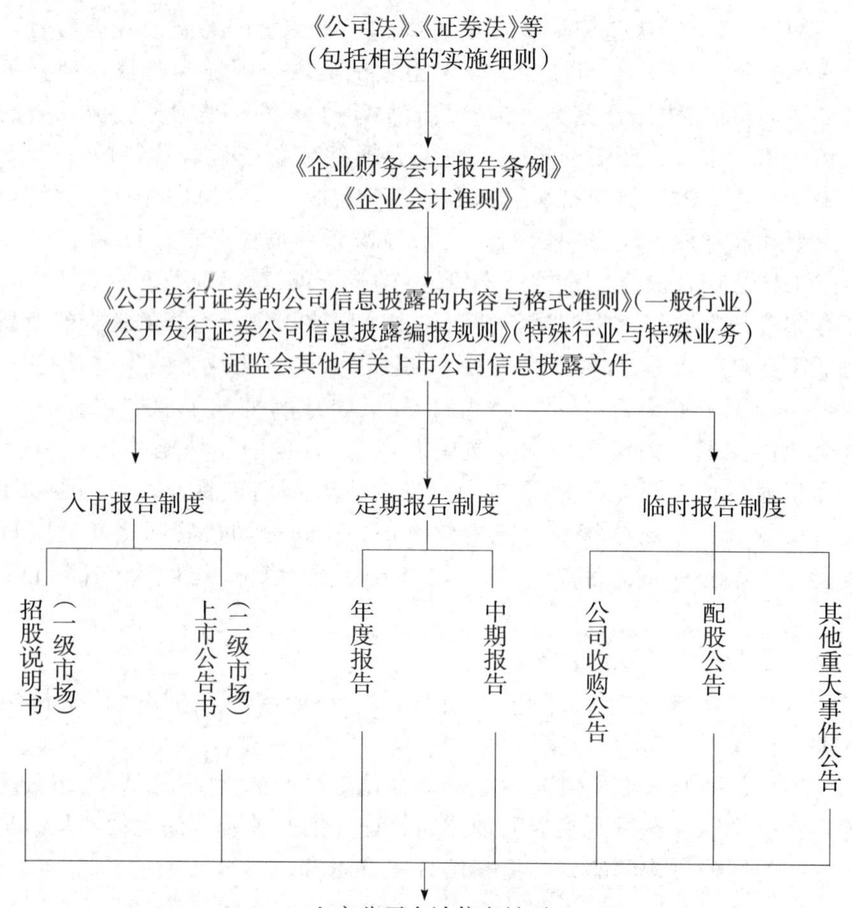

图 16—1 上市公司会计信息披露制度体系

由证监会颁布的与上市公司信息披露有关的规定①主要分为四个层次：

第一层次：公开发行证券的公司信息披露内容与格式准则。包括招股说明书、上市公告书、年度报告、中期报告、配股说明书等。② 主要列示如下：

第 1 号——招股说明书（2006 年 5 月）；

第 2 号——年度报告（2014 年 5 月）③；

第 3 号——半年度报告（2014 年 5 月）；

第 9 号——首次公开发行股票并上市申请文件（2006 年 5 月）；

第 10 号——公开发行证券申请文件（2006 年 5 月）；

第 11 号——公开发行证券募集说明书（2006 年 5 月）；

第 15 号——权益变动报告书（2014 年 5 月）；

---

① 查阅相关规定的具体内容，请登录中国证监会网站 http：//www. csrc. gov. cn。同时，读者可参考本书配套的学习指导书《附录二——上市公司信息披露相关规定汇总》。

② 这些规定变动十分频繁，请读者随时上网，查阅相关规定的更新情况。

③ 1994 年以前，中国证监会没有公布正式的定期报告内容和格式准则，1994 年 1 月，颁布了《信息披露的内容和格式准则第 2 号——年度报告的内容和格式（试行）》，之后经历 1995 年 12 月、1997 年 12 月、1998 年 12 月、1999 年 12 月、2001 年 12 月、2002 年 12 月、2003 年 12 月、2004 年、2005 年 12 月、2007 年 12 月等多次修改。1999 年将名称改为现在的《公开发行证券公司信息披露内容与格式准则第 2 号——年度报告的内容和格式》。

第 16 号——上市公司收购报告书（2014 年 5 月）；

第 17 号——要约收购报告书（2014 年 5 月）；

第 23 号——公开发行公司债券募集说明书（2007 年 8 月）；

第 24 号——公开发行公司债券申请文件（2007 年 8 月）；

第 26 号——上市公司重大资产重组申请文件（2014 年 5 月）。

第二层次：公开发行证券公司信息披露编报规则。主要为发行证券公司披露内容与格式准则在特殊行业、特定环节的应用及具体化。目前已发布商业银行、保险公司、证券公司、房地产公司、季度报告等特殊行业编报规则，特定环节信息披露编报规则包括：第 9 号“净资产收益率和每股收益的计算披露”（2010 年 11 月），第 13 号“季度报告内容与格式特别规定”（2014 年 5 月），第 15 号“财务报告的一般规定”（2010 年 1 月）。

第三层次：公开发行证券公司信息披露规范问答。后改为“公开发行证券的公司信息披露解释性公告”，包括第 1 号“非经常性损益”（2008 年 10 月）、第 2 号“财务报表附注中政府补助相关信息的披露”等。

第四层次：公开发行证券公司信息披露个案意见与案例分析。

（三）美国公开发行证券公司会计信息披露规范体系

应该说，在会计信息披露方面，美国的相关规定是最完善的。美国证券交易委员会（SEC）是应 1934 年《证券交易法》的规定而设立的对全美证券交易进行管理的机构。因此，在美国，除了《证券法》、《证券交易法》等对公开发行股票公司必须披露的会计信息作了原则性规定之外，有关会计信息披露中的具体内容、格式、技术处理等，均通过 SEC 颁布专业性规范文件加以管束，具体参见表 16—1。

表 16—1　　美国证券交易委员会发表的有关会计规范文件一览表

会计规范文件	用途
S-X 规则 S-K 规则	关于会计揭示的内容与格式、财务报表、附表、注释、注册会计师报告、重新构造的备考资料（Pro Forma Disclosure），S-X 主要针对财务报表的格式、内容及有关注释，S-K 则是对非财务信息的有关规定。
财务报告文件（FRR） （1982 年起由 ASR 改为 FRR）	对《证券法》的修正，得出补充揭示的要求，以及有关当前会计、审计实务与准则问题。
会计与审计实施文件（AAER）	有关注册会计师、其他参与者介入公司业务的管束，对欺骗性、误导性报表的处罚规定。
专业会计通告（SAB）	证券交易委员会的职能部门在审阅公司财务报表时所参照的标准实务和解释性文件。

由于 S-X 规则与 S-K 规则之间存在矛盾，1980 年，SEC 对《证券法》和《证券交易法》所要求的几乎所有报告采用综合信息披露制度；1984 年开始，

SEC 引进新的大规模计算机系统，1990 年后期，在 SEC 注册登记的所有企业都必须通过电子系统进行申报和披露，这一系统全名为电子数据收集与提取系统（简称 EDGAR）。① SEC 要求公开发行证券公司披露的表格形式和种类繁多，大体也可分为入市报告、定期报告和特定交易报告三种，另外，针对小规模企业、美国本土外的企业制定了单独的信息披露格式和内容要求。②

二、我国上市公司信息披露的主要内容

下面从入市报告、定期报告和临时报告三方面分别阐述这个问题。

（一）入市报告制度

入市报告制度主要分招股说明书和上市公告书两类。招股说明书是股份公司首次公开发行股票而向社会公众公开披露有关信息的报告。由于是公司第一次向社会公众募集资金，招股说明书要求公司披露的内容非常全面和详细。根据证监会最新修订的《公开发行证券的公司信息披露内容与格式准则第 1 号——招股说明书》的规定，其主要内容包括：

第一章　总则

第二章　招股说明书

第一节　封面、书脊、扉页、目录、释义

第二节　概览

第三节　本次发行概况

第四节　风险因素

第五节　发行人基本情况

第六节　业务和技术

第七节　同业竞争与关联交易

第八节　董事、监事、高级管理人员与核心技术人员

第九节　公司治理

第十节　财务会计信息

第十一节　管理层讨论与分析

第十二节　业务发展目标

第十三节　募股资金运用

第十四节　股利分配政策

第十五节　其他重要事项

第十六节　董事、监事、高级管理人员及有关中介机构声明

第十七节　备查文件

---

① 该网址为 http：//www.sec.gov/edaux/searches.htm。有兴趣的同学可登录该网址查阅任何在 SEC 登记注册的公司申报和披露的信息。

② SEC 具体披露格式种类请登录 http：//www.sec.gov/edaux/searches.htm 查阅。中译本请参阅刘峰：《信息披露：实话实说》，59～67 页，北京，中国财政经济出版社，2003。

第三章 招股说明书摘要

第一节 重大事项提示

第二节 本次发行概况

第三节 发行人基本情况

第四节 募股资金运用

第五节 风险因素和其他重要事项

第六节 本次发行各方当事人和发行时间安排

第七节 备查文件

第四章 附则

上市公告书是股份公司所发行的股票在股票交易所正式挂牌交易前向社会公众公开披露有关信息的报告。一般而言，上市公告书与招股说明书的内容大体相同，只是比招股说明书的内容要简化一些。因此，《公开发行证券的公司信息披露内容与格式准则第 7 号——股票上市公告书》已废止。

(二) 定期报告制度

定期报告制度主要包括年度财务报告和中期财务报告（中期财务报告将在第 3 节中介绍)。公司首次发行股票上市，其经营状况就是通过定期报告不断地向信息使用者进行披露的，这其中年度报告又是经审计较系统公正地反映企业经营情况的文件。因此，年度报告的可靠性和相关性是保证投资者正确决策的基础。

根据规定，上市公司应当在每个会计年度结束后 4 个月内编制完成年度报告，经审计后向证监会提交，并在指定的媒体披露年度报告摘要和在指定的网站披露其全文。按证监会最新修订的《公开发行证券的公司信息披露内容与格式准则第 2 号——年度报告》的规定，年度报告主要内容包括：

(1) 重要提示、目录和释义；

(2) 公司简介；

(3) 会计数据和业务数据摘要；

(4) 董事会报告；

(5) 重要事项；

(6) 股份变动及股东情况；

(7) 优先股相关情况；

(8) 董事、监事、高级经理人员和员工情况；

(9) 公司治理；

(10) 内部控制；

(11) 财务报告；

(12) 备查文件目录。

公司全体董事必须保证年度报告所提供信息的真实、准确、完整和公正，并就保证承担连带责任。从会计的角度讲，财务报告是由会计人员完成的主要内容，这部分内容由审计报告、会计报表和会计报表附注等构成，这些内容已经在中级财务会计中进行讲解。上市公司完整的年度报告请读者上网查阅。

（三）临时报告制度

临时报告制度分公司收购、配股和其他重大事件报告。

上市公司发生的重大事件应随时向社会公众、证券交易所和证监会进行报告，说明事件的真相；如果公司认为对外公布有损于公司利益，而且不公开也不会影响股票价格重大变动，经证监会同意后可以不对外公布。

所谓重大事件，根据《股票发行与交易管理暂行条例》第 60 条的规定：公司订立的重大合同、经营政策的重大改变等 13 种情况为重大事件。此后，在证监会发布的《上市公司信息披露管理办法》第 30 条，又增加了董事会就发行新股或者其他再融资方案、股权激励方案形成相关决议；法院裁决禁止控股股东转让其所持股份；任一股东所持公司 5%以上股份被质押、冻结、司法拍卖、托管、设定信托或者被依法限制表决权；主要资产被查封、扣押、冻结或者被抵押、质押；主要或者全部业务陷入停顿；对外提供重大担保；获得大额政府补贴等可能对公司资产、负债、权益或者经营成果产生重大影响的额外收益等内容，一共 21 条。对重大事件应披露其内容，如果证监会认为有必要时可对披露时机、方式和内容提出要求，公司应当按照证监会的要求进行披露。

上市公司的收购或被收购也是上市公司的重大事件。由于公司的收购或被收购涉及公司的股权变动、控制权的变化、经理高层的调整等直接影响投资者利益的敏感问题，因此，公司收购事件需要按相关的法规及证监会规定的格式和内容进行披露。在《股票发行与交易管理暂行条例》的第四章中对上市公司收购行为进行了规范。如第 47 条规定："任何法人直接或间接持有一个上市公司发行在外的普通股达到 5%时，应当自事实发生之日起 3 个工作日内，向该公司、证券交易所和证监会作出书面报告并公告……，其持有该种股票的增减变化每达到该种股票发行在外总额的 2%时，应当自事实发生之日起 3 个工作日内，向该公司、证券交易所和证监会作出书面报告并公告。"第 48 条规定："发起人以外的任何法人直接或间接持有一个上市公司发行在外的普通股达 30%时，应当自该事实发生之日起 45 个工作日内，向该公司所有股票持有人发出收购要约……持有人发出收购要约前，不得再行购买该种股票。"

同时，证监会还颁布了更具体的针对收购和被收购方信息披露的格式和内容的要求。包括《公开发行证券的公司信息披露内容与格式准则第 16 号——上市公司收购报告书》和《公开发行证券的公司信息披露内容与格式准则第 17 号——要约收购报告书》，以及《公开发行证券的公司信息披露内容与格式准则第 18 号——被收购公司董事会报告》。

另外，公司在配股和发放股利时，也要单独进行公告说明。

第 2 节　分部报告

现行财务报表是把企业作为一个整体来提供信息的。特别是合并或联合财务报表所反映的是一个企业整体的财务状况、经营成果和现金流量的信息，而对于那些从事多元化经营的企业来说，合并或联合财务报表无法揭示其各个经营分部、各行业和各地区所面临的机会和风险，而通过分部报告所提供的信息，使用者可以更进一步地了解集团或企业各经营分部、各地区的经营业绩，更好地评估其未来的净现金流量，更好地将企业作为一个整体进行判断。分部报告通常是作为会计报表附注的一个组成部分进行披露的。

一、分部报告的演进

最早要求提供分部信息的是英国和美国。自 1965 年起，伦敦股票交易所就一直要求披露国际分部信息。美国对分部报告的要求最初起源于 1964 年美国工业委员会召开的经济热点听证会，这次会议对多种经营公司特别关注，在这次会议上 SEC 提出了企业应披露所从事的多元化经营的收入的要求。随后，APB 发布了第 2 号意见书《多元化经营企业补充财务信息的披露》，鼓励（而不是要求）企业披露行业分部的补充信息。1974 年，FASB 正式公布了第 14 号准则公告《企业分部财务报告》，要求企业披露行业分部和地理分部的多种财务信息。1997 年，FASB 发布第 131 号准则公告《企业分部及相关信息的披露》，完全取代第 14 号准则公告。在 131 号公告中，分部的设定要与经营决策和业绩评估相吻合，并与内部报告的分类相一致。分部披露的内容集中在主要披露形式上。IASC 在 1981 年颁布了第 14 号国际会计准则（IAS）《财务信息的分部报告》，1997 年对此准则进行修订并改名为《分部报告》。分部的划分如果以经营管理（包括业绩评价）和行业为基础，这种分部就称为经营分部；如果是按地理进行分类，就称为地区分部。分部披露分主要分部披露和辅助分部披露。2006 年，IASB 发布第 8 号国际财务报告准则（IFRS）《经营分部》以取代第 14 号国际会计准则，要求统一按经营分部进行分部信息披露。

在 1994 年以前，由于中国证监会没有公布正式的定期报告内容和格式，因而是否披露分部信息完全取决于各上市公司。1994 年 1 月，中国证监会颁布了《公开发行股票公司信息披露的内容和格式准则第 2 号——年度报告的内容与格式（试行）》（以下简称《披露准则第 2 号》），对公司的分部信息做了模糊的定性描述要求，但并未做出强制性披露的规定。1995 年 12 月，中国证监会发布了对《披露准则第 2 号》的第一次修订稿，在以附件形式颁布的《财务报表附注指引》中规定了分地区、分行业资料的披露格式，要求公司按行业和地区分类提供前后两年的主营业务收入、税前利润和净资产信息，并且要求对集团内分部间的交易结果予以抵消。1997 年 12 月，中国证监会发布了经再次修订的《披露准则第 2 号》，对分部信息的披露提出了新的要求：一是只要求披露行业分部信息，不要求披露地区分部信息；二是披露的指标只规定了分部的营业收入、营业成本和营业毛利三项，不再要求披露分部税前利润和净资产信息。1998 年 12 月发布的《披露准则第 2 号》修订稿对分部信息的披露要求未作改变。1999 年 12 月证监会对年报准则进行修订时，将名称改为现在的《公开发行股票公司信息披露的内容和格式准则第 2 号——年度报告的内容与格式》。2000 年颁布的《企业会计制度》中，对分部报告的披露进行了较为完善的规定。2001 年 12 月证监会在对

1999 年的年报准则进行修订时，取消了《财务报表附注指引》，同时指出，会计报表附注应当按照《企业会计准则》、《企业会计制度》和证监会发布的其他相关规定编制。2006 年，《企业会计准则第 35 号——分部报告》（以下简称《分部报告准则》）出台后，我国关于分部报告的披露有了系统的规定。2009 年，财政部又通过《企业会计准则解释第 3 号》[①] 对分部报告进行了最新修订，以便与国际会计准则协调一致。下面对分部报告披露的讨论主要以《分部报告准则》和《企业会计准则解释第 3 号》为依据。

二、报告分部的确定

1. 分部的划分

分部的划分是分部信息披露的基础。影响分部划分的中心问题是风险和报酬。将分部之间的风险和报酬区分的标准很多，既可以按产品、服务和行业，也可以按地理位置、顾客类型，还可按生产线、组织结构、独立核算单位和法律主体来划分。从世界范围来看，普遍的做法是按业务（产品和服务）和地区标准来进行划分。但从管理的角度而言，按经营分部（operating segment）来划分是最恰当的，因为经营分部信息最能反映一个企业所面临的不同机遇和风险。这也是 FASB 用第 131 号公告取代第 14 号公告和 IASB 用第 8 号国际财务报告准则取代第 14 号国际会计准则的一个基本原因。经营分部是按"管理法"（management approach）来确定分部的，即以企业内部管理层进行经营决策、分配资源和评价业绩而组织的分部为基础确定对外报告的分部。这一变化反映了一个新趋势，即准则的制定要更多地考虑管理会计，因为管理会计相对于财务会计具有更大的发展空间，更能体现会计的实质，甚至管理和企业的实质。

我国现行分部报告准则规定，存在多种经营或跨地区经营的企业应当披露分部信息。企业披露分部信息，应当区分业务分部或地区分部。《企业会计准则解释第 3 号》调整为按经营分部进行披露，但经营分部的基础仍然是业务分部和地区分部。

在确定一个业务分部时，我们可以将几种产品、劳务或几个部门归为一个分部，这其中最基本的标准是同一分部的产品、劳务或部门的风险和报酬具有相似性，具体需要考虑的因素则包括产品或劳务的性质、生产过程的性质、购买产品或接受劳务的客户类型、销售产品或提供劳务所使用的方法及所处的法律环境等。

在确定一个地区分部时，首先要明确这里所讲的地区与一般意义上的地区是存在差异的。地区分部是指具有相似经营风险和报酬的生产和经营区域，这一区域可以是单一国家，也可以是两个或两个以上具有相似或相同经营风险和报酬的国家组合；可以是一个国家内的一个行政区域，也可以是一个国家内的两个或两个以上具有相似或相同经营风险和报酬的行政区域组合。而对于具有重大不同经营风险和报酬环境中的经营区域，则不能归为同一地区分部。在确定地区分部时，具体需要考虑的因素则有经济和政治情况的相似性、在不同地区的经营之间

① 《企业会计准则解释第 3 号》的内容已在《企业会计准则讲解 2010》中被吸纳。

的关系、经营生产的相似性、与某一地区经营相关的特定风险及该国家或地区外汇管制的规定等。

2. 经营分部的确定

根据《企业会计准则解释第3号》的要求，企业应当以内部组织结构、管理要求、内部报告制度为依据确定经营分部，以经营分部为基础确定报告分部，并按相应规定披露分部信息。实际上，经营分部的基础仍然是业务分部和地区分部。以本节所举万科企业股份有限公司为例，该企业根据内部组织结构、管理要求及内部报告制度确定了房地产和物业两大报告分部，其中房地产又分为北京地区、深圳地区、上海地区和成都地区四个分部。

根据我国现行分部报告准则的规定，企业在确定业务分部时，应当结合企业内部管理要求，并考虑下列因素：

(1) 各单项产品或劳务的性质，包括产品或劳务的规格、型号、最终用途等；

(2) 生产过程的性质，包括采用劳动密集或资本密集方式组织生产、使用相同或者相似设备和原材料、采用委托生产或加工方式等；

(3) 产品或劳务的客户类型，包括大宗客户、零散客户等；

(4) 销售产品或提供劳务的方式，包括批发、零售、自产自销、委托销售、承包等；

(5) 生产产品或提供劳务受法律、行政法规的影响，包括经营范围或交易定价限制等。

企业在确定地区分部时，应当结合企业内部管理要求，并考虑下列因素：

(1) 所处经济、政治环境的相似性，包括境外经营所在地区经济和政治的稳定程度等；

(2) 在不同地区经营之间的关系，包括在某地区进行产品生产，而在其他地区进行销售等；

(3) 经营的接近程度大小，包括在某地区生产的产品是否需在其他地区进一步加工生产等；

(4) 与某一特定地区经营相关的特别风险，包括气候异常变化等；

(5) 外汇管理规定，即境外经营所在地区是否实行外汇管制；

(6) 外汇风险。

两个或两个以上的业务分部或地区分部同时满足下列条件的，可予以合并：

(1) 具有相近的长期财务业绩，包括具有相近的长期平均毛利率、资金回报率、未来现金流量等；

(2) 确定业务分部与地区分部所考虑的因素类似。

3. 报告分部的确定

报告分部是指符合经营分部定义，按要求应予报告的分部，但同时这些分部只有在满足规定的条件和测试标准后，才能作为报告分部。

按《企业会计准则解释第3号》的要求，经营分部必须同时满足下列条件：

(1) 该组成部分能够在日常活动中产生收入、发生费用；

(2) 企业管理层能够定期评价该组成部分的经营成果，以决定向其配置资源、评价其业绩；

（3）企业能够取得该组成部分的财务状况、经营成果和现金流量等有关会计信息。

企业存在相似经济特征的两个或多个经营分部，同时满足《分部报告准则》第五条相关规定的，可以合并为一个经营分部：

（1）该分部的分部收入占所有分部收入合计的10%或者以上；

（2）该分部的分部利润（亏损）的绝对额占所有盈利分部利润合计额或者所有亏损分部亏损合计额的绝对额两者中较大者的10%或者以上；

（3）该分部的分部资产占所有分部资产合计的10%或者以上。

例16—1 珠江公司为一房地产开发公司，在全国各主要城市和地区均设有分公司，各分公司之间没有内部交易，其营业收入均为对外交易收入。各主要分公司相关财务信息如表16—2所示。

表16—2　　各分公司营业收入、营业利润（亏损）表　　单位：百万元

项目	广州	深圳	上海	北京	天津	东北	西北	华东	合计
营业收入	1 000	500	3 000	2 000	100	300	200	1 500	8 600
占收入合计百分比	11.63%	5.81%	34.88%	23.26%	1.16%	3.49%	2.33%	17.45%	100%
营业费用	800	300	2 500	1 700	50	500	450	1 350	7 650
营业利润（亏损）	200	200	500	300	50	(200)	(250)	150	950
占盈利分部利润百分比	14.28%	14.28%	35.71%	21.43%	3.57%	14.28%	17.88%	10.71%	

根据上表计算，各分公司营业收入占所有分公司营业收入超过10%的有广州、上海、北京、华东等四个分公司符合报告分部确定条件。由于珠江公司当年各分公司有的盈利、有的亏损，盈利的有广州、深圳、上海、北京、天津、华东，盈利总额为14亿元，亏损的有东北和西北，亏损合计额为4.5亿元。由于盈利总额14亿元大于亏损4.5亿元的合计额，根据“分部的分部利润（亏损）的绝对额占所有盈利分部利润合计额或者所有亏损分部亏损合计额的绝对额两者中较大者”这一标准，应当选择14亿元作为比较的基础，各分公司盈利或亏损占这一数额的比例超过10%的有广州、深圳、上海、北京、华东、东北和西北。这样，除了天津，其余7个分公司都符合报告分部的标准，应当将上述7个分公司作为报告地区分部。

要注意的是，确定报告分部时，所有报告分部的对外交易收入合计额占合并总收入或企业总收入未达到75%的，应当将其他分部确定为报告分部，直到该比重达到75%。上期为报告分部，本期未达到标准的，如果企业认为重要，本期依然可以将其确定为报告分部。

此外，对未达到上述三个标准之一的，如果企业认为重要，可以直接指定为报告分部；或者将未满足上述三个条件之一的分部与一个或一个以上类似的其他分部合并为一个报告分部。

上面提到的满足三个标准之一的前提是分部的营业收入必须大部分是对外收入，否则，即使满足上述三个条件之一，也不能确定为报告分部。但是，当企业的内部管理是按照垂直一体化经营的不同层次来划分时，即使其大部分收入不通过对外交易取得，仍可将垂直经营的不同层次确定为独立的报告业务分部。

三、分部报告的披露

(一) 分部报告披露的调整

根据《分部报告准则》的规定，企业应当区分主要报告形式和次要报告形式两个层次。《企业会计准则解释第3号》对此进行了调整，区分主要报告形式和次要报告形式披露分部信息的规定不再执行，统一按经营分部进行披露。

(二) 分部报告披露的主要内容

企业报告分部确定后，应当披露下列信息：

(1) 确定报告分部考虑的因素、报告分部的产品和劳务的类型；

(2) 每一报告分部的利润（亏损）总额相关信息，包括利润（亏损）总额组成项目及计量的相关会计政策信息；

(3) 每一报告分部的资产总额、负债总额相关信息，包括资产总额组成项目的信息，以及有关资产、负债计量的相关会计政策。

除上述已经作为报告分部信息组成部分披露外，企业还应当披露下列信息：

(1) 每一产品和劳务或每一类似产品和劳务组合的对外交易收入；

(2) 企业取得的来自于本国的对外交易收入总额以及位于本国的非流动资产（不包括金融资产、独立账户资产、递延所得税资产，下同）总额，企业从其他国家取得的对外交易收入总额以及位于其他国家的非流动资产总额；

(3) 企业对主要客户的依赖程度。

还要注意，分部间的交易应当以实际价格为基础进行计量。转移价格确定基础及其变更情况，要予以披露；如果分部会计政策与合并财务报表或企业财务报表不一致的，要披露分部的会计政策；最后，分部信息应当提供前期比较数据，但是，无法提供的除外。

(三) 分部报告披露的实例

表16—3和表16—4是万科企业股份有限公司（股票代码000002）在2009年年报中披露的按业务和按地区编制的分部报告。

表16—3　**2009年度万科股份公司分部报告**（地区分部）(2009年1月1日前)　单位：千元

项目	一、营业收入合计	二、营业费用合计	三、营业收入合计	四、资产总计	五、负债总计
深圳地区	5942231	5007852	934379	18360102	14031119
广州/东莞地区	5537328	4563143	974185	16041838	13385997
珠江三角洲地区	3948457	2897972	1050485	8788003	7066238
上海地区	5320172	4664719	655452	20438619	17705467
苏南/杭州地区	3368711	2678378	690332	9844187	5373629
长江三角洲地区	4368367	3598028	770339	16572577	15062991
北京地区	3375123	2671873	703249	7261408	4230945
天津地区	3373676	2817785	555892	8140654	6765825

续前表

项目	一、营业收入合计	二、营业费用合计	三、营业收入合计	四、资产总计	五、负债总计
环渤海地区	3 085 002	2 529 176	555 827	8 920 988	6 620 424
成都地区	977 638	1 251 856	（274 218）	6 655 099	5 706 929
武汉地区	1 870 725	1 476 057	394 668	3 425 275	2 127 063
其他地区		22 289	（22 289）	5 901 049	1 291 608
未分配项目	426 826	1 240 462	（584 963）	67 943 525	50 434 942
抵销	（602 477）	（563 927）	（38 549）	（79 056 745）	（69 385 147）
合计	40 991 779	34 855 663	6 364 789	119 236 579	80 418 030

表 16—4(a) **2009 年度万科股份公司分部报告**（2009 年） 单位：千元

项目		分部收入	其中：对外销售收入	分部间销售收入	分部费用	分部利润	分部资产	分部负债
地产行业	北京地区	12 061 318	12 061 318		10 253 119	1 808 199	24 359 650	17 289 334
	深圳地区	16 456 705	16 456 705		14 048 450	2 408 254	33 198 931	24 557 753
	上海地区	15 168 179	15 168 179		11 970 939	3 197 240	37 134 037	30 312 263
	成都地区	4 736 658	4 736 658		3 800 077	936 581	12 138 735	10 281 755
物业管理公司		897 633	446 870	450 763	755 393	142 240	936 713	691 455
未分配项目		524 589	11 283	513 306	868 088	（343 499）	74 471 907	48 167 588
抵销		（964 069）		（964 069）	（573 624）	（390 445）	（44 631 419）	（39 100 106）
合计		48 881 013	48 881 013		41 122 442	7 758 571	137 608 554	92 200 042

表 16—4（b） **2009 年度万科股份公司分部报告**（2008 年） 单位：千元

项目		分部收入	其中：对外销售收入	分部间销售收入	分部费用	分部利润	分部资产	分部负债
地产行业	北京地区	9 692 502	9 692 502		7 811 353	1 881 149	23 659 539	18 330 736
	深圳地区	15 231 626	15 231 626		12 026 185	3 205 441	41 262 343	32 407 940
	上海地区	12 901 093	12 901 093		11 036 416	1 864 676	43 706 481	38 349 911
	成都地区	2 784 759	2 784 759		2 730 560	54 199	10 891 798	9 050 099
物业管理公司		921 513	374 225	547 288	825 631	95 882	692 201	499 217
未分配项目		498 047	7 574	490 473	848 617	（350 570）	70 847 549	47 311 679
抵销		（1 037 761）		（1 037 761）	（423 099）	（614 661）	（71 823 332）	（65 531 552）
合计		40 991 779	40 991 779		34 855 663	6 136 116	119 236 579	80 418 030

说明：（1）表中各指标说明如下：

分部资产包括企业在分部的经营中使用的、可直接归属于该分部的资产，以及能够以合理的基础分配给该分部的资产，不包括递延所得税及其他未分配的总资产。

分部负债，是指分部经营活动形成的可归属于该分部的负债，包括归属于各分部的应付款项、预收款项和银行借款等，不包括递延所得税负债。

分部经营成果是指各个分部产生的收入（包括对外交易收入及分部间的交易收入），扣除各个分部发生的费用、归属于各分部的资产发生的折旧和摊销及减值损失、直接归属于某一分部的银行存款及银行借款所产生的利息净支出后的净额。分部之间收入的转移定价按照与其他对外交易相似的条款计算。

（2）分部利润与财务报表营业利润总额衔接如下：

项目	2009 年	2008 年
分部利润（千元）	7 758 571	6 136 116
加：投资收益	924 076	209 411
加：公允价值变动损益	2 435	19 262
营业利润	8 685 082	6 364 789

第3节　中期财务报告

信息的有用性主要体现在相关性上，即所提供的信息具备及时性、可预测性和反馈价值。作为年度报告，所提供信息往往过于滞后，因此，为了提高财务报告的有用性，大多数国家都要求上市公司除了提供年度财务报告外，还要按季或每半年对外提供中期报告。中期报告虽然比年度报告完整性要差一些，但更及时，能更好地体现信息的预测价值（对企业的经营情况进行预期）和反馈价值（对预期进行证实和修正）。

一、中期财务报告制度的演进

1901年，美国钢铁公司基于自愿原则对外公布了第一份中期财务报告。1945年前，SEC规定在公司发生重大事件时，要求按8-K格式编制中期报告，之后要求注册公司按9-K格式编制简明损益表。1970年，废除半年报的9-K格式，制定10-Q的季报格式，并一直沿用至今。1973年，APB制定了第28号意见书《中期财务报告》，随后，FASB在第3号公告和第18号公告中对该意见书进行了修订和补充。IASC于1998年颁布第34号准则《中期财务报告》。

我国《公司法》、《股票发行与交易管理暂行规定》和《上市公司信息披露管理办法（2007）》规定，上市公司必须每半年公布一次财务报告。但由于当时对于半年度中期报告的内容和格式并未作出明确的规定，上市公司提交的中期报告质量良莠不齐。针对这种情况，证监会于1994年6月发布了《公开发行股票公司信息披露的内容和格式准则第3号——中期报告（试行）》[①]，随后，于1996年、1998年、2000年对此公告进行了修订。2001年4月，证监会发布了《公开发行证券的公司信息披露编报规则第13号——季度报告》（2014年修订），规定从2002年第一季度起，所有上市公司都必须编制并披露季度报告。2002年6月，证监会又发布了《公开发行证券的公司信息披露格式与内容准则第3号——半年度报告》（2007年修订，2014年最新修订），将原来的中期报告正式分为半年度报告和季度报告。2001年11月，财政部颁布《企业会计准则——中期财务报告》，为中期财务报告的编制提供了比较系统的指南。同时在《企业财务会计报告条例》和《企业会计制度》中，对中期财务报告的编制也做出了相应的规定，对一般企业编制中期财务报告提供了编制指南。2006年《企业会计准则第32号——中期财务报告》出台，正式取代原来的准则。

二、中期财务报告的理论基础

在《企业会计准则第32号——中期财务报告》（以下简称《中期报告准则》）

① 现在改为《公开发行证券的公司信息披露的内容与格式准则》。

中，把中期报告定义为“以中期（短于一个完整的会计年度的报告期间）为基础编制的财务报告”。这里，中期财务报告既可能是月度报告，也可能是季度报告或半年度报告，当然也包括年初至本期中末的财务报告。对于中期的界定，如果企业不在年初开业，则开业日至中期末为一个中期；如果企业在年度中歇业，中期的界定和中期财务报告的编制不受影响。作为财务报告的一种，中期财务报告应至少能反映企业中期末的财务状况、中期经营成果和现金流量，即包括资产负债表、利润表和现金流量表，会计报表附注也是必要的内容。

相对于年度报告，中期报告比较简要，可靠程度也要低一些，这是因为中期报告中包括了更多的估计因素，如所得税费用、广告费支出、退休金费用、每股收益、非常项目、会计变更等。中期报告中主要涉及收入和费用（成本）的确认问题，即在每个会计期间（一个季度或半年），如何确认一项收入和费用（成本）。会计界对这一问题有两种观点：独立观（discrete view）和一体观（integral view）。独立观认为，每一个期间（中期）都应视为一个单独的会计期间，递延项目和应计项目应采用与年度报告相同的会计政策，比如产品销售成本就应作为发生期的当期费用，而不应在会计年度的其他期间分摊；一体观认为，中期报告是年度报告的一个组成部分，因此，递延项目和应计项目应按全年来考虑。如上面提到的产品销售成本，则应在发生后年度其他会计期间统一分摊。APB 在其第 28 号意见书中就倾向于后一种观点。APB 虽然制定了一些相关的准则来限制中期报告的随意性，但由于这些准则本身比较含糊，再加上中期报告一般不要求经过注册会计师审计，在实务处理中往往差异较大。我国会计准则则选择了和美国相反的观点，即倾向于采用独立观。这种做法主要是基于简化会计处理和减少随意性的考虑。从国际惯例来看，除了美国和我国台湾等少数国家和地区采用一体观外，国际会计准则委员会、英国、加拿大、澳大利亚等大多数国家或地区都采用独立观。当然，实务中所运用的观点往往没有一条明晰的界限，而是两种观点的融合。

为了更好地说明两种理论的区别，下面通过一个实例进行说明。

例 16—2 假定 ABC 公司是一家需要编制季度财务报告的企业，该公司只生产和销售一种产品——甲产品，而且每季和每年的产销量均相等。公司除生产和销售甲产品外，没有其他投资、营业外收支等活动。2015 年公司预计销售甲产品 200 万件（即为全年预计产量），其各季度预计销售量、预计平均销售单价和销售收入以及实际销售量、实际平均销售单价和销售收入见表 16—5（假定企业在每季度末均对年度预计数进行重新评估，但发现各季度实际发生数与预计数的差异均属于正常差异，所以没有调整年度预计数）。

表 16—5　　ABC 公司 2015 年预计和实际的甲产品销售量

时间	预计数			实际数		
	销售量（万件）	平均单价（元）	销售收入额（万元）	销售量（万件）	平均单价（元）	销售收入额（万元）
第 1 季度	20	30	600	19	30	570
第 2 季度	40	40	1 600	41	40	1 640
第 3 季度	40	40	1 600	39	40	1 560
第 4 季度	100	40	4 000	97	40	3 880
全年	200	—	7 800	196	—	7 650

假定 ABC 公司 2015 年各季度及全年制造费用和期间费用的预计数及实际数见表 16—6（假定固定制造费用和固定期间费用平均地发生于各个季度，即各个季度的发生额相等），则 ABC 公司 2010 年各季度及全年的变动成本的预计数和实际数见表 16—7。

表 16—6　　ABC 公司 2015 年各季制造费用和期间费用的预计数及实际数

项目	预计数	实际数
制造费用		
变动制造费用	每件 10 元	每件 10 元
固定制造费用		
第 1 季度	750 万元	750 万元
第 2 季度	750 万元	750 万元
第 3 季度	750 万元	750 万元
第 4 季度	750 万元	750 万元
全年合计	3 000 万元	3 000 万元
期间费用		
变动期间费用	每件 2 元	每件 2 元
固定期间费用		
第 1 季度	250 万元	250 万元
第 2 季度	250 万元	250 万元
第 3 季度	250 万元	250 万元
第 4 季度	250 万元	250 万元
全年合计	1 000 万元	1 000 万元

表 16—7　　ABC 公司 2015 年各季变动成本的预计数和实际数　　单位：万元

项目	预计数	实际数
第 1 季度		
变动制造费用	200	190
变动期间费用	40	38
变动成本小计	240	228
第 2 季度		
变动制造费用	400	410
变动期间费用	80	82
变动成本小计	480	492
第 3 季度		
变动制造费用	400	390
变动期间费用	80	78
变动成本小计	480	468
第 4 季度		
变动制造费用	1 000	970
变动期间费用	200	194
变动成本小计	1 200	1 164
全年		
变动制造费用	2 000	1 960
变动期间费用	400	392
变动成本合计	2 400	2 352

下面分别按照独立观和一体观编制各季度利润表。

在独立观下，每季度所发生的制造费用和期间费用都应当按照实际发生数计入当季损益，而在一体观下，则需要将全年发生的固定制造费用和期间费用根据全年预计销售量和各季度的实际销售量分摊计入各个季度。据此，分别根据独立观和一体观编制 ABC 公司 2015 年各季度利润表。

首先，按照独立观编制各季度利润表（见表 16—8）。

表 16—8　　按照独立观编制 ABC 公司 2015 年各季度利润表　　单位：万元

项目	第 1 季度	第 2 季度	第 3 季度	第 4 季度	全年
销售收入	570	1 640	1 560	3 880	7 650
减：制造成本（实际发生额）	940	1 160	1 140	1 720	4 960
其中：变动制造成本	190	410	390	970	1 960
固定制造成本	750	750	750	750	3 000
减：期间费用（实际发生额）	288	332	328	444	1 392
其中：变动期间费用	38	82	78	194	392
固定期间费用	250	250	250	250	1 000
税前利润	−658	148	92	1 716	1 298

其次，按照一体观编制各季度利润表（见表 16—9）。

表 16—9　　按照一体观编制 ABC 公司 2015 年各季度利润表　　单位：万元

项目	第 1 季度	第 2 季度	第 3 季度	第 4 季度	全年
销售收入	570	1 640	1 560	3 880	7 650
减：制造成本（实际发生额）	475	1 025	975	2 485	4 960
其中：变动制造成本	190	410	390	970	1 960
固定制造成本①	285	615	585	1 515③	3 000
减：期间费用（实际发生额）	133	287	273	699	1 392
其中：变动期间费用	38	82	78	194	392
固定期间费用②	95	205	195	505④	1 000
税前利润	−38	328	312	696	1 298

① $\text{每季度分摊的固定制造成本}=\text{全年预计固定成本总额}\times\frac{\text{每季实际销售量}}{\text{全年预计销售量}}=3\,000\times\frac{\text{每季实际销售量}}{200}$

② $\text{每季应分摊的固定期间费用}=\text{全年预计固定期间费用总额}\times\frac{\text{每季实际销售量}}{\text{全年预计销售量}}=1\,000\times\frac{\text{每季实际销售量}}{200}$

③第 4 季度分摊到的固定制造成本还包括前三个季度的差异（765 万元）。

④第 4 季度分摊到的固定期间费用还包括前三个季度的差异（255 万元）。

由于在一体观下，前三个季度分摊的固定制造成本、固定期间费用会与当季度实际发生的固定制造成本和期间费用产生差异，从而产生递延借项，因此在一体观下，各季度的递延借项余额见表 16—10。

表 16—10　　两种方法所产生的固定制造成本和期间费用差异　　单位：万元

递延借项	第 1 季度	第 2 季度	第 3 季度	第 4 季度	全年
固定制造成本	465	600	765	—	—
固定期间费用	155	200	255	—	—
合计	620	800	1 020	—	—

这个例子反映出，在独立观下，该公司各季均按实际发生的成本和费用进行登记，在季度销售量变动比较大的情况下，各季的利润就会产生较大的波动；相反，在一体观下，公司是将固定成本和固定费用按全年预计的销售量在各季进行平均分摊，相比独立观，各季的利润波动幅度减小了。一体观按实际发生的成本费用进行记录，所反映的信息比较可靠；而按一体观进行记录，则依赖人为的估计，对全年的销售量进行预测，可靠性就会减弱，但这种方法增加了信息的预测价值，提高了信息质量的相关性，这一点正是编制中期财务报告的目的之一。

三、中期财务报告的基本内容

按我国《中期财务报告准则》的要求，编制中期报告的基本规定如下：

（1）在中期财务报告中所提供的资产负债表、利润表和现金流量表应当是完整的会计报表，其格式和内容应当与上年度会计报表相一致。

（2）如果企业在上年度财务报告中编制的是合并会计报表，则企业在中期期末也应当编制合并会计报表；如果企业在上年度财务报告中还包括母公司会计报表，则企业在中期财务报告中也应当提供母公司会计报表。如果企业上年度财务报告中既包括合并会计报表，也包括母公司会计报表，但是在报告中期内，企业处置了所有纳入上年度合并会计报表编制范围的子公司，则企业在中期财务报告中只需要提供母公司会计报表，但是根据准则第 7 条要求提供的上年度比较会计报表应当包括合并会计报表，除非上年度可比中期的财务报告没有提供合并会计报表。

（3）在中期财务报告中，企业应当提供以下比较会计报表：

1）本中期末的资产负债表和上年度末的资产负债表；

2）本中期的利润表、年初至本中期末的利润表以及上年度可比期间的利润表（其中上年度可比期间的利润表是指上年度可比本中期的利润表和上年度年初至可比本中期末的利润表）；

3）年初至本中期末的现金流量表和上年度初至可比本中期末的现金流量表。

为了便于理解，某企业 2015 年前三个季度应提供的中期会计报表（包括比较报表）见表 16—11。

（4）中期会计报表附注应当以“年初至本中期末”为基础编制，重点披露自上年度资产负债表日之后发生的有助于理解企业财务状况、经营成果和现金流量变化情况的重要事项或者交易。同时，对于理解本中期财务状况、经营成果和现金流量有关的重要事项或者交易，也应当在中期会计报表附注中予以披露。中期会计报表附注至少应当包括下列信息：

1）中期会计报表所采用的会计政策与上年度会计报表相一致的说明。如果发生了会计政策的变更，应当说明会计政策变更的内容、理由及其影响数；如果会计政策变更的累积影响数不能合理确定，应当说明理由。

表 16—11　　某企业 2015 年度前三个季度应提供的中期会计报表

季度	报表类型	本年度中期会计报表时间（或者期间）	上年度比较会计报表时间（或者期间）
第1季度	资产负债表	2015 年 3 月 31 日	2014 年 3 月 31 日
	利润表	2015 年 1 月 1 日至 3 月 31 日	2014 年 1 月 1 日至 3 月 31 日
	现金流量表	2015 年 1 月 1 日至 3 月 31 日	2014 年 1 月 1 日至 3 月 31 日
第2季度	资产负债表	2015 年 6 月 30 日	2014 年 6 月 30 日
	利润表（本中期）	2015 年 4 月 1 日至 6 月 30 日	2014 年 4 月 1 日至 6 月 30 日
	利润表（年初至本中期末）	2015 年 1 月 1 日至 6 月 30 日	2014 年 1 月 1 日至 6 月 30 日
	现金流量表	2015 年 1 月 1 日至 6 月 30 日	2014 年 1 月 1 日至 6 月 30 日
第3季度	资产负债表	2015 年 9 月 30 日	2014 年 9 月 30 日
	利润表（本中期）	2015 年 7 月 1 日至 9 月 30 日	2014 年 7 月 1 日至 9 月 30 日
	利润表（年初至本中期末）	2015 年 1 月 1 日至 9 月 30 日	2014 年 1 月 1 日至 9 月 30 日
	现金流量表	2015 年 1 月 1 日至 9 月 30 日	2014 年 1 月 1 日至 9 月 30 日

2）会计估计变更的内容、理由及其影响数；如果影响数不能确定，应当说明理由。

3）重大会计差错的内容及其更正金额。

4）企业经营的季节性或者周期性特征。

5）存在控制关系的关联企业发生变化的情况；关联方之间发生交易的，应当披露关联方关系的性质、交易的类型和交易要素。

6）合并会计报表的合并范围发生变化的情况。

7）对性质特别或者金额异常的会计报表项目的说明。

8）债务性证券和权益性证券的发行、回购和偿还情况。

9）向企业所有者分配利润的情况（包括在中期内实施的利润分配和已提出或者已批准但尚未实施的利润分配情况），包括向所有者分配的利润总额和每股股利。

10）业务分部和地区分部的分部收入与分部利润（亏损）。

11）中期资产负债表日至中期财务报告批准报出日之间发生的非调整事项。

12）上年度资产负债表日以后所发生的或有负债和或有资产的变化情况。

13）企业结构变化情况的说明，比如企业合并和重组，对被投资单位具有重大影响、共同控制关系或者控制关系的长期股权投资的购买或者处置，终止营业等。

14）其他重大交易或者事项，如重大的长期资产转让及其出售情况、重大的固定资产和无形资产取得情况、重大的研究和开发支出、重大的非货币性交易事项、重大的债务重组事项、重大的资产减值损失及其减值损失的转回情况等。

与具体准则的要求相比，中国证监会对上市公司的中期报告的披露内容增加了很多，要求也更严格。具体请参阅证监会发布的《公开发行证券的公司信息披露的内容和格式准则第 3 号——中期报告》和《公开发行证券的公司信息披露编报规则第 13 号——季度报告》。

四、中期财务报告编制的其他注意事项

1. 在年度报告中的披露

在同一会计年度内，如果以前中期财务报告中披露的会计估计在最后一个中期（第四季度）发生了重大变化，而企业又不单独披露该最后中期的财务报告，则企业应当在其年度会计报表附注中披露该项会计估计变更的内容、理由及影响金额。

2. 中期财务报告编制中的确认和计量原则

企业在中期会计报表编制中原则上要采用与年度会计报表相一致的会计政策，不得在中期内随意变更会计政策，以保持前后各期会计政策的一贯性。企业中期对各会计要素的确认和计量标准应当与年度会计报表一致。企业财务报告的频率不应当影响其年度结果的计量，因此，中期会计计量应当以年初至本中期末为基础。

按具体准则的规定，对于季节性、周期性或者偶然性取得的收入，除了在会计年度末允许预计或者递延的之外，企业都应当在发生时予以确认和计量，不应当在中期会计报表中预计或者递延。对于会计年度中不均匀发生的费用，除了在会计年度末允许预提或者待摊的之外，企业都应当在发生时予以确认和计量，不应当在中期会计报表中预提或者待摊。

中期会计报告的编制一般会比年度报告的编制使用更多的会计估计，为了保持各中期财务报告的可比性，会计估计的应用要尽量合理。

3. 中期会计政策变更的处理

企业中期如果发生了会计政策变更，应当按照具体会计准则《企业会计准则第28号——会计政策、会计估计变更和差错更正》的规定处理。如果企业的会计政策变更发生在第一季度，则企业除了计算会计政策变更的累积影响数并作相应的账务处理外，在会计报表的列报方面，只需要根据变更后的会计政策编制第一季度和当年度以后季度会计报表，并对根据规定要求提供的以前年度比较会计报表最早期间的期初留存收益和这些报表的其他相关项目数字作相应调整；如果企业的会计政策变更发生在第二、三季度等，企业除了计算会计政策变更的累积影响数并作相应的账务处理外，在会计报表的列报方面，还需要调整根据规定要求提供的以前年度比较会计报表最早期间的期初留存收益和比较会计报表的其他相关项目的数字，以及在会计政策变更季度财务报告中或者变更以后季度财务报告中所涉及的本会计年度内发生会计政策变更之前季度会计报表相关项目的数字。

思考题

1. 简述中国证券监督管理委员会的主要职责。
2. 简述我国上市公司信息披露的制度体系。

3. 比较中美年度报告披露的主要差异。

4. 自证监会颁布年度财务报告披露格式与内容准则以来，历经数次修订，请指出这些修订的主要内容以及这些修订所反映的财务报告改革的趋势。

5. 为何要编制分部报告？分部的划分要考虑哪些因素？其中最主要的考虑是什么？

6. 报告分部确定的标准是什么？请具体阐明。

7. 美国第131号准则公告中规定的经营分部与我国的行业分部是一回事吗？按“管理法”划分经营分部反映出一种什么趋势？

8. 请简要评价一体观和独立观。

9. 指出中期财务报告和年度财务报告信息披露的最主要差异。

10. 上市公司信息披露花费如此巨大的成本，它的效益体现在哪些方面？为什么一些国际知名企业不选择上市？

练习题

1. 请上网查阅一家公司招股说明书，并写出2 000字左右的摘要。

2. 请上网查阅一家公司年度报告，并写出1 000字左右的摘要。同时查阅该公司年度报告会计报表附注中的分部报告，并写出300字左右的摘要。

3. 请上网查阅上述同一家公司中期财务报告，写出500字左右的摘要。与该公司年度财务报告进行比较，指出中期财务报告与年度财务报告披露方面的差异。

4. 请上网查阅一家公司一个年度内信息公布的主要内容和频率，并通过这些信息的披露，对该公司的经营状况作一简要总结（2 000字左右）。

后　记

天命之悟

当该丛书第三版第一本和大家见面时，本人已进入五十的行列。人生百年，五十为半。子曰：五十而知天命。知天命是对人生的觉悟。在此之际，将自己半生的人生感悟写出来与大家分享。

人类从何处来，又向何处去？一直是一个永恒的话题。

现有研究已经表明，我们生活的地球已经存在约40亿年，蕨类植物和鱼类大约出现在4亿年前，人类的出现有200万年的历史，现代人的出现则只有1万年，人类有文字记载的历史只有5 000年。

人类有了思想后的第一个思考就是人类的归宿——向何处去，这一过程一旦启动就从未停歇过，从极乐世界到天堂，从理想国到共产主义。

在众多的设计中，古希腊人为我们埋下了民主政治、理性追求、自然美和热爱运动的种子，两千多年后英国人第一次让这一种子开花结果，后来我们将其称之为现代化。今天，现代化已经成为这个星球绝大多数国家追求的目标。现代化可概括为：

追求使每一个生命平等，使政治走向民主。由大多数人决定自己的命运，作出自己的抉择，并且不以奴役和牺牲少数的利益为代价，以一套法律制度取代人治。

追求效率、公平与均衡，使经济走向市场化、自由化和竞争化，通过市场配置资源使社会资源得到充分利用，按市场规律来安排经济活动。

追求个性使文化艺术走向多元化，充分激发每个人的灵感与智慧，允许个人的信仰（包括宗教）与追求自由化，使个性得到最大的释放。文无第一，百花齐放。

追求真理使人类对自然与社会的探索走近科学，按实验、可验证（可量化和可推理）、可证伪等一套严密的法则来探索自然和社会发展的规律。武无第二，真理至上。

总之，一句话，现代化（现代文明）的核心就是理性：是政治的民主化，经济的市场化，文化、艺术与信仰的多元化，科学的缜密化。

石本仁

于广州暨南大学明湖苑

2015年5月

图书在版编目（CIP）数据

高级财务会计/石本仁主编．—3版．—北京：中国人民大学出版社，2015.8
会计系列教材
ISBN 978-7-300-21695-9

Ⅰ．①高…　Ⅱ．①石…　Ⅲ．①财务会计-高等学校-教材　Ⅳ．①F234.4

中国版本图书馆CIP数据核字（2015）第167255号

"十二五"普通高等教育本科国家级规划教材
会计系列教材
高级财务会计（第三版）
主编　石本仁
Gaoji Caiwu Kuaiji

出版发行	中国人民大学出版社		
社　　址	北京中关村大街31号	**邮政编码**	100080
电　　话	010－62511242（总编室）		010－62511770（质管部）
	010－82501766（邮购部）		010－62514148（门市部）
	010－62515195（发行公司）		010－62515275（盗版举报）
网　　址	http://www.crup.com.cn		
	http://www.ttrnet.com（人大教研网）		
经　　销	新华书店		
印　　刷	北京东君印刷有限公司	**版　　次**	2007年9月第1版
规　　格	185 mm×260 mm　16开本		2015年8月第3版
印　　张	27 插页1	**印　　次**	2017年12月第3次印刷
字　　数	596 000	**定　　价**	49.80元

教师教学服务说明

中国人民大学出版社工商管理分社以出版经典、高品质的工商管理、财务会计、统计、市场营销、人力资源管理、运营管理、物流管理、旅游管理等领域的各层次教材为宗旨。

为了更好地为一线教师服务，近年来工商管理分社着力建设了一批数字化、立体化的网络教学资源。教师可以通过以下方式获得免费下载教学资源的权限：

在“人大经管图书在线”（www. rdjg. com. cn）注册，下载“教师服务登记表”，或直接填写下面的“教师服务登记表”，加盖院系公章，然后邮寄或传真给我们。我们收到表格后将在一个工作日内为您开通相关资源的下载权限。

如您需要帮助，请随时与我们联络：

中国人民大学出版社工商管理分社

联系电话：010－62515735，62515749，62515987

传　　真：010－62515732，62514775　　　　电子邮箱：rdcbsjg@crup. com. cn

通讯地址：北京市海淀区中关村大街甲 59 号文化大厦 1501 室（100872）

教师服务登记表

<table>
<tr><td>姓 名</td><td></td><td>□先生　□女士</td><td>职　　称</td><td colspan="2"></td></tr>
<tr><td>座机/手机</td><td colspan="2"></td><td>电子邮箱</td><td colspan="2"></td></tr>
<tr><td>通讯地址</td><td colspan="2"></td><td>邮　　编</td><td colspan="2"></td></tr>
<tr><td>任教学校</td><td colspan="2"></td><td>所在院系</td><td colspan="2"></td></tr>
<tr><td rowspan="3">所授课程</td><td>课程名称</td><td>现用教材名称</td><td>出版社</td><td>对象（本科生/研究生/MBA/其他）</td><td>学生人数</td></tr>
<tr><td></td><td></td><td></td><td></td><td></td></tr>
<tr><td></td><td></td><td></td><td></td><td></td></tr>
<tr><td colspan="2">需要哪本教材的配套资源</td><td colspan="4"></td></tr>
<tr><td colspan="2">人大经管图书在线用户名</td><td colspan="4"></td></tr>
<tr><td colspan="6">院/系领导（签字）：
院/系办公室盖章</td></tr>
</table>